Z

18861

BIBLIOTHÈQUE

LATINE-FRANÇAISE

PUBLIÉE

PAR

C. L. F. PANCKOUCKE.

PARIS. — IMPRIMERIE DE C. L. F. PANCKOUCKE,
Rue des Poitevins, n. 14.

PHARSALE

DE

M. A. LUCAIN

TRADUCTION NOUVELLE

LIVRES I-II-III
PAR M. PHIL. CHASLES

LIVRES IV-V
PAR M. GRESLOU

TOME PREMIER.

PARIS
C. L. F. PANCKOUCKE
MEMBRE DE L'ORDRE ROYAL DE LA LÉGION D'HONNEUR
ÉDITEUR, RUE DES POITEVINS, N° 14

M DCCC XXXV.

DE LUCAIN

ET DE LA PHARSALE.

Par ses qualités, autant que par ses défauts, Lucain est le roi de ces esprits déchus qui marquent le déclin de la poésie latine. Il y a en lui ce degré de lumière qui fait juger des ténèbres et les rend en quelque sorte visibles; ce n'est point la vie, ce n'est point la mort : c'est un mélange, ou plutôt une lutte de ces deux choses, dont l'une sert à l'autre de mesure et de limite. A une époque de force et de plénitude, ce ne serait point un sujet de gloire pour un homme, d'être à moitié vivant; mais dans les temps de faiblesse et d'impuissance littéraires, c'est un mérite réel de n'être qu'à moitié mort. Tel est notre poète parmi ses faibles contemporains : sa gloire pâlit devant la lumière du siècle d'Auguste, mais elle brille dans la nuit de la décadence; et voilà ce qu'il faut reconnaître, si l'on tient à établir un certain ordre même dans ces choses inférieures où l'esprit de désordre a tant de part.

Dire que Lucain est un poète de la décadence, un écrivain qu'il ne faut loüer qu'avec cette restriction nécessaire, qu'il ne faut comparer qu'à des écrivains condamnés comme lui par le malheur des temps à ne saluer la gloire que de loin, c'est énoncer une vérité littéraire du premier ordre et incontestable. Mais il a fallu du temps pour que ce jugement sur Lucain devînt sans appel. Avant et après le siècle de Louis XIV, l'auteur de la *Pharsale* a trouvé des admirateurs nombreux et illustres : Montaigne, Malherbe, sont du nombre; plus tard, au sein de la lumière des lettres, le grand Corneille se vantait d'estimer Sénèque et Lucain, travers singulier qu'il faut attribuer au temps, comme ces scories qui flottent encore sur les plus belles compositions de ce grand poète : il paraît même que cette erreur était assez commune parmi les gens de lettres d'alors, puisque l'Aristarque français a eu besoin de la condamner en forme dans ces vers de son *Art poétique* :

> Tel s'est fait par ses vers remarquer dans la ville
> Qui jamais de Lucain n'a distingué Virgile.

Mais en général on peut dire que la gloire de Lucain fut petite au jugement du grand siècle, et qu'il y a peu d'exceptions notables au discrédit profond où l'imperfection littéraire du seizième siècle le laissa tomber en se retirant.

Le dix-huitième siècle fut plus heureux pour lui, par une raison bien simple : c'est que rien, sous de certains rapports, ne ressemble mieux à l'imperfection que la décadence. Défectueux comme il est, dans ses idées et dans son style, il devait plaire à des hommes, qui, sans le savoir et malgré eux, quoique avec joie, se précipitaient sur ses traces. Là du moins il se trouvait pour ainsi dire en pays de connaissance, et rencontrait des égaux. Aussi toute l'école philosophique l'accueillit avec faveur, et s'empressa de l'adopter comme un de ses plus nobles enfans.

Ce fut Voltaire qui, le premier, sortant des voies que le goût du précédent siècle avait tracées, donna le signal de cette réhabilitation littéraire dans le chap. IV de son *Essai sur la poésie épique*. Là nous apprenons, entre autres belles choses, que Lucain, génie original, a ouvert une route nouvelle.

Après Voltaire et sous son inspiration, Marmontel et La Harpe se sont occupés de la gloire de Lucain. « Lucain, dit le premier, a écrit pour tous les siècles. » Effectivement, tant qu'on saura lire on le lira; mais cela ne fait rien au mérite du poète. La Harpe, sans épargner les critiques à la *Pharsale*, parce qu'il n'était qu'à moitié philosophe, en a traduit plusieurs livres en assez mauvais vers, qui, sans faire beaucoup d'honneur à Lucain, prouvent au moins l'intention de populariser son ouvrage, et de flatter sous ce rapport le goût prononcé du public.

Une chose remarquable, c'est qu'en parlant de Lucain, Voltaire n'ait pas trouvé le plus petit mot à dire sur la décadence. Il ne la voit pas, il ne s'en doute pas. Marmontel, qui sait si bien tourner à la gloire de sa chère *Pharsale* tous les articles littéraires dont il enrichit l'*Encyclopédie*, a imité sur ce point la discrétion de Voltaire. Cette inadvertance étonne au premier abord; mais un peu de réflexion suffit pour expliquer la chose. Voltaire ne parle point de la décadence, parce qu'il n'y croit pas, et il n'y croit pas, même pour la *Pharsale*, parce que le plaisir que lui causent l'esprit philosophique et l'humeur libérale de l'auteur, ne lui permet pas de regarder comme le produit d'une époque déplorable cette œuvre qui lui semble, à lui, merveilleuse; d'autant plus qu'il n'aurait pu porter ce jugement sur Lucain sans le porter jusqu'à un certain point sur lui-même. Or, ce n'est point ainsi que Voltaire l'entendait; représentant des doctrines révolutionnaires de son siècle, il devait s'entourer de toutes les images de la force et du progrès. L'idée de la décadence ne pouvait donc lui venir, ou si parfois elle s'offrait à son esprit, c'était comme une voix importune qu'il fallait étouffer bien vite, un trouble de conscience qu'il fallait apaiser; car avec la mission qu'il se concevait, avec cette haute prétention de faire toutes choses nouvelles, il avait surtout besoin de croire en lui-même, d'avoir foi dans sa propre sagesse, et de marquer sa place au zénith de l'intelligence humaine : l'idée seule de la décadence eût dissipé tous ses rêves, glacé toutes ses théories ; le dix-huitième siècle eût cessé d'être lui-même, s'il s'était connu ; l'inspiration génératrice de toutes ses œuvres lui eût manqué.

Voilà comment Voltaire n'a point parlé de la décadence à propos de Lucain. Il n'a pu supposer un moment que ce poète si cher à ses inclinations libérales et philosophiques, n'était en réalité qu'un penseur et un écrivain médiocre, affligé de toutes les maladies d'esprit qui sont le partage des époques de trouble et d'impuissance.

Il ne serait point difficile de prouver que la doctrine du progrès, dont on a fait honneur à l'époque actuelle, n'est en réalité que le dernier mot et la formule de toute la science du dix-huitième siècle : Condorcet l'a montré dans son roman philosophique et géométrique sur les progrès de l'esprit humain. Mais il n'est pas besoin d'aller jusqu'à son livre pour trouver la preuve que nous annonçons; Voltaire nous l'offre dans son *Essai sur la poésie épique*, et malgré le peu de jour qu'il lui donne, elle est trop palpable pour qu'on puisse la méconnaître. Après une appréciation d'Homère, qui montre bien que confondre les temps, c'est confondre les idées, il ajoute gravement que *le père de la poésie a créé son art, et l'a laissé imparfait; qu'il ne faut pas prendre les commencemens d'un art pour les principes de l'art même; que si, comme on l'a dit, Homère a fait Virgile, Virgile est son plus bel ouvrage.* Assurément, il y a dans ces lignes quelque chose qui ressemble à l'idée de progrès en poésie. Voltaire n'avait qu'à préciser davantage son hypothèse, pour l'ériger en dogme positif et absolu.

Pourquoi s'est-il arrêté en si beau chemin? c'est ce qu'on ne peut dire; peut-être craignait-il qu'un mauvais plaisant ne le forçât de convenir qu'en vertu de la doctrine du progrès, la *Henriade* était nécessairement le meilleur de tous les poëmes épiques : ce qui l'eût sans doute embarrassé.

Le lourd Marmontel, qui n'avait rien à craindre de semblable, est tout à la fois plus sincère et plus amusant : « Il n'est pas plus raisonnable, dit-il, de donner pour modèle en poésie le premier poëme connu, qu'il ne le serait de donner pour modèle en horlogerie la première machine à rouages et à ressort, quelque mérite qu'on doive attribuer aux inventeurs de l'un et de l'autre. » Voilà ce qui s'appelle parler sans parabole et sans figure; la grossièreté même du style ne fait que mieux ressortir le sens de cette parole, qui est à elle seule tout un traité de philosophie matérialiste, et qui revient à dire que les machines à rouages et à ressort n'ayant pas encore fait beaucoup de progrès au temps d'Homère, l'*Iliade* est une assez mauvaise pièce d'horlogerie; tandis que chez nous il ne faut que jeter les yeux sur une montre plate, pour y voir d'un même regard la gloire de nos horlogers et l'excellence de nos poètes.

Avec une pareille doctrine, la fameuse querelle sur le mérite relatif des anciens et des modernes n'offre plus de difficultés : elle se trouve naturellement résolue dans le sens de Perrault et de Lamotte-Houdard, c'est-à-dire à l'avantage des modernes. Mais nous doutons que l'on consente aujourd'hui à reconnaître leur supériorité, sur la foi d'une parole qui nous paraît bien plus propre à déshonorer les œuvres de l'esprit qu'à expliquer leurs progrès : car, s'il faut dire toute notre pensée, la manière dont Marmontel s'exprime à cet égard, nous paraît une des plus fortes preuves de l'affaiblissement des facultés humaines à certaines époques.

Il y a cela de commun, entre le siècle de Lucain et celui de Voltaire, que le premier devait écrire comme il a fait, et que l'autre ne pouvait par la même raison lui refuser son estime. Ce rapport nécessaire est fondé sur la nature des choses ; et rien n'est plus propre à nous donner une juste idée de ce qu'il faut entendre par la décadence. Au temps de Lucain, le bel âge de la littérature et de la poésie latine était passé ; Auguste était mort, comme plus tard mourut Louis XIV, après avoir fait partir devant lui tous les beaux génies de son siècle, et s'être assuré que, sous le rapport de l'art, il ne restait plus rien d'absolument grand dans le monde. A sa mort commence véritablement la révolution romaine, dans le sens profond du mot, c'est-à-dire la chute d'un ordre social dont les élémens, comme les pierres d'un édifice en ruines, retombent dans le désordre et la confusion, d'où le travail et la pensée persévérante de plusieurs générations d'hommes les avaient tirés pour les faire entrer dans le plan d'une synthèse harmonieuse et vivante.

On s'étonnerait moins de la décadence, et l'on comprendrait mieux les grandes époques de l'humanité, si l'on voulait admettre pour les peuples ce qu'on est bien forcé d'admettre pour les individus, c'est-à-dire une loi de commencement, de croissance et de mort qui s'applique à toutes les choses créées. Alors on trouverait tout naturel de penser que la vie d'un peuple n'ayant cessé de s'ajouter à elle-même pendant plus ou moins de siècles, il arrive un moment où cette force lentement amassée produit ces grands monumens que l'esprit humain s'élève à lui-même à de longs intervalles; on comprendrait par la même raison que cette force une fois employée n'existe plus, parce qu'elle a passé tout entière et s'est comme ensevelie dans ses œuvres. On ne s'étonne point de voir en hiver les arbres dépouillés et les campagnes stériles, parce qu'on sait que la force végétative qui produit les fruits de la terre a été, pour ainsi dire, cueillie et liée en gerbes à l'automne. Il faut en dire autant des fruits de l'intelligence : la saison qui les mûrit les voit aussi disparaître, et fait place elle-même à l'hiver, saison de mort et d'impuissance qui ne laisse tout au plus éclore que des fruits amers ou avortés.

Malheureusement l'erreur est facile sur ce point, comme sur tant d'autres. *Decipimur specie recti* ; la même ignorance du bien qui fait les mauvais auteurs, fait aussi les mauvais juges : car ce n'est qu'aux époques où l'on produit naturellement de grandes choses, qu'on sait les apprécier, dit Tacite. Vérité précieuse qui nous force de croire qu'aux époques de décadence on ignore également le bien et le mal, le propre défaut de l'ignorance étant de ne pouvoir juger sainement ni des autres choses, ni d'elle-même.

D'ailleurs, la décadence n'a rien en soi qui puisse flatter l'orgueil humain; ce n'est point là une de ces vérités agréables que l'on aime à tirer du puits et à produire au grand jour. Au contraire, ce mot est dur à notre oreille, et l'idée qu'il exprime, insupportable à notre esprit. Nous ne ferons donc rien pour la trouver, si elle ne nous prévient pas, et nous ferons tout pour l'obscurcir, pour peu qu'elle s'offre d'elle-même. Lucain, plus qu'un autre, s'est égaré sur ce point; car il a prouvé qu'il était à la fois un mauvais poète et un mauvais juge de la bonne poésie. Il faisait peu de cas de Virgile et s'estimait beaucoup lui-même. Quelques mots conservés par Suétone, sont pour nous le témoignage précieux de son outrecuidance et de son faux jugement. Nulle part, dans sa *Pharsale*, il ne nomme le plus grand poète de son pays; on voit qu'il le traitait comme Sénèque traitait Cicéron, et qu'il devait dire aussi *feu Virgile*, comme de nos jours on a dit *feu Racine*. Il est vrai qu'il semble faire cas d'Homère, et qu'il ne demande pour lui-même que l'immortalité du chantre d'Achille; mais il y a beaucoup d'orgueil sous cette modestie, et plus de mépris pour Virgile, que d'admiration pour Homère, dans cette promesse qu'il fait à son poëme des destinées de l'*Iliade*. Un homme tant soi peu modeste eût craint d'égaler son œuvre à ce qu'il y a de plus grand en poésie; un homme qui eût conservé quelque ombre de goût, n'eût pas dédaigneusement passé sous silence le premier poète de son pays, et le second de tous les poètes. Ce travers d'un écrivain qui ne sent pas sa faiblesse, et qui méconnaît la force dans les autres, n'a point disparu du monde avec Lucain; il s'est retrouvé plus tard chez les modernes, et même il est entré pour beaucoup dans la sagesse du dix-huitième siècle, pour ne rien dire de la nôtre.

Peut-être serait-il à propos d'observer que sur ce point l'aveuglement des modernes est moins excusable que celui des Romains. Que ceux-ci n'aient point compris la décadence, on le conçoit sans peine : ils n'étaient pas avertis; rien dans le passé ne leur offrait une idée nette de ce qui se passait chez eux, et ils se trouvaient à cet égard dans la position du premier homme, qui ne concevait pas la mort, parce qu'il n'avait jamais vu mourir. Mais nous, assurément, nous si vieux, nous ne sommes plus dans cet heureux état d'ignorance : nous connaissons la loi fatale, nous savons comment elle s'applique; nous avons même assez vécu pour n'en être pas effrayés. Si donc, avertis comme nous le sommes, nous disons avec Auguste :

> Quelquefois l'un se brise où l'autre s'est sauvé,
> Et par où l'un périt un autre est conservé;

c'est une faiblesse indigne de nous; mais si nous croyons sérieusement que la loi, par une faveur spéciale et inouïe, a passé comme l'ange de mort sans frapper à notre porte, c'est une folie, et mieux vaudrait cent fois dire avec cet insensé de l'Écriture : « On m'a frappé, mais je ne l'ai pas su; on m'a blessé, mais je ne l'ai pas senti. »

Cette erreur que nous signalons est puissante, aujourd'hui, pour troubler même les meilleurs esprits : les uns ne croient pas qu'il y ait eu chez nous décadence au dix-huitième siècle; d'autres, plus traitables, ne demandent pas mieux que de reconnaître ce fait, mais à condition qu'il leur sera permis de s'en consoler, par la perspective joyeuse d'une résurrection littéraire qui serait la conséquence et le complément de la grande régénération politique et morale de 1789.

> Quodcumque ostendis mihi sic incredulus odi.

C'est tout ce que nous pensons dire, persuadés qu'il vaut mieux être borgne qu'aveugle en ces matières, parce que au moins l'œil qui reste sert à juger de celui qu'on a perdu. C'était la sagesse de Socrate, « qui estant homme comme les autres, foible et misérable, dit Charron, le sçavoit bien, et recognoissoit de bonne foy sa condition, se regloit et vivoit selon elle. » Cette sagesse paraît peu de chose en elle-même au premier coup d'œil, mais elle a de grandes conséquences. Jamais on ne fait le mal si gaîment, ni si pleinement, que quand on le fait par principe de conscience, et en vertu d'une fausse doctrine qu'on s'est faite; or, c'est précisément ce que nous voyons : *statuerunt sibi sermonem nequam.* Grand mal assurément! car rien ne nous semble plus propre à prolonger la décadence, que l'oubli de la décadence ; et cela pour une très-bonne raison, que nous trouvons dans Plutarque : c'est que moins on veut reconnaître son vice, plus on s'y enfonce.

Les auteurs qui ont écrit sur la décadence ont trop peu tenu à nous en montrer le caractère propre et les véritables causes. En général, c'est par la décadence des mœurs qu'ils expliquent la décadence des lettres. Ils disent avec Gilbert :

..... La chute des arts suit la chute des mœurs.

Il y a sans doute quelque chose de vrai dans cette explication généralement adoptée; mais nous la jugeons incomplète, en ce sens qu'elle n'explique un fait que par un autre qui aurait besoin d'être lui-même expliqué. D'ailleurs, est-il bien prouvé que les lettres se corrompent à la suite des mœurs, et que cette double corruption ne parte pas à la fois d'un même principe? Une vérité certaine, c'est que les grands génies n'ont pas tous été des hommes de mœurs exemplaires : les faiblesses de Racine sont connues, Raphaël est mort de débauches ; certaines odes d'Horace ne prouvent pas mieux son excellent goût littéraire que son ardent libertinage. Sans en chercher d'autres, ces exemples suffisent pour établir que la pureté des mœurs n'est pas la condition indispensable du goût et du génie. Voilà pour la vie individuelle. Si nous regardons la vie publique, nous trouverons peu de différence entre les mœurs romaines au temps d'Auguste, et les mœurs romaines au temps de Néron; il est même incontestable que certains poètes de cette dernière époque, Lucain et Perse, par exemple, furent des hommes vertueux et chastes, en comparaison d'Horace et de Virgile. La corruption des mœurs, en la supposant augmentée, n'aurait donc point influé sur leurs facultés intellectuelles comme cause de décadence. Et si par mœurs on veut entendre toutes les qualités morales, on ne trouvera pas davantage en quoi les poètes de la décadence étaient moins honnêtes gens que ceux du siècle d'Auguste.

Il nous est donc impossible de voir dans la corruption des lettres une conséquence pure et simple de la corruption des mœurs; et nous croyons que, pour être comprise, la décadence a besoin d'être mieux expliquée. Un examen comparé de l'*Iliade* et de la *Pharsale*, serait peut-être la meilleure manière d'éclaircir la question. Toutes les différences qu'on remarquerait entre ces deux poëmes, non pas dans le style proprement dit, mais dans les idées, donneraient, pour ainsi dire, un corps et une forme sensible à la décadence. Il ne nous appartient pas d'établir nous-même ce parallèle, mais nous nous contenterons d'en indiquer le résultat général. Dans Homère, ce qui doit frapper tout esprit attentif, c'est une claire intelligence et un sentiment profond de la vie humaine, qu'on ne trouve nulle part ailleurs au même degré. Dans ses poëmes, tous les vrais principes sont reconnus, toutes les vérités premières et fondamentales sont exprimées. Rien de faux, rien de hasardé, rien d'obscur, mais surtout rien d'inanimé dans sa poésie; partout on y sent pétiller autour de soi le feu générateur qui échauffe et qui éclaire; chacun de ses poëmes semble créé comme un monde avec toutes ses lois, toutes ses forces cachées, toutes ses harmonies. On y trouve partout cette simplicité des moyens, et cette grandeur d'effets qui nous frappent dans les œuvres de la nature. C'est le même ordre, le même calme, la même unité, la même plénitude; tout s'y déroule, tout y marche sans effort et sans secousse, parce que tout y est vivant.

Horace dit que le bon Homère sommeille quelquefois : rien n'est plus faux, à notre avis; et nous ne voyons pas ce qui a pu donner lieu à cette parole citée depuis comme un oracle. Mais nous approuvons le critique latin quand il met le chantre d'Achille au dessus de Chrysippe et de Crantor pour la morale. Homère, sans doute, n'a point cherché avant tout cette gloire de moraliste; mais comme il était naturellement au véritable point de vue des choses, tous ses jugemens sur les actions des hommes sont nécessairement vrais, toutes ses définitions du bien et du mal sont justes; et c'est le cas d'admirer combien la science intuitive des premiers âges laisse loin derrière elle, sous ce rapport, les raisonnemens douteux et les spéculations incertaines de l'école. Cependant, ce mérite immense n'est qu'un accessoire auquel le poète n'a point songé; c'est une des conditions de l'époque où il écrivait, époque de foi religieuse et d'inspiration naïve où toutes les idées générales étaient connues, toutes les traditions vivantes; où les hommes plus voisins du commencement des choses, étaient, comme Homère le fait entendre, plus forts et plus savans que ceux qui les ont suivis.

Un seul regard jeté sur la *Pharsale*, y découvre précisément l'absence de ces grandes qualités qui sont comme l'essence de la poésie d'Homère; on sent que les vers du poète latin ne coulent pas de la même source élevée, de la même inspiration féconde. A la place de ces principes larges, de ces vérités universelles qui brillent dans l'*Iliade* et dans l'*Odyssée*, on ne trouve plus guère dans la *Pharsale* que des vérités incomplètes et relatives, des principes douteux et contestables. Ce n'est plus la même simplicité majestueuse et pénétrante, la même netteté de vues, le même calme intellectuel : le monde, si vaste et si lumineux pour Homère, est devenu étroit, et sombre pour Lucain. Un voile s'est étendu sur la pensée du poète, et son intelligence n'est plus qu'une espèce de chaos, où la lumière et les ténèbres se confondent comme avant leur séparation. La poésie, qui, dans Homère, est véritablement la langue des dieux, c'est-à-dire un reflet de cette parole vivante et efficace qui s'est élancée dès le commencement du sein de son principe, n'est plus dans Lucain qu'une langue humaine, une langue faible, confuse, altérée, presque morte, glacée par le doute, et faussée par la philosophie. En cela, c'est-à-dire dans l'altération des vérités premières, nous trouvons l'explication de la décadence des lettres, et non dans la corruption des mœurs, qui elle-même nous semble découler de la même source. Une seule phrase de l'Écriture en dit plus sur ce sujet que tous les raisonnemens : *Deminutæ sunt veritates a filiis hominum*, « Les vérités ont été altérées, » ou, si l'on veut, « le nombre des vérités a été diminué par les enfans des hommes, » s'écriait en son temps le psalmiste; belle parole qui mériterait de servir d'épigraphe à tous les livres sur la décadence des lettres, et qu'il est facile de vérifier par l'examen des faits.

Toutefois cette explication même n'est que secondaire, et il reste toujours à savoir la cause de ces révolutions que le temps amène dans la vie des peuples. Mais autant vaudrait demander pourquoi tout meurt, hommes et choses. C'est le secret de Dieu. Lui seul connaît la raison des lois qu'il a faites. Tout ce que nous pouvons connaître, quand l'orgueil et l'esprit de révolte ne nous aveuglent pas, c'est que ces lois portent en elles-mêmes leur justification : *Justificata in semet ipsis*. Voilà toute notre science, et nos faibles yeux ne vont pas plus loin. Mais il est doux de croire que notre ignorance qui vient de Dieu, porte aussi sa raison en elle-même, et qu'il ne serait pas bon que l'homme en sût davantage :

……Dixitque semel nascentibus auctor
Quidquid scire licet………………
………………………………….
Hoc satis est dixisse Jovem.
(*Pharsal.* lib. ix, v. 76.)

Un fait qui semble avoir été placé tout près du berceau des choses, comme l'idéal et la prophétie de toutes les révolutions humaines, jette encore un grand jour sur la décadence des peuples : c'est l'histoire de la tour de Babel. Les hommes d'alors n'avaient qu'une même parole et qu'une même langue, dit l'écrivain sacré. Mais Dieu, pour arrêter leur tentative hardie, confondit leur langage : si bien qu'ils ne surent plus s'entendre les uns et les autres; et la ville qu'ils voulaient bâtir fut appelée Babel, c'est-à-dire *confusion*.

Telle est, ou telle sera l'histoire de toutes les sociétés humaines. La confusion des langues, c'est la confusion des idées, et toute société divisée contre elle-même, est appelée spirituellement Babel; nom terrible que Rome reçut des apôtres chrétiens au temps de Néron, et que toute capitale d'empire doit porter à son tour au temps de sa décadence.

Dans l'ordre moral, comme dans l'ordre physique, l'union fait la force, non pas seulement en vertu de la puissance du nombre, mais encore dans ce sens, que chaque partie d'un tout jouit à la fois de sa propre force et de la force des choses qui lui sont unies. Un grand écrivain de notre temps a comparé l'union mystérieuse des esprits à un faisceau d'aiguilles aimantées, dont la vertu s'exalte sans mesure par leur rapprochement, et s'affaiblit dès qu'on les sépare. Belle comparaison qui jette une vive lumière sur les phénomènes obscurs de l'intelligence ! Là aussi, *l'homme n'est fort que par le nombre et ne peut rien que par la réunion*. Plus il y a d'unité, plus il y a de force, non-seulement totale, mais encore individuelle ; plus la division fait de progrès, plus les parties séparées perdent même de leur propre valeur.

Au temps où vivait notre poète, la confusion des idées était à son comble; déjà, depuis un siècle, le lien des esprits et des cœurs était si complètement brisé, qu'il avait fallu le remplacer par un lien tout matériel. On a dit qu'Auguste avait créé l'unité romaine, et que Rome l'avait payée de sa liberté. Certes, rien n'est plus vrai, si l'on entend par là que la forme républicaine fit place à la forme impériale ; mais rien n'est plus faux, si l'on veut dire que l'unité réelle se soit alors établie dans Rome. Au contraire, jamais la division n'y fut si grande que quand elle eut besoin de ce contre-poids. Toute forme sociale est un état violent fondé, comme on dit, sur l'harmonie des contraires, et non sur l'unité des choses semblables. Mais cet état naturel et nécessaire à l'homme, se forme, s'accroît, subsiste aussi long-temps que le dogme politique sur lequel il se fonde est reconnu par tous. Au temps d'Auguste, l'espèce de contrat qui avait formé le lien de cette société guerrière et conquérante, était rompu. Comme les Romains ne s'étaient point arrangés pour vivre en paix avec le monde et avec eux-mêmes, le gouvernement d'un seul fut pour eux une nécessité fatale qu'ils n'avaient point prévue, parce qu'ils n'avaient formé de plan que pour la guerre, qui était leur seule promesse d'avenir. A ce moment, Rome eut besoin d'empereurs pour soutenir sa vieillesse, comme elle avait eu besoin de rois pour protéger son enfance, et le pouvoir d'un seul dut l'aider à mourir comme il l'avait aidé à vivre. L'empire ne s'établit donc que pour maintenir un certain ordre matériel dans le désordre des intelligences, et présider à la destruction de cette autre Babel.

L'anarchie politique est avant tout une anarchie intellectuelle : c'est la confusion des langues ou des idées, et la décadence d'un peuple, sous toutes ses formes, en est le résultat nécessaire. Comme alors il n'y a plus ni autorité, ni règle, ni certitude parmi les hommes, ils s'égarent tous plus ou moins, comme des brebis sans pasteur. Chacun d'eux, forcé de se faire à lui-même sa science et ses convictions, va recueillant partout des débris de vérités, comme ces malheureux qui, dans un naufrage, s'attachent aux débris flottans de leur navire. L'individualité se déploie dans ce pénible travail, et parfois l'on s'étonne des ressources qu'elle trouve en elle-même : mais il ne faut pas s'y tromper, sa force même alors n'est qu'une pénible contention qui la tue; sa grandeur n'est qu'une attitude violente et convulsive qui n'a rien de commun avec les formes pures et les nobles proportions de l'esprit humain. On croit voir Ajax se tordant sur son roc, et frappé de la foudre au moment où il s'écrie qu'il échappera malgré les dieux.

Tel fut surtout Lucain. Nul poète de la décadence ne s'est plus obstinément raidi contre les nécessités de son époque, et nul n'a mieux succombé dans cette lutte. Sénèque et lui sont, pour la prose et pour la poésie, deux grands exemples de cette influence fatale qui blesse le génie dans sa racine et stérilise les plus rares facultés. C'étaient là, certes, deux beaux esprits, deux âmes vigoureuses ; car leur grandeur paraît même dans leur abaissement, et ce qu'ils ont été, montre ce qu'ils auraient pu être dans un temps plus heureux. Mais il leur arriva ce que notre poète a remarqué lui-même à propos du tribun Curion :

> Perdita nunc urbi nocuerunt sæcula.
> (*Pharsal.* lib. vi.)

Le malheur des temps faussa leur génie ; et la décadence les choisit pour montrer en eux sa terrible puissance à rapetisser les hommes.

Et, par un singulier hasard, ce fut dans la même famille qu'elle prit ses deux représentans littéraires, l'un pour la prose, et l'autre pour la poésie ; car on sait qu'ils étaient proches parens. Ce lien de parenté qui mit entre eux des rapports intimes, donna sans doute à Sénèque une influence considérable sur le génie de son neveu. Il l'adjoignit aux études de Néron, et lui fit partager cette éducation philosophique dont il faut croire, pour son honneur, que l'héritier de l'empire ne profita point. Qu'il ait appris à son neveu ce qu'il savait de mieux, qu'il ait cherché à le former à son image, à l'associer à sa gloire, à lui inculquer son mépris pour les travaux des grands maîtres, c'est ce qui ne peut être l'objet d'un doute. Cependant nous croyons que, sous ce rapport, Lucain n'a le droit d'accuser personne, de ce qui fut proprement le tort de son époque. Les leçons qu'il reçut de son oncle, sa présentation à la cour, les applaudissemens prodigués à ses premiers essais, et la présomption malheureuse qui troubla sa jeune tête, ne furent point précisément l'écueil où se brisa son génie. Un spirituel écrivain de nos jours, l'auteur des *Études de critique et de morale sur les poètes latins de la décadence*, a dit avec beaucoup de sens que « quand il a été décidé qu'une époque ne produirait ni un génie complet, ni un monument de belle littérature, tout s'y trouve disposé pour que les plus hautes facultés avortent, et pour que le génie même aboutisse à ce que nous appelons du talent, et rien de plus. » Mais s'il veut nous montrer ailleurs que dans les conditions mêmes de l'époque, les causes nécessaires qui ont faussé le génie de Lucain, nous ne sommes plus de son avis. Nous ne voyons dans les petits détails qui lui servent à prouver sa thèse, que la forme accidentelle d'un fait qui n'eut pas manqué de s'accomplir de même sous une autre forme et avec d'autres circonstances.

> Non tibi Tyndaridis facies invisa Lacænæ
> Culpatusve Paris; Divum inclementia, Divum
> Has evertit opes.   (VIRGIL., *Æneid*. lib. II, v. 601.)

Ce n'est point Néron, ce n'est point Sénèque, ce ne sont point les calculs intéressés de sa famille qui ont gâté Lucain: c'est le temps même où il a vécu; ce sont les conditions générales où se trouvait alors la société romaine, conditions funestes qui pesaient également sur l'empereur, sur le philosophe et sur le poète.

Sénèque a trop écrit, pour qu'il soit facile de saisir, non pas l'ensemble, mais plutôt l'incohérence de ses idées. C'est un désordre qui se cache pour ainsi dire au fond de lui-même, et qui échappe à l'œil en le fatigant. Mais il se retrouve tout entier dans la *Pharsale*, et c'est là qu'on en peut mieux juger, c'est là qu'on peut voir aisément ce qu'il y avait de plus clair dans la science de Sénèque. Ne rien ignorer, et ne rien savoir, tel fut le sort bizarre de ce philosophe, que saint Paul semble avoir en vue quand il parle de certains hommes « qui apprennent toujours et qui n'arrivent jamais à la connaissance de la vérité. » Lucain, à vingt-quatre ans, était tout juste aussi savant que son oncle, c'est-à-dire qu'il ne l'était pas davantage; son esprit n'avait ni plus d'assiette, ni plus de certitude; il était aussi loin de la science véritable, et aussi près du doute universel.

Ceci nous explique trop bien la vogue de ces deux écrivains aux époques d'imperfection et de décadence, pour qu'il soit nécessaire d'en chercher une autre raison. Au seizième siècle, Sénèque aida puissamment la raison individuelle à trébucher dans son premier essai d'indépendance : Montaigne le prit pour guide et donna pour aliment à son scepticisme la science du philosophe romain; plus tard, au dix-huitième siècle, quand ce qui n'était pas encore cent ans auparavant touchait à sa fin, Sénèque retrouva des disciples fervens qui lui payèrent en estime et en admiration les idées qu'ils prirent dans ses ouvrages. Il en arriva de même à Lucain : Corneille le lut sans défiance, et ne s'aperçut pas du tort que ce modèle dangereux faisait à ses ouvrages; Brébeuf le traduisit, et manqua sa vocation de poète. C'est que la fronde avait mis Lucain à la mode, non pas tant à cause de son style, que pour sa valeur propre, comme a dit Montaigne. Cette valeur propre, ce sont les idées philosophiques, mais surtout les idées politiques qui, selon les temps, ont fait la fortune ou le discrédit de la *Pharsale*. Sous ce rapport, la fin du dix-huitième siècle devait être le temps marqué pour sa plus grande gloire.

On parlait alors beaucoup en France de liberté, et comme ce mot, sinon la chose qu'il exprime, est l'équivalent du mot *libertas* qui fait grand bruit dans la *Pharsale*, son auteur devint le poète de la circonstance. Un seul fait nous montre le degré de sympathie que ses principes devaient inspirer; ce vers de son quatrième livre :

Ignoratque datos, ne quisquam serviat, enses,

fut gravé sur les sabres de la garde nationale, et devint le pendant de ce mot fameux de Lafayette : « L'insurrection est le plus saint des devoirs. » Ce n'est point ici le lieu de discuter le mérite de ces deux maximes; nous remarquerons seulement, que dans Lucain ces glaives qui ont été donnés à l'homme pour qu'il n'y eût point d'esclaves, ne servent qu'au trépas volontaire de ceux qui les portent. C'est donc le suicide que le poète nous prêche comme un moyen facile et sûr de s'affranchir de toute obéissance : « Vivre libre ou mourir, » comme on l'a tant répété chez nous depuis un demi-siècle. Mais il est bon d'observer le résultat nécessaire de l'esprit d'indépendance porté jusqu'à ce paroxysme violent : c'est l'extermination pure et simple de la race humaine, c'est l'insociabilité mise en principe, la guerre d'homme à homme, *guerre plus que civile*, érigée en loi divine; car si nul ne consent à plier sous un maître, si chacun est prêt à se faire tuer par le vainqueur plutôt que de s'avouer vaincu, s'il a d'ailleurs la ressource de se tuer lui-même, comme un vrai stoïcien, la dernière conséquence d'un pareil principe, c'est la mort de tous les hommes, moins un seul; et il n'y a plus de société possible, puisque une société ne peut se concevoir que par la dépendance hiérarchique de tous les membres qui la composent.

Homère, qui vivait, comme l'a dit Voltaire, dans un temps barbare, ne s'est point élevé jusqu'à cette hauteur de conception. Il admet naïvement l'obéissance comme la condition nécessaire de tout ordre, de toute police et de toute société :

> Trop de chefs vous nuiraient : qu'un seul homme ait l'empire :
> Vous ne sauriez, ô Grecs! être un peuple de rois.
> Le sceptre est à celui qu'il plut au ciel d'élire
> Pour régner sur la foule et lui donner des lois.
> (*Iliade*, liv. ii.)

Mais le dix-huitième siècle avait mis d'autres vérités à l'ordre du jour : Homère avait tort; Lucain avait raison, « car c'était là son heure et la puissance des ténèbres. »

Sans vouloir qualifier plus durement de pareils principes, nous dirons qu'ils sont tout au moins contestables; et c'est là précisément le vice de toute la poésie de Lucain. Ce n'est point dans une sphère d'idées si confuses et si peu sereines qu'habite la haute et belle poésie; elle ne vit, comme les sociétés humaines, que de principes absolus, de vérités éternelles. Un écrivain dont les ouvrages n'auront point pour fondement la saine doctrine, n'obtiendra jamais qu'une gloire accidentelle et contestée; il aura pour qualités, comme a dit Quintilien, ces défauts aimables qui plaisent aux époques de décadence : mais ces défauts même cesseront d'être aimables, dès qu'il aura plu à Dieu de redresser le sens égaré; et alors il ne restera plus qu'à porter la même sentence contre le poète et contre ses admirateurs.

Il ne faut pas se dissimuler que les passages les plus admirés de la *Pharsale*, ceux même qui prouvent dans son auteur un vrai génie, sont tous infectés de ce défaut. On cite avec éloge la réponse de Caton d'Utique à Labienus, qui l'exhorte à consulter l'oracle d'Ammon [1]. Que d'incohérence pourtant, que de désordre dans les idées que l'auteur y exprime! D'abord l'auteur se contredit lui-même par la bouche de son héros. Il avait dit au cinquième livre de son poëme :

> . . . . Non ullo secula dono
> Nostra carent majore Deum, quam Delphica sedes
> Quod siluit. . . . .
> (Vers 111.)

et nous avions applaudi à ces regrets si noblement exprimés sur le silence des oracles, sans approuver pourtant l'explication trop libérale qu'il en donne, en ajoutant :

> . . . . Postquam reges timuere futura,
> Et Superos vetuere loqui. . . . .
> (*Pharsal.* lib. v, v. 114.)

Mais quand le héros d'Utique vient nous dire qu'il n'y eut jamais d'oracles véritables, par la raison que Jupiter, qui est tout ce que l'œil peut voir, n'a pas dû s'enfermer dans un temple, et choisir les sables d'Afrique pour s'y faire entendre à un petit nombre d'élus, nous ne retrouvons plus dans ce panthéisme la pensée religieuse qui avait dicté les vers cités

---

[1] *Pharsale*, liv. ix.

plus haut, et nous en concluons que le poète était mal édifié sur ces matières, n'ayant point ce degré de certitude qui fait dire au roi-prophète : « J'ai cru, c'est pourquoi j'ai parlé, » *Credidi, propter quod locutus sum.*

Ensuite, quelle est la substance de ce discours tant vanté ? la voici en deux mots : c'est que le sage, c'est-à-dire le vrai stoïcien, n'a pas besoin de consulter les dieux, parce qu'il a toujours la ressource de se tuer lui-même, dès que les choses ne vont pas à son gré dans ce bas-monde, et cela en vertu d'une science innée, d'une vérité primitive que le ciel met en nous,

Alors que du néant nous passons jusqu'à l'être.

Cette déclamation célèbre, n'est donc après tout que la paraphrase de ce mot de Sénèque, qui nous paraît ce que le stoïcisme a pu dire de plus monstrueux et de plus absurde : « Le sage, qui est assez sage pour ne pas tenir à la vie, se moque de tout, des dieux, des hommes et des choses. » Belle maxime, vraiment, et qui valait bien la peine d'être mise en vers.

Cette absence de netteté dans ses idées se montre à chaque page de notre auteur : il commence par dire qu'il chante une guerre plus que civile, et depuis sa mort jusqu'à nos jours, depuis dix-huit siècles, on se demande quelle est cette nouvelle espèce de guerre, sans pouvoir le découvrir : il est probable qu'il ne le savait pas lui-même.

On admire ce vers :

Victrix causa Deis placuit sed victa Catoni.
(*Pharsal.* lib. 1, v. 128.)

Nous avouons n'y rien comprendre, et nous félicitons ceux qui ont l'esprit assez bien fait pour y trouver un sens raisonnable.

Caton qui s'écrie que c'est aux dieux à répondre des crimes dont ils le rendront coupable,

> Crimen erit Superis et me fecisse nocentem,
> (*Pharsal.* lib. ɪɪ, v. 288.)

nous paraît tout aussi incompréhensible ; mais quand il épouse une seconde fois sa propre femme qu'il avait prêtée à Hortensius, nous ne le trouvons que plaisant; seulement il l'est beaucoup, et le poète qui cherche à nous montrer dans toute sa gloire ce merveilleux effort de la vertu stoïque, ne l'est pas moins.

Que dirons-nous de Cornélie, qui, dans ses plaintes sur la mort de Pompée, regrette de n'avoir pas épousé César qu'elle déteste, afin de lui porter malheur,

> O utinam in thalamos invisi Cæsaris issem!
> (*Pharsal.* lib. ɪx.)

Est-ce inadvertance de la part du poète? est-ce mauvais goût? N'a-t-il pas vu que si Cornélie déteste César, c'est parce qu'elle est femme de Pompée, et qu'elle aurait le même amour pour son rival, si elle l'avait épousé? ou a-t-il voulu monter sa douleur jusqu'à un excès qui ne lui permet plus de raisonner juste? C'est une question que nous ne déciderons pas ; nous laissons à d'autres le soin de se prononcer entre deux absurdités qui nous semblent égales.

Il serait facile de multiplier les critiques de ce genre, car la *Pharsale* est malheureusement pleine de pareils traits. Mais nous en avons assez dit pour montrer dans ce livre les profondes traces de la décadence, mettre une restriction salutaire aux éloges de ses admirateurs, et signaler tous les dangers de sa lecture pour des esprits non préparés.

S'il fallait résumer ce que nous venons de dire, nous ajouterions qu'il en est de la décadence littéraire comme de la décadence politique, et un de ces hommes d'état qui contribuèrent si puissamment à précipiter la ruine d'Athènes, sous les successeurs d'Alexandre, nous fournirait la seule justification possible de ce qui se fait à ces sortes d'époques : c'est l'orateur Démades, rival heureux de Démosthène et de Phocion, l'âme damnée d'Antipater et de Cassandre. Il ne se faisait point illusion sur lui-même; il avouait sans difficulté les fautes et les écarts de sa conduite, mais il les rejetait sur le malheur des temps : « Je n'ai eu, disait-il, à gouverner que les naufrages de la république. »

Il faut en dire autant de Lucain; il n'eut à gouverner, pour ainsi dire, que les naufrages de sa poésie. Il vécut, il écrivit à une époque où toutes les vérités étaient altérées, tous les principes mis en question. Les circonstances de sa vie le forcèrent d'être l'ami du plus méchant de tous les princes et de tous les hommes : il fut même réduit à le louer dans ses vers dictés pour l'avenir; ce fut le premier coup porté à son génie. Plus tard, d'autres circonstances le rendirent l'ennemi personnel du chef de l'empire, et achevèrent de lui fausser l'esprit en le jetant tête baissée dans une opposition aveugle et impuissante, qui ne connut plus de mesure ni dans ses écrits, ni dans ses paroles, ni dans sa conduite.

Toutefois, il est bon d'observer que cette haine du despotisme qui tua le poète, a fait et fera vivre son œuvre, non pas seulement parce qu'elle lui assure l'admiration des époques révolutionnaires, mais aussi à cause de la chaleur et de sa sombre énergie qui animent les beaux endroits de son poëme. Une inspiration plus haute, plus calme, plus religieuse est sans doute la source de toute vraie poésie; mais quand cette source est tarie, c'est quelque chose encore pour échauffer le poète, qu'une passion violente qui ressemble beaucoup à l'enthousiasme et à la sainte colère de la vertu. En se livrant sans réserve à cette inspiration secondaire, Lucain a marqué sa place au dessous de tous les grands poètes, mais au dessus de tous les versificateurs, malgré les défauts énormes qui défigurent sa *Pharsale*. La *Henriade*, que le roi de Prusse et quelques autres critiques de la même force, nous donnent comme le premier des poëmes épiques, offre, si vous voulez, plus d'unité, plus d'ordre et plus de goût. Mais qui peut lire la *Henriade?* qui l'a lue tout entière, sèche, froide et privée de vie comme l'esprit philosophique nous l'a faite? Lucain croyait au moins à quelque chose, tandis que Voltaire ne croyait à rien; et voilà ce qui rend notre épopée nationale si inférieure même à ce poëme historique, dont l'auteur paraissait à Quintilien plus orateur que poète.

Nous n'ajouterons pas d'autres restrictions à notre jugement sévère sur la *Pharsale*, parce que toutes les critiques du monde n'ôteront à cette œuvre ni ses beautés réelles, ni le charme de ses défauts, ni l'intérêt puissant qui la fait aimer. La *Pharsale* vivra, comme l'a dit son auteur, autant que les chants d'Homère, parce qu'elle est, comme l'*Iliade,* un monument du passé, bien différent sans doute pour le style et le fond des choses, mais non moins précieux à conserver, parce qu'il accuse puissamment une des grandes faces de l'esprit humain.

Cette Notice n'étant point biographique, nous n'avons rien dit de la vie de notre poète. Elle est assez connue, et on la trouve tout entière dans le peu de faits que Suétone et Tacite nous en ont transmis; les voici dans leur plus simple expression : Né à Cordoue, en Espagne, sous le consulat de Caligula et de Césianus, le 3 novembre, an de Rome 792, de J.-C. 39, Lucain périt sous le consulat de Nerva et de Vestinus, le 30 avril, an de Rome 818, de J.-C. 65. Il était fils de Annéus Mella, frère de L. Annéus Sénèque le Philosophe. Il fut porté à Rome à l'âge de huit mois. Ses premières études furent dirigées par deux maîtres d'un esprit bien différent. L'un, Palémon le Sophiste, le rendit présomptueux et vain comme lui-même; l'autre, Cornutus, philosophe stoïcien, qui fut aussi le maître de Perse, ne put faire passer en lui sa gravité. Sénèque, rappelé de son exil en Corse, eut aussi beaucoup de part à l'éducation de son neveu, dont il fit le condisciple et l'ami de Néron. Cette amitié ne fut point heureuse; elle donna d'abord à Lucain la question : mais bientôt la rivalité, l'amour-propre et l'intempérance de langue, excitèrent entre l'empereur et le poète une haine irréconciliable qui jeta ce dernier dans la conspiration de Pison, et lui coûta la vie. Tacite rapporte comme un fait certain, que l'espoir du pardon lui fit dénoncer sa mère Atilla ou Acilia. On voudrait pouvoir révoquer en doute cette bassesse impardonnable qui prouve le peu de fond de la vertu stoïque, et l'effroyable puissance de certaines époques pour gâter le cœur en même temps que l'esprit. Lucain, dans sa vie si courte, bornée à vingt-cinq ans cinq mois et vingt-sept jours, composa une foule d'ouvrages, soit en vers, soit en prose, dont nous avons les titres. Il ne nous reste que la *Pharsale*, et le *petit poëme à Pison*, qui peut-être n'est pas de lui.

E. GRESLOU.

SOMMAIRE DU LIVRE I.

EXPOSITION du sujet, la guerre civile entre César et Pompée ; page 3. Reproches que le poète adresse aux Romains, à propos de cette fureur qui les arme les uns contre les autres, quand ils ont tant de raisons d'entreprendre d'autres guerres; p. 3-5. Il faut se consoler pourtant de ces malheurs, et s'en réjouir, si les destins n'ont pas trouvé d'autre voie pour amener le règne de Néron; p. 5. Apothéose anticipée de Néron, basses flatteries; p. 5-7. Énumération des causes particulières ou générales de la guerre civile; p. 7. Elles sont au nombre de six : la première, c'est une nécessité fatale qui ne laisse pas subsister long-temps les grandes choses; p. 7-9. La deuxième, c'est l'accord de Pompée, de César et de Crassus, parce que la souveraine puissance ne se partage pas; p. 9-11. La troisième, c'est la mort de Crassus, tué par les Parthes, et dont la présence avait jusqu'alors arrêté la guerre civile; p. 11. La quatrième, c'est la mort de Julie, fille de César et femme de Pompée, qu'elle avait tenus jusqu'alors unis par cette alliance, nouvelle Sabine; p. 11. La cinquième, c'est la jalouse ambition de ces deux capitaines. Portraits de Pompée, p. 11-13; de César, p. 13-15. La sixième et dernière, ce sont les vices des Romains, fruits malheureux d'une longue paix, et de la félicité publique, le luxe en tous genres, l'ambition, l'avarice, la soif de commander, l'esprit de révolte et de sédition, etc.; p. 15. César arrive sur les bords du Rubicon, qui marque la limite de son gouvernement. L'image de la patrie désolée se dresse devant lui et le conjure de ne pas avancer plus loin avec son armée. César, après un moment d'hésitation, passe le fleuve; p. 17-19. Prise d'Ariminum pendant la nuit. Les habitans, réveillés par le bruit des trompettes, voient leur ville envahie par une armée, et déplorent en silence leur malheureux sort; p. 19-21. Au point du jour, les tribuns, forcés de s'enfuir de Rome, arrivent au camp de César; l'un d'eux, Curion, excite César à presser la guerre; p. 21, 23, 25. César, enflammé par ce discours, harangue ses soldats et leur parle de marcher sur Rome. Il accable Pompée et le sénat d'invectives, et se promet la faveur des dieux, qui doivent protéger la justice de sa cause; p. 25, 27, 29. L'armée se rend à ce discours, et un chef de cohorte, Lélius, proteste qu'il suivra partout César; que s'il faut égorger pour lui frère, père, épouse; s'il faut détruire Rome, il est tout prêt : toute l'armée fait le même serment; p. 29-31. César rappelle ses légions dispersées dans diverses parties de la Gaule; énumération de ses forces; p. 31, 33, 35. César, à la tête de toutes ses légions rassemblées, envahit l'Italie, et répand de tous côtés une si grande terreur, que le sénat et Pompée lui-même s'enfuient de Rome; p. 37. Signes et présages des calamités prochaines; p. 37. Tableau de la désolation de Rome et de l'Italie; p. 39. Autres prodiges sinistres; p. 41, 43, 45. On consulte les devins toscans; Aruns et Figulus sont interrogés. Ils ordonnent de purifier les murs de Rome par des lustrations solennelles; description de cette cérémonie expiatoire. Aruns égorge une victime, considère ses entrailles, et n'y découvre que des malheurs; Figulus les annonce; p. 45, 47, 49, 51. Fureur prophétique d'une dame romaine qui, inspirée par Apollon, prophétise les principaux évènemens de la guerre civile; p. 51-53.

SOMMAIRE DU LIVRE II.

Le poète se plaint aux dieux de ce qu'ils découvrent aux humains les calamités qui les menacent; p. 55. Abattement de Rome; p. 55-57. Douleur et gémissemens des femmes; p. 57. Plaintes des soldats; p. 57-59. Tristesse des vieillards qui se rappellent les temps de Marius; p. 59, 61, 63, 65; et les terribles vengeances de Sylla, p. 65, 67, 69, 71, 73. M. Brutus, au milieu de la nuit, va trouver Caton : son discours; p. 73, 75, 77. Réponse de Caton; p. 77-79. Au retour du jour, Marcia, autrefois cédée par Caton à Hortensius, ce dernier mort, vient frapper à la porte de son premier époux : son discours; p. 77-81. Caton la reprend, sans nulle cérémonie nuptiale; p. 81-83. Portrait de Caton, ses mœurs et son caractère; p. 83-85. Pompée sort de Rome et se retire à Capoue, qui devient le siège de la guerre; p. 85. Description de l'Apennin; p. 85-87. Marche de César; sa vigueur militaire, et les dispositions diverses des villes d'Italie; p. 87-89. Fuite de Libon, de Thermus, de Sylla, de Varus, de Lentulus et de Scipion, lieutenans de Pompée; p. 89-91. Domitius veut défendre Corfinium; il exhorte ses compagnons : discours de César aux siens; p. 91-93. Il se rend maître de la ville; Domitius lui est livré par la perfidie de ses soldats. Malgré sa fierté, César lui accorde la vie; p. 93-95. Pompée harangue ses soldats pour sonder leurs dispositions; p. 95, 97, 99. Pompée, voyant son discours froidement accueilli, se défie de son armée, et va s'enfermer dans Brindes; p. 99-101. Description et histoire de cette ville; p. 101-103. Pompée ne comptant plus sur l'Italie, envoie son fils aîné dans l'Orient, et les consuls en Épire, pour y chercher des secours; p. 103. Diligence de César : il tient déjà Pompée assiégé dans Brindes, et tâche de fermer le port avec des digues; p. 103-105. Pompée rompt ces digues, et s'enfuit avec sa flotte; p. 107. Tristes réflexions du poète sur cette fuite, et plaintes pathétiques; p. 107, 109, 111.

SOMMAIRE DU LIVRE III.

Navigation de Pompée en Épire. Le fantôme de Julie vient s'offrir à lui pendant son sommeil, et lui présage ses malheurs; p. 113-115. Pompée aborde à Dyrrachium; p. 115. César, après avoir envoyé Curion en Sicile et en Sardaigne pour chercher des vivres, se dirige sur Rome et y entre au milieu de la terreur et de l'abattement de tous; p. 117, 119, 121. Il convoque le sénat sans droit; p. 121. Il veut s'emparer du trésor public; le tribun Metellus veut l'en empêcher; p. 121-123. Le tribun cède après un discours de Cotta; p. 123-125. Le temple de Saturne est dépouillé; p. 125. Énumération des peuples qui entrent dans la querelle de Pompée; p. 127, 129, 131, 133, 135. César sort de Rome et passe les Alpes; p. 135. Résistance de Marseille et discours de ses députés à César; p. 135, 137, 139. Réponse de César; p. 139-141. Il marche vers Marseille pour en faire le siège; premiers travaux; p. 141. Description de la forêt sacrée de Marseille que César fait abattre; p. 143, 145, 147. César, impatient de tout retard, se rend en Espagne, et laisse à ses lieutenans la continuation du siège : travaux et combats; p. 147, 149, 151. Les Marseillais font une sortie nocturne, et brûlent les machines de l'ennemi; p. 151. Les Romains veulent tenter la fortune sur mer; description des deux flottes; 151-153. Combat naval, dans lequel les Marseillais sont vaincus; longue et poétique description de la mêlée, de ses accidens terribles et bizarres; p. 153, 155, 157, 159, 161, 163, 165, 167, 169, 171.

SOMMAIRE DU LIVRE IV.

Guerre d'Espagne contre Petreius et Afranius, lieutenans de Pompée ; description de leur camp auprès d'Hilerda ; p. 173-175. César essaie en vain de s'emparer d'une éminence au dessus d'Hilerda ; p. 175. Pluies terribles qui menacent de noyer le camp de César ; p. 177, 179, 181. César passe le Sicoris au moyen d'un pont jeté sur ce fleuve ; Petreius lève son camp et veut se rendre dans le pays des Celtibériens ; p. 181-183. César le poursuit et l'atteint ; p. 183-185. Les deux armées, campées l'une près de l'autre et séparées par un étroit retranchement, le franchissent et s'embrassent ; p. 185-187. Petreius trouble cette paix et pousse aux armes ses soldats ; p. 187-189. Son discours aux Pompéiens ; p. 189-191. Massacre qui suit cet intervalle de paix dans le camp de Petreius ; p. 191-193. Les Pompéiens cherchent à regagner les hauteurs d'Hilerda ; César les enferme sur des collines où ils manquent d'eau ; p. 193. Dévorés de soif et désespérés, ils veulent combattre ; mais César leur refuse la bataille ; p. 193. Tableau de la situation des Pompéiens privés d'eau ; p. 195-197. Les chefs se rendent : discours d'Afranius à César ; p. 199. César fait grâce aux Pompéiens ; p. 201-203. Antoine, lieutenant de César, est pressé par la famine au milieu de son camp, dans une île de l'Adriatique ; p. 205. Il cherche un moyen d'échapper en fuyant par mer, et de rejoindre ceux de son parti ; p. 205-207. Des chaînes lâches, cachées sous les eaux par l'ordre du chef des Pompéiens, retiennent un des vaisseaux d'Antoine ; p. 207-209. Vulteius, commandant du navire, exhorte ses soldats à se tuer les uns les autres plutôt que de se rendre ; p. 209, 211, 213. Ils s'égorgent les uns les autres ; p. 213, 215, 217. Éloge de cette action ; p. 217. Curion passe en Afrique, et campe sur des roches ruineuses qu'on appelait le royaume d'Antée ; p. 217. Description du combat de ce géant contre Hercule ; p. 219, 221, 223. Force des Pompéiens en Afrique, sous le commandement de Varus et de Juba ; p. 223-225. Ressentiment de Juba contre Curion ; p. 225. Curion attaque Varus et le défait; p. 225-227. Défaite des Césariens par les Numides ; Curion se fait tuer; p. 227, 229, 231, 233, 235. Épilogue sur cette mort de Curion ; p. 235-237.

SOMMAIRE DU LIVRE V.

Au commencement de l'hiver le sénat est convoqué en Épire; p. 239. Discours du consul Lentulus, qui propose de donner à Pompée la conduite de la guerre civile; p. 239-241. Le sénat choisit Pompée, et décerne des honneurs et des récompenses aux rois et aux peuples qui ont bien mérité de la république; p. 243. On se prépare au combat. Appius consulte l'oracle de Delphes sur l'issue de la guerre et sur son propre sort; p. 243. Détails géographiques et réflexions philosophiques sur le temple et sur l'oracle d'Apollon; p. 243, 245, 247. Appius fait ouvrir le temple, et le prêtre fait entrer dans le sanctuaire la jeune Phémonoé, qui veut se soustraire à l'obligation de répondre; p. 247-249. Appius découvre sa ruse, et la force de parler. Elle parle, mais le dieu n'est pas entré dans son sein; p. 249-251. Elle monte enfin sur le trépied, et prédit, sous l'inspiration du dieu, mais en termes obscurs, le résultat de la guerre civile; p. 251-253. Elle meurt quand le dieu s'est retiré d'elle; p. 255. Révolte dans l'armée de César; p. 257-259. Plaintes et menaces des soldats; p. 259-261. César se présente hardiment aux séditieux; p. 263-265. Son discours; p. 265-267. Les chefs de la révolte sont punis, et l'armée rentre dans le devoir; p. 267-269. César envoie son armée à Brindes pour rallier sa flotte; lui-même se rend seul à Rome, où il se fait donner la dictature et le consulat; p. 269-271. Vaine représentation des comices populaires. Plaintes du poète sur la profanation du consulat. Célébration des féries latines; p. 271. César arrive à Brindes, où il veut mettre sa flotte en mer, malgré les tempêtes; p. 271. Son discours à ce sujet; p. 273. Le vent tombe et la flotte court le risque de rester en pleine mer; mais enfin elle touche la côte d'Épire; p. 273, 275, 277. Les deux rivaux sont en présence; p. 277. César presse Antoine de lui amener le reste de son armée demeuré à Brindes; p. 277-279. Son impatience. Il sort pendant la nuit de son camp, et va réveiller un pauvre batelier nommé Amyclas, auquel il ordonne de le passer en Italie; p. 279, 281, 283. Amyclas y consent; p. 283. En voyant la force de la tempête, le batelier se trouble; p. 285. César le rassure; p. 285-287. Description de la tempête; p. 287, 289, 291. Paroles de César; p. 291-293. Il arrive sain et sauf en Épire; p. 293. Plaintes de son armée, qui lui reproche sa téméraire entreprise; p. 293-295. Antoine arrive avec le reste de sa flotte; p. 295-297. Pompée, voyant arriver l'instant de la bataille, envoie son épouse à Lesbos : son discours; p. 297-299. Réponse de Cornélie; p. 299-301. Leur triste séparation; p. 303.

LUCAIN.

M. ANNÆI LUCANI
PHARSALIÆ

LIBER I.

Bella per emathios plus quam civilia campos,
Jusque datum sceleri canimus, populumque potentem
In sua victrici conversum viscera dextra,
Cognatasque acies; et, rupto fœdere regni,
Certatum totis concussi viribus orbis
In commune nefas; infestisque obvia signis
Signa, pares aquilas, et pila minantia pilis.

Quis furor, o cives! quæ tanta licentia ferri,
Gentibus invisis latium præbere cruorem?
Quumque superba foret Babylon spolianda trophæis
Ausoniis, umbraque erraret Crassus inulta,
Bella geri placuit nullos habitura triumphos.
Heu, quantum potuit terræ pelagique parari
Hoc, quem civiles hauserunt, sanguine, dextræ!
Unde venit Titan, et nox ubi sidera condit,
Quaque dies medius flagrantibus æstuat horis,
Et qua bruma rigens, ac nescia vere remitti,
Adstringit Scythicum glaciali frigore pontum :
Sub juga jam Seres, jam barbarus isset Araxes,
Et gens si qua jacet nascenti conscia Nilo.

PHARSALE
DE LUCAIN

LIVRE I.

Je dirai les combats dont l'Émathie fut le théâtre; guerre plus que civile, qui mit le pouvoir aux mains du crime; un grand peuple déchirant ses entrailles de sa main victorieuse; parens armés contre parens; la discorde des chefs, entraînant dans une lutte impie toutes les forces du monde ébranlé; mêmes aigles s'entrechoquant dans la mêlée; mêmes étendards devenus ennemis; lances romaines baignées du sang romain.

Enfans de Rome, quelle est cette rage? par quelle débauche vos glaives versent-ils le sang du Latium, aux yeux de vos ennemis satisfaits? Allez plutôt arracher à l'orgueil de Babylone les trophées italiques dont elle se pare! L'ombre de Crassus est errante, et n'est pas vengée. Mais vous aimez mieux cette guerre qui n'aura pas de triomphe. Ah! tout ce sang, dévoré par elle, vous eût conquis la terre et les mers : les plages d'où le soleil s'élance, et où les astres se plongent; celles que dévore l'ardeur de l'astre du jour, et celles où le froid enchaîne la mer Scythique, et brave le printemps; enfin, jusqu'à la Sérique et l'Araxe sauvage; jusqu'aux peuples (s'il en est) qui voient jaillir le Nil de son berceau; tout serait à toi, Rome superbe. At-

Tunc, si tantus amor belli tibi, Roma, nefandi,
Totum sub latias leges quum miseris orbem,
In te verte manus : nondum tibi defuit hostis.
At nunc semirutis pendent quod moenia tectis
Urbibus Italiæ, lapsisque ingentia muris
Saxa jacent; nulloque domus custode tenentur,
Rarus et antiquis habitator in urbibus errat;
Horrida quod dumis, multosque inarata per annos
Hesperia est, desuntque manus poscentibus arvis;
Non tu, Pyrrhe ferox, nec tantis cladibus auctor
Pœnus erit : nulli penitus discindere ferro
Contigit : alta sedent civilis vulnera dextræ.

Quod si non aliam venturo fata Neroni
Invenere viam, magnoque æterna parantur
Regna deis, cœlumque suo servire Tonanti
Non nisi sævorum potuit post bella gigantum :
Jam nihil, o superi, querimur : scelera ipsa, nefasque
Hac mercede placent : diros Pharsalia campos
Impleat; et pœni saturentur sanguine manes;
Ultima funesta concurrant prœlia Munda.
His, Cæsar, perusina fames, Mutinæque labores
Accedant fatis; et, quas premit aspera, classes,
Leucas; et ardenti servilia bella sub Ætna.
Multum Roma tamen debet civilibus armis,
Quod tibi res acta est.
     Te, quum, statione peracta,
Astra petes serus, prælati regia cœli
Excipiet, gaudente polo : seu sceptra tenere,
Seu te flammigeros Phœbi conscendere currus,

tends, si la guerre civile a tant de charmes pour toi, attends du moins, pour tourner sur toi-même tes mains parricides, que les ennemis manquent à ton glaive.

On ne m'écoute pas ; et, si nos murailles en ruine laissent nos villes sans défense ; si les grands débris de nos remparts jonchent au loin la terre ; si nos demeures désertes effraient le regard ; si les rues de nos cités antiques offrent à peine quelques habitans errans comme des ombres ; si la ronce hérisse le sol d'Italie, et que la main du laboureur manque à la terre qui la réclame ; ni toi Pyrrhus, ni toi soldat punique, vous n'êtes causes de nos désastres. Ennemis de Rome, il ne vous sera pas donné de la détruire : ses profondes blessures lui viennent de sa main !

Peut-être le destin n'a-t-il trouvé que cette route sanglante, pour assurer le pouvoir de Néron : et, s'il faut toujours acheter à un grand prix le règne d'un dieu ; si le ciel n'a pu reconnaître le sceptre de son maître qu'après la lutte des Titans ; dieux éternels, je cesse de me plaindre : j'accepte, à ce prix, les crimes de Pharsale : que le destin s'accomplisse ! que le sang romain coule ! que les ombres puniques s'abreuvent de ses flots ! que Pérouse affamée, Mutine assiégée, Leucade ensanglantée, l'Etna témoin de la guerre des esclaves, achèvent la vengeance du sort ! Néron César, tu règnes : nos malheurs sont un bienfait !

Un jour, chargé d'années, tu quitteras la terre ; tu prendras place au milieu des astres ; l'Olympe t'accueillera avec transport. Soit que tu saisisses alors le sceptre du monde, ou que, t'emparant du char de Phébus, tu

Telluremque, nihil mutato sole timentem,
Igne vago lustrare juvat : tibi numine ab omni
Cedetur : jurisque tui natura relinquet,
Quis deus esse velis, ubi regnum ponere mundi.
Sed neque in arctoo sedem tibi legeris orbe :
Nec polus adversi calidus qua vergitur Austri;
Unde tuam videas obliquo sidere Romam.
Ætheris immensi partem si presseris unam,
Sentiet axis onus. Librati pondera cœli
Orbe tene medio : pars ætheris illa sereni
Tota vacet, nullæque obstent a Cæsare nubes.
Tunc genus humanum positis sibi consulat armis,
Inque vicem gens omnis amet : pax missa per orbem
Ferrea belligeri compescat limina Jani.
Sed mihi jam numen : nec, si te pectore vates
Accipiam, cirrhæa velim secreta moventem
Sollicitare deum, Bacchumque avertere Nysa.
Tu satis ad dandas romana in carmina vires.

Fert animus causas tantarum expromere rerum :
Immensumque aperitur opus, quid in arma furentem
Impulerit populum, quid pacem excusserit orbi.

Invida fatorum series, summisque negatum
Stare diu; nimioque graves sub pondere lapsus;
Nec se Roma ferens.

     Sic, quum, compage soluta,
Secula tot mundi suprema coegerit hora,
Antiquum repetens iterum chaos, omnia mixtis
Sidera sideribus concurrent : ignea pontum

te plaises à répandre ses errantes clartés sur la terre qui te reconnaîtra pour le dieu du jour : les Immortels s'effaceront devant toi : la nature te laissera choisir quel dieu tu veux être, et fixer la place où le trône de l'univers doit être assis. Que ce ne soit ni vers le pôle arctique, ni vers la région du pôle contraire; de là, tu ne jetterais sur ta Rome chérie qu'un oblique regard. Garde-toi de peser sur un point unique de l'éther immense; l'équilibre de l'univers serait rompu. Assieds-toi au centre : le monde trouvera sa balance égale. Fais que l'air soit pur, et qu'entre toi et la terre aucune vapeur ne s'interpose; que rien ne voile César à nos yeux. Alors le genre humain, déposant les armes, ne songera qu'à son bonheur. L'amour règnera sur la terre, la paix fermera pour toujours les portes de fer du temple de Janus. Dès ce jour, inspire-moi; sois mon dieu; sois mon génie; enflamme ma pensée. Je n'aurai besoin, ni d'interroger le dieu qui révèle les arcanes delphiques, ni d'invoquer Bacchus Nyséen. Anime mes chants, tu suffis pour animer ma verve romaine.

Mon âme a le désir de développer les causes de si grands mouvemens. Immense tâche! Noble ouvrage! Quel motif a précipité vers la guerre un peuple furieux, et chassé la paix de ce globe?

L'arrêt des dieux; le destin jaloux. La grandeur exclut la durée; un corps gigantesque s'affaisse sur son poids, et Rome était trop grande : elle succomba sous sa puissance.

Ainsi, quand se rompra la chaîne par laquelle le monde est lié, quand les siècles qui forment la vie de l'univers trouveront leur agonie, le cahos antique ressaisira son énorme proie; on verra les astres du ciel se confondre et

Astra petent : tellus extendere litora nolet,
Excutietque fretum : fratri contraria Phœbe
Ibit, et, obliquum bigas agitare per orbem
Indignata, diem poscet sibi : totaque discors
Machina divulsi turbabit fœdera mundi.
In se magna ruunt : lætis hunc numina rebus
Crescendi posuere modum.
                              Nec gentibus ullis
Commodat in populum, terræ pelagique potentem,
Invidiam Fortuna suam.
                              Tu causa malorum
Facta tribus dominis communis, Roma, nec unquam
In turbam missi feralia fœdera regni.
O male concordes, nimiaque cupidine cæci,
Quid miscere juvat vires, orbemque tenere
In medio? Dum terra fretum, terramque levabit
Aer, et longi volvent Titana labores,
Noxque diem cœlo totidem per signa sequetur;
Nulla fides regni sociis, omnisque potestas
Impatiens consortis erit. Nec gentibus ullis
Credite; nec longe fatorum exempla petantur :
Fraterno primi maduerunt sanguine muri.
Nec pretium tanti tellus pontusque furoris
Tunc erat : exiguum dominos commisit asylum.

Temporis angusti mansit concordia discors,
Paxque fuit non sponte ducum. Nam sola futuri
Crassus erat belli medius mora. Qualiter undas
Qui secat, et geminum gracilis mare separat isthmos,

lutter; leurs flammes expirer dans l'océan; les rivages refuser leurs digues à la mer, et la mer les envahir; Phébé révoltée, revendiquer le trône du jour, et répudier sa course oblique et son pâle empire; et la grande machine de l'univers, disjointe, tomber en débris.

Oui, tout ce qui est grand s'affaisse sur soi-même : le bonheur humain a ce terme fatal.

Si la Fortune te porte envie, Rome, maîtresse de la terre et de la mer! elle ne charge aucun peuple de te frapper : elle se sert de toi.

Tu succombes, mais à tes propres coups, alors que, devenue la commune proie de trois maîtres, tu livres à leurs volontés ce pouvoir suprême, impossible à partager.

Vous, que rassemble une fausse et trompeuse concorde, vous, que la soif du pouvoir aveugle, pourquoi laisser suspendu le globe incertain de son maître? Tant que la mer sera soutenue par la terre, et le globe par l'atmosphère; tant que les longs travaux de l'astre du jour suivront des révolutions égales; tant que les signes célestes se succèderont dans les cieux; tant que le jour y fera place à la nuit : entre les possesseurs d'un pouvoir commun, nulle paix possible; toujours l'autorité sera impatiente d'une puissance rivale. Ne cherchez pas d'exemples dans les peuples, dans les temps lointains. Le sang fraternel arrose nos murailles naissantes; et le sujet et le prix d'une si féroce lutte, ce n'était pas le globe : quelques pieds de terre suffisaient.

Une paix, voile de discorde, unit pendant quelque temps les triumvirs : paix simulée, maudite par eux-mêmes. Crassus vivait encore; comme une langue de terre sépare deux océans, et les empêche de se combattre

Nec patitur conferre fretum; si terra recedat,
Ionium Ægæo frangat mare.

    Sic, ubi sæva
Arma ducum dirimens, miserando funere Crassus
Assyrias latio maculavit sanguine Carras,
Parthica romanos solverunt damna furores.
Plus illa vobis acie, quam creditis, actum est,
Arsacidæ : bellum victis civile dedistis.

Dividitur ferro regnum : populique potentis,
Quæ mare, quæ terras, quæ totum possidet orbem,
Non cepit fortuna duos. Nam pignora juncti
Sanguinis, et diro ferales omine tædas
Abstulit ad manes, Parcarum, Julia, sæva
Intercepta manu. Quod si tibi fata dedissent
Majores in luce moras, tu sola furentem
Inde virum poteras, atque hinc retinere parentem;
Armatasque manus excusso jungere ferro,
Ut generos soceris mediæ junxere Sabinæ.
Morte tua discussa fides, bellumque movere
Permissum est ducibus : stimulos dedit æmula virtus.
Tu, nova ne veteres obscurent acta triumphos,
Et victis cedat piratica laurea Gallis,
Magne, times : te jam series, ususque laborum
Erigit, impatiensque loci fortuna secundi.
Nec quemquam jam ferre potest Cæsarve priorem,
Pompeiusve parem. Quis justius induit arma,
Scire nefas : magno se judice quisque tuetur :
Victrix causa deis placuit, sed victa Catoni.
Nec coiere pares : alter vergentibus annis

et de se confondre, le seul Crassus arrêtait les deux partis; que l'obstacle disparaisse, les flots viennent se briser contre les flots ennemis.

Ainsi éclata la guerre, quand la digue opposée à la fureur des chefs, disparut avec Crassus. Il meurt d'un trépas funeste, dans les plaines d'Assyrie qu'il souille de sang romain : lointain désastre de nos armes, qui ouvre la carrière de nos discordes intestines. O fils d'Arsace! le connaissez-vous votre triomphe? il a donné la guerre civile aux vaincus.

Aussitôt on se dispute, le glaive en main, les lambeaux sanglans de l'empire : tout ce qu'a possédé Rome, terres, océans, le globe entier ne suffit pas à deux maîtres. Julie meurt : elle emporte avec elle ces funestes flambeaux qui éclairèrent son hyménée : les liens du sang se rompent : le père et le gendre s'arment. Ah! Julie, toi seule, nouvelle Sabine, tu pourrais leur arracher ces armes impies, et, t'élançant au milieu des glaives nus, forcer ces mains cruelles à s'unir. Tu n'es plus; ta mort a brisé la concorde, délié ces ennemis, déchaîné ces rivaux de gloire. Ils vont combattre.

Toi, grand Pompée, tu ne veux pas que tes vieux triomphes pâlissent devant de nouvelles victoires, ni que la Gaule, domptée par César, efface ton laurier conquis sur les pirates. De longs travaux, une gloire acquise, exaltent ton âme impatiente du second rang. Tu ne veux pas d'égaux; César ne veut pas de maître. Qui de vous s'arme pour une cause juste? Décidez, mortels, si vous l'osez; le vainqueur a pour lui les dieux; le vaincu a pour lui Caton.

Rivaux d'ailleurs, mais dissemblables, l'âge de Pom-

In senium, longoque togæ tranquillior usu
Dedidicit jam pace ducem : famæque petitor
Multa dare in vulgus : totus popularibus auris
Impelli, plausuque sui gaudere theatri :
Nec reparare novas vires; multumque priori
Credere fortunæ. Stat magni nominis umbra.
Qualis frugifero quercus sublimis in agro
Exuvias veteres populi, sacrataque gestans
Dona ducum ; nec jam validis radicibus hærens,
Pondere fixa suo est : nudosque per aera ramos
Effundens, trunco, non frondibus, efficit umbram :
At quamvis primo nutet casura sub Euro,
Tot circum silvæ firmo se robore tollant,
Sola tamen colitur.

     Sed non in Cæsare tantum
Nomen erat, nec fama ducis : sed nescia virtus
Stare loco; solusque pudor, non vincere bello.
Acer, et indomitus; quo spes, quoque ira vocasset,
Ferre manum, et nunquam temerando parcere ferro :
Successus urgere suos : instare favori
Numinis : impellens quidquid sibi summa petenti
Obstaret; gaudensque viam fecisse ruina.
Qualiter expressum ventis per nubila fulmen
Ætheris impulsi sonitu, mundique fragore
Emicuit, rupitque diem, populosque paventes
Terruit, obliqua præstringens lumina flamma :
In sua templa furit, nullaque exire vetante

pée approchait de la vieillesse, et, long-temps paisible sous la toge, il avait désappris le métier des armes : avide de la faveur populaire, il la captait, elle charmait son âme, et son souffle inconstant l'entraînait : heureux et fier des applaudissemens prodigués à sa magnificence dans ce théâtre élevé par lui, trop confiant en sa première fortune, il oubliait de l'étayer : l'ombre de son grand nom restait seule. Tel s'élève, au milieu d'un sol fertile, ce vaste chêne, étincelant de trophées, consacré par la gloire, orgueilleux des dépouilles triomphantes dont les chefs victorieux l'ont chargé. Sa masse fait sa force, et son poids le soutient ; mais ses racines ont perdu leur vigueur première, ses rameaux s'étendent nus dans les airs, son tronc, non son feuillage, ombrage encore la terre ; le premier souffle des vents va l'abattre. Cependant, au milieu de tant d'arbres vigoureux et jeunes, c'est lui seul qu'on adore.

Chez César, au contraire, il y a plus qu'un nom, plus que de la gloire. Ame toujours active, toujours inquiète, qui n'a honte de rien, si ce n'est de ne pas vaincre ; terrible, indomptée, prête à tout ce que l'ambition conseille, à tout ce que la vengeance ordonne, à tout ce que le glaive peut oser ; habile à profiter des faveurs de la fortune, à lui arracher ses derniers fruits : dans sa marche vers le pouvoir, tout ce qui l'arrête, il l'écrase, il s'avance à travers les ruines et sourit. Telle, jaillissant des nuages, la foudre qui ébranle les airs fait trembler le monde, éclipse le soleil et projette sur nos fronts pâlissans, sur nos yeux éblouis, sa lueur oblique et sinistre ; sa fureur traverse l'espace, frappe le temple où elle est adorée, entasse les ruines, s'élance pour les multiplier,

Materia, magnamque cadens, magnamque revertens
Dat stragem late, sparsosque recolligit ignes.
Hæ ducibus causæ : suberant sed publica belli
Semina, quæ populos semper mersere potentes.
Namque ut opes nimias mundo fortuna subacto
Intulit, et rebus mores cessere secundis,
Prædaque et hostiles luxum suasere rapinæ :
Non auro, tectisve modus; mensasque priores
Adspernata fames; cultus gestare decoros
Vix nuribus, rapuere mares; fecunda virorum
Paupertas fugitur; totoque arcessitur orbe,
Quo gens quæque perit.

      Tunc longos jungere fines
Agrorum, et quondam duro sulcata Camilli
Vomere, et antiquos Curiorum passa ligones
Longa sub ignotis extendere rura colonis.
Non erat is populus, quem pax tranquilla juvaret,
Quem sua libertas immotis pasceret armis.
Inde iræ faciles, et, quod suasisset egestas,
Vile nefas, magnumque decus, ferroque petendum,
Plus patria potuisse sua : mensuraque juris
Vis erat : hinc leges et plebiscita coactæ,
Et cum consulibus turbantes jura tribuni :
Hinc rapti pretio fasces, sectorque favoris
Ipse sui populus, letalisque ambitus urbi,
Annua venali referens certamina Campo :
Hinc usura vorax, avidumque in tempora fœnus,
Et concussa fides, et multis utile bellum.

revient encore pour recueillir ses feux épars et augmenter le désastre.

Les chefs étaient excités par de tels motifs; mais le germe profond de la guerre existait ailleurs, dans ces causes qui ont creusé l'abîme de tous les peuples. Le monde une fois soumis, quand Rome regorgea de richesses, quand son bonheur eut étouffé sa vertu, quand les dépouilles de l'univers vaincu nourrirent le luxe : alors, de splendides édifices, une opulence sans bornes, la sobriété antique méprisée, les ornemens, à peine convenables aux femmes, devenus la parure des guerriers, la pauvreté féconde en âmes fortes devenue un objet d'horreur, ce métal, enfin, le fléau des peuples, affluant à Rome de tous les coins du globe, consommèrent sa perte.

D'immenses possessions deviennent la proie d'un seul maître, et ces champs que la charrue de Camille a sillonnés, que la bêche de Curius a rendus féconds, un propriétaire inconnu les cultive. Ce n'est plus ce peuple à qui la paix suffisait avec la liberté; ce peuple qui suspendait le glaive et cultivait ses moissons. La violence règne; la pauvreté, conseillère du crime, vend le crime à bas prix : la souveraine gloire, celle qu'on prodigue le glaive en main, c'est d'être plus puissant que la patrie : le désir, c'est la force : plus de lois, plus de plébiscites libres : les tribuns disputent aux consuls le droit et le pouvoir : les faisceaux, à l'encan, sont enlevés par le plus riche : le peuple trafique de ses suffrages : les assemblées vénales sont ensanglantées tous les ans : enfin l'usure dévorante, et le prêt avide, et la foi publique ébranlée, et la guerre désirée par le plus grand nombre, achèvent le malheur de la république.

★

Jam gelidas Cæsar cursu superaverat Alpes;
Ingentesque animo motus, bellumque futurum
Ceperat. Ut ventum est parvi Rubiconis ad undas,
Ingens visa duci patriæ trepidantis imago,
Clara per obscuram vultu mœstissima noctem,
Turrigero canos effundens vertice crines,
Cæsarie lacera, nudisque adstare lacertis,
Et gemitu permixta loqui : « Quo tenditis ultra?
Quo fertis mea signa, viri? si jure venitis,
Si cives; huc usque licet. »

      Tunc perculit horror
Membra ducis, riguere comæ, gressumque coercens
Languor in extrema tenuit vestigia ripa.
Mox ait : « O magnæ qui mœnia prospicis urbis,
Tarpeia de rupe tonans, Phrygiique penates
Gentis Iulææ, et rapti secreta Quirini,
Et residens celsa Latialis Jupiter Alba,
Vestalesque foci, summique o numinis instar
Roma, fave cœptis : non te furialibus armis
Persequor : en, adsum victor terraque marique
Cæsar, ubique tuus, liceat modo nunc quoque miles.
Ille erit, ille nocens, qui me tibi fecerit hostem. »

Inde moras solvit belli, tumidumque per amnem
Signa tulit propere. Sic quum squalentibus arvis
Æstiferæ Libyes viso leo cominus hoste
Subsedit dubius, totam dum colligit iram;
Mox ubi se sævæ stimulavit verbere caudæ,
Erexitque jubam, et vasto grave murmur hiatu
Infremuit : tum torta levis si lancea Mauri

César a franchi les Alpes glacées ; déjà l'immense projet de la guerre qu'il prépare, s'agite dans son sein. Il touche aux rives du Rubicon, faible rivière ; quand une grande Ombre lui apparaît : Image de la patrie désolée. Au milieu des ténèbres, sa tête, couronnée de tours, rayonne de clartés ; ses cheveux blancs tombent épars sur ses épaules nues ; des gémissemens lui échappent ; elle crie : « Soldats, où allez-vous ? où portez-vous vos drapeaux ? Si vous respectez les lois, si vous êtes citoyens de Rome, arrêtez-vous ! ici commence le crime. »

Le chef tressaille ; ses cheveux se hérissent ; il s'arrête indécis sur le rivage, puis il s'écrie : « Dieu, protecteur de la ville éternelle, toi, dont la foudre gronde sur la cime Tarpéienne, d'où tu protèges ces remparts et les pénates phrygiens de la race Iüléenne, et les mystères de Romulus enlevé au sein des cieux : ô Jupiter Latial, dont le trône domine les collines d'Albe ! et vous, feux des Vestales ! et toi, déesse suprême, ô Rome ! favorise-moi ! mes armes ne sont pas celles d'un impie ; c'est moi, c'est ton fils : je suis César, vainqueur de la terre et des mers, ton défenseur dans tous les lieux, dans tous les temps, aujourd'hui même, pourvu qu'il me soit permis de l'être. Frappe-le d'anathème, quiconque me fera l'ennemi de ma patrie ! »

Aussitôt il s'élance, et ses étendards brillent à travers les flots grondans du fleuve. Tel un lion numide, à l'aspect de l'ennemi qui lui fait face, s'arrête incertain un moment, au milieu de ses plaines brûlantes. Il rassemble toute sa force, toute sa colère : sa crinière raidie se hérisse, sa queue bat ses flancs, et lui sert d'aiguillon ; de sa vaste gueule, sort un mugissement

Hæreat, aut latum subeant venabula pectus,
Per ferrum tanti securus vulneris exit.

Fonte cadit modico, parvisque impellitur undis
Pumiceus Rubicon, quum fervida canduit æstas,
Perque imas serpit valles, et gallica certus
Limes ab ausoniis disterminat arva colonis.
Nunc vires præbebat hiems, atque auxerat undas
Tertia jam gravido pluvialis Cynthia cornu,
Et madidis Euri resolutæ flatibus Alpes.
Primus in obliquum sonipes opponitur amnem,
Excepturus aquas, molli dum cetera rumpit
Turba vado fracti faciles jam fluminis undas.

Cæsar, ut adversam superato gurgite ripam
Attigit, Hesperiæ vetitis et constitit arvis,
« Hic, ait, hic pacem, temerataque jura relinquo;
Te, Fortuna, sequor : procul hinc jam fœdera sunto.
Credidimus fatis, utendum est judice bello. »

Sic fatus, noctis tenebris rapit agmina ductor
Impiger, it torto balearis verbere fundæ
Ocior, et missa Parthi post terga sagitta;
Vicinumque minax invadit Ariminum, ut ignes
Solis lucifero fugiebant astra relicto.
Jamque dies primos belli visura tumultus
Exoritur : seu sponte deum, seu turbidus Auster
Impulerat, mœstam tenuerunt nubila lucem.

Constitit ut capto jussus deponere miles

sourd et terrible; et si la légère lance du chasseur maure vient frapper en sifflant son poitrail immense, il s'élance alors, emportant avec lui le trait qui le déchire et qu'il méprise.

D'une source faible, tombent, goutte par goutte, les flots jaunâtres du Rubicon, tari par les ardeurs de l'été. Son cours sinueux rampe au fond des vallées, et sépare, limite fidèle, les champs gaulois des plaines ausoniennes. Mais alors, l'hiver lui prêtait des forces; trois fois, le croissant de Diane, renaissant dans le ciel, avait ramené la saison des pluies, et le souffle de l'Eurus, détachant les glaces du front des Alpes, avait grossi le lit du fleuve. Les premiers s'opposant à l'effort de ses flots, les coursiers s'y précipitent : puis, suivant une route devenue facile, le reste de l'armée triomphe de l'obstacle.

César a franchi le gouffre, et touché la rive opposée; ses étendards flottent au milieu des champs hespériens, d'où les lois le bannissent : « Ici, dit-il, c'est ici que je vous quitte, paix inutile, lois violées; Fortune, je te suis! loin de moi les traités. Je m'abandonne à la destinée : mon seul arbitre, c'est la guerre. »

Il a dit. Protégé par les ténèbres, l'ardent César entraîne ses soldats plus rapides que la pierre échappée de la fronde baléare, que la flèche qui jaillit de l'arc du Parthe. Déjà, il occupe Ariminum; déjà, il menace Rome, au moment où l'astre du jour efface l'étoile du matin dans les cieux. Le jour qui doit éclairer les premiers mouvemens de la guerre civile, semble naître à regret. Soit par la volonté des dieux, soit que l'Auster régnât dans les airs, de lugubres nuages voilent sa clarté.

Le forum est occupé par les soldats. Les aigles et les

Signa foro, stridor lituum clangorque tubarum
Non pia concinuit cum rauco classica cornu.
Rupta quies populi, stratisque excita juventus
Deripuit sacris adfixa penatibus arma,
Quæ pax longa dabat : nuda jam crate fluentes
Invadunt clypeos, curvataque cuspide pila,
Et scabros nigræ morsu rubiginis enses.
Ut notæ fulsere aquilæ, romanaque signa,
Et celsus medio conspectus in agmine Cæsar,
Diriguere metu, gelidus pavor adligat artus,
Et tacito mutos volvunt in pectore questus :
« O MALE vicinis hæc mœnia condita Gallis !
O tristi damnata loco ! pax alta per omnes,
Et tranquilla quies populos : nos præda furentum,
Primaque castra sumus. Melius, Fortuna, dedisses
Orbe sub eoo sedem, gelidaque sub Arcto,
Errantesque domos, Latii quam claustra tueri.
Nos primi Senonum motus, Cimbrumque ruentem
Vidimus, et Martem Libyes, cursumque furoris
Teutonici : quoties Romam Fortuna lacessit,
Hac iter est bellis. »

    GEMITU sic quisque latenti,
Non ausus timuisse palam : vox nulla dolori
Credita ; sed quantum, volucres quum bruma coercet,
Rura silent, mediusque jacet sine murmure pontus,
Tanta quies.

    NOCTIS gelidas lux solverat umbras :
Ecce faces belli, dubiæque in prœlia menti
Urgentes addunt stimulos, cunctasque pudoris
Rumpunt fata moras : justos Fortuna laborat

armes reposent, liées en faisceaux. Les clairons retentissent, les trompettes sonnent. Accens funestes, présages d'une guerre horrible! Le peuple de s'éveiller : les jeunes gens, s'élançant de leur lit, saisissent à la hâte ces glaives suspendus aux pénates sacrés, boucliers dont le cuir est rongé par une longue paix, lances émoussées, épées qu'une rouille brunâtre a dévorées. Mais, à l'aspect de ces aigles connues, de ces bannières romaines qui brillent dans l'air; à la vue de César, au milieu de ses troupes et les dominant du regard, les Ariminiens tremblent. De muettes craintes les dévorent.

« MALHEUREUSES nos murailles! lieux funestes! voisinage de la Gaule! à quoi nous condamnez-vous? Partout règne une paix profonde, et notre ville, proie offerte aux furieux, est le premier camp dont ils s'emparent. Mieux eût valu, que le sort eût placé, sous le soleil qui dévore, ou sous le pôle glacé, nos vagabondes demeures, que de nous donner les clefs du Latium. Mouvemens des Sénoniens, armes cimbriques, soldats libyens, torrens teutoniques, nous écrasèrent les premiers. Dès que la Fortune harcèle Rome, c'est ici la route des combats. »

CES gémissemens ne se trahissaient pas; personne n'eût osé craindre tout haut : la douleur publique était sans voix. Ainsi repose le monde, quand les oiseaux glacés par la brume, quand les champs désolés, quand l'Océan enchaîné, se taisent.

L'OMBRE des nuits fuyait devant l'ardeur du jour; avec lui brillent de nouveaux brandons de discorde; tout excite à la guerre l'âme encore indécise de César : chez lui, plus de crainte, plus de remords; le destin semble le

Esse ducis motus, et causas invenit armis.

Expulit ancipiti discordes urbe tribunos,
Victo jure, minax jactatis curia Gracchis.
Hos jam mota ducis, vicinaque signa petentes
Audax venali comitatur Curio lingua :
Vox quondam populi, libertatemque tueri
Ausus, et armatos plebi miscere potentes.
Utque ducem, varias volventem pectore curas,
Conspexit :

« Dum voce tuæ potuere juvari,
Cæsar, ait, partes, quamvis nolente senatu,
Traximus imperium, tunc quum mihi Rostra tenere
Jus erat, et dubios in te transferre Quirites.
Sed postquam leges bello siluere coactæ,
Pellimur e patriis laribus, patimurque volentes
Exsilium : tua nos faciat victoria cives.
Dum trepidant nullo firmatæ robore partes,
Tolle moras : semper nocuit differre paratis.
« Par labor atque metus pretio majore petuntur.
Bellantem geminis tenuit te Gallia lustris,
Pars quota terrarum? facili si prœlia pauca
Gesseris eventu, tibi Roma subegerit orbem.
Nunc neque te longi remeantem pompa triumphi
Excipit, aut sacras poscunt Capitolia lauros :
Livor edax tibi cuncta negat; gentesque subactas
Vix impune feres : socerum depellere regno
Decretum est genero. Partiri non potes orbem :
Solus habere potes. »

dégager de ses derniers scrupules, justifier sa révolte et chercher des excuses à son crime.

Du sein de la ville agitée, sortent les tribuns, que le sénat, violateur des lois, menace du sort des Gracques, s'ils ne quittent les remparts de Rome. Déjà ils s'avancent vers le camp de César, et vont se joindre à ses bannières déployées. Curion est avec eux, Curion, dont la vénale éloquence osa soulever ces troubles; jadis organe du peuple, protecteur de la liberté, ardent à rabaisser l'orgueil du patriciat romain. Il vient à César, et, le voyant absorbé par les soucis de son entreprise, il lui dit:

« Tant que ma voix a pu servir ta cause, j'ai bravé pour toi le sénat, et prolongé le temps de ta puissance; alors la tribune rostrale m'était ouverte, et mes discours suffisaient pour te conquérir des amis. Mais la guerre éclate, et les lois se taisent. Nous voici chassés du toit paternel, et réduits à un exil que nous acceptons. Sois vainqueur, nous redeviendrons citoyens. L'ennemi chancelle encore, et ses forces ne sont point réunies; hâte-toi! le délai est fatal aux grands desseins.

« Les obstacles que tu as à craindre, sont ceux que tu as toujours bravés; mais ici, combien le prix de la victoire est plus grand! La guerre des Gaules t'a occupé pendant deux lustres, et les Gaules ne sont qu'une faible portion du monde; sois vainqueur dans quelques combats, et Rome te donnera l'univers! A ton retour dans ta patrie, la gloire d'un triomphe ne t'est pas accordée; le laurier sacré ne ceint point ta tête; le Capitole ne s'ouvre point pour toi. L'envie est là qui te refuse tout; heureux encore si tes conquêtes restent impunies. Arracher le pouvoir à l'époux de sa fille, telle est l'in-

Sic postquam fatus, et ipsi
In bellum prono tantum tamen addidit iræ,
Accenditque ducem, quantum clamore juvatur
Eleus sonipes, quamvis jam carcere clauso
Immineat foribus, pronusque repagula laxet.
CONVOCAT armatos extemplo ad signa maniplos;
Utque satis trepidum, turba coeunte, tumultum
Composuit, vultu dextraque silentia jussit :

« BELLORUM o socii, qui mille pericula Martis
Mecum, ait, experti, decimo jam vincitis anno,
Hoc cruor arctois meruit diffusus in arvis,
Vulneraque, et mortes, hiemesque sub Alpibus actæ?
Non secus ingenti bellorum Roma tumultu
Concutitur, quam si Pœnus transcenderet Alpes
Annibal. Implentur valido tirone cohortes :
In classem cadit omne nemus : terraque marique
Jussus Cæsar agi. Quid? si mihi signa jacerent
Marte sub adverso, ruerentque in terga feroces
Gallorum populi? Nunc, quum Fortuna secundis
Mecum rebus agat, Superique ad summa vocantes,
Tentamur.

« VENIAT longa dux pace solutus
Milite cum subito, partesque in bella togatæ,
Marcellusque loquax, et nomina vana, Catones.
Scilicet extremi Pompeium, emptique clientes
Continuo per tot satiabunt tempora regno?
Ille reget currus nondum patientibus annis?
Ille semel raptos nunquam dimittet honores?

tention de Pompée. Tu ne peux partager le trône; mais tu peux l'occuper seul. »

Il a parlé. César, avide de guerre, s'enflamme d'une ardeur nouvelle. Ainsi, aux clameurs de l'écuyer, le coursier d'Élide frémit; il s'irrite contre sa prison; du poitrail, il va briser la chaîne tendue devant lui.

On convoque aussitôt les guerriers en armes. Ils accourent : foule tumultueuse, ardente, pressée. César se montre; sa main ordonne le silence : devant lui tout se calme.

« Mes compagnons de guerre, mes compagnons de périls, voici dix années que nous triomphons ensemble, et l'on nous traite ainsi! Blessures, cadavres, champs de l'Arctique engraissés de notre sang, bivouacs dans les neiges alpines, voilà votre récompense! Rome s'ébranle à notre arrivée, comme si Annibal le Carthaginois était à ses portes! Elle renouvelle ses cohortes; ses forêts tombent et deviennent flottes; et c'est contre nous! Qu'on poursuive César sur la terre et sur les mers. Ah! si la colère de Mars avait souillé mes bannières, si le Gaulois farouche poursuivait mes cohortes en débris, que ferait-on de plus? Mais aujourd'hui la Fortune est à moi; la main des dieux me montre le pouvoir, et l'on m'insulte!

« Qu'il vienne donc, allangui par une longue paix, ce général qui a oublié la guerre; qu'il improvise des soldats; qu'il entraîne au combat la toge sénatoriale, et Marcellus le Harangueur, et les Catons, fantômes de vertu. Quoi! Pompée éternisera cette puissance que son or a conquise et dont ses cliens l'assouvissent! A peine adolescent, on l'aura vu monter sur le char triomphal! Vieillard,

Quid jam jura querar totum suppressa per orbem,
Ac jussam servire famem? quis castra timenti
Nescit mixta foro? gladii quum triste minantes
Judicium insolita trepidum cinxere corona,
Atque, auso medias perrumpere milite leges,
Pompeiana reum clauserunt signa Milonem?

« Nunc quoque ne lassum teneat privata senectus,
Bella nefanda parat, suetus civilibus armis,
Et docilis Sullam sceleris vicisse magistrum.
Utque feræ tigres nunquam posuere furorem,
Quas nemore hyrcano, matrum dum lustra sequuntur,
Altus cæsorum pavit cruor armentorum;
Sic et Sullanum solito tibi lambere ferrum
Durat, Magne, sitis : nullus semel ore receptus
Pollutas patitur sanguis mansuescere fauces.

« Quem tamen inveniet tam longa potentia finem?
Quis scelerum modus est? ex hoc jam te, improbe, regno
Ille tuus saltem doceat descendere Sulla.
Post Cilicasne vagos, et lassi pontica regis
Prœlia, barbarico vix consummata veneno,
Ultima Pompeio dabitur provincia, Cæsar;
Quod non, victrices aquilas deponere jussus,
Paruerim? Mihi si merces erepta laborum est,
His saltem longi, non me duce, præmia belli
Reddantur : miles sub quolibet iste triumphet.
Conferet exsanguis quo se post bella senectus ?
Quæ sedes erit emeritis? quæ rura dabuntur,
Quæ noster veteranus aret? quæ mœnia fessis?

il ne quittera pas la couronne arrachée une fois! L'équité bannie du monde; l'esclavage né de la faim; le forum épouvanté, envahi par le camp; cette ceinture de glaives, pressant de sa menace farouche et inattendue la sentence des juges; la soldatesque brisant les saintes lois, et environnant de ses lances pompéiennes Milon accusé : ô sacrilèges! et qui ne les connaît déjà?

«Il a peur aujourd'hui de subir une vieillesse sans combats et sans empire; il lui faut des discordes impies, ces guerres civiles dans lesquelles il a grandi; le voilà prêt à dépasser Sylla son maître. Non jamais elles ne dépouillent leur fureur, ces panthères qui, à peine nées, suivant la trace maternelle, se sont gorgées, sous les ombrages d'Hyrcanie, du sang des troupeaux massacrés; et ta soif aussi dure encore, Pompée; tes lèvres d'enfant ont léché le glaive de Sylla! Le gosier qui a bu le sang veut du sang, et ne s'assouvit jamais.

« Quand finira cette longue tyrannie? où s'arrêteront ces crimes? Misérable! prends leçon de ton Sylla! que ce vieux maître t'apprenne comment on abdique. Vainqueur du nomade cilicien et de ce roi barbare du Pont, déjà vaincu par l'âge, et que ton poison acheva, ne crois pas que la dernière province, conquise par César, soit aussi ta proie! Non, je n'ai pas abaissé devant toi mes aigles victorieuses : c'est là mon crime. Que le prix de mes travaux me soit arraché; que l'on m'ôte mes vieux soldats; mais qu'eux du moins aient leur récompense! qu'ils triomphent encore sous d'autres chefs! Le sang appauvri par la guerre et la vieillesse, que deviendront-ils? quel asile pour eux? vétérans, quelle sera leur retraite? Donnez-leur des champs à labourer, des rem-

An melius fient piratæ, Magne, coloni?

« TOLLITE jampridem victricia, tollite signa :
Viribus utendum est, quas fecimus. Arma tenenti
Omnia dat, qui justa negat.

« NEC numina deerunt :
Nam neque præda meis, neque regnum quæritur armis;
Detrahimus dominos urbi servire paratæ. »
DIXERAT : at dubium non claro murmure vulgus
Secum incerta fremit : pietas, patriique penates
Quamquam cæde feras mentes, animosque tumentes
Frangunt; sed diro ferri revocantur amore,
Ductorisque metu. Summi tum munera pili
Lælius, emeritique gerens insignia doni,
Servati civis referentem præmia quercum :

« SI licet, exclamat, romani maxime rector
Nominis, et fas est veras expromere voces;
Quod tam lenta tuas tenuit patientia vires,
Conquerimur. Deeratne tibi fiducia nostri?
Dum movet hæc calidus spirantia corpora sanguis,
Degenerem patiere togam, regnumque senatus?
Usque adeo miserum est civili vincere bello?
Duc age per Scythiæ populos, per inhospita Syrtis
Litora, per calidas Libyæ sitientis arenas.

« HÆC manus, ut victum post terga relinqueret orbem,
Oceani tumidas remo compescuit undas,
Fregit et arctoo spumantem vertice Rhenum.
Jussa sequi tam posse mihi, quam velle necesse est.
Nec civis meus est, in quem tua classica, Cæsar,

parts protecteurs de leurs derniers jours. Toutes les faveurs de Pompée seront-elles pour ses pirates?

«En avant donc, marchez, soulevez vos bannières! A la victoire, soldats! la force est à nous, nous l'avons créée; employons-la. Qui met nos droits en oubli, nous force à les saisir, et les dieux sont pour nous!

« Que cherchons-nous? une proie? l'empire? Non ; nous arrachons à ses maîtres Rome, trop docile esclave.»

Les cohortes frémissent ; un murmure confus et vague se propage, expression de pensées incertaines. Piété sainte, dieux du foyer domestique, émeuvent ces âmes que le fer a durcies, que l'orgueil gonfle. Mais bientôt l'amour du glaive, la présence du chef les rend à César. Un brave, un chef de cohorte illustré par cette couronne de chêne, qui rappelle un citoyen sauvé dans la mêlée, Lélius s'écrie :

« Gloire et soutien de Rome, puis-je m'exprimer sans détour? oserai-je être sincère? ta longue patience a trop étouffé tes forces et lassé nos courages. As-tu douté de nous? Le sang court à flots brûlans dans nos poitrines, et tu souffres cette toge dégénérée et ce règne du sénat? Vaincre dans la guerre civile, est-ce une honte? Entraîne-nous chez les Scythes, sur les sables de la Syrte, dans les plaines de la Libye qui dévore, nous te suivons.

« Déjà, pour laisser derrière nous le monde vaincu, nos mains, armées de la rame, ont combattu les vagues courroucées de l'Océan et brisé l'écume du Rhin. Je puis te suivre, et je le veux. Non, le Romain qui marche contre César, n'est plus Romain pour moi. Par tes ai-

Audiero. Per signa decem felicia castris,
Perque tuos juro quocunque ex hoste triumphos;
Pectore si fratris gladium, juguloque parentis
Condere me jubeas, plenæque in viscera partu
Conjugis, invita peragam tamen omnia dextra :
Si spoliare deos, ignemque immittere templis,
Numina miscebit castrensis flamma Monetæ :
Castra super tusci si ponere Tibridis undas,
Hesperios audax veniam metator in agros.
Tu quoscunque voles in planum effundere muros,
His aries actus disperget saxa lacertis :
Illa licet, penitus tolli quam jusseris urbem,
Roma sit. »

    His cunctæ simul adsensere cohortes,
Elatasque alte, quæcunque ad bella vocaret,
Promisere manus.

    It tantus in æthera clamor,
Quantus, piniferi Boreas quum thracius Ossæ
Rupibus incubuit, curvato robore pressæ
Fit sonus, aut rursus redeuntis in æthera silvæ.
Cæsar, ut acceptum tam prono milite bellum,
Fataque ferre videt, ne quo languore moretur
Fortunam, sparsas per gallica rura cohortes
Evocat, et Romam motis petit undique signis.
Deseruere cavo tentoria fixa Lemanno,
Castraque, quæ Vogesi curvam super ardua rupem
Pugnaces pictis cohibebant Lingonas armis.
Hi vada liquerunt Isaræ, qui gurgite ductus
Per tam multa suo, famæ majoris in amnem
Lapsus, ad æquoreas nomen non pertulit undas.

gles dix fois propices à nos armes, par tes triomphes sur tant d'ennemis, je le jure, si tu veux que la poitrine d'un frère, la gorge d'un père, les entrailles d'une épouse chargées d'un fruit vivant, soient frappés de mon glaive : parle, ma main tremblante va t'obéir. Dépouiller les dieux, incendier les temples, anéantir dans la flamme du camp leurs statues en lambeaux ; que faut-il faire? je suis prêt. Aux rives du Tibre, en face de Rome, veux-tu que je marque la place de ton camp? Quels qu'ils soient, les murs que tu condamneras vont crouler sous le bélier que mon bras fera mouvoir. Ordonne ; quelle ville doit être bientôt une ruine? fût-ce Rome, elle périra! »

Toutes les cohortes applaudirent ; et leurs mains, s'élevant vers le ciel, promirent le secours de leur glaive à quelque entreprise qu'on voulût les entraîner.

Ainsi l'air résonne lorsque les pins de la Thrace ploient sous le vent du nord; leurs rameaux, en gémissant, se courbent : ils se redressent, en gémissant, dans les airs.

César voit le soldat s'élancer vers la guerre avec joie; il reconnaît la voix du destin; il ne tentera pas la fortune en lui offrant un délai. Toutes les cohortes éparses dans la Gaule sont rappelées; tous leurs étendards s'ébranlent et s'avancent vers Rome. Tous, ils quittent les bords du lac Léman aux roches creusées, les camps suspendus sur les collines de Vaux, ceux qui imposaient la loi aux Lingones belliqueux armés de glaives colorés. L'Isara qui, après avoir roulé long-temps dans son propre lit, tombe et se perd dans un fleuve plus célèbre, et livre à l'Océan des flots qui n'ont plus de nom, est dé-

Solvuntur flavi longa statione Rutheni :
Mitis Atax latias gaudet non ferre carinas,
Finis et Hesperiæ, promoto limite, Varus :
Quaque sub Herculeo sacratus numine portus
Urget rupe cava pelagus : non Corus in illum
Jus habet, aut Zephyrus.

     Solus sua litora turbat
Circius, et tuta prohibet statione Monœci.
Quaque jacet litus dubium, quod terra, fretumque
Vindicat alternis vicibus, quum funditur ingens
Oceanus, vel quum refugis se fluctibus aufert.
Ventus ab extremo pelagus sic axe volutet,
Destituatque ferens; an sidere mota secundo
Tethyos unda vagæ lunaribus æstuet horis;
Flammiger an Titan, ut alentes hauriat undas,
Erigat Oceanum, fluctusque ad sidera ducat,
Quærite, quos agitat mundi labor : ac mihi semper
Tu, quæcunque moves tam crebros causa meatus,
Ut superi voluere, lates.

     Tunc rura Nemetis
Qui tenet, et ripas Aturi, qua litore curvo
Molliter admissum claudit tarbellicus æquor,
Signa movet, gaudetque amoto Santonus hoste :
Et Biturix, longisque leves Suessones in armis :
Optimus excusso Leucus Rhemusque lacerto,
Optima gens flexis in gyrum Sequana frenis :
Et docilis rector rostrati Belga covini :
Arvernique ausi Latio se fingere fratres,

livrée dés étendards romains. Les Ruthènes voient la garnison romaine quitter enfin leurs rives; les eaux paisibles de l'Atax se réjouissent de ne plus porter d'esquifs romains; le Var qui ne s'arrête pas sur la lisière de l'Hespérie, la baie consacrée à Hercule et dans laquelle s'engouffre l'Océan, respirent enfin. Golfe bizarre, sur lequel Zéphyre et Corus n'ont aucune influence.

Pourquoi ce terrain douteux, plage et mer tour-à-tour, voit-il l'Océan l'ensevelir, l'envahir, puis reculer et retomber? Est-ce le vent qui, des confins du monde, pousse et jette cette masse liquide, pour la laisser ensuite à elle-même? Téthys, dans sa course inégale, dirige-t-elle ces mouvemens? Est-ce la flamme du soleil qui épuise, qui élève jusqu'à lui les flots soumis à son empire? Essayez de le savoir, vous que le mécanisme du monde inquiète! Quant à moi, ce mystère que les dieux ont voulu cacher, cette cause d'un flux et d'un reflux si constant, je l'ignore, et ne cherche pas à la pénétrer.

Les plaines de Nîmes, les plages du Rouergue creusées par l'onde qui entre mollement dans leur baie et s'y endort, la Saintonge, enfin libre, poussent un cri de joie. Le Biturge, le Soissonnais aux longues lances et au corps souple; l'habitant de Toul et de Reims, dont le bras lance si bien le dard; le riverain de la Seine, adroit à faire tournoyer le cheval docile; le Belge, conduisant sans crainte sa nacelle à la poupe crochue; l'Auvergnat, qui ose se dire frère du Romain et descendant d'Ilium; et le Hainaut rebelle, encore souillé du sang de

Sanguine ab iliaco populi; nimiumque rebellis
Nervius, et cæsi pollutus sanguine Cottæ :
Et qui te laxis imitantur, Sarmata, braccis
Vangiones : Batavique truces, quos ære recurvo
Stridentes acuere tubæ : qua Cinga pererrat
Gurgite : qua Rhodanus raptum velocibus undis
In mare fert Ararim : qua montibus ardua summis
Gens habitat cana pendentes rupe Gebennas.
Tu quoque, lætatus converti prœlia, Trevir.
Et nunc tonse Liger, quondam per colla decora
Crinibus effusis toti prælate Comatæ :
Et quibus immitis placatur sanguine diro
Teutates, horrensque feris altaribus Hesus;
Et Taranis scythicæ non mitior ara Dianæ.
Vos quoque, qui fortes animas, belloque peremtas,
Laudibus in longum vates demittitis ævum,
Plurima securi fudistis carmina, bardi.
Et vos barbaricos ritus, moremque sinistrum
Sacrorum, druidæ, positis repetistis ab armis.
Solis nosse deos, et cœli numina vobis,
Aut solis nescire datum : nemora alta remotis
Incolitis lucis. Vobis auctoribus, umbræ
Non tacitas Erebi sedes, Ditisque profundi
Pallida regna petunt : regit idem spiritus artus
Orbe alio : longæ (canitis si cognita) vitæ
Mors media est.
    Certe populi, quos despicit Arctos,
Felices errore suo, quos ille, timorum
Maximus, haud urget leti metus. Inde ruendi
In ferrum mens prona viris, animæque capaces

Cotta ; et Trèves et Mayence, aux braies larges et flottantes comme les Sarmates ; et le farouche Batave, dont la valeur s'irrite au son perçant de l'airain tortueux ; et le gouffre impétueux de Cinga ; et les bords du Rhône, dont le flot rapide emporte avec lui la Saône dans l'Océan ; et l'âpre cime des Cévennes, aux roches blanches et pendantes : tous voient avec bonheur la guerre passer en Italie.

Vous voilà libres, Comates aux longs cheveux errans sur des épaules blanches ; et toi, Ligurien, dont le front est sans chevelure, mais dont la valeur est plus célèbre. Vous qui apaisez par des flots de sang humain Teutatès l'impitoyable, l'autel horrible d'Hésus, et Taranis plus cruelle que Diane taurique ; vous par qui revivent les fortes âmes disparues dans les combats, chantres dont la louange donne l'éternité, bardes ! vous ne craignez plus de répéter vos hymnes ; druides ! vous reprenez vos rites barbares, vos sanglans sacrifices que la guerre avait abolis.

A vous seuls il appartient de connaître les dieux ou de les méconnaître. Les bois profonds sont vos asiles. « Les ombres, dites-vous, ne vont point peupler le silencieux Érèbe, les profondeurs pâles du royaume de Pluton. Le même esprit, dans un monde nouveau, anime de nouveaux corps. La mort (si vos hymnes ne sont pas menteurs) n'est que le milieu d'une longue vie. »

PEUPLES heureux de votre erreur ! Des terreurs la plus grande, la terreur de la mort, ne vous dévore pas ! Vous vous ruez au combat ; vous vous élancez sur le fer ; vos âmes embrassent la mort avec joie ; pourquoi épargner une vie qui vous sera rendue ?

Mortis : et ignavum rediturae parcere vitae.

ET vos crinigeros bellis arcere Caycos
Oppositi, petitis Romam, Rhenique feroces
Deseritis ripas, et apertum gentibus orbem.

CÆSAR, ut immensæ collecto robore vires
Audendi majora fidem fecere, per omnem
Spargitur Italiam, vicinaque moenia complet.
Vana quoque ad veros accessit fama timores,
Irrupitque animos populi, clademque futuram
Intulit, et velox properantis nuntia belli
Innumeras solvit falsa in præconia linguas.
EST qui, tauriferis ubi se Mevania campis
Explicat, audaces ruere in certamina turmas
Adferat, et, qua Nar tiberino illabitur amni,
Barbaricas sævi discurrere Cæsaris alas :
Ipsum omnes aquilas, collataque signa ferentem,
Agmine non uno, densisque incedere castris.

NEC, qualem meminere, vident : majorque, ferusque
Mentibus occurrit, victoque immanior hoste.
Hunc inter Rhenum populos Alpemque jacentes,
Finibus arctois, patriaque ab sede revulsos
Pone sequi, jussamque feris a gentibus Urbem,
Romano spectante, rapi. Sic quisque pavendo
Dat vires famæ : nulloque auctore malorum,
Quæ finxere, timent.
     NEC solum vulgus inani
Percussum terrore pavet; sed curia et ipsi
Sedibus exsiluere patres, invisaque belli
Consulibus fugiens mandat decreta senatus.

Plus de barrière pour le Germain à la longue chevelure : tout marche vers Rome. Les rives féroces du Rhin restent abandonnées. Le monde s'ouvre aux nations.

Dès que César, maître de ces forces immenses, sent qu'il peut tout, il inonde l'Italie, et remplit de soldats les cités voisines : tout tremble, et de vaines terreurs se joignent à l'effroi qu'il inspire. Les maux à venir semblent des maux présens; la guerre future semble déjà fondre sur le peuple épouvanté. Mille langues menteuses répandent le bruit de calamités qui ne sont pas encore.

« Sur les plaines de Mévanie, riches en taureaux, de farouches bataillons, disent-ils, se précipitent aux combats; on a vu, aux lieux où le Var se mêle au Tibre, briller les aigles barbares que le conquérant cruel mêle à ses drapeaux : on l'a vu, suivi de ses puissantes cohortes, distribuant et divisant ses légions, s'avancer à la tête de son armée en bataille. »

Le César qu'ils voient n'est pas celui qu'ils ont connu jadis, mais un géant féroce, horrible comme les peuples qu'il a vaincus. A sa suite marchent les hordes nées entre les Alpes et le Rhin, bêtes de proie arrachées à leurs tanières, et qui ont reçu l'ordre de saccager Rome aux yeux des Romains. Ainsi, par sa terreur, chacun redouble la terreur commune; sans remonter à la source, on recule devant le fantôme qu'on a créé.

Et ce n'est pas le vulgaire seul que ces bruits font pâlir; c'est le sénat. Les pères du peuple se sont élancés de leurs chaises curules; le sénat fugitif a légué aux consuls ses décrets contre César !

Tum, quæ tuta petant, et quæ metuenda relinquant,
Incerti, quo quemque fugæ tulit impetus, urget
Præcipitem populum, serieque hærentia longa
Agmina prorumpunt: credas, aut tecta nefandas
Corripuisse faces, aut jam quatiente ruina
Nutantes pendere domos. Sic turba per urbem
Præcipiti lymphata gradu, velut unica rebus
Spes foret adflictis, patrios excedere muros,
Inconsulta ruit.

       Qualis, quum turbidus auster
Repulit a libycis immensum Syrtibus æquor,
Fractaque veliferi sonuerunt pondera mali:
Desilit in fluctus, deserta puppe, magister,
Navitaque, et, nondum sparsa compage carinæ,
Naufragium sibi quisque facit.

                      Sic, urbe relicta,
In bellum fugitur. Nullum jam languidus ævo
Evaluit revocare parens, conjuxve maritum
Fletibus; aut patrii, dubiæ dum vota Saluti
Conciperent, tenuere lares: nec limine quisquam
Hæsit, et extremo tunc forsitan urbis amatæ
Plenus abit visu: ruit irrevocabile vulgus.
O faciles dare summa deos, eademque tueri
Difficiles!

       Urbem populis, victisque frequentem
Gentibus, et generis, coeat si turba, capacem
Humani, facilem venturo Cæsare prædam
Ignavæ liquere manus. Quum pressus ab hoste
Clauditur externis miles romanus in oris;
Effugit exiguo nocturna pericula vallo,

QUEL asile chercher? Où le danger est-il? Ils l'ignorent, et se précipitent où la frayeur les emporte : ils se jettent au milieu d'un peuple éperdu, et rompent ces longues colonnes de fugitifs dont le nombre arrête la marche. On dirait que des mains sacrilèges ont jeté dans les édifices des torches enflammées, ou que la terre tremblante fait vaciller Rome suspendue sur l'abîme. La foule se précipite en délire à travers la ville, comme si le seul remède aux malheurs de la cité du Capitole était de quitter ses murs.

QUAND l'auster orageux chasse des écueils de Libye les flots de la mer immense; lorsque se brisent sous leurs voiles les mâts qui gémissent et tombent, le nocher, le pilote, désertent la poupe et se jettent dans les eaux. Le vaisseau tient encore, et chacun se fait à lui-même un naufrage.

AINSI l'on déserte la ville pour se précipiter vers le camp. Le vieux père ne peut retenir son fils; l'épouse en pleurs rappelle en vain son époux. Les sacrifices sont abandonnés; les lares paternels restent déserts. Nul ne s'arrêta sur le seuil; nul n'osa fixer un dernier regard sur sa Rome chérie, que peut-être il quittait pour toujours. Tous courent et s'élancent; rien ne les retient.

DIEUX! que vous êtes faciles à donner la grandeur! et que votre don est fragile!

ROME, où affluaient tous les peuples vaincus par ses armes; Rome, qui offrirait un asile à l'espèce humaine, proie facile offerte aux légions de César, est abandonnée par des lâches. Quand, sur une rive étrangère, le soldat romain, cerné par l'ennemi qui le presse, veut se garantir de ses atteintes, un léger rempart le protège contre ces périls nocturnes; un mur de branches s'élève,

Et subitus rapti munimine cespitis agger
Præbet securos intra tentoria somnos :
Tu tantum audito bellorum nomine, Roma,
Desereris; nox una tuis non credita muris.
Danda tamen venia est tantorum, danda, pavorum :
Pompeio fugiente timent.
     Tum ne qua futuri
Spes saltem trepidas mentes levet, addita fati
Pejoris manifesta fides; superique minaces,
Prodigiis terras implerunt, æthera, pontum.
Ignota obscuræ viderunt sidera noctes,
Ardentemque polum flammis, cœloque volantes
Obliquas per inane faces, crinemque timendi
Sideris, et terris mutantem regna cometen.
Fulgura fallaci micuerunt crebra sereno,
Et varias ignis tenso dedit aere formas.
Nunc jaculum longo, nunc sparso lumine lampas
Emicuit cœlo ; tacitum sine nubibus ullis
Fulmen, et arctois rapiens e partibus ignem,
Percussit latiale caput : stellæque minores,
Per vacuum solitæ noctis decurrere tempus,
In medium venere diem : cornuque coacto
Jam Phœbe toto fratrem quum redderet orbe,
Terrarum subita percussa expalluit umbra.
Ipse caput medio Titan quum ferret Olympo,
Condidit ardentes atra caligine currus,
Involvitque orbem tenebris, gentesque coegit
Desperare diem. Qualem, fugiente per ortus
Sole, Thyesteæ noctem duxere Mycenæ.
Ora ferox siculæ laxavit Mulciber Ætnæ;

et, tranquille derrière cette fortification improvisée, il dort en paix sous sa tente. Mais Rome, on l'abandonne au premier bruit des armes; on ne lui confie pas le repos d'une nuit. Terreur panique, et cependant excusable : Pompée a fui; tout tremble.

L'espérance même n'est pas permise à ces esprits troublés; l'avenir leur apparaît plus redoutable que le présent. Les dieux menacent; les prodiges remplissent la terre, le ciel, les mers. Dans la nuit sombre, des étoiles inconnues brillent; l'horizon resplendit; les torches à l'aile oblique volent à travers l'espace. La crinière ardente de cet astre qu'il faut craindre rayonne et va changer les rois. L'éclair sillonne à traits redoublés un ciel serein et trompeur. Dans l'air épaissi, la flamme errante prend mille formes : c'est un javelot immense; c'est une lampe éclatante. Point de nuages; et le tonnerre, qui gronde sourdement, part du pôle arctique et foudroie le Capitole. Ce n'est plus la nuit, c'est le jour que ces astres, habitans au ciel, choisissent pour achever leur course; et la sœur du Soleil, au moment même où son disque reproduit les clartés de son frère, se voile, pâlit, et disparaît sous l'ombre immense qui l'a frappée.

Le Soleil enfin, au moment où son front radieux touchait la cime de l'Olympe, enveloppe d'un voile sombre son char resplendissant; les ténèbres envahissent le globe, et les nations désespèrent du jour, comme au festin d'Atrée.

Le géant terrible qui respire sous l'Etna vomit

Nec tulit in cœlum flammas, sed vertice prono
Ignis in hesperium cecidit latus. Atra Charybdis
Sanguineum fundo torsit mare. Flebile sævi
Latravere canes. Vestali raptus ab ara
Ignis, et ostendens confectas flamma Latinas
Scinditur in partes, geminoque cacumine surgit,
Thebanos imitata rogos. Tum cardine tellus
Subsedit, veteremque, jugis nutantibus, Alpes
Discussere nivem. Tethys majoribus undis
Hesperiam Calpen, summumque implevit Atlanta.
Indigetes flevisse deos, urbisque laborem
Testatos sudore lares, delapsaque templis
Dona suis, dirasque diem fœdasse volucres
Accipimus; silvisque feras sub nocte relictis
Audaces media posuisse cubilia Roma.
Tum pecudum faciles humana ad murmura linguæ,
Monstrosique hominum partus, numeroque modoque
Membrorum; matremque suus conterruit infans :
Diraque per populum cumanæ carmina vatis
Vulgantur. Tum, quos sectis Bellona lacertis
Sæva movet, cecinere deos : crinemque rotantes
Sanguineum populis ululárunt tristia Galli.
Compositis plenæ gemuerunt ossibus urnæ.
Tum fragor armorum, magnæque per avia voces
Auditæ nemorum : et venientes comminus umbræ.

Quique colunt junctos extremis mœnibus agros,
Diffugiunt. Ingens Urbem cingebat Erinnys,
Excutiens pronam flagranti vertice pinum,
Stridentesque comas : Thebanam qualis Agaven

des feux, non dans les airs ; mais, de sa cime béante, il répand des flammes sur l'Italie. Des profondeurs de Charybde roule et s'élance une mer de sang ; les chiens de Scylla hurlent et pleurent. Le feu de Vesta fuit les autels, et se partage en s'élevant, comme la flamme du bûcher des implacables enfans d'OEdipe; la terre s'affaisse sur ses pivots, les Alpes tremblent, et leurs vieilles cimes secouent l'avalanche neigeuse; Téthys courroucée enfle ses ondes et inonde Calpé tremblante. Les dieux indigètes pleurent; les lares suent; on dirait qu'ils ressentent la tourmente de Rome. Les dons votifs tombent des parois; l'oiseau nocturne vient souiller le jour. L'animal féroce quitte la nuit sa tanière, et, audacieux, il place le berceau de ses enfans au milieu des places publiques. Voici les bêtes brutes qui font retentir des sons humains ; les femmes enfantent des monstres aux membres hideux, aux mille bras, et des enfans qui épouvantent leurs mères. Le peuple répète avec terreur les anathèmes de la prophétesse de Cumes. Errans et furieux, les membres déchirés, les cheveux rouges et jetés au vent, les prêtres funèbres de Bellone et de Cybèle hurlent leur hymne de sang, qui glace les peuples. Pleines d'ossemens, les urnes gémissent. Un fracas d'armes ; de grandes voix qui partent de la profondeur des forêts ; des ombres lointaines qui s'approchent : partout l'épouvante.

Tout fuit; Erinnys court autour des murs, secouant sa torche allumée et sa chevelure de serpens. Telle se montrait l'Euménide, quand Agavé la Thébaine, quand Lycurgue le parricide, quand Alcide, poursuivi par

Impulit, aut sævi contorsit tela Lycurgi
Eumenis; aut qualem jussu Junonis iniquæ
Horruit Alcides, viso jam Dite, Megæram.
Insonuere tubæ, et quanto clamore cohortes
Miscentur, tantum nox atra, silentibus auris,
Edidit : et medio visi consurgere Campo
Tristia Sullani cecinere oracula manes :
Tollentemque caput gelidas Anienis ad undas
Agricolæ fracto Marium fugere sepulcro.
Hæc propter placuit tuscos de more vetusto
Acciri vates. Quorum qui maximus ævo
Arruns incoluit desertæ mœnia Lucæ,
Fulminis edoctus monitus, venasque calentes
Fibrarum, et motus errantis in aere pennæ,
Monstra jubet primum, quæ nullo semine discors
Protulerat natura, rapi, sterilique nefandos
Ex utero fetus infaustis urere flammis.

Mox jubet et totam pavidis a civibus Urbem
Ambiri; et festo purgantes mœnia lustro,
Longa per extremos pomœria cingere fines
Pontifices, sacri quibus est permissa potestas.
Turba minor sequitur, ritu succincta gabino,
Vestalemque chorum ducit vittata sacerdos,
Trojanam soli cui fas vidisse Minervam.
Tum qui fata deum secretaque carmina servant
Et lotam parvo revocant Almone Cybelen;
Et doctus volucres augur servare sinistras;
Septemvirque epulis festis, Titiique sodales;
Et salius læto portans ancilia collo;
Et tollens apicem generoso vertice flamen.

Junon furieuse, servaient de jouet à sa rage. Au milieu des ténèbres et du silence de la nuit, on entend le son des trompettes, et un bruit égal aux clameurs des combattans dans la fureur de la mêlée. L'ombre de Sylla sort de la terre, et rend d'effrayans oracles ; les laboureurs épouvantés voient, au bord de l'Anio glacé, Marius briser sa tombe, et lever sa tête du sein des morts.

On crut devoir, selon l'ancien usage, avoir recours aux devins d'Étrurie. Arruns, le plus âgé d'entre eux, retiré dans les murs solitaires de Luca, lisait l'avenir dans les directions de la foudre, dans le vol des oiseaux, dans les entrailles des victimes. Par son ordre, ces monstres, que nul germe n'a produits, et que la nature égarée avait formés dans un sein stérile, sont livrés aux flammes.

Puis il ordonne aux citoyens tremblans d'environner les murs de Rome, et de les purifier par les lustrations sacrées, tandis que la procession des sacrificateurs, ceinture mobile, en parcourt les dehors. Ensuite marchent l'ordre inférieur des pontifes aux vêtemens et au rit gabiniens, et le char des vestales, guidé par la prêtresse au front ceint de bandelettes sacrées, celle qui seule a droit de contempler la Minerve troyenne. Sur leurs pas s'avancent les interprètes du destin, qui gardent les vers mystérieux, et rajeunissent Cybèle dans les faibles eaux de l'Almon ; puis le savant augure, gardien des oiseaux sacrés, et les chefs qui président dans les fêtes aux sacrifices des festins, et les prêtres d'Apollon, et le salien joyeux, qui porte en dansant les

Dumque illi effusam longis anfractibus urbem
Circueunt, Arruns dispersos fulminis ignes
Colligit, et terræ mœsto cum murmure condit,
Datque locis numen sacris : tunc admovet aris
Electa cervice marem. Jam fundere Bacchum
Cœperat, obliquoque molas inducere cultro :
Impatiensque diu non grati victima sacri,
Cornua succincti premerent quum torva ministri,
Deposito victum præbebat poplite collum.
Nec cruor emicuit solitus, sed vulnere largo
Diffusum rutilo nigrum pro sanguine virus.
Palluit attonitus sacris feralibus Arruns,
Atque iram superum raptis quæsivit in extis.
Terruit ipse color vatem : nam pallida tetris
Viscera tincta notis, gelidoque infecta cruore
Plurimus adsperso variabat sanguine livor.
Cernit tabe jecur madidum, venasque minaces
Hostili de parte videt. Pulmonis anheli
Fibra latet, parvusque secat vitalia limes.
Cor jacet, et saniem per hiantes viscera rimas
Emittunt : produntque suas omenta latebras.
Quodque, nefas! nullis impune apparuit extis,
Ecce, videt capiti fibrarum increscere molem
Alterius capitis. Pars ægra et marcida pendet :
Pars micat, et celeri venas movet improba pulsu.
His ubi concepit magnorum fata malorum,
Exclamat :

« Vix fas, Superi, quæcunque movetis,

boucliers de Mars; et le flamine à la tête élevée d'où flottent les replis du voile immortel.

Dans les détours sinueux de la ville, la procession marche à pas lents. Pendant ce temps, Arruns ramasse les feux de la foudre, et la terre les reçoit dans son sein avec un triste et profond murmure. Ce lieu devient sacré; un taureau mâle est amené à l'autel; Bacchus coule déjà; déjà, sous le couteau oblique, la farine, mêlée de sel, est semée; impatiente du sacrifice, la victime s'agite sous la main des prêtres, qui, les robes relevées, pèsent sur ses cornes redoutables; il plie, son genou tombe; vaincu, il offre sa gorge au couteau. Point de sang vermeil; d'une large plaie coule, non cette liqueur éclatante, mais un virus qui en dégoutte. On voit pâlir le prêtre à ces signes infernaux; il observe la colère des dieux dans les entrailles déchirées : tout l'épouvante, même leurs nuances. Ce sont de pâles viscères, semés de taches livides, et souillés d'un sang coagulé; ce sont des nuances noirâtres et violacées; le foie nage dans cette liqueur impure, le poumon est flétri, le cœur abattu, l'enveloppe des intestins déchirée et sanglante; et, ce qu'on ne vit jamais en vain dans les flancs des animaux, du côté funeste, les fibres enflées palpitent sur les veines; du côté propice, elles sont lâches et sans vigueur.

Arruns a reconnu les symptômes d'immenses calamités.

« Dois-je, grands dieux! s'écrie-t-il, révéler vos ar-

Prodere me populis : neque enim tibi, summe, litavi,
Jupiter, hoc sacrum : cæsique in viscera tauri
Inferni venere dei. Non fanda timemus :
Sed venient majora metu. Di visa secundent,
Et fibris sit nulla fides ; sed conditor artis
Finxerit ista Tages. »

   Flexa sic omnia Tuscus
Involvens, multaque tegens ambage canebat.

At Figulus, cui cura, deos secretaque cœli
Nosse, fuit, quem non stellarum ægyptia Memphis
Æquaret visu, numerisque moventibus astra :
« Aut hic errat, ait, ulla sine lege per ævum
Mundus, et incerto discurrunt sidera motu :
Aut, si fata movent, Urbi generique paratur
Humano matura lues. Terræne dehiscent,
Subsidentque urbes ? an tollet fervidus aer
Temperiem ? segetem tellus infida negabit ?
Omnis an infusis miscebitur unda venenis ?
Quod cladis genus, o Superi, qua peste paratis
Sævitiam ?

  « Extremi multorum tempus in unum
Convenere dies.

   « Summo si frigida cœlo
Stella nocens nigros Saturni accenderet ignes,
Deucalioneos fudisset Aquarius imbres,
Totaque diffuso latuisset in æquore tellus.
Si sævum radiis nemeæum, Phœbe, Leonem
Nunc premeres, toto fluerent incendia mundo,
Succensusque tuis flagrasset curribus æther.

canes aux peuples? Ce n'est pas à toi, Jupiter, que je viens de sacrifier; la victime égorgée renfermait les dieux de l'Érèbe. Nous craignons des malheurs inouis : nos malheurs passeront nos craintes. Fasse le ciel que ces signes nous soient favorables; que ces fibres palpitantes me trompent, et que notre maître nous en ait imposé! »

Voilà les présages douteux que le pontife se plut à envelopper de ténèbres, à recouvrir des mille voiles de sa prophétie ambiguë.

Initié aux secrets du ciel, habile à pénétrer la pensée des dieux, égal de Memphis, dans la science qui mesure le rhythme cadencé des astres, Figulus s'écrie :

« Ou le globe n'a pas de lois, et roule, triste jouet du hasard, dans l'espace éternel ; ou si le destin le guide, un grand malheur attend la ville sacrée et la race humaine. Terres, vous ouvrirez-vous pour dévorer les villes? Soleil, embraseras-tu les airs? Sillons, fermerez-vous votre sein perfide? Océans, roulerez-vous des poisons? Quel sera le fléau lancé par les dieux sur nos têtes?

« En un seul point de la durée, que de morts, quels désastres vont se réunir!

« Si tout au haut de la voûte céleste l'étoile glacée de Saturne allumait ses flammes fatales, on pourrait craindre que l'époque de Deucalion renaissante n'ensevelît sous les eaux le globe perdu. Soleil, si le signe terrible du Lion t'arrêtait dans ta course, tes feux découleraient sur le monde incendié; ton char s'embraserait dans les airs. Mais non, c'est toi, Mars, c'est toi dont la queue ar-

Hi cessant ignes. Tu, qui flagrante minacem
Scorpion incendis cauda, chelasque peruris,
Quid tantum, Gradive, paras? nam mitis in alto
Jupiter occasu premitur, Venerisque salubre
Sidus hebet, motuque celer Cyllenius hæret,
Et cœlum Mars solus habet. Cur signa meatus
Deseruere suos, mundoque obscura feruntur?
Ensiferi nimium fulget latus Orionis.
« Imminet armorum rabies : ferrique potestas
Confundet jus omne manu : scelerique nefando
Nomen erit virtus : multosque exibit in annos
Hic furor.

 « Et Superos quid prodest poscere finem?
Cum domino pax ista venit. Duc Roma malorum
Continuam seriem : clademque in tempora multa
Extrahe, civili tantum jam libera bello. »

Terruerant satis hæc pavidam præsagia plebem :
Sed majora premunt. Nam qualis vertice Pindi
Edonis Ogygio decurrit plena Lyæo;
Talis et attonitam rapitur matrona per urbem,
Vocibus his prodens urgentem pectora Phœbum.
« Quo feror, o Pæan? qua me super æthera raptam
Constituis terra? video Pangæa nivosis
Cana jugis, latosque Hæmi sub rupe Philippos.

« Quis furor hic, o Phœbe, doce : quæ tela, manusque
Romanæ miscent acies, bellumque sine hoste est?

« Quo diversa feror? primos me ducis in ortus,

dente retombe sur le Scorpion; c'est toi qui nous menaces. Que nous annonces-tu? Jupiter, l'astre de la paix et du bonheur, se cache; Vénus, l'étoile consolante, paraît s'éteindre; Mercure, la planète au vol rapide, reste sans vigueur. Le firmament est à toi seul, ô Mars! Les autres astres ont déserté leurs ellipses, ou obscurci leurs rayons. L'épée d'Orion flamboie d'un éclat redoutable.

« C'est la fureur des armes qui nous menace, le fer va tout confondre; le crime va être vertu; non, des années n'assouviront pas cette rage.

« Et ne demandons pas aux dieux qu'ils la terminent. Qu'est-ce qu'une paix qui amène la tyrannie? Va, Rome, va dans cette route de misères; traîne la longue chaîne de tes calamités. La guerre civile est pour toi la seule liberté! »

Épouvanté de ces menaces, le peuple est bientôt accablé d'autres terreurs. Telle, des sommets du Pinde, tout entière à Bacchus, la Thyade se précipite; et telle à travers la ville alarmée s'élance une matrone; sa voix redoutable trahit les angoisses dont Phébus la dévore.

« Où m'emportes-tu, dieu des prophéties? la terre fuit.....; je plane dans les airs..... Où suis-je? et quelles contrées voient mes yeux? Ici, la neige qui couronne le Pangée.....; là, le rocher d'Hémus dominant les plaines de Philippes!

« Où vont ces furieux? instruis-moi! Ces traits lancés par des mains romaines vont frapper des poitrines romaines; je vois des combats, et non des ennemis!

« Tu m'entraînes; me voici près de la mer où le Nil

Qua mare lagæi mutatur gurgite Nili.
Hunc ego, fluminea deformis truncus arena
Qui jacet, agnosco.

« Dubiam super æquora Syrtim
Arentemque feror Libyen, quo tristis Erinnys
Transtulit emathias acies. Nunc desuper Alpis
Nubiferæ colles, ante aeriam Pyrenen
Abripimur. Patriæ sedes remeamus in urbis :
Impiaque in medio peraguntur bella senatu.
Consurgunt partes iterum, totumque per orbem
Rursus eo. Nova da mihi cernere litora ponti,
Telluremque novam : vidi jam, Phœbe, Philippos. »

Hæc ait : et lasso jacuit deserta furore.

lagéen s'engouffre ! Ce tronc informe, gisant sur le sable de la rive, je le reconnais !

« Ton essor me précipite par delà les Syrtes traîtresses, au dessus de la Libye aride ; c'est ici qu'Erinnys la cruelle a transporté les débris des champs Émathiens ! Alpes hérissées, collines qui portez les nuages, Pyrénées aériennes, vous fuyez à mes yeux ; je retrouve la ville paternelle. Là, une guerre impie s'achève au milieu du sénat. Bientôt les partis renaissent, et le monde entier s'offre à mon essor. Ah ! montre-moi d'autres mers ! Ah ! donne-moi de nouveaux rivages, j'ai vu Philippes, et c'est assez ! »

Elle dit ; elle s'affaisse ; sa fureur l'abandonne ; elle tombe.

LIBER SECUNDUS.

Jamque iræ patuere deum, manifestaque belli
Signa dedit mundus : legesque, et fœdera rerum,
Præscia monstrifero vertit natura tumultu,
Indixitque nefas.

        Cur hanc tibi, rector Olympi,
Sollicitis visum mortalibus addere curam,
Noscant venturas ut dira per omina clades?
Sive parens rerum, quum primum informia regna,
Materiam rudem, flamma cedente, recepit,
Fixit in æternum causas, qua cuncta coercet,
Se quoque lege tenens, et secula jussa ferentem
Fatorum immoto divisit limite mundum;
Sive nihil positum est, sed fors incerta vagatur,
Fertque, refertque vices, et habent mortalia casum :
Sit subitum, quodcunque paras : sit cæca futuri
Mens hominum fati : liceat sperare timenti.

Ergo ubi concipiunt, quantis sit cladibus orbi
Constatura fides Superum, ferale per urbem
Justitium : latuit plebeio tectus amictu
Omnis honor : nullos comitata est purpura fasces.

LIVRE SECOND.

La colère des dieux s'est révélée ; le monde, par des signes manifestes, a proclamé ses désastres prochains. Ses lois se brisent ; les liens qui l'attachaient se rompent ; la nature, en proie à un prophétique désordre, enfante des monstres et présage des crimes.

Souverain du ciel ! pourquoi joindre aux maux des mortels cette autre douleur? pourquoi leur permettre de lire leurs malheurs futurs en d'effrayans présages? Quand le créateur des choses s'empara du chaos informe; quand ce feu dévorant recula devant lui ; quand la matière brute obéit à sa volonté et reçut ses éternelles lois ; s'enchaîna-t-il lui-même par les liens qu'il imposait à l'univers? Ordonna-t-il au monde de vivre pendant un nombre de siècles, et de subir sa destinée prévue, immuable, éternelle? ou bien le hasard est-il roi ? Une continuelle vicissitude balance-t-elle notre sort incertain dont chaque moment décide à son tour. Ah! frappe-nous du moins de coups imprévus! Que les yeux de l'homme soient aveugles sur son avenir; dans nos terreurs, laisse-nous l'espérance.

Dès que l'on sut quels forfaits allaient accomplir ces menaces prophétiques, un repos funèbre pesa sur la ville sacrée; plus de lois, plus de justice : le magistrat se voila des haillons du pauvre; le consul dépouilla la pourpre, et marcha sans licteurs. On se taisait, et la

Tum questus tenuere suos, magnusque per omnes
Erravit sine voce dolor.

    Sic funere primo
Attonitæ tacuere domus, quum corpora nondum
Conclamata jacent, nec mater crine soluto
Exigit ad sævos famularum brachia planctus :
Sed quum membra premit fugiente rigentia vita,
Vultusque exanimes, oculosque in morte jacentes;
Nec dum est ille dolor, sed jam metus; incubat amens,
Miraturque malum.

     Cultus matrona priores
Deposuit : mœstæque tenent delubra catervæ.
Hæ lacrymis sparsere deos, hæ pectora duro
Adfixere solo, lacerasque in limine sacro
Attonitæ fudere comas; votisque vocari
Adsuetas crebris feriunt ululatibus aures.
Nec cunctæ summi templo jacuere Tonantis :
Divisere deos : et nullis defuit aris
Invidiam factura parens; quarum una madentes
Scissa genas, planctu liventes atra lacertos :

« Nunc, ait, o miseræ contundite pectora matres,
Nunc laniate comas, neve hunc differte dolorem,
Et summis servate malis : nunc flere potestas,
Dum pendet fortuna ducum : quum vicerit alter,
Gaudendum est. »

    His se stimulis dolor ipse lacess.

douleur couvait dans les âmes; douleur sans voix qui planait sur Rome.

C'est là cet effroi muet des familles quand la mort vient de frapper, quand le cadavre succède à la vie, quand les derniers adieux ne sont pas prononcés, avant que la triste mère, les cheveux en désordre, et debout près du bûcher, n'ordonne les funèbres honneurs et les gémissemens des esclaves. La vie vient de s'enfuir, les membres se roidissent, la face est inanimée, l'œil se ternit et reste fixe : le désespoir n'est pas né, mais la terreur. Vous vous penchez sur la couche mortuaire; vous admirez votre malheur.

La matrone romaine dépose les vêtemens élégans qui la paraient; des groupes de femmes désolées remplissent les sanctuaires; ici, les statues des dieux sont mouillées de leurs larmes; là, elles embrassent le marbre glacé des parvis, et sèment la dépouille de leur chevelure sur les portiques sacrés. L'écho de leurs hurlemens fait retentir ces lieux accoutumés aux saintes prières. Le dieu qui foudroie n'est pas le seul dont elles embrassent les autels; aucun des immortels n'est privé de ces tristes hommages. Une d'elles, le sein meurtri, les joues sillonnées de pleurs, disait :

«O malheureuses mères! voici l'instant de frapper vos poitrines et de déchirer vos chevelures; voici l'instant du deuil et de la douleur! Tant que la fortune incertaine balance entre les deux chefs, il faut gémir. Le triomphe de l'un ou de l'autre donnera le signal de la joie. »

Le désespoir du peuple s'irrite par de tels discours.

Nec non bella viri, diversaque castra petentes,
Effundunt justas in numina sæva querelas :
« O MISERÆ sortis, quod non in punica nati
Tempora Cannarum fuimus, Trebiæque, juventus!
Non pacem petimus, Superi : date gentibus iras :
Nunc urbes excite feras : conjuret in arma
Mundus : Achæmeniis decurrant medica Susis
Agmina : Massageten scythicus non adliget Hister :
Fundat ab extremo flavos Aquilone Suevos
Albis, et indomitum Rheni caput : omnibus hostes
Reddite nos populis : civile avertite bellum :
Hinc Dacus premat, inde Getes : occurrat Iberis
Alter; ad eoas hic vertat signa pharetras.
Nulla vacet tibi, Roma, manus. Vel perdere nomen
Si placet hesperium, Superi, collatus in ignem
Plurimus ad terram per fulmina decidat æther.

« SÆVE parens, utrasque simul partesque ducesque,
Dum nondum meruere, feri. Tantone novorum
Proventu scelerum quærunt, uter imperet Urbi ?
Vix tanti fuerat civilia bella movere,
Ut neuter! »

    TALES pietas peritura querelas
Egerit : at miseros angit sua cura parentes,
Oderuntque gravis vivacia fata senectæ,
Servatosque iterum bellis civilibus annos.
Atque aliquis magno quærens exempla timori,

En allant se ranger sous les drapeaux ennemis, les citoyens maudissent le sort qui les entraîne.

« MALHEUREUX! pourquoi le temps d'Annibal, de Trébie et de Cannes ne nous vit-il pas naître et grandir? Dieux, ce n'est point la paix que nos vœux appellent; excitez contre nous le courroux des nations. Que des cités entières se soulèvent! Que Rome soit en butte au monde conjuré! Que Suse ouvre ses portes, et lance contre nous ses torrens de Mèdes féroces! Que l'Ister n'oppose plus aux Massagètes qu'une barrière impuissante! Que l'Elbe, que le Rhin, à la source indomptée, versent sur nos contrées des bataillons de Suèves aux blonds cheveux, fils de l'extrême septentrion! Nations de l'univers, conspirez contre nous; sauvez-nous de la guerre civile; Daces, Gétules, pressez-nous de toutes parts! Que Pompée combatte l'Ibère en révolte! Que César lutte contre les Parthes! Que Rome soit occupée à repousser tant d'ennemis! Ou, si vous avez résolu, grands dieux! d'effacer du monde le nom romain, que le ciel tout entier se change en foudres dévorantes, et tombe sur ses victimes!

« OUI, frappe, roi des dieux, père inexorable, frappe les deux armées et les deux chefs! frappe-les avant leur crime! Au prix de tant de forfaits nouveaux, que veulent-ils acheter? l'empire! Ah! la liberté même serait trop chère, conquise ainsi! »

DERNIERS gémissemens d'un patriotisme prêt à s'éteindre. Les vieillards, saisis d'angoisse, maudissent leur vie, que le destin réserve aux maux d'une seconde guerre civile. On tremble, et les exemples du passé semblent éclairer l'avenir. « Le sort, s'écrie un de ces vieillards, le sort vous préparait de semblables désastres,

« Non alios, inquit, motus tunc fata parabant,
Quum post teutonicos victor, libycosque triumphos
Exsul limosa Marius caput abdidit ulva.
Stagna avidi texere soli, laxæque paludes
Depositum, Fortuna, tuum : mox vincula ferri
Exedere senem, longusque in carcere pædor.
Consul, et eversa felix moriturus in urbe,
Pœnas ante dabat scelerum : mors ipsa refugit
Sæpe virum, frustraque hosti est concessa potestas
Sanguinis invisi. Primo qui cædis in ictu
Deriguit, ferrumque manu torpente remisit,
Viderat immensam tenebroso in carcere lucem,
Terribilesque deos scelerum, Mariumque futurum;
Audieratque pavens :

« Non hæc contingere fas est
Colla tibi : debet multas hic legibus ævi,
Ante suam, mortes : vanum depone furorem.
Si libet ulcisci deletæ funera gentis,
Hunc, Cimbri, servate senem. »
          Non ille favore
Numinis, ingenti Superum protectus ab ira,
Vir ferus, et Romam cupienti perdere fato
Sufficiens. Idem pelago delatus iniquo
Hostilem in terram, vacuisque mapalibus actus,
Nuda triumphati jacuit per regna Jugurthæ,
Et pœnos pressit cineres. Solatia fati
Carthago, Mariusque tulit : pariterque jacentes
Ignovere deis.

quand le vainqueur des Teutons et des Libyens, Marius, alla cacher sa tête exilée sous les joncs limoneux de Minturne. Long-temps ce dépôt de la fortune fut préservé par le sol du marécage qui cédait sous son poids. Mais enfin, chargé de fers, le vieux général vit ses jours dévorés par une longue captivité, usés par le poids de ses chaînes. Les dieux lui faisaient expier d'avance le sang qu'il devait verser. Car un jour, paisible et consul, Marius devait mourir sur les débris de sa patrie en cendres. La mort le menaça souvent; toujours elle recula devant lui. Un ennemi fut maître de sa vie et n'osa pas verser ce sang odieux. Du fond des ténèbres du cachot, le Cimbre vit briller une lueur terrible, le regard de Marius. La main du meurtrier retomba impuissante, et le glaive s'en échappa. Les dieux, terribles pour l'assassin, et Marius vengeur, lui apparurent : tremblant, il entendit ces mots retentir :

« CIMBRE ! frapper cette tête ne t'est point permis ! Avant qu'elle ne tombe, plus d'une victime tombera. Quitte une inutile fureur. Le glaive de cet homme a détruit ta race : veux-tu qu'elle soit vengée ? laisse-le vivre. »

ET le vieillard vécut; non que la faveur des dieux protégeât sa vie : leur courroux le sauvait. Le destin voulait perdre Rome : c'était assez de Marius. Jeté par une mer orageuse sur une plage ennemie, et porté par un esquif sans rameurs, il échoua sur les cendres de Carthage, sur le stérile empire de Jugurtha dompté. Carthage consola Marius, et Marius consola Carthage; leur ruine était semblable; ils pardonnèrent aux dieux.

Libycas sibi colligit iras,
Ut primum fortuna redit : servilia solvit
Agmina : conflato sævas ergastula ferro
Exseruere manus. Nulli gestanda dabantur
Signa ducis, nisi qui scelerum jam fecerat usum,
Attuleratque in castra nefas. Proh fata ! quis ille,
Quis fuit ille dies, Marius quo mœnia victor
Corripuit? quantoque gradu mors sæva cucurrit?

Nobilitas cum plebe perit : lateque vagatur
Ensis : et a nullo revocatum est pectore ferrum.
Stat cruor in templis : multaque rubentia cæde
Lubrica saxa madent. Nulli sua profuit ætas.
Non senis extremum piguit vergentibus annis
Præcipitasse diem; nec primo in limine vitæ
Infantis miseri nascentia rumpere fata.
Crimine quo parvi cædem potuere mereri?
Sed satis est jam posse mori. Trahit ipse furoris
Impetus : et, visum est lenti, quæsisse nocentem.
In numerum pars magna perit : rapuitque cruentus
Victor ab ignota vultus cervice recisos,
Dum vacua pudet ire manu. Spes una salutis
Oscula pollutæ fixisse trementia dextræ.
Mille licet gladii mortis nova signa sequantur,
Degener o populus, vix secula longa decorum
Sit meruisse viris, nedum breve dedecus ævi,
Et vitam, dum Sulla redit.

Cui funera vulgi
Flere vacet? vix te sparsum per viscera, Bæbi,
Innumeras inter carpentis membra coronæ

C'est là que le cœur du Romain couva long-temps une rage africaine. Enfin, la fortune revient à lui; des bataillons d'esclaves déchaînés le suivent, et ces bras délivrés de fers menacent Rome. Armée impie! où le seul titre pour soulever l'étendard du chef, était d'avoir usé le crime, et porté dans les rangs guerriers le sacrilège et le forfait! Destinée! terreur! quel jour! quel jour que celui où Marius vainqueur s'empara de nos murailles! Comme la mort dévora sa carrière!

La noblesse périt avec le peuple; partout le glaive se promène et tue. Dès qu'une poitrine se présente, le fer la pénètre. Le sang regorge dans les temples; leurs marbres sont rougis; le pied glisse et tombe. Nul âge d'épargné : le vieillard qui va mourir, on l'achève; le petit enfant, sur le seuil de la vie, on le jette au tombeau. Ah! quel crime ont fait ces pauvres enfans? ils vivent; ils peuvent mourir, c'est assez. Fureur aveugle et délirante! choisir un coupable passerait pour lâcheté. On égorge pour entasser des morts; des têtes sanglantes sont arrachées à des troncs inconnus : marcher sans tuer serait une honte. Les infortunés n'ont qu'un espoir de salut; ils baisent, tout tremblans, la main qui les égorge.

Peuple avili! un signe du tyran, et mille glaives brillent; et tu achètes, par ta bassesse, un peu de vie que Sylla va bientôt détruire; car il revient, Sylla. Que te restera-t-il ensuite? la honte! Des siècles de vie eussent été trop achetés ainsi.

Qui peut donner des pleurs à tant de funérailles? A toi, Bébius, au milieu du cercle de soldats-bourreaux, qui déchirent ses entrailles sanglantes. Antoine, malheu-

Discessisse manus : aut te, præsage malorum
Antoni, cujus laceris pendentia canis
Ora ferens miles festæ rorantia mensæ
Imposuit. Truncos laceravit Fimbria Crassos.

Sæva tribunitio maduerunt robora tabo.
Te quoque neglectum violatæ, Scævola, dextræ
Ante ipsum penetrale deæ, semperque calentes
Mactavere focos : parvum sed fessa senectus
Sanguinis effundit jugulo, flammisque pepercit.
Septimus hæc sequitur, repetitis fascibus, annus :
Illæ fuit vitæ Mario modus, omnia passo,
Quæ pejor fortuna potest, atque omnibus uso,
Quæ melior; mensoque, hominis quid fata paterent.

Jam quot apud Sacri cecidere cadavera Portum?
Aut Collina tulit stratas quot porta catervas,
Tunc quum pæne caput mundi, rerumque potestas
Mutavit translata locum, romanaque Samnis
Ultra Caudinas speravit vulnera Furcas?
Sulla quoque immensis accessit cladibus ultor.
Ille quod exiguum restabat sanguinis Urbi
Hausit; dumque nimis jam putrida membra recidit,
Excessit medicina modum, nimiumque secuta est,
Qua morbi duxere, manus : periere nocentes;
Tunc data libertas odiis, resolutaque legum
Frenis ira ruit. Non uni cuncta dabantur,
Sed fecit sibi quisque nefas. Semel omnia victor
Jusserat.
    Infantum domini per viscera ferrum
Exegit famulus : nati maduere paterno

reux prophète, ta tête soutenue par ses cheveux blancs et suspendue à la main du meurtrier, ruisséle de sang sur la table du festin. Et vous, déchirés, mutilés par Fimbria, vieux et jeune Crassus!

« LE sang des tribuns tache le rocher Tarpéien. Ils ne t'épargnent même pas, ô pontife! ô Scévola! Ils t'égorgent dans le sanctuaire, devant le feu éternel. Ce peu de sang, qui restait à tes veines vieillies, jaillit sur la flamme sainte, et ne peut l'éteindre.

« SEPT fois consul, Marius s'arme sept fois des faisceaux, et meurt; tout ce que peut la mauvaise fortune, il l'a éprouvé; tout ce qu'elle a de faveurs, il les a goûtées; l'espace entier que la destinée cruelle ou propice réserve à l'homme, il l'a mesuré.

« QUE de cadavres encombrèrent ensuite le port de Préneste! quels monceaux de morts s'entassèrent sous la porte Colline! Alors l'empire du monde sembla prêt à passer de Rome à Samnis, qui, dans son orgueil, prévoyait déjà des défaites plus cruelles que la honte des Fourches Caudines. Terrible vengeur d'affreuses cruautés, Sylla vint les punir et les accroître. Le reste de vie qui animait Rome, il l'épuisa. Médecin redoutable, portant le fer dans les membres gangrenés; son remède atroce élargit encore la plaie sanglante. Des coupables périrent; et que restait-il à Rome, si ce n'est des coupables?

« BIENTÔT la haine effrénée, rompant la digue des lois, se donna libre carrière. Sylla ne se réserva pas toutes les victimes : chacun eut ses proscrits; les forfaits de tous étaient justifiés par l'ordre d'un seul.

« L'ESCLAVE plonge le glaive impie dans les flancs du maître. Le sang paternel baigne les fils : ils se disputent

Sanguine. Certatum est, cui cervix caesa parentis
Cederet : in fratrum ceciderunt praemia fratres.
Busta repleta fuga, permixtaque viva sepultis
Corpora ; nec populum latebrae cepere ferarum.
« Hic laqueo fauces, elisaque guttura fregit :
Hic se praecipiti jaculatus pondere dura
Dissiluit percussus humo : mortesque cruento
Victori rapuere suas : hic robora busti
Exstruit ipse sibi, nec dum omni sanguine fuso
Desilit in flammas, et, dum licet, occupat ignes.
« Colla ducum pilo trepidam gestata per urbem,
Et medio congesta foro : cognoscitur illic
Quidquid ubique jacet. Scelerum non Thracia tantum
Vidit bistonii stabulis pendere tyranni,
Postibus Antaei Libyae : nec Graecia moerens
Tam laceros artus pisaea flevit in aula.
Quum jam tabe fluunt, confusaque tempore multo
Amisere notas, miserorum dextra parentum
Colligit, et pavido subducit cognita furto.
Meque ipsum memini caesi deformia fratris
Ora rogo cupidum, vetitisque imponere flammis,
Omnia Sullanae lustrasse cadavera pacis;
Perque omnes truncos, cum qua cervice recisum
Conveniat, quaesisse caput.

« Quid sanguine manes
Placatos Catuli referam ? cui victima tristes
Inferias Marius, forsan nolentibus umbris,

la tête de leur père. Le frère, assassiné par ses frères, assure leur salut. Les cénotaphes se remplissent de fugitifs; les vivans se mêlent aux cadavres; à peine les tanières des bois suffisent-elles à la foule exilée.

« Tel attache à son cou le lacet fatal et s'étrangle; tel s'élançant d'un lieu élevé sur la terre durcie, vient s'y briser sous son propre poids. Tous dérobent leur mort sanglante aux assassins qui les cherchent. Celui-ci construit son propre bûcher, s'y élance avant que tout son sang ait coulé, et s'assied sur ce trône de feux.

« A travers la ville épouvantée, les têtes des chefs sont portées sur des piques; on les entasse dans le Forum. Ainsi se révèlent tous les meurtres épars. La Thrace ne vit pas tant de membres déchirés pendre aux étables du tyran de Bistonie; ni la Libye, tant de lambeaux humains souiller la carrière d'Antée; ni la Grèce désolée, tant de débris sanglans entassés dans le palais Piséen. Quand ces têtes dégouttaient de sanie; lorsque dans leur confusion le temps avait effacé leurs traits distinctifs : alors venaient les misérables parens, qui, d'une main tremblante, dérobaient ces restes qu'eux seuls reconnaissaient. Moi-même, je me souviens, avide que j'étais de placer sur le bûcher les débris informes de mon malheureux frère, je me souviens d'avoir parcouru tous ces cadavres, ôtages de la paix que Sylla donnait à Rome. Parmi tant de membres mutilés, je cherchai à quel tronc sanglant la tête s'adapterait.

« Faut-il dire la vengeance épouvantable subie par le frère de Marius, et destinée à consoler les mânes de Catulus? Son ombre errante accepta-t-elle l'atroce expia-

5.

Pendit, inexpleto non fanda piacula busto;
Quum laceros artus, æquataque vulnera membris
Vidimus, et toto quamvis in corpore cæso
Nil animæ letale datum, moremque nefandæ
Dirum sævitiæ, pereuntis parcere morti.
Avulsæ cecidere manus, exactaque lingua
Palpitat, et muto vacuum ferit aera motu.
Hic aures, alius spiramina naris aduncæ
Amputat : ille cavis evolvit sedibus orbes,
Ultimaque effundit spectatis lumina membris.
Vix erit ulla fides, tam sævi criminis unum
Tot pœnas cepisse caput. Sic mole ruinæ
Fracta sub ingenti miscentur pondere membra :
Nec magis informes veniunt ad litora trunci,
Qui medio periere freto.

« Quid perdere fructum
Juvit, et, ut vilem, Marii confundere vultum ?
Ut scelus hoc Sullæ, cædesque ostensa placeret ?
Agnoscendus erat.

« Vidit Fortuna colonos
Prænestina suos cunctos simul ense recisos,
Unius populum pereuntem tempore mortis.
Tunc flos Hesperiæ, Latii jam sola juventus,
Concidit, et miseræ maculavit ovilia Romæ.
Tot simul infesto juvenes occumbere leto,
Sæpe fames, pelagique furor, subitæque ruinæ,
Aut cœli terræque lues, aut bellica clades,
Nunquam pœna fuit. Densi vix agmina vulgi
Inter et exsangues immissa morte catervas,
Victores movere manus. Vix cæde peracta

tion que lui accorda Sylla? Nous les avons vus, ces membres sanglans, ce corps qui n'était qu'une plaie, ces blessures inachevées pour prolonger le supplice, cette lente mort, cette cruauté raffinée qui, en épargnant la vie, éternisait la torture. Les mains coupées tombent, la langue arrachée palpite sur la terre, et frappe encore l'air d'un murmure sans voix. Un bourreau a séparé les oreilles de la tête, un autre ampute les narines, un troisième arrache de leurs orbites les yeux du misérable, ces yeux qui viennent de contempler toutes les parties de son corps mutilées et gissantes par terre. Crime auquel on refusera de croire un jour! tant de supplices accumulés sur un homme, tant de meurtres dans un meurtre! Le corps écrasé par la chute d'un palais, ou rejeté sur les rochers du rivage par l'Océan orageux, n'offre pas une masse plus horrible et plus informe.

« C'était perdre son crime; c'était confondre avec le vulgaire des morts le visage d'un Marius. Pour que Sylla jouît d'un tel meurtre, il eût fallu que sa victime se laissât reconnaître.

« En vain, les habitans de Préneste adorent la Fortune; elle ne les protège pas contre Sylla : tous ils succombent sous le glaive; un peuple entier meurt comme un homme. La fleur de l'Hespérie, tout ce qui restait de jeunesse dans le Latium tombe à la fois, et souille de sang la route du Champ-de-Mars. Le monde avait vu la famine, la peste, la fureur des eaux, les bouleversemens de la nature, les désastres de la guerre, enlever des populations à la fleur de l'âge : jamais un seul châtiment n'avait dévoré tant d'hommes. A peine, à travers une foule épaisse de victimes entassées, le glaive vainqueur et vengeur a-t-il besoin de frapper; les victimes chancèlent, mais

Procumbunt, dubiaque labant cervice; sed illos
Magna premit strages; peraguntque cadavera partem
Cædis : viva graves elidunt corpora trunci.
Intrepidus tanti sedit securus ab alto
Spectator sceleris : miseri tot millia vulgi
Non piguit jussisse mori.

« Congesta recepit
Omnia tyrrhenus Sullana cadavera gurges.
In fluvium primi cecidere, in corpora summi;
Præcipites hæsere rates, et strage cruenta
Interruptus aquis fluxit prior amnis in æquor.
Ad molem stetit unda sequens : jam sanguinis alti
Vis sibi fecit iter, campumque effusa per omnem,
Præcipitique ruens tiberina ad flumina rivo
Hærentes adjuvit aquas : nec jam alveus amnem,
Nec retinent ripæ, redeuntque cadavera campo :
Tandem tyrrhenas vix eluctatus in undas
Sanguine cæruleum torrenti dividit æquor.
His ne, Salus rerum, Felix his Sulla vocari,
His meruit tumulum medio sibi tollere Campo ?

« Hæc rursus patienda manent : hoc ordine belli
Ibitur : hic stabit civilibus exitus armis.
Quamquam agitant graviora metus, multoque coitur
Humani generis majore in prœlia damno.
Exsulibus Mariis bellorum maxima merces
Roma recepta fuit : nec plus victoria Sullæ
Præstitit, invisas penitus quam tollere partes.

ne tombent pas, tant leur nombre est grand! tant leurs rangs de cadavres sont pressés! Cadavres, ils deviennent bourreaux : ils tuent ceux qui survivent en les écrasant de leur poids. Tranquille sur un trône élevé, Sylla, impassible spectateur de son crime, contemplait, sans un regard de pitié, ces milliers de malheureux que son ordre assassinait.

« Bientôt jetés dans le gouffre de Tyrrhène, tous ces débris qui t'appartiennent, Sylla, sont entraînés par les eaux. Les premiers encombrent le lit du fleuve; les autres s'entassent sur ce nouveau lit. Emportées par les ondes, les barques s'arrêtent au milieu de leur course. Une digue est formée; devant ce rempart de corps humains, le fleuve reste à sec; au delà, l'onde arrêtée par l'obstacle lutte contre lui. Cependant le sang des morts regorge, se mêle aux ondes, aide leurs efforts; les rives du Tibre ne contiennent plus le fleuve grossi par le carnage, et les campagnes voisines sont jonchées de débris humains. Enfin, après un long combat, la digue est rompue : le fleuve vainqueur va tracer, au sein de l'Océan, dans lequel il se jette, un long sillon de sang humain. Est-ce là ce qui t'a valu les titres d'Heureux et de Sauveur, ô Sylla! et ton sépulcre orgueilleux qui règne au milieu du Champ-de-Mars?

« Voilà ce que nous aurons encore à souffrir. C'est là que tendent nos discordes; c'est là le but des guerres civiles. Mais tout justifie de plus grandes craintes; les combats dont le signal retentit, menacent l'espèce humaine entière. Marius exilé voulait rentrer dans Rome, pour prix de ses victoires. Sylla voulait détruire en masse tous ses ennemis. César, Pompée, la Fortune

Hos alio, Fortuna, vocas : olimque potentes
Concurrunt. Neuter civilia bella moveret,
Contentus quo Sulla fuit. »

     Sic mœsta senectus
Præteritique memor flebat, metuensque futuri.
At non magnanimi percussit pectora Bruti
Terror, et in tanta pavidi formidine motus
Pars populi lugentis erat; sed nocte sopora,
Parrhasis obliquos Helice quum verteret axes,
Atria cognati pulsat non ampla Catonis.
Invenit insomni volventem publica cura
Fata virum, casusque Urbis, cunctisque timentem,
Securumque sui; farique his vocibus orsus :

« Omnibus expulsæ terris, olimque fugatæ
Virtutis jam sola fides, quam turbine nullo
Excutiet fortuna tibi; tu mente labantem
Dirige me, dubium certo tu robore firma.
Namque alii Magnum, vel Cæsaris arma sequantur :
Dux Bruto Cato solus erit.

    « Pacemne tueris,
Inconcussa tenens dubio vestigia mundo?
An placuit, ducibus scelerum, populique furentis
Cladibus immixtum, civile absolvere bellum?
Quemque suæ rapiunt scelerata in prœlia causæ :
Hos polluta domus, legesque in pace timendæ,
Hos ferro fugienda fames, mundique ruinæ
Permiscenda fides. Nullum furor egit in arma.
Castra petunt magna victi mercede.

     « Tibi uni

vous appelle à d'autres crimes. Votre puissance rivale est depuis long-temps affermie ; la victoire de Sylla ne vous suffirait plus ! »

Ainsi parlait en pleurant la vieillesse désolée ; le passé l'éclairait de ses leçons, l'avenir de ses terreurs.

Brutus, au cœur magnanime, ne partageait point cette crainte. Au milieu d'un peuple en larmes, il était impassible et calme. La nuit vint ; la Grande-Ourse roula sur son chariot oblique, et la main de Brutus fit retentir la porte modeste de Caton. L'oncle de Brutus ne dormait pas ; le souci des destinées publiques agitait ce grand homme. Caton craignait pour tous, excepté pour lui.

« Chez toi, lui dit-il, chez toi seul s'est réfugiée la vertu que tous les hommes ont bannie, et que l'ouragan de la fortune ne t'arrachera jamais. Caton, dirige-moi ; mon esprit chancelant, mon âme incertaine ont besoin de ton appui. Qu'ils suivent à leur gré Pompée ou César ; Caton seul guidera Brutus.

« Immobile quand le monde court aux armes, est-ce la paix que tu choisis, ou te verra-t-on te mêler à ces crimes, à ces fureurs, à ces désastres? Caton absoudra-t-il la guerre civile? Vois-les tous! ils n'ont pour mobiles que leurs vices : ceux-ci, une réputation flétrie, et la terreur des lois prêtes à les frapper ; ces autres, la faim qui les précipite dans la mêlée, et les porte à ensevelir leur ruine sous la ruine commune. Un seul d'entre eux est-il animé du besoin de combattre? Non : c'est de l'or, c'est l'impunité qu'ils veulent.

« Mais toi, chercheras-tu la guerre pour la guerre? A

Per se bella placent? Quid tot durasse per annos
Profuit immunem corrupti moribus ævi?
Hoc solum longæ pretium virtutis habebis?
Accipient alios, facient te bella nocentem.
Ne tantum, o superi, liceat feralibus armis,
Has etiam movisse manus : nec pila lacertis
Missa tuis cæca telorum in nube ferantur;
Nec tanta in casum virtus eat.

« INGERET omnis
Se belli fortuna tibi. Quis nolet ab isto
Ense mori, quamvis alieno vulnere labens,
Et scelus esse tuum?

« MELIUS tranquilla sine armis
Otia solus ages; sicut cœlestia semper
Inconcussa suo volvuntur sidera lapsu.
Fulminibus propior terræ succenditur aer,
Imaque telluris ventos, tractusque coruscos
Flammarum accipiunt : nubes excedit Olympus
Lege deum. Minimas rerum discordia turbat;
Pacem summa tenent.

« QUAM lætæ Cæsaris aures
Accipient tantum venisse in prœlia civem!
Nam prælata suis numquam diversa dolebit
Castra ducis Magni. Nimium placet ipse, Catoni
Si bellum civile placet. Pars magna senatus,
Et duce privato gesturus prœlia consul
Sollicitant, proceresque alii : quibus adde Catonem
Sub juga Pompeii; toto jam liber in orbe
Solus Cæsar erit.

quoi t'auront servi tant d'années de vertus, au milieu de la dépravation générale? Quoi! tel sera le terme d'une si longue et si belle carrière? Crois-moi, la guerre civile, qu'ils adoptent pour effacer leurs crimes, te ferait criminel. O dieux de Rome! ne veuillez pas que ce débat impie rende Caton vieillard indigne de sa jeunesse : non, ces mains, pures jusqu'ici, ne mêleront pas à tant de javelots sacrilèges la flèche qui les souillerait! Dieux! ne hasardez pas tant de vertus!

« CATON! sur toi seul tombera tout le poids de la guerre! A toi seul appartiendront tous les crimes! Tu seras flétri de tant de sang versé! ton glaive aura massacré tous les Romains! Qui ne voudrait périr sous le fer de Caton?

« SOIS fidèle à ta vie! Quitte les armes! Reste seul et paisible! Sois comme les astres célestes que rien n'ébranle, dont le cours est le même dans l'éternité. L'atmosphère terrestre s'allume des éclats de la foudre ; c'est elle seule que les vents agitent et que l'éclair étincelant sillonne. L'Olympe domine les nuées et le tonnerre : telle est la loi des Dieux! Tout ce qui est petit et faible se trouble et s'agite; un repos sublime est le propre de la grandeur.

« QUELLE joie pour César, s'il apprend qu'un citoyen tel que toi s'est mêlé à ses combats! Tu préfères à son étendart l'étendart de Pompée! Que lui importe? Caton approuve la guerre civile en l'adoptant. Déjà la plupart des sénateurs; déjà la cause publique, transformée en débats privés; déjà les Patriciens en armes : tout semble justifier le crime. Et Caton lui-même ploierait sous le joug de Pompée! Ah! dès-lors sur le globe il n'y aurait plus d'homme libre que César!

« Quod si pro legibus arma
Ferre juvat patriis, libertatemque tueri :
Nunc neque Pompeii Brutum, neque Cæsaris hostem,
Post bellum victoris habes. »
    Sic fatur : at illi
Arcano sacras reddit Cato pectore voces :

« Summum, Brute, nefas civilia bella fatemur;
Sed quo fata trahunt, virtus secura sequetur :
Crimen erit superis et me fecisse nocentem.

« Sidera quis mundumque velit spectare cadentem
Exspers ipse metus? quis, quum ruat arduus æther,
Terra labet, mixto coeuntis pondere mundi,
Compressas tenuisse manus? gentesne furorem
Hesperium ignotæ, romanaque signa sequentur,
Deductique fretis alio sub sidere reges?
Otia solus agam? procul hunc arcete furorem,
O superi, motura Dacas ut clade Getasque,
Securo me, Roma cadat. Ceu morte parentem
Natorum orbatam, longum producere funus
Ad tumulum jubet ipse dolor; juvat ignibus atris
Inseruisse manus, constructoque agere busti
Ipsum atras tenuisse faces : non ante revellar,
Exanimem quam te complectar, Roma; tuumque
Nomen, Libertas, et inanem prosequar umbram.

« Sic eat : immites romana piacula divi
Plena ferant : nullo fraudemus sanguine bellum.
O utinam, cœlique deis, Erebique liberet
Hoc caput in cunctas damnatum exponere pœnas !

« VEUX-TU combattre pour les lois de la patrie? Veux-tu proclamer la liberté? me voici prêt! Ni Pompée ni César n'auront Brutus pour ennemi pendant le combat. J'en attends l'issue pour insulter au vainqueur. »

AINSI parle Brutus; de la bouche de Caton sortent ces paroles sacrées :

« LE plus affreux des sacrilèges se prépare, la guerre civile! Mais le Destin nous entraîne; hommes vertueux, marchez sans crainte, et suivez-le : ce sera le crime des dieux, si moi-même je suis coupable!

« QUOI! les astres et le monde crouleront, et nous resterons paisibles! Quoi! le ciel s'ébranle, la terre s'affaisse, l'univers fracassé se confond, et nos bras resteront croisés sur nos poitrines! Quand des nations inconnues s'enivrent de la fureur italienne et suivent son étendart; quand des rois que l'Océan sépare de nous marchent au combat, moi, moi seul, je serais en paix! Loin de toi, Caton, cette pensée, que la chute de Rome émeuve le Dace et le Gète, et ne t'ébranle pas. Une mère qui voit ses fils périr, suit leur convoi d'un pas lent et solennel; et moi, ma douleur m'ordonne d'accompagner jusqu'à la tombe la patrie, ma mère. Oui! je veux plonger mes mains dans ces flammes de mort; je veux saisir ces torches funèbres; je veux jeter la flamme sur le bûcher. On ne m'arrachera pas de ton sein, ô Rome! avant que tu sois cadavre, que ta liberté soit un nom, ta grandeur une ombre!

« IL le faut donc! les dieux cruels se vengent de Rome! Eh bien! ne leur disputons pas une goutte de ce sang expiatoire! Divinités de l'Érèbe et du Ciel, ah! que n'acceptez-vous pour sacrifice unique, la tête de Caton!

« Devotum hostiles Decium pressere catervæ :
Me geminæ figant acies, me barbara telis
Rheni turba petat : cunctis ego pervius hastis
Excipiam medius totius vulnera belli.
Hic redimat sanguis populos : hac cæde luatur,
Quidquid romani meruerunt pendere mores.

« Ad juga cur faciles populi, cur sæva volentes
Regna pati pereunt? Me solum invadite ferro,
Me frustra leges et inania jura tuentem :
Hic dabit, hic pacem jugulus, finemque laborum
Gentibus hesperiis : post me regnare volenti
Non opus est bello.
                        « Quin publica signa, ducemque
Pompeium sequimur? nec, si fortuna favebit,
Hunc quoque totius sibi jus promittere mundi
Non bene compertum est : ideo me milite vincat,
Ne sibi se vicisse putet. »

                        Sic fatur; et acres
Iratum movit stimulos; juvenisque calorem
Excitat in nimios belli civilis amores.

Interea, Phœbo gelidas pellente tenebras,
Pulsatæ sonuere fores : quas sancta relicto
Hortensî mœrens irrupit Marcia busto;
Quondam virgo toris melioris juncta mariti :
Mox ubi connubii pretium, mercesque soluta est,
Tertia jam soboles, alios fecunda penates
Impletura datur, geminas e sanguine matris
Permixtura domos. Sed postquam condidit urna
Supremos cineres, miserando concita vultu,

« Dévoué à la mort, Décius se vit pressé par les bataillons ennemis. Eh bien! que les deux armées me criblent de leurs traits! c'est sur moi, sur moi seul, que les flèches barbares des Germains doivent se diriger; me voici prêt à recevoir toutes les blessures. Que mon sang rachète ce peuple; qu'il efface tout le scandale des vices romains!

« Pourquoi les immoler ces esclaves, qui acceptent le joug et veulent un maître? Qu'on m'égorge seul, moi seul défenseur des lois antiques et d'une liberté qu'on n'estime plus. Voici ma poitrine! Qu'on m'immole, et que l'Italie repose enfin! Quiconque voudra régner après moi, n'aura pas besoin de guerres et d'armées.

« Suivons donc, suivons Pompée; rien n'assure encore que son dessein soit l'asservissement du monde. Qu'il s'aide de mon épée pour vaincre, je le veux; il saura que j'ai servi la victoire de la république, non la sienne. »

Caton a parlé : ses discours, aiguillon de courroux et de violence, excitent le jeune, l'ardent Brutus, et le poussent à la guerre civile.

Cependant Phébus paraît, sa chaleur dissipe les ténèbres glacées : la porte de Caton retentit sous la main de Marcie. Femme chaste et sévère, elle quitte le sépulcre d'Hortensius, et s'élance vers la retraite de son premier, de son plus noble époux. Il la reçut vierge : après avoir eu d'elle trois enfans, il livra à son ami cette fécondité éprouvée par des gages si nombreux, destinée à donner de nouveaux fils à des pénates nouveaux, et à unir deux familles. Quand les cendres d'Hortensius

Effusas laniata comas, concussaque pectus
Verberibus crebris, cineremque ingesta sepulcri,
Non aliter placitura viro, sic mœsta profatur :

« Dum sanguis inerat, dum vix materna, peregi
Jussa, Cato, et geminos excepi feta maritos.
Visceribus lassis, partuque exhausta, revertor
Jam nulli tradenda viro; da fœdera prisci.
Illibata tori : da tantum nomen inane
Connubii : liceat tumulo scripsisse, CATONIS
MARCIA : nec dubium longo quæratur in ævo,
Mutarim primas expulsa, an tradita, tædas.

« Non me lætorum comitem, rebusque secundis
Accipis : in curas venio, partemque laborum.
Da mihi castra sequi : cur tuta in pace relinquar,
Et sit civili propior Cornelia bello? »

Hæ flexere virum voces; et tempora quamquam
Sunt aliena toris, jam fato in bella vocante,
Fœdera sola tamen, vanaque carentia pompa
Jura placent, sacrisque deos admittere testes.
Festa coronato non pendent limine serta,
Infulaque in geminos discurrit candida postes,
Legitimæque faces, gradibusque adclinis eburnis
Stat torus, et picto vestes discriminat auro;
Turritaque premens frontem matrona corona,
Translata vetuit contingere limina planta.
Non timidum nuptæ leviter tectura pudorem

remplirent l'urne funèbre, elle vint, les cheveux en désordre, toute couverte des cendres du tombeau, le visage flétri, se frappant la poitrine, trouver le farouche Caton : à lui, en effet, cette parure seule pouvait plaire.

« J'ai suivi tes ordres, lui dit-elle, Caton; j'ai donné des fils à deux époux, tant qu'un sang fécond a fait couler dans mes veines la puissance de devenir mère ; mon sang fatigué de produire, mes entrailles épuisées se refusent à créer encore. Je te reviens; tu ne me livreras plus; rends-moi les droits de ce lit nuptial qui nous a réunis, et qui seront plus sacrés que jamais. Donne-moi le nom de ta femme, nom stérile aujourd'hui! Que je puisse inscrire sur ma tombe : *Marcie, femme de Caton!* Que nos arrière-neveux ne soient pas en doute, si, en brisant mon premier lien, tu m'as cédée, ou si tu m'as chassée.

« Je ne viens pas m'associer à un heureux; voici le jour des douleurs. Ce sont tes peines, ce sont tes travaux que je veux partager. Laisse-moi te suivre au camp; la paix, la sécurité me pèsent; les dangers que Cornélie brave, les redouterai-je, moi? »

Ces paroles frappent l'âme de Caton; il se laisse fléchir. Non, sans doute ce n'est pas le temps des fêtes nuptiales; la guerre est là; le sort le veut. Mais la sainteté des promesses, mais la gravité solennelle d'une union héroïque, mais les dieux présens et témoins du mariage suffisent à Caton et à Marcie. Point de guirlandes joyeuses, suspendues au seuil de la porte couronnée; point de draperies flottantes sur les deux linteaux. Flambeaux d'un hymen légitime; couche brillante, soutenue par des gradins d'ivoire, et couverte de ces longs replis où l'or et les couleurs s'entremêlent; diadème aux tourelles d'ar-

Lutea demissos velarunt flammea vultus :
Balteus haud fluxos gemmis adstrinxit amictus,
Colla monile decens, humerisque hærentia primis
Suppara nudatos cingunt angusta lacertos.
Sicut erat, mæsti servans lugubria cultus,
Quoque modo natos, hoc est amplexa maritum.
Obsita funerea celatur purpura lana :
Non soliti lusere sales; nec more sabino
Excepit tristis convicia festa maritus.
Pignora nulla domus, nulli coiere propinqui :
Junguntur taciti, contentique auspice Bruto.

ILLE nec horrificam sancto dimovit ab ore
Cæsariem, duroque admisit gaudia vultu :
Ut primum tolli feralia viderat arma,
Intonsos rigidam in frontem descendere canos
Passus erat, mœstamque genis increscere barbam.
Uni quippe vacat studiis odiisque carenti,
Humanum lugere genus.

     Nec fœdera prisci
Sunt tentata tori; justo quoque robur amori
Restitit.

   Hi mores, hæc duri immota Catonis
Secta fuit, servare modum, finemque tenere,
Naturamque sequi, patriæque impendere vitam;
Nec sibi, sed toti genitum se credere mundo.

gent, posé sur le front de la nouvelle matrone, qu'est-il besoin de vous? Elle ne craint point que son pied ne touche le seuil, et ne la voue au malheur. Ce n'est pas la fiancée timide, au front baissé, aux yeux pudiques, et dont un long voile jaunâtre cache à demi le trouble charmant. Ses vêtemens flottent sans art : point de ceinture aux perles brillantes, pour les enchaîner; point de colliers sur sa poitrine; ses épaules sont nues; une robe étroite et sans ornement presse son sein : telle elle a quitté la cérémonie funèbre, telle elle est encore. Son baiser nuptial est grave et sévère comme le baiser maternel qu'elle vient de donner à ses fils. Sous la laine funéraire, la pourpre de ses vêtemens se cache. Loin d'ici, rires lascifs, épigrammes que l'usage consacre, chansons que les Sabins nous ont léguées. Tout est triste; point de famille autour des époux. L'union s'accomplit en silence. Brutus est leur témoin; c'est assez pour eux.

Toujours, sur l'austère visage de Caton, les mêmes cheveux épars et confus tombent en désordre; point de sourire sur ses lèvres. Depuis l'instant où l'enfer alluma cette guerre parricide, il l'a juré, sa chevelure blanche flottera toujours épaisse et négligée; une longue barbe couvrira ses joues flétries. A cet homme sans parti, sans haine, que reste-t-il à faire? A pleurer sur les hommes.

Le pacte sacré du lit nuptial ne se renouvelle pas; le plus saint amour ne reçoit aucun sacrifice. Ame vigoureuse! qui résiste même à un attrait vertueux!

C'est là Caton, voilà ses mœurs, telle est sa secte : immuable, elle se modère : elle se propose un but et y tend; elle suit la nature, et dévoue sa vie à la patrie. Caton s'appartient-il à lui-même? Non, le monde le réclame.

6.

Huic epulæ, vicisse famem ; magnique penates,
Submovisse hiemem tecto; pretiosaque vestis,
Hirtam membra super, Romani more Quiritis,
Induxisse togam : Venerisque huic maximus usus,
Progenies; Urbi pater est, Urbique maritus :
Justitiæ cultor; rigidi servator honesti;
In commune bonus; nullosque Catonis in actus
Subrepsit, partemque tulit sibi nata voluptas.

Interea trepido discedens agmine Magnus,
Mœnia dardanii tenuit campana coloni.
Hæc placuit belli sedes ; hinc summa moventis
Hostis in occursum sparsas extendere partes,
Umbrosis mediam qua collibus Apenninus
Erigit Italiam, nulloque a vertice tellus
Altius intumuit, propiusque accessit Olympo.
Mons inter geminas medius se porrigit undas
Inferni superique maris, collesque coercent
Hinc tyrrhena vado frangentes æquora Pisæ,
Illinc dalmaticis obnoxia fluctibus Ancon.
Fontibus hic vastis immensos concipit amnes,
Fluminaque in gemini sparsit divortia ponti.
In lævum cecidere latus, veloxque Metaurus,
Crustumiumque rapax, et junctus Sapis Isauro,
Sennaque, et hadriacas qui verberat Aufidus undas :
Quoque magis nullum tellus se solvit in amnem,
Eridanus, fractasque evolvit in æquora silvas,
Hesperiamque exhaurit aquis. Hunc fabula primum
Populea fluvium ripas umbrasse corona :
Quumque diem pronum transverso limite ducens,
Succendit Phaethon flagrantibus æthera loris,

Son repas splendide, c'est d'étouffer la faim ; son palais, un toit d'argile ; son vêtement d'or et de pourpre, la toge hérissée du vieux Quirite, jetée sur ses membres nus. L'amour est pour lui la reproduction de l'espèce. Sa fille, c'est Rome ; son épouse, c'est Rome. Le juste et l'honnête n'ont pas de prêtre plus idolâtre et plus rigide. Ne craignez pas que, dans les actes de sa vie, un seul sentiment personnel se glisse, et qu'il donne accès à l'égoïsme des voluptés.

Pompée se hâte de quitter Rome, se porte sur Capoue, et occupe ces murs fondés par le colon dardanien : c'est là qu'il établit son camp, de là qu'il se prépare à la lutte contre l'ambitieux César, de là qu'il étend le réseau de sa défense. Voici les ombreuses collines de l'Apennin : de là s'élancent vers le ciel les cimes orgueilleuses qui vont frapper l'Olympe. Sa croupe s'étend et se prolonge entre deux mers : entre Pise, baignée des flots tyrrhéniens, et Ancône, tourmentée par les vagues dalmatiques. De ces rochers coulent les fleuves immenses qui, s'échappant d'un sauvage berceau, se répandent dans l'Italie, et vont perdre dans les deux mers leurs ondes divisées.

D'un côté se précipitent le Métaure fugitif, l'impétueux Crustume, la Senna, le Sapis qui se joint à l'Isaure, et l'Aufidus, dont les ondes chassent devant elles les ondes adriatiques ; et l'Éridan, celui de tous les fleuves dont la source jaillit la plus féconde, l'Éridan qui roule dans la mer des forêts fracassées, l'Éridan qui épuise toutes les eaux d'Italie. Écoutez la fable : l'Éridan, dit-elle, fut le premier des fleuves qui s'ombragea d'une couronne de peupliers. Lorsque Phaéton égara le char du Soleil dans

Gurgitibus raptis penitus tellure perusta,
Hunc habuisse pares Phœbeis ignibus undas.
Non minor hic Nilo, si non per plana jacentis
Ægypti libycas Nilus stagnaret arenas.
Non minor hic Histro, nisi quod, dum permeat orbem
Hister, casuros in quælibet æquora fontes
Accipit, et scythicas exit non solus in undas.

Dexteriora petens montis declivia Tibrim
Unda facit, Rutubamque cavum. Delabitur inde
Vulturnusque celer, nocturnæque editor auræ
Sarnus, et umbrosæ Liris per regna Maricæ
Vestinis impulsus aquis, radensque Salerni
Culta Siler, nullasque vado qui Macra moratus
Alnos, vicinæ procurrit in æquora Lunæ.

Longior educto qua surgit in aera dorso,
Gallica rura videt, devexasque excipit Alpes.
Tunc Umbris Marsisque ferax, domitusque sabello
Vomere, piniferis amplexus rupibus omnes
Indigenas Latii populos, non deserit ante
Hesperiam, quam quum Scyllæis clauditur undis,
Extenditque suas in templa Lacinia rupes,
Longior Italia, donec confinia pontus
Solveret incumbens, terrasque repelleret æquor.
At postquam gemino tellus elisa profundo est,
Extremi colles siculo cessere Peloro.

Cæsar in arma furens, nullas, nisi sanguine fuso,
Gaudet habere vias, quod non terat hoste vacantes
Hesperiæ fines, vacuosque irrumpat in agros,
Atque ipsum non perdat iter, consertaque bellis

une route oblique; lorsque ses rênes brûlantes embrasèrent les cieux, et portèrent la flamme dans les entrailles de la terre mourante, l'Éridan seul put éteindre l'incendie qui dévorait le monde. Il égalerait le Nil, si, comme le Nil, il se reposait sur de vastes plaines; il égalerait le Danube, si le Danube, en parcourant le globe, ne se grossissait des torrens qu'il rencontre, et dont il entraîne la foule dans l'Euxin.

Les eaux qui coulent sur la pente opposée, forment le Tibre et le Rutube qui creuse profondément son lit. De là découlent le Vulturne rapide; et le Sarne; et le Liris, père des brumes épaisses, qui, à l'ombre des forêts de Marice, reçoit les eaux vestiniennes; et le Siler, qui arrose les fertiles champs de Salerne; et le Macre, qui, sans pouvoir porter une barque légère, roule sur des écueils jusqu'au port de Lune, voisin de sa source.

L'Apennin domine la Gaule et touche aux versans des Alpes. Il donne ses fruits au Marse, à l'Ombrien. La charrue sabellienne ouvre ses flancs; et ses roches chargées de pins, embrassant le Latium entier, touchent au sanctuaire de Junon Lacinienne, et ne se terminent qu'au détroit de Scylla. Jadis il s'étendait plus loin; mais l'Océan a pesé sur sa chaîne et l'a brisée; les terres se sont disjointes; la Sicile s'est détachée de l'Hespérie antique; et le Pélore, dernière cime de l'Apennin, est resté à la Sicile.

César s'avance : il veut la guerre; il l'appelle. Il lui faut du sang sur la route qu'il parcourt. Pourquoi l'ennemi lui manque-t-il? Pourquoi l'Italie s'ouvre-t-elle à l'agresseur? Où est la guerre? Où est la victoire? Son

Bella gerat. Non tam portas intrare patentes,
Quam fregisse, juvat; nec tam patiente colono
Arva premi, quam si ferro populetur et igni.
Concessa pudet ire via, civemque videri.

Tunc urbes Latii dubiæ, varioque favore
Ancipites, quanquam primo terrore ruentis
Cessuræ belli; denso tamen aggere firmant
Mœnia, et abrupto circumdant undique vallo;
Saxorumque orbes, et quæ super eminus hostem
Tela petant, altis murorum turribus aptant.
Pronior in Magnum populus pugnatque minaci
Cum terrore fides.

     Ut quum mare possidet Auster
Flatibus horrisonis, hunc æquora tota sequuntur:
Si rursus tellus, pulsu laxata tridentis
Æolii, tumidis immitat fluctibus Eurum,
Quamvis icta novo, ventum tenuere priorem
Æquora, nubiferoque polus quum cesserit Euro,
Vindicat unda Notum.

     Facilis sed vertere mentes
Terror erat, dubiamque fidem fortuna ferebat.
Gens Etrusca fuga trepidi nudata Libonis,
Jusque sui pulso jam perdidit Umbria Thermo.
Nec gerit auspiciis civilia bella paternis,
Cæsaris audito conversus nomine, Sulla.
Varus, ut admotæ pulsarunt Auximon alæ,
Per diversa ruens neglecto mœnia tergo,
Qua silvæ, qua saxa, fugit. Depellitur arce
Lentulus Asculea. Victor cedentibus instat,

temps se perd ; son glaive repose. On lui ouvre les portes? il voudrait les briser : le laboureur tremblant lui laisse envahir ses campagnes? c'est le fer et le feu qu'il voudrait y porter. Ce chemin qu'on lui cède lui fait honte : le titre de citoyen qu'on lui laisse lui pèse.

Incertaines et chancelantes entre la crainte et le devoir, les villes du Latium n'attendent, pour se livrer à César, que les approches de la guerre. Cependant des remparts massifs s'élèvent ; des fossés profonds se creusent : on prépare, sur le haut des tours, de lourdes masses de roches et des machines à lancer les traits pour accabler les assiégeans. Le peuple penche vers Pompée, la fidélité qui lui est due balance l'effroi que César inspire.

Ainsi, lorsque la mer est en proie à l'Auster et à son souffle horrible, toutes les vagues lui obéissent. Qu'un second coup du trident d'Éole, frappant la terre, lance l'Aquilon sur les flots soulevés : en dépit de cette impulsion nouvelle, c'est à la première qu'ils cèdent encore ; l'Aquilon commande aux nuages ; l'onde garde pour maître l'Auster.

Mais il était facile à la terreur de changer les esprits, et la foi qu'ils gardaient à Pompée était flottante comme la fortune. Bientôt la fuite de Libon laisse l'Étrurie sans défense : Thermon abandonne l'Ombrie. Au nom de César, le jeune Sylla, infidèle à l'exemple de son père, craint la guerre civile, et fuit. A peine les ailes de l'armée menacent-elles Auximon, Varus se précipite, sort de la ville et s'échappe à travers les monts, à travers les bois. Lentulus est chassé d'Asculum ; le vainqueur le presse, s'empare de ses cohortes, et le laisse seul avec ses drapeaux sans soldats.

Devertitque acies : solusque ex agmine tanto
Dux fugit, et nullas ducentia signa cohortes.
Tu quoque nudatam commissæ deseris arcem,
Scipio, Luceriæ; quamquam firmissima pubes
His sedeat castris, jampridem Cæsaris armis
Parthorum subducta metu : qua gallica damna
Supplevit Magnus, dumque ipse ad bella vocaret,
Donavit socero romani sanguinis usum.

At te Corfini validis circumdata muris
Tecta tenent, pugnax Domiti; tua classica servat
Oppositus quondam polluto tiro Miloni.

Ut procul immensam campo consurgere nubem,
Ardentesque acies percussis sole corusco
Conspexit telis :

« Socii, decurrite, dixit,
Fluminis ad ripas, undæque immergite pontem.
Et tu montanis totus nunc fontibus exi,
Atque omnes trahe, gurges, aquas, ut spumeus alnos
Discussa compage feras. Hoc limite bellum
Hæreat; hac hostis lentus terat otia ripa.
Præcipitem cohibete ducem : victoria nobis
Hic primum stans Cæsar erit. »

Nec plura loquutus,
Devolvit rapidum nequidquam mœnibus agmen.
Nam prior e campis ut conspicit amne soluto
Rumpi Cæsar iter, calida prælatus ab ira.

« Non satis est muris latebras quæsisse pavori?
Obstruitis campos, fluviis arcere paratis,
Ignavi? non si tumido me gurgite Ganges

Et toi aussi, ô Scipion! tu désertes les tours de Lucère. En vain la plus vaillante jeunesse les défend; en vain ces guerriers, arrachés à César, destinés d'abord à vaincre les Parthes et à venger nos désastres dans la Gaule, lui ont-ils été confiés par Pompée. C'est en vain que ce grand homme a permis à son gendre de verser le sang romain pour servir sa querelle.

Corfinium et ses fortes murailles te reçoivent, belliqueux Domitius : les cohortes, gardiennes de tes étendards, sont celles qui ont environné Milon accusé.

César marche vers cette ville. Un immense nuage de poussière couvre la plaine; le soleil fait resplendir les javelots agités. Domitius s'écrie :

« Compagnons! au fleuve! courez, engloutissez le pont sous les eaux! Et toi, torrent! grossis tes ondes montagneuses! déroule et entasse toutes tes vagues! emporte avec ton écume la charpente en débris! force la guerre à s'arrêter ici! que l'ennemi se consume sur tes bords en un stérile repos! que César enchaîné frémisse! Pour nous, suspendre sa marche, ce sera vaincre! »

Il se hâte, et ses colonnes rapides se développent et courent au fleuve. Il n'est plus temps. César est là; il voit qu'on s'apprête à rompre le pont; sa colère s'allume et éclate :

« Lâches! vos frayeurs n'ont pas assez de leurs murailles pour s'y cacher! Il vous faut des rivières déchaînées, et des plaines inondées pour remparts! Devant le

Submoveat, stabit jam flumine Cæsar in ullo,
Post Rubiconis aquas.

« Equitum properate catervæ :
Ite simul pedites : ruiturum adscendite pontem. »
Hæc ubi dicta, levis totas accepit habenas
In campum sonipes : crebroque simillima nimbo
Trans ripam validi torserunt tela lacerti.

Ingreditur pulsa fluvium statione vacantem
Cæsar.

Et ad tutas hostis compellitur arces.
Et jam moturas ingentia pondera turres
Erigit, et mediis subrepsit vinea muris.

Ecce, nefas belli! reseratis agmina portis
Captivum traxere ducem, civisque superbi
Constitit ante pedes. Vultu tamen alta minaci
Nobilitas recta ferrum cervice poposcit.
Scit Cæsar pœnamque peti, veniamque timeri.

« Vive, licet nolis, et nostro munere, dixit,
Cerne diem : victis jam spes bona partibus esto,
Exemplumque mei : vel, si libet, arma retenta,
Et nihil hac venia, si viceris ipse, paciscor. »
Fatur; et adstrictis laxari vincula palmis
Imperat.

Heu quanto melius, vel cæde peracta
Parcere romano potuit fortuna pudori !
Pœnarum extremum civi, quod castra sequutus
Sit patriæ, Magnumque ducem, totumque senatum,
Ignosci.

Gange en courroux, je ne reculerais pas. Aucun fleuve ne m'opposera d'obstacle; j'ai passé le Rubicon!

« Cavalerie, en avant! Fantassins, marchez de front! ce pont qu'on veut détruire, franchissez-le! »

Aussitôt la bride lâchée abandonne le coursier à son essor, et la plaine est dévorée. Un nuage de traits, lancés de l'autre rive par des bras musculeux, foudroie en vain les assaillans.

Ils s'emparent du poste, et la rive du fleuve reste à César.

Alors il menace les tours où l'ennemi s'est renfermé : les machines de César s'élèvent, prêtes à tout écraser sous leur poids immense : protégés par des charpentes solides, les soldats se glissent au pied des murailles.

Mais les portes s'ouvrent : entouré de ses soldats, le chef, traîné par des mains sacriléges, reste debout devant César, son concitoyen. Infamie! Mais le front de Domitius n'a point pâli; sa tête est haute et fière comme son âme. Il demande un bourreau; c'est la mort, non la vie qu'il réclame, et César le sait bien.

« La vie que tu méprises, lui dit César, je te la donne; reçois-la de moi. Vaincus, je vous permets l'espoir : apprenez qui je suis. Toi, ressaisis tes armes, si tu le veux, et que mon pardon ne t'engage à rien, si je succombe! »

Il dit; on détache par son ordre les chaînes qui pesaient sur les bras du captif.

Ah! qu'il eût mieux valu l'égorger! César eût moins avili la majesté romaine! Le plus affreux supplice pour un citoyen, n'est-ce pas d'avoir suivi Pompée-le-Grand, le sénat romain, la patrie en deuil, et d'être pardonné?

Premit ille graves interritus iras;
Et secum :
   « Romamne petes, pacisque recessus
Degener? in medios belli non ire furores
Jamdudum moriture paras?

   « Rue certus, et omnes
Lucis rumpe moras, et Caesaris effuge munus. »

Nescius interea capti ducis arma parabat
Magnus, ut admixto firmaret robore partes.
Jamque sequuturo jussurus classica Phœbo,
Tentandasque ratus moturi militis iras,
Adloquitur tacitas veneranda voce cohortes :

« O scelerum ultores, melioraque signa sequuti,
O vere romana manus, quibus arma senatus
Non privata dedit, votis deposcite pugnam.

« Ardent hesperii saevis populatibus agri :
Gallica per gelidas rabies effunditur Alpes :
Jam tetigit sanguis pollutos Caesaris enses.
Dii melius! belli tulimus quod damna priores;
Cœperit inde nefas.

   « Jamjam me praeside Roma
Supplicium, pœnamque petat. Neque enim ista vocari
Proelia justa decet, patriae sed vindicis iram.
Nec magis hoc bellum est, quam quum Catilina paravit
Arsuras in tecta faces, sociusque furoris
Lentulus, exsertique manus vesana Cethegi.

Domitius, impassible, étouffe sa profonde colère.

« Que faire? chercher asile à Rome? dégénérer et m'avilir? m'endormir à l'ombre de la paix! Ah! je suis fait à l'idée de la mort! et je reculerais devant la guerre? Non!

« Domitius! au combat! loin de toi la vie! échappe au bienfait de César! »

Pompée ne sait pas que Domitius a été livré à l'ennemi; il grossit son armée; demain les trompettes sonneront, et les troupes vont marcher. Il veut éprouver ces âmes guerrières; il veut savoir si elles s'animent de courroux contre César. Les cohortes écoutent en silence cette voix vénérable qui s'adresse à elles :

« Vengeurs des crimes, les étendards de la cause juste vous protégent! Troupe vraiment romaine! les armes que le sénat vous confie sont celles de la patrie! Appelez donc de vos vœux le combat et le triomphe!

« Le fer et le feu dévorent l'Hespérie! La rage gauloise tombe sur vous du sommet des Alpes neigeuses. Déjà le sang romain a souillé le fer de César. O Dieux! je vous en remercie! les premiers maux de la guerre nous ont frappés; que le sacrilège vienne d'eux.

« Et moi, fils de Rome! je vais punir le coupable! Ici ce n'est pas une guerre, c'est un châtiment; c'est la patrie courroucée qui se venge par ma main. Était-ce une guerre, dites-moi, lorsque Catilina s'armait des torches qui allaient embraser Rome, lorsque Lentulus et l'horrible Cethegus, aux membres nus, s'associaient à sa fureur? J'ai pitié de ta folie, César! le destin voulait te

O rabies miseranda ducis! quum fata Camillis
Te, Cæsar, magnisque velint miscere Metellis,
Ad Cinnas, Mariosque venis.

« Sternere profecto,
Ut Catulo jacuit Lepidus, nostrasque secures
Passus, sicanio tegitur qui Carbo sepulcro,
Quique feros movit Sertorius exsul Iberos.

« Quamquam, si qua fides, his te quoque jungere, Cæsar,
Invideo, nostrasque manus quod Roma furenti
Opposuit. Parthorum utinam post prœlia sospes,
Et scythicis Crassus victor remeasset ab oris,
Ut simili causa caderes, qua Spartacus, hostis.

« Te quoque si superi titulis accedere nostris
Jusserunt, valet in torquendo dextera pilo :
Fervidus hæc iterum circa præcordia sanguis
Incaluit; disces non esse ad bella fugaces,
Qui pacem potuere pati.

« Licet ille solutum
Defectumque vocet, ne vos mea terreat ætas.
Dux sit in castris senior, dum miles in illis.

« Quo potuit civem populus producere liber,
Adscendi, supraque nihil, nisi regna, reliqui.
Non privata cupit, romana quisquis in urbe
Pompeium transire parat.

« Hinc consul uterque,
Hinc acies statura ducum. Cæsarne senatus
Victor erit? non tam cæco trahis omnia cursu,
Teque nihil, Fortuna, pudet!

ranger parmi les Metellus et les Camille! le voilà descendu jusqu'aux Cinna, jusqu'aux Marius!

« Mais tu tomberas! mais nos haches frapperont ta tête, comme la hache de Lépide frappa la tête de Catulus! Tu périras comme ce Carbon que recouvre le tombeau sicanien; comme Sertorius qui, dans son exil, souleva l'Ibère féroce!

« T'associer à ces noms, ô César, le faut-il? Non. C'est avec chagrin que j'obéis à ma patrie, qui m'ordonne de repousser un furieux! Tu devais tomber comme Spartacus, lorsque Crassus, après avoir vaincu les Parthes, et de retour des rives scythiques, écrasa cet esclave!

« Les Dieux veulent-ils que ton nom se joigne à mes trophées? Eh bien! que cela soit! Mon bras est ferme encore, et lance bien le javelot; un sang rajeuni roule dans mes veines et ranime mon cœur! Tu sauras qu'on peut souffrir la paix, et ne pas être lâche au combat!

« Cet homme m'appelle vieillard. Mon temps est passé, dit-il. Soldats! que mon âge ne vous effraie point! Vous avez un vieillard pour chef; César a pour soldats des vieillards.

« Aussi haut qu'un citoyen peut s'élever, conduit par le peuple, je suis monté, moi, homme libre; je n'ai au dessus de moi que le trône. Quiconque veut me dépasser, se fait roi.

« Avec moi sont les consuls : avec moi sont les patriciens de Rome. Me vaincra-t-il? O fortune! fortune aveugle! n'aurais-tu honte de rien?

« Multisne rebellis
Gallia jam lustris, ætasque impensa labori
Dant animos? Rheni gelidis quod fugit ab undis,
Oceanumque vocans incerti stagna profundi,
Territa quæsitis ostendit terga Britannis?
An vanæ tumuere minæ, quod fama furoris
Expulit armatam patriis e sedibus urbem?
Heu demens! non te fugiunt, me cuncta sequuntur :
Qui quum signa tuli toto fulgentia ponto,
Ante bis exactum quam Cynthia conderet orbem,
Omne fretum metuens pelagi pirata reliquit,
Augustaque domum terrarum in sede poposcit.
« Idem ego per scythici profugum divortia Ponti
Indomitum regem, romanaque fata morantem,
Ad mortem, Sulla felicior, ire coegi.
Pars mundi mihi nulla vacat : sed tota tenetur
Terra meis, quocumque jacet sub sole, tropæis.
Hinc me victorem gelidas ad Phasidos undas
Arctos habet : calida medius mihi cognitus axis
Ægypto, atque umbras nusquam flectente Syene.
Occasus mea jura timet, Tethynque fugacem
Qui ferit, Hesperius post omnia flumina Bætis.
Me domitus cognovit Arabs, me Marte feroces
Heniochi, notique erepto vellere Colchi.
Cappadoces mea signa timent, et dedita sacris
Incerti Judæa Dei, mollisque Sophene.
Armenios, Cilicasque feros, Taurosque subegi.
Quod socero bellum, præter civile, reliqui? »
Verba ducis nullo partes clamore sequuntur,
Nec matura petunt promissæ classica pugnæ.

« La Gaule, qu'il a combattue, n'est point encore domptée! Quels sont ses titres?. Sa jeunesse consacrée aux combats? Mais les bords du Rhin l'ont vu fuir! mais les Bretons l'ont chassé! Son orgueil triomphe-t-il d'avoir vu tous les citoyens armés quitter leurs pénates à son approche? Insensé! ce n'est pas toi qu'ils fuient, c'est sur mes pas qu'ils s'élancent! Moi, j'ai fait briller mes étendards sur toutes les mers. Moi, j'ai chassé le pirate épouvanté de cet Océan qui était son domaine; je l'ai forcé, en moins de deux mois, à réclamer de ma pitié un misérable asile sur un coin du globe.

« Mithridate, ce roi indompté, qui entravait la destinée de Rome, je l'ai suivi dans les dernières solitudes de son royaume; et, plus heureux que Sylla, je l'ai poussé à la mort. Partout, sur le globe j'ai laissé ma trace. Sous tous les soleils, vous verrez mes trophées. Près des zônes glacées du Phase, j'ai vaincu. Sur les sables d'Égypte, à Syenne, où nulle ombre ne se projette, j'ai vaincu. L'Occident redoute mes armes : le détroit de Cadix, et sa Téthys fugitive, et son fleuve Bétis, le dernier des fleuves d'Europe, me connaissent et me craignent! Ils me connaissent, ils me craignent, et l'Arabe que j'ai dompté, et l'Héniochien féroce, et les peuples de la Colchide, célèbres par leur Toison d'or, et le Cappadocien, et la Judée livrée au culte d'un dieu incertain, et la molle Sophène, et les peuples de l'Arménie, de la Taurie, de la Cilicie. Je n'ai rien laissé à César. Après moi, que lui reste-t-il? la guerre civile! »

Le chef a parlé; point de clameurs approbatrices. Nul ne s'écrie : « Que la trompette sonne! au combat!

Sensit et ipse metum Magnus, placuitque referri
Signa, nec in tantæ discrimina mittere pugnæ
Jam victum fama non visi Cæsaris agmen.

Pulsus ut armentis primo certamine taurus
Silvarum secreta petit, vacuosque per agros
Exsul in adversis explorat cornua truncis;
Nec redit in pastus, nisi quum cervice repleta
Excussi placuere tori; mox reddita victor
Quoslibet in saltus comitantibus agmina tauris
Invito pastore trahit : sic viribus impar
Tradidit Hesperiam, profugusque per appula rura
Brundusii tutas concedit Magnus in arces.

Urbs est dictæis olim possessa colonis,
Quos Creta profugos vexere per æquora puppes
Cecropiæ, victum mentitis Thesea velis.
Hanc latus angustum jam se cogentis in arcum
Hesperiæ, tenuem producit in æquora linguam,
Hadriacas flexis claudit quæ cornibus undas.
Nec tamen hoc arctis immissum faucibus æquor
Portus erat, si non violentos insula Coros
Exciperet saxis, lassasque refunderet undas.
Hinc illinc montes scopulosæ rupis aperto
Opposuit natura mari, flatusque removit,
Ut tremulo starent contentæ fune carinæ.
Hinc late patet omne fretum, seu vela ferantur
In portus, Corcyra, tuos, seu læva petatur
Illyris ionias vergens Epidamnus in undas.
Huc fuga nautarum, quum totas Hadria vires

au combat! » Tous les rangs se taisent, et le silence glace Pompée lui-même. Il veut alors que son armée recule. Il ne confiera pas de si hautes destinées à des soldats qui tremblent au nom de César absent.

Le taureau qu'un rival chasse des pâturages, cherche l'antre des bois, erre exilé dans les vastes plaines, essaie long-tems, sur le tronc des chênes, ses cornes belliqueuses, et ne revient tenter le combat que lorsque son front, endurci par l'âge, se sent armé de toutes ses forces. Bientôt, chef des troupeaux reconquis, c'est lui, qui, malgré le pasteur, entraîne sur sa route, au fond des forêts, cette escorte triomphale. Tel Pompée, trop faible encore pour résister à César, lui livre l'Italie, fuit à travers les campagnes de la Pouille, et s'enferme dans les fortes tours de Brundusium.

Cette ville fut jadis habitée par des Crétois, que les poupes cécropiennes emportèrent sur les flots; poupes couronnées de voiles sombres, et qui semblaient annoncer la mort de Thésée, vainqueur du Minotaure. Elle est située vers la pointe de l'Italie, au bord de la mer Adriatique, sur une langue de terre, qui s'avance et se courbe en croissant, comme pour embrasser les flots. Port mal assuré, s'il n'était couvert par une île, dont les rochers brisent l'effort des tempêtes, et rejettent au loin l'Océan lassé. Des deux côtés du port, la nature a élevé deux chaînes de montagnes qui repoussent la mer, et défendent aux vents orageux de troubler l'asile des vaisseaux, que des câbles tremblans y retiennent à l'ancre; plus loin s'étend la pleine mer, soit qu'on fasse voile vers ton port, ô Corcyre! soit que, du côté de l'Illyrie, on veuille toucher aux bords d'Épidamne. C'est le refuge des nochers, quand l'Adriatique a tout son courroux

Movit, et in nubes abiere Ceraunia, quumque
Spumoso Calaber perfunditur æquore Sason.

Ergo ubi nulla fides rebus post terga relictis,
Nec licet ad duros Martem convertere Iberos,
Quum mediæ jaceant immensis tractibus Alpes :
Tunc sobole e tanta natum, cui firmior ætas,
Affatur :

« Mundi jubeo tentare recessus.
Euphraten, Nilumque move, quo nominis usque
Nostri fama venit, quas est vulgata per urbes
Post me Roma ducem; sparsos per rura colonos
Redde mari Cilicas : Pharios hinc concute reges,
Tigranenque meum. Nec Pharnacis arma relinquas,
Admoneo, nec tu populos utraque vagantes
Armenia, Pontique feras per litora gentes,
Rhipæasque manus, et quas tenet æquore denso
Pigra palus, scythici patiens Mæotica plaustri.

« Sed quid plura moror? totos mea, nate, per ortus
Bella feres, totoque urbes agitabis in orbe
Perdomitas : omnes redeant in castra triumphi.

« At vos, qui latios signatis nomine fastos,
Primus in Epirum Boreas agat : inde per arva
Graiorum Macetumque novas adquirite vires,
Dum paci dat tempus hiems. »

Sic fatur : et omnes
Jussa gerunt, solvuntque cavas a litore puppes.
At nunquam patiens pacis, longæque quietis
Armorum, ne quid fatis mutare liceret,

soulevé, quand les montagnes de l'Épire disparaissent sous les nuages, quand la Calabre s'ensevelit sous l'écume des vagues.

Pompée le voit ; il ne peut plus compter sur l'Italie, ni transporter la guerre chez les Ibères féroces, dont la chaîne immense des Alpes le sépare : alors, c'est à l'aîné des enfans de sa noble race qu'il s'adresse :

« Va, dit-il ; explore les confins du monde. Que le Nil, que l'Euphrate se soulèvent ; partout où ma gloire a pénétré, partout où mes victoires ont fait redouter Rome, que les peuples s'arment ; que les pirates ciliciens abandonnent les champs que je leur ai donnés, et s'emparent de tes mers, leurs vieux domaines. Éveille Ptolémée, et Tigrane qui me doit tout, et Pharnace ; n'oublie ni les habitans vagabonds de l'une et de l'autre Arménie, ni les nations féroces qui occupent les bords de l'Euxin, ni celles qui couvrent les sommets du Riphée, ni celles dont le Palus-Méotide, aux ondes paresseuses et glacées, soutient les chariots mobiles.

« C'est assez te dire : sème la guerre dans tout l'Orient : que tout ce que j'ai vaincu sur la terre s'arme pour moi ; que tous mes triomphes grossissent mon camp !

« Et vous, dont les noms président à nos fastes, consuls, que le premier souffle de Borée vous jette en Épire ! augmentez vos forces dans les champs de la Grèce et de la Macédoine, tant que l'hiver nous laisse respirer. »

Il commande ; on obéit : les carènes creusées se détachent du rivage.

A un homme la paix est insupportable, le repos odieux, la guerre nécessaire ; les caprices du sort, il les

Adsequitur, generique premit vestigia Caesar.
Sufficerent aliis tot primo moenia cursu
Rapta, tot oppressae dejectis hostibus arces;
Ipsa caput mundi, bellorum maxima merces,
Roma capi facilis : sed Caesar in omnia praeceps,
Nil actum credens, quum quid superesset agendum,
Instat atrox; et adhuc, quamvis possederit omnem
Italiam, extremo sedeat quod litore Magnus,
Communem tamen esse dolet.

      Nec rursus aperto
Vult hostes errare freto, sed molibus undas
Obstruit, et latum dejectis rupibus aequor.

Cedit in immensum cassus labor; omnia pontus
Haurit saxa vorax, montesque immiscet arenis :
Ut maris Aegaei medias si celsus in undas
Depellatur Eryx, nullae tamen aequore rupes
Emineant, vel si convulso vertice Gaurus
Decidat in fundum penitus stagnantis Averni.

Ergo ubi nulla vado tenuit sua pondera moles,
Tunc placuit caesis innectere vincula silvis,
Roboraque immensis late religare catenis.
Tales fama canit tumidum super aequora Xerxen
Construxisse vias, multum quum pontibus ausus,
Europamque Asiae, Sestonque admovit Abydo,
Incessitque fretum rapidi super Hellesponti,
Non Eurum Zephyrumque timens; quum vela, ratesque
In medium deferret Athon. Sic ora profundi
Arctantur casu nemorum. Tunc aggere multo
Surgit opus, longaeque tremunt super aequora turres.

enchaîne. Déjà César presse et atteint Pompée son gendre. D'autres se contenteraient de tant de villes enlevées à la course, de tant de défaites, de tant de forteresses croulantes : Rome, la tête du monde, Rome, le grand prix des victoires, s'est livrée sans peine ; et ce n'est pas assez pour César ! Il court, il se précipite ; tant qu'il lui reste à faire, il croit n'avoir rien fait. Il presse, il harcèle le fugitif ; toute l'Italie est à lui : à peine une lisière de rivage sert d'asile à Pompée ; et César s'afflige d'un tel partage.

Que la mer elle-même soit fermée à ses ennemis ; qu'une digue emprisonne les flots ; que les rochers tombent dans l'Océan et le comblent : César le veut.

Vain effort ; la mer s'y refuse, et trompe l'immense labeur que César commande ; elle dévore et ensevelit les montagnes qu'on lui livre et qu'elle mêle au sable de ses profondeurs. Ainsi s'engouffrerait dans les abîmes de la mer Égée, la cime de l'Eryx ; ainsi le sommet du Gaurus disparaîtrait dans les marais de l'Averne, et pas un rocher ne se montrerait à la surface des flots.

César voit que la digue qu'il commande ne s'élève et ne se soutient pas. Il veut alors que les forêts s'abattent, et que des liens de fer gigantesques enchaînent le tronc des vieux arbres. Ainsi Xerxès, si l'histoire a dit vrai, construisit sa route hardie sur les ondes : un pont immense enchaîna l'Europe à l'Asie, Abydos à Sestos ; l'armée, bravant le Zéphyre et l'Eurus, marcha sur l'Hellespont redoutable ; et la voile des navires osa traverser le mont Athos. Ainsi, à la voix de César, la baie se rétrécit sous les radeaux ; bientôt, la terre qu'ils supportent, sert de base aux ouvrages qu'on y élève ; et de loin l'on voit surgir la crète des tours qui vacillent sur l'onde.

Pompeius tellure nova compressa profundi
Ora videns, curis animum mordacibus angit,
Ut reseret pelagus, spargatque per æquora bellum.
Sæpe Noto plenæ, tensisque rudentibus actæ,
Ipsa maris per claustra rates fastigia molis
Discussere salo, spatiumque dedere carinis;
Tortaque per tenebras validis ballista lacertis
Multifidas jaculata faces.

    Ut tempora tandem
Furtivæ placuere fugæ, ne litora clamor
Nauticus exagitet, neu buccina dividat horas,
Neu tuba præmonitos perducat ad æquora nautas,
Præcepit sociis.

    Jam cœperat ultima Virgo
Phœbum laturas ortu præcedere Chelas,
Quum taciti solvere rates. Non anchora voces
Movit, dum spissis avellitur uncus arenis :
Dum juga curvantur mali, dumque ardua pinus
Erigitur, pavidi classis siluere magistri :
Strictaque pendentes deducunt carbasa nautæ,
Nec quatiunt validos, ne sibilet aura, rudentes.

Dux etiam votis hoc te, Fortuna, precatur,
Quam retinere vetas, liceat sibi perdere saltem
Italiam. Vix fata sinunt; nam murmure vasto
Impulsum rostris sonuit mare, fluctuat unda,
Totque carinarum permixtis æquora sulcis.

Ergo hostes portis, quas omnes solverat urbis
Cum fato conversa fides, murisque recepti,
Præcipiti cursu flexi per cornua portus

Pompée s'étonne de voir une terre nouvelle s'élever entre la mer et lui. Épouvanté, il veut s'ouvrir un passage; il veut affaiblir son ennemi en dispersant la guerre sur des bords éloignés. Par son ordre, des navires dont le Notus enfle les voiles et tend les cordages, vont frapper ces barrières qui lui ferment la route; elles s'écroulent; la mer les ensevelit et s'ouvre enfin : pierres, dards, torches allumées volent au milieu des ténèbres. Pompée peut fuir.

Le moment de ce départ fugitif est arrivé. Que le son de la trompette et le cri des matelots n'éveillent point les rivages; que le clairon n'annonce pas le retour des heures; que l'ancre se lève en silence : Pompée l'ordonne ainsi.

La Vierge allait céder le pas à la Balance, et l'aube n'était pas née, quand les voiles muettes se déployèrent, lorsque l'ancre se détacha sans bruit du fond des sables épais, lorsque les antennes se courbèrent, lorsque les mâts se dressèrent vers le ciel. Tout se taisait, et les pilotes glacés de crainte, et les matelots suspendus aux cordages; leurs mains craintives déroulaient avec soin et les voiles et les agrès, qui, frémissant dans la brise, eussent trahi Pompée fugitif.

Fortune! voici la faveur qu'il te demande! Laisse-lui quitter l'Italie, puisque tu lui défends de la conserver. A peine les destins y consentent, un long murmure confus jaillit de ces ondes émues, heurtées par tant de vaisseaux, sillonnées par tant de proues.

Les soldats de César, à qui cette ville infidèle, et qui changeait avec la fortune, avait ouvert ses portes et livré ses murs, gagnent l'embouchure du port par les

Ora petunt, pelagusque dolent contingere classes.
Heu pudor! exigua est fugiens victoria Magnus.

Angustus puppes mittebat in aequora limes,
Arctior euboica, qua Chalcida verberat, unda.
Hic haesere rates geminae, caedique paratas
Excepere manus; tractoque in litora bello,
Hic primum rubuit civili sanguine Nereus.
Cetera classis abit summis spoliata carinis.

Ut pagasaea ratis peteret quum Phasidos undas,
Cyaneas tellus emisit in aequora cautes,
Rapta puppe minor subducta est montibus Argo,
Vanaque percussit pontum Symplegas inanem,
Et statura redit.

Jam Phoebum urgere monebat
Non idem Eoi color aetheris, albaque nondum
Lux rubet, et flammas propioribus eripit astris;
Et jam Plias hebet, flexi jam plaustra Bootae
In faciem puri redeunt languentia coeli,
Majoresque latent stellae, calidumque refugit
Lucifer ipse diem.

Pelagus jam, Magne, tenebas,
Non ea fata ferens, quae quum super aequora toto
Praedonem sequerere mari. Lassata triumphis
Descivit fortuna tuis. Cum conjuge pulsus,
Et natis, totosque trahens in bella penates,
Vadis adhuc ingens, populis comitantibus, exsul.

Quaeritur indignae sedes longinqua ruinae :
Non quia te Superi patrio privare sepulcro

deux extrémités de son enceinte. A la vue de la flotte ennemie qui leur échappe, ils frémissent. L'orgueilleux Pompée fuit! c'est, disent-ils, une faible victoire!

Le passage était plus étroit que celui qui sépare l'Eubée de la Béotie ; deux vaisseaux s'y arrêtent ; des mains meurtrières les attirent au bord, et là, pour la première fois, les flots de la mer sont rougis du sang de la guerre civile. Le reste de la flotte s'éloigne, et abandonne ces deux vaisseaux.

Ainsi, quand le navire pagaséen faisait voile sur les bords du Phase, les rochers des îles Cyanées l'atteignirent, frisèrent sa poupe, mais le laissèrent voguer sur l'Océan; et, dans leur courroux impuissant, ne frappèrent plus que l'onde.

Déja les couleurs dont brille l'Orient annoncent le retour de l'aurore; sa lumière, d'un rouge vermeil, commence à effacer les étoiles voisines; la Pléiade pâlit; l'Ourse languissante se plonge dans l'azur du ciel, et Lucifer lui-même se dérobe à l'éclat du jour.

Pompée! ta flotte glisse sur la mer. Ah! quand tu poursuivais le pirate dans ses derniers asiles, que ta voile fuyait sous d'autres auspices! Lasse de tes triomphes, la fortune t'a quitté; te voilà donc chassé avec ta femme, et tes enfans, traînant tes pénates brisés dans ton lointain désastre. Misérable exilé! mais toujours grand! dans ta chute, des peuples tombent.

Ruine douloureuse! qu'elle s'accomplisse au loin! les dieux le veulent, non pour te priver d'un tombeau

Maluerint, phariæ busto damnantur arenæ :
Parcitur Hesperiæ, procul hoc ut in orbe remoto
Abscondat Fortuna nefas, romanaque tellus
Immaculata sui servetur sanguine Magni.

dans ta patrie; les sables du Phare sont condamnés a recevoir la cendre de ton bûcher; mais le ciel ménage Rome. Fortune! cache ton forfait aux limites du monde; que le sol d'Italie reste pur de cette souillure; qu'il ne verse pas le sang de ce grand homme!

LIBER TERTIUS.

Propulit ut classem velis cedentibus Auster
Incumbens, mediumque rates tenuere profundum,
Omnis in ionios spectabat navita fluctus :
Solus ab hesperia non flexit lumina terra
Magnus, dum patrios portus, dum litora nunquam
Ad visus reditura suos, tectumque cacumen
Nubibus, et dubios cernit vanescere montes.

Inde soporifero cesserunt languida somno
Membra ducis : diri tum plena horroris imago,
Visa caput mœstum per hiantes Julia terras
Tollere, et accenso furialis stare sepulcro.

« Sedibus elysiis, campoque expulsa piorum
Ad stygias, inquit, tenebras, manesque nocentes,
Post bellum civile trahor : vidi ipsa tenentes
Eumenidas, quaterent quas vestris lampadas armis.
Præparat innumeras puppes Acherontis adusti
Portitor : in multas laxantur Tartara pœnas.
Vix operi cunctæ, dextra properante, sorores
Sufficiunt; lassant rumpentes stamina Parcas.

Conjuge me lætos duxisti, Magne, triumphos :
Fortuna est mutata toris; semperque potentes

LIVRE TROISIÈME.

Les voiles tendues cèdent à l'Auster, qui les pousse et les entraîne. Bientôt les vaisseaux sont en pleine mer, et tous les yeux s'arrêtent sur les flots ioniens. Seul, Pompée-le-Grand ne détache pas ses regards du rivage d'Italie. « Les voilà ces plages maternelles, ces bords qu'il ne reverra plus ! les voilà ces monts qui s'obscurcissent à ses yeux ! ces collines ausoniennes qui se couvrent de vapeurs, et se perdent à l'horizon lointain ! »

Bientôt ses membres languissans cèdent au sommeil et y succombent. O épouvante ! un visage plein de douleur sort du fond de la terre béante.... Une femme surgit et reste debout sur le tombeau en flammes.... C'est le fantôme de Julie !

« Je suis chassée des champs Élyséens.... chassée des demeures pieuses ; la guerre civile m'a rejetée dans le Styx, dans ses ténèbres, parmi ses âmes criminelles. J'ai vu les Furies secouer les torches ardentes qui vont se mêler à vos armes infernales. Le pilote des eaux brûlantes de l'Achéron prépare ses flottes sans nombre ; le Tartare agrandi invente des supplices ; à peine les fatales sœurs suffisent-elles à leur œuvre ; lasses de détruire, leurs mains succombent.

« Quand je partageais ton lit, le char triomphal était à toi, Pompée ! En me quittant, tu as quitté ta fortune !

Detrahere in cladem fato damnata maritos,
Innupsit tepido pellex Cornelia busto.

« Hæreat illa tuis per bella, per æquora signis,
Dum non securos liceat mihi rumpere somnos,
Et nullum vestro vacuum sit tempus amori,
Sed teneat Cæsarque dies, et Julia noctes.

« Me non lethææ, conjux, oblivia ripæ
Immemorem fecere tui, regesque silentum
Permisere sequi : veniam, te bella gerente,
In medias acies; nunquam tibi, Magne, per umbras,
Perque meos manes genero non esse licebit.
Abscidis frustra ferro tua pignora : bellum
Te faciet civile meum. »

     Sic fata, refugit
Umbra per amplexus trepidi dilapsa mariti.
Ille, dei quamvis cladem, manesque minentur,
Major in arma ruit, certa cum mente malorum.
Et,

« Quid, ait, vani terremur imagine visus?
Aut nihil est sensus animis a morte relictum,
Aut mors ipsa nihil. »

    Titan jam pronus in undas
Ibat, et igniferi tantum demerserat orbis,
Quantum deesse solet lunæ, seu plena futura est,
Seu jam plena fuit : tunc obtulit hospita tellus
Puppibus accessus faciles : legere rudentes,
Et posito remis petierunt litora malo.

Une femme est condamnée à entraîner dans les désastres et la ruine, les puissans qu'elle épouse : c'est Cornélie! Cornélie qui t'a donné sa main sur les cendres tièdes encore du bûcher conjugal.

« EH BIEN ! cette femme, qu'elle soit attachée à tes pas, et sur les mers et dans les camps! Je le veux; mais le sommeil que tu goûteras auprès d'elle, je le troublerai, moi! je ne laisserai pas un moment à votre amour : César sera le bourreau de tes jours, et moi le bourreau de tes nuits!

« ÉPOUX! le Styx n'a pas effacé ton souvenir de ma pensée. Le roi des ténèbres m'a permis de te suivre. Oui, tu me retrouveras dans la mêlée : oui, toujours mon ombre te rappellera que tu es le gendre de César : ton fer a voulu trancher nos nœuds : mais en vain; au nom de la guerre civile, tu es à moi! »

L'OMBRE a parlé; elle s'échappe, et fuit Pompée qui lui tend les bras dans sa terreur.

LES dieux l'effraient; les mânes le menacent; son âme grandit et s'affermit encore : il embrasse la guerre avec plus de fureur; il voit sa perte, il s'y précipite.

« MOI ! m'épouvanter d'une vaine ombre? Non! ou les mânes, après la mort, deviennent insensibles, ou la mort n'est rien. »

DÉJA le soleil se plongeait dans l'onde, et nous cachait de son globe enflammé ce que la lune nous dérobe du sien lorsqu'elle approche de sa plénitude, ou qu'elle commence à s'en éloigner. Alors la côte d'Illyrie offrit un accès facile et sûr aux vaisseaux de Pompée. Les voiles se plient, les mâts s'abaissent, et l'on aborde à l'aide des rames.

Cæsar, ut emissas venti rapuere carinas,
Absconditque fretum classes, et litore solus
Dux stetit hesperio, non illum gloria pulsi
Lætificat Magni : queritur quod tuta per æquor
Terga ferant hostes; neque enim jam sufficit ulla
Præcipiti fortuna viro; nec vincere tanti,
Ut bellum differret, erat.
     Tunc pectore curas
Expulit armorum, pacique intentus agebat,
Quoque modo vanos populi conciret amores
Gnarus, et irarum causas, et summa favoris
Annona momenta trahi : namque adserit urbes
Sola fames, emiturque metus, quum segne potentes
Vulgus alunt. Nescit plebes jejuna timere.

Curio sicanias transcendere jussus in urbes,
Qua mare tellurem subitis aut obruit undis,
Aut scidit, et medias fecit sibi litora terras.
Vis illic ingens pelagi, semperque laborant
Æquora, ne rupti repetant confinia montes.

Bellaque sardoas etiam sparguntur in oras.
Utraque frugiferis est insula nobilis arvis;
Nec prius Hesperiam longinquis messibus ullæ,
Nec romana magis complerunt horrea terræ.
Ubere vix glebæ superat, cessantibus Austris,
Quum medium nubes Borea cogente sub axem
Effusis magnum Libye tulit imbribus annum.

Hæc ubi sunt provisa duci, tunc agmina victor
Non armata trahens, sed pacis habentia vultum,
Tecta petit patriæ.

César, à qui les vents enlèvent sa proie, la suit des yeux avec douleur, et la voit disparaître dans l'immensité des mers. Seul maître en Italie, la gloire d'avoir chassé le grand Pompée n'est pas une joie pour lui. L'Océan lui dérobe ses ennemis ; il en gémit ; son âme violente ne se contente d'aucun succès ; la victoire elle-même est trop achetée, s'il faut l'attendre.

Mais il bannit un moment de son âme les soins de la guerre ; c'est à la paix qu'il s'applique : ne sait-il pas comment se gagne le vain amour du peuple, comment s'allume sa colère, qu'un peu de blé apaise, que la faim soulève, que l'or achète et étouffe ? nourri par les puissans, il s'endort ; à jeun, il ose tout.

Curion, par l'ordre de César, passe en Sicile ; il traverse cette mer, dont la violence a submergé ou déchiré la Terre-Ferme pour en faire ses rivages : Océan furieux contre lequel luttent sans cesse les monts qui veulent se rejoindre.

La Sardaigne voit aussi les drapeaux de César lui apporter la guerre. Ces deux îles sont renommées par la richesse de leurs moissons : nulle autre contrée de la terre n'a rempli de récoltes aussi abondantes, les greniers de Rome ; à peine la Libye est-elle plus fertile, dans les années même où les vents du midi permettent à Borée d'assembler les nuages vers le milieu de l'axe du monde, et d'y verser ces pluies, mères de la fécondité.

Ainsi César a pourvu à tout. Il s'avance à la tête de ses soldats sans armes ; ses bataillons semblent amener la paix. Il va entrer à Rome.

Proh! si remeasset in Urbem,
Gallorum tantum populis, Arctoque subacta,
Quam seriem rerum longa præmittere pompa,
Quas potuit belli facies! ut vincula Rheno,
Oceanoque daret! celsos ut Gallia currus
Nobilis, et flavis sequeretur mixta Britannis!
Perdidit o qualem vincendo plura triumphum!
Non illum lætis vadentem cœtibus urbes,
Sed tacitæ videre metu. Non constitit usquam
Obvia turba duci : gaudet tamen esse timori
Tam magno populis, et se non mallet amari.
Jamque et præcipites superaverat Anxuris arces,
Et qua pomptinas via dividit uda paludes,
Qua sublime nemus, scythicæ qua regna Dianæ,
Quaque iter est latiis ad summam fascibus Albam:

Excelsa de rupe procul jam conspicit Urbem,
Arctoi toto non visam tempore belli;
Miratusque suæ, sic fatur, mœnia Romæ:

« Tene, Deum sedes, non ullo marte coacti
Deseruere viri! pro qua pugnabitur urbe?

« Di melius, quod non latias Eous in oras
Nunc furor incubuit, nec juncto Sarmata velox
Pannonio, Dacisque Getes admixtus : habenti
Tam pavidum tibi Roma ducem Fortuna pepercit,
Quod bellum civile fuit. »
            Sic fatur, et Urbem
Attonitam terrore subit : namque ignibus atris

Ah! s'il n'eût vaincu que les Gaulois et les hommes du nord, que ce retour serait beau! quel admirable triomphe! quelle longue série de victoires et de guerres! quels tableaux offriraient aux Romains l'image de ses exploits! Voici le Rhin, voici l'Océan sous les fers! La noble Gaule et la Bretagne blonde suivraient son grand char, son char d'ivoire. Hélas! en triomphant de sa patrie, le beau triomphe qu'il a perdu! Point de groupes joyeux à sa rencontre, point de foule reconnaissante pour arrêter sa marche. Il voit cette crainte; elle le charme; lui seul terrifie tout un peuple; il regretterait d'être aimé.

Déjà il a passé la forteresse d'Anxur, située sur un mont escarpé, et le sentier humide qui traverse les marais Pontins, et la forêt sublime consacrée à la Diane de Scythie, et le chemin que traversent les faisceaux romains pour atteindre Albe l'antique.

Il est là devant Rome, debout sur une roche qui domine la ville! il jette un lointain regard sur ses murs! Sa Rome, il ne l'a pas vue depuis six ans qu'il guerroie vers le nord! Devant lui s'élèvent ses remparts qu'il contemple!

« Te voilà donc, s'écrie-t-il, sanctuaire des dieux! et tes enfans t'ont délaissée sans combattre! Pour quelle ville prendra-t-on les armes?

« Les immortels soient loués! Car ce n'est point à la fureur du Parthe, du Sarmate rapide, mêlé avec le Pannonien, du Dace ligué avec le Gète, que Rome est livrée! Défendue par un lâche, c'en était fait d'elle. Mais le sort la protége; la guerre civile a seule vaincu. »

Rome épouvantée voit César entrer dans ses murs. Va-t-il la traiter en ville conquise, et jeter ses dieux en débris dans les flammes noires de l'incendie? On le croit,

Creditur, ut captæ, rapturus mœnia Romæ,
Sparsurusque deos. Fuit hæc mensura timoris :
Velle putant, quodcumque potest. Non omina festa,
Non fictas læto voces simulare tumultu :
Vix odisse vacat.
    PHŒBEA palatia complet
Turba patrum, nullo cogendi jure senatus,
E latebris educta suis.

    NON consule sacræ
Fulserunt sedes; non proxima lege potestas,
Prætor, adest; vacuæque loco cessere curules.
Omnia Cæsar erat. Privatæ Curia vocis
Testis adest. Sedere patres censere parati,
Si regnum, si templa sibi, jugulumque senatus,
Exsiliumque petat. Melius, quod plura jubere
Erubuit, quam Roma pati.

    TAMEN exit in iram,
Viribus an possint obsistere jura, per unum
Libertas experta virum : pugnaxque Metellus
Ut videt ingenti saturnia templa revelli
Mole, rapit gressus; et Cæsaris agmina rumpens,
Ante fores nondum reseratæ constitit ædis :
(USQUE adeo solus ferrum, mortemque timere
Auri nescit amor! pereunt discrimine nullo
Amissæ leges; sed, pars vilissima rerum,
Certamen movistis, opes);
    PROHIBENSQUE rapina
Victorem, clara testatur voce tribunus:
« NON nisi per nostrum vobis percussa patebunt

on s'effraye ; tout ce que César peut, on craint qu'il ne le veuille : on n'essaie pas même de simuler la joie, de feindre les acclamations du bonheur : on n'a plus de force même pour haïr.

Aussitôt, s'arrachant à leur retraite, accourent les sénateurs, qui remplissent le palais du mont Palatin ; simulacre d'assemblée que César n'avait pas le droit de convoquer.

Là, point de consuls, point de préteurs, la plus haute dignité après le consulat; plus de chaises curules, consuls et préteurs sont absens. César seul est tout. Pour l'écouter, pour lui obéir, le sénat s'assemble. Vénérable sénat, dont la sentence est dictée d'avance, tout prêt à décerner à César le trône, des temples, s'il le veut ; aux sénateurs, l'exil, le bourreau, s'il l'ordonne. Grâce au ciel ! César a honte de vouloir ce que Rome n'aurait pas honte de faire.

Qui l'emportera ? la violence ou la justice ? Un seul homme s'arme de courroux en faveur de la liberté délaissée; c'est le farouche Metellus : il voit des leviers énormes soulever les portes du temple saturnien ; il s'élance à travers les cohortes de César, et s'arrête sur le seuil encore intact.

(Braver la mort, affronter le glaive, et cela pour protéger de l'or ! les lois anéanties n'ont ému personne; de vils trésors trouvent un défenseur !)

La voix du tribun, forte, ardente, sonore, arrête les spoliateurs :

« Vous marcherez sur mon cadavre pour arriver jus-

Templa latus, nullasque feres, nisi sanguine sacro
Sparsus, raptor, opes.

« Certe violata potestas
Invenit ista deos; Crassumque in bella sequutæ
Sæva tribunitiæ voverunt prœlia diræ.
« Detege jam ferrum : neque enim tibi turba verenda est
Spectatrix scelerum : deserta stamus in Urbe.

« Non feret e nostro sceleratus præmia miles.
Sunt quos prosternas populi, quæ mœnia dones.
Pacis ad exhaustæ spolium non cogit egestas :
Bellum Cæsar habes. »

His magnam victor in iram
Vocibus accensus :

« Vanam spem mortis honestæ
Concipis : haud, inquit, jugulo se polluet isto
Nostra, Metelle, manus. Dignum te Cæsaris ira
Nullus honor faciet. Te vindice tuta relicta est
Libertas? non usque adeo permiscuit imis
Longus summa dies, ut non, si voce Metelli
Serventur leges, malint a Cæsare tolli. »

Dixerat ; et nondum foribus cedente tribuno
Acrior ira subit; sævos circumspicit enses,
Oblitus simulare togam : tum Cotta Metellum
Compulit audaci nimium desistere cœpto.

« Libertas, inquit, populi, quem regna coercent,
Libertate perit; cujus servaveris umbram,
Si, quidquid jubeare, velis. Tot rebus iniquis

qu'au temple : vous n'y arriverez que souillé du sang d'un tribun, du sang sacré. Brigand! ton butin est à ce prix.

« On ne viole pas en vain la puissance tribunitienne; elle trouve des dieux vengeurs! Sois-en témoin, Crassus! l'anathème des tribuns te dévoua à de funestes combats.

« Qu'on m'égorge! cette foule n'est pas à craindre; pour elle un crime est un spectacle; je suis dans une Rome veuve de citoyens!

« Mais non, César! tu ne paieras pas avec l'argent de Rome tes sacrilèges soldats; tu as d'autres peuples à écraser, d'autres cités à livrer au pillage; épuiser les trésors versés par la paix, serait pardonnable à l'indigence; mais la guerre est devant toi! »

Le vainqueur entend ces mots, et son courroux dédaigneux éclate :

« La mort que tu désires, la gloire que tu espères, je te les dénie : je ne souillerai pas la main de César dans le sang de Metellus. Tribun! quand tu serais dictateur, tu ne serais pas digne de ma colère. Tu défends la liberté! la voilà noblement défendue! Ah! les choses n'en sont pas venues à ce point de confusion et de folie. Va! la liberté préfère, moi, César, qui viole ses droits, à Metellus qui les déshonore en les protégeant. »

Il dit : impatient de voir que le tribun ne quitte point la porte du temple, il regarde ses soldats rangés autour de lui; peut-être eût-il oublié ce caractère pacifique dont il s'était revêtu, si Cotta n'eût dissuadé Metellus d'une résistance imprudente.

« Dès qu'un peuple accepte un maître, lui dit-il, c'est la liberté imprudente qui tue la liberté! Veuille tout ce qu'on t'ordonne! tu conserveras une ombre d'indépendance. Nous sommes vaincus, mille injustices ont été su-

Paruimus victi : venia est hæc sola pudoris,
Degenerisque metus, nil jam potuisse negari.
« Ocius avertant diri mala semina belli.
Damna movent populos, si quos sua jura tuentur.
Non sibi, sed domino gravis est, quæ servit, egestas. »

Protinus abducto patuerunt templa Metello.
Tunc rupes tarpeia sonat, magnoque reclusas
Testatur stridore fores : tunc conditus imo
Eruitur templo, multis intactus ab annis
Romani census populi, quem punica bella,
Quem dederat Perses, quem victi præda Philippi;
Quod tibi, Roma, fuga Pyrrhus trepidante reliquit;
Quo te Fabricius regi non vendidit auro;
Quidquid parcorum mores servastis avorum;
Quod dites Asiæ populi misere tributum;
Victorique dedit minoia Creta Metello;
Quod Cato longinqua vexit super æquora Cypro.
Tunc Orientis opes, captorumque ultima regum
Quæ pompeianis prælata est gaza triumphis
Egeritur : tristi spoliantur templa rapina;
Pauperiorque fuit tunc primum Cæsare Roma.

Interea totum Magni fortuna per orbem
Secum casuras in prœlia moverat urbes.
Proxima vicino dat vires Græcia bello.
Phocaicas Amphissa manus, scopulosaque Cyrrha,
Parnassusque jugo misit desertus utroque.
Bœoti coiere duces, quos impiger ambit
Fatidica Cephissos aqua, cadmeaque Dirce,

bies par nous. Il ne nous reste qu'une excuse, c'est de ne pouvoir rien refuser au vainqueur.

« Qu'ils les emportent ailleurs, ces trésors, germes de troubles et de carnage. Une nation que des lois justes régissent, peut s'émouvoir de ces pertes. Mais nous, soyons pauvres ; un esclave pauvre n'est lourd qu'à son maître. »

On entraîne Metellus, et le temple s'ouvre ; les gonds immenses roulent et réveillent au loin l'écho de la roche Tarpéienne. Des profondeurs du sanctuaire, on tire ces deniers antiques, la conquête du peuple romain, ces trésors auxquels on n'a pas touché depuis tant d'années : cet or, trophée des guerres puniques, dépouille de Persée et de son père ; cet or abandonné par Pyrrhus dans sa fuite ; cet or que Fabricius refusa ; ces épargnes de la vieille austérité du Latium, épargnes faites par vos aïeux, ô Romains ! tributs payés par l'opulente Asie ; richesses livrées à Metellus vainqueur, par l'île de Minos ; apportées des rives lointaines de Chypre, par les vaisseaux de Caton ; dépouilles des rois orientaux ; vases d'or, pierres précieuses portées devant le char triomphal de Pompée : le temple reste vide et dépouillé. César, criblé de dettes, est plus riche enfin que Rome.

Cependant la fortune de Pompée soulevait les nations, et les attirait de toutes parts dans sa querelle et dans sa ruine. Près de l'appareil de la guerre, la Grèce s'empresse d'y prendre part. Des campagnes de la Phocide et des deux sommets du Parnasse, des champs de Bœotie que borde le Céphise fatidique, des environs de Thèbes, où coule Dircé, de l'Élide qu'arrose l'Alphée avant de traverser

Pisææque manus, populisque per æquora mittens
Sicaniis Alpheus aquas.
    Tunc Mænala liquit
Arcas, et herculeam miles Trachinius OEten.
Thesproti, Dryopesque ruunt, quercusque silentes
Chaonio veteres liquerunt vertice Sellæ.
Exhausit totas quamvis delectus Athenas,
Exiguæ Phœbea tenent navalia puppes,
Tresque petunt veram credi Salamina carinæ.
Jam dilecta Jovi centenis venit in arma
Creta vetus populis, Gnososque agitare pharetras
Docta, nec eois pejor Gortyna sagittis.
Tunc qui dardaniam tenet Oricon, et vagus altis
Dispersus silvis Athamas, et nomine prisco
Encheliæ, versi testantes funera Cadmi.
Colchis, et hadriacas spumans Absyrtos in undas,
Et Penei qui rura colunt, quorumque labore
Thessalus hæmoniam vomer proscindit Iolcon :
Unde lacessitum primo mare, quum rudis Argo
Miscuit ignotas, temerato litore, gentes,
Primaque cum ventis, pelagique furentibus undis
Composuit mortale genus, fatisque per illam
Accessit mors una ratem.
    Tunc linquitur Hæmus
Thracius, et populum Pholoe mentita biformem.
Deseritur Strymon, tepido committere Nilo
Bistonias consuetus aves, et barbara Cone
Sarmaticas ubi perdit aquas, sparsamque profundo
Multifidi Peucen unum caput adluit Istri :
Mysiaque, et gelido tellus perfusa Caico

les mers pour aller chercher Aréthuse, on voit les peuples accourir.

L'Arcadien quitte le Ménale; le Trachinien abandonne le mont Œta rendu célèbre par Hercule; les Épirotes, Thesprotes, Dryopes, Selles, tous sortent des vieux bois dodonéens qui ne rendent plus d'oracles. Athènes, récemment épuisée de combattans, se croit encore aux jours de Salamine, et prépare trois vaisseaux : débile flotte, composée des navires sacrés voués au dieu du jour. La Crète, aimée de Jupiter, arme ses cent villes; elle entraîne les archers célèbres de Gnosse et de Gortyne, dont la flèche joûterait avec celle des Parthes. Voici les guerriers d'Orichon la Dardanienne, et les Athamanes épars dans leurs forêts profondes, les fils de la vieille Enchelée, qui doit son nom à la métamorphose de Cadmus. Colchis, Absyrte, qui surgit au sein de l'écume sur la mer Adriatique, le Pénée, sont déserts, et la charrue thessalienne cesse de labourer les plaines d'Iolcos : dans ce golfe, on lança le premier navire qui fendit les mers; l'Argo, qui rassembla sur un même rivage des peuples inconnus l'un à l'autre, exposa la race humaine à la fureur des vents et des ondes, et lui apporta une nouvelle mort.

Le Thrace a déserté l'Hémus, et Pholoé, berceau des centaures, et les bords du Strymon, d'où l'on voit ces oiseaux, qui fendent les airs en phalange, fuir aux approches de l'hiver, et chercher sur le Nil un élément plus doux. Sur les pas du Thrace s'avancent les habitans de ces îles barbares qu'embrasse le Danube, de ses sept embouchures, lorsqu'il se plonge dans l'Euxin. De leur côté marchent les peuples de Mysie, et ceux d'Éolie

Idalis, et nimium glebis exilis Arisbe.
Quique colunt Pitanen, et quæ tua munera, Pallas
Lugent damnatæ Phœbo victore Celenæ :
Qua celer et rectis descendens Marsya ripis
Errantem Mæandron adit, mixtusque refertur :
Passaque ab auriferis tellus exire metallis
Pactolon : qua culta secat non vilior Hermos.
Iliacæ quoque signa manus, perituraque castra
Ominibus petiere suis, nec fabula Trojæ
Continuit, phrygiique ferens se Cæsar Iuli.

Accedunt Syriæ populi, desertus Orontes,
Et felix, sic fama, Ninos : ventosa Damascos,
Gazaque, et arbusto palmarum dives Idume :
Et Tyros instabilis, pretiosaque murice Sidon.
Has ad bella rates non flexo limite ponti,
Certior haud ullis duxit Cynosura carinis.
Phœnices primi, famæ si creditur, ausi
Mansuram rudibus vocem signare figuris.
Nondum flumineas Memphis contexere biblos
Noverat : et saxis tantum, volucresque feræque,
Sculptaque servabant magicas animalia linguas.

Deseritur Taurique nemus, Perseaque Tarsos,
Coryciumque patens exesis rupibus antrum;
Mallos, et extremæ resonant navalibus Ægæ :
Itque Cilix justa, jam non pirata, carina.

Movit et eoos bellorum fama recessus,

qu'abreuve le Caïque, et ceux qui habitent la stérile Arisbé. On quitte Pitané, on quitte Célène mise en deuil par la victoire d'Apollon, et qui déplore le triste présent de Minerve. Tout s'apprête à la guerre; et les bords où le rapide Marsyas, descendant en ligne droite, va se mêler au Méandre vagabond, et revient avec lui; et la terre qui voit le Pactole prendre sa source dans des mines d'or; et les campagnes également heureuses que traverse l'Hermus opulent. Les Troyens aussi, ralliés sous les drapeaux, apportent dans ce camp qui doit périr leur triste destinée; et ils ne sont point retenus par la fabuleuse origine de César, qui s'enorgueillit d'être le descendant d'Iule.

On voit arriver les peuples de la Syrie. Adieu les bords de l'Oronte, et Ninive, qu'on appelle *Heureuse;* et Damas, sans cesse battue par les vents; et Gaza, et l'Idumée fière de ses nombreux palmiers, et Tyr toujours mouvante, et Sidon que la pourpre enrichit. Les vaisseaux partis de ces parages voguent sans louvoyer vers le théâtre de la guerre; Cynosure les conduit plus sûrement que tous les autres. Les Phéniciens, si l'on en croit la renommée, furent les premiers qui osèrent peindre et fixer par des signes la parole fugitive. Le Nil offrait en vain ses roseaux à Memphis : ignorant encore l'usage du papyrus, elle se contentait de graver sur la pierre des figures d'oiseaux, de quadrupèdes et d'autres images; seul dépôt d'un langage symbolique et mystérieux.

On déserte les forêts du Taurus, Tarse, fille de Persée, et l'antre de Corycie, dont le granit rongé présente une large ouverture. Mallos, Æga au fond de son golfe, retentissent des belliqueux apprêts d'une flotte, et les forbans de Cilicie cinglent enfin sur des navires innocens.

Le bruit d'un tel armement met tout l'Orient en ru-

Qua colitur Ganges, toto qui solus in orbe
Ostia nascenti contraria solvere Phœbo
Audet, et adversum fluctus impellit in Eurum :
Hic ubi Pellæus post Tethyos æquora ductor
Constitit, et magno vinci se fassus ab orbe est.
Quaque ferens rapidum, diviso gurgite, fontem
Vastis Indus aquis mixtum non sentit Hydaspen.
Quique bibunt tenera dulces ab arundine succos,
Et qui tingentes croceo medicamine crinem
Fluxa coloratis adstringunt carbasa gemmis.
Quique suas struxere pyras, vivique calentes
Conscendere rogos. Pro, quanta est gloria genti,
Injecisse manum fatis, vitaque repletos,
Quod superest, donasse Deis!

                    Venere feroces
Cappadoces, duri populus nunc cultor Amani,
Armeniusque tenens volventem saxa Niphatem :
Æthera tangentes silvas liquere Coastræ.

Ignotum vobis Arabes venistis in orbem,
Umbras mirati nemorum non ire sinistras.
Tunc furor extremos movit romanus Horetas,
Carmanosque duces, quorum devexus in Austrum
Æther non totam mergi tamen adspicit Arcton;
Lucet et exigua velox ibi nocte Bootes.
Æthiopumque solum, quod non premeretur ab ulla
Signiferi regione poli, nisi, poplite lapso,

meur : jusqu'à ces régions éloignées où l'on adore le Gange, qui seul dans le monde a l'audace de déboucher dans la mer en face du soleil levant, et qui pousse ses flots rebelles à l'encontre de l'Eurus : jusqu'à l'endroit où, laissant derrière lui l'humide empire de Téthys, le jeune capitaine de Pella fit sa halte, et s'avoua vaincu par la grandeur de l'univers. Le fleuve qui se partage, et précipite dans la mer un double torrent, sans s'apercevoir que l'Hydaspe est entré dans son vaste lit, l'Indus ne visite plus sur ses rives les peuplades qui boivent la douce liqueur qu'un roseau distille, ni celles qui teignent leur chevelure dans les sucs du safran, et qui agrafent leur flottantes tuniques avec des pierreries colorées, ni ces hommes qui construisent eux-mêmes leur bûcher, et se jettent vivans au milieu des flammes. O glorieuse nation, qui interpose son bras dans l'ordre du destin, et, rassasiée de la vie, fait aux dieux l'abandon volontaire des jours qui lui restent !

Viennent les féroces Cappadociens, viennent les nouveaux hôtes du sauvage Amanus, et l'Arménien répandu le long du Niphate qui roule des rochers dans son cours : les Coastres quittent leurs forêts dont les têtes pompeuses se balancent dans les nues.

Vous passez dans un hémisphère inconnu, Arabes étonnés que les ombres des bois ne se dessinent jamais à gauche. La fureur romaine semble avoir gagné les Horètes lointains, et les chefs Carmanes, dont l'horizon incliné vers le midi voit pourtant que l'Ourse ne se plonge pas tout entière dans les flots; à peine, pendant la nuit, le Bouvier y montre-t-il furtivement son front lumineux. De là elle se communique à la terre d'Éthiopie, dont le ciel serait désert de toute constellation, si,

Ultima curvati procederet ungula Tauri.
Quaque caput rapido tollit cum Tigride magnus
Euphrates, quos non diversis fontibus edit
Persis, et incertum, tellus si misceat amnes,
Quod potius sit nomen aquis. Sed sparsus in agros
Fertilis Euphrates Phariae vice fungitur undae :
At Tigrim subito tellus absorbet hiatu,
Occultosque tegit cursus, rursusque renatum
Fonte novo flumen pelagi non abnegat undis.

Inter Caesareas acies, diversaque signa
Pugnaces dubium Parthi tenuere favorem,
Contenti fecisse duos.
     Tinxere sagittas
Errantes Scythiae populi, quos gurgite Bactros
Includit gelido, vastisque Hyrcania silvis.
Hinc Lacedaemonii moto gens aspera freno
Heniochi, saevisque adfinis Sarmata Moschis,
Colchorum qua rura secat ditissima Phasis :
Qua Croeso fatalis Halys, qua vertice lapsus
Rhipaeo Tanais diversi nomina mundi
Imposuit ripis, Asiaeque et terminus idem
Europae, mediae dirimens confinia terrae,
Nunc huc, nunc illuc, qua flectitur, ampliat orbem.
Quaque, fretum torrens, maeotidas egerit undas
Pontus, et Herculeis aufertur gloria metis,
Oceanumque negat solas admittere Gades.
Hinc Essedoniae gentes, auroque ligatas
Substringens, Arimaspe, comas : hinc fortis Arius,
Longaque Sarmatici solvens jejunia belli

pliant le jarret, le Taureau agenouillé n'avançait son pied de derrière. Puis, aux lieux où le puissant Euphrate lève la tête à côté du Tigre fougueux, la Perse les épanche tous deux d'une même source, et, s'ils se confondaient, on ne saurait quel nom conserver à leurs eaux. Tandis que, débordé dans la campagne, le fertile Euphrate remplit l'office du Nil dans les plaines du Phare, le Tigre, englouti par un souterrain, disparaît tout à coup; mais il poursuit secrètement son cours, et, s'ouvrant une nouvelle source, ne refuse point à l'Océan le tribut de ses ondes.

Le Parthe belliqueux ne prend parti ni pour César ni pour Pompée; il s'applaudit de les avoir divisés.

Les peuples errans de la Scythie préparent leurs flèches empoisonnées. Même empressement parmi ceux que renferme le Bactre dans une ceinture glacée, et l'Hyrcanie dans ses immenses forêts; parmi les Hénioques, d'origine lacédémonienne, nations de cavaliers, terribles lorsqu'ils ont agité le frein; et les Sarmates, voisins du cruel Moscovite, et l'habitant de la Colchide dont les campagnes sont fécondées par le Phase. On s'arme sur les bords de l'Halys fatal à Crésus, aux lieux où, tombant du sommet des monts Riphées, le Tanaïs donne à chacune de ses rives le nom d'un monde différent. Seule borne de l'Asie et de l'Europe, c'est lui qui de ses flots sépare leurs frontières, et, dans son cours tortueux, élargit tantôt l'une et tantôt l'autre. L'amour des combats s'éveille aux pays où l'Euxin orageux, fouettant les ondes Méotides, ravit leur gloire aux colonnes d'Hercule, et refuse à Cadix l'honneur de recevoir seule l'Océan. Viennent ensuite les Essédoniens, et l'Arimaspe, qui relève ses cheveux attachés

Massagetes quo fugit equo, volucresque Geloni.

Non, quum Memnoniis deducens agmina regnis
Cyrus, et effusis numerato milite telis
Descendit Xerxes, fraternique ultor amoris
Æquora quum tantis percussit classibus, unum
Tot reges habuere ducem : coiere nec umquam
Tam variæ cultu gentes, tam dissona vulgi
Ora : tot immensæ comites mixtura ruinæ
Excivit populos, et dignas funere Magni
Exsequias Fortuna dedit.

    Non corniger Hammon
Mittere Marmaricas cessavit in arma catervas :
Quidquid ab occiduis Libye patet arida Mauris,
Usque Parætonias Eoa ad litora Syrtes,
Acciperet felix ne non semel omnia Cæsar,
Vincendum pariter Pharsalia præstitit orbem.

Ille ubi deseruit trepidantis mœnia Romæ,
Agmine nubiferam rapto superevolat Alpem.
Quumque alii famæ populi terrore paverent,
Phocais in dubiis ausa est servare juventus
Non Graia levitate fidem, signataque jura,
Et causas, non fata, sequi. Tamen ante furorem
Indomitum, duramque viri deflectere mentem
Pacifico sermone parant, hostemque propinquum
Orant, Cecropiæ prælata fronde Minervæ :

avec des filets d'or ; le courageux Arien, le Massagète, qui, dans ses guerres contre le Sarmate, apaise sa longue faim avec le sang du coursier qui accompagne sa fuite ; puis, enfin, les Gélons qui semblent avoir des ailes.

Jamais, ni lorsque Cyrus fit descendre son armée des royaumes de Memnon, ni lorsque Xerxès compta ses soldats par les traits qu'ils lancèrent, ni lorsque le Grec, vengeant l'amour de son frère outragé, fit gémir la mer encombrée de ses vaisseaux, tant de rois ne s'étaient réunis sous un seul chef. Jamais un seul camp n'avait rassemblé des peuples si différens d'habit et de langage. La fortune a fait sortir de leur patrie toutes ces populations, pour les mêler à la vaste ruine de Pompée ; elle veut offrir à ses mânes cette immense hécatombe, et lui donner un cortège funèbre digne de son nom.

Hammon, au front armé de cornes, ne fit pas attendre long-temps ses phalanges marmariques ; aucun de ceux qui pouvaient combattre ne fut oublié, depuis le pays des Maures à l'occident, et les déserts arides de Libye, jusqu'aux Syrtes Parétoniennes qui s'étendent vers le rivage oriental ; comme si les dieux craignaient de ne pas tout accorder à la fois à l'heureux César, Pharsale lui donne l'univers à vaincre d'un seul coup.

A peine César a-t-il quitté les murs de Rome tremblante, qu'un vol rapide l'emporte avec ses bataillons par delà les Alpes et leurs crêtes nuageuses. Le bruit de sa marche sème partout l'épouvante : Marseille seule, par une vertu étrangère au nom grec, ose garder dans le péril la foi des traités, et suivre la justice plutôt que la fortune. Avant tout, cependant, elle s'apprête à détourner par des paroles de paix la fureur indomptable de cette âme de fer. Ses députés vont au devant de l'en-

« Semper in externis populo communia vestro
Massiliam bellis testatur fata tulisse,
Comprensa est Latiis quæcumque annalibus ætas.
Et nunc, ignoto si quos petis orbe triumphos,
Accipe devotas externa in prœlia dextras.
At si funestas acies, si dira paratis
Prœlia discordes, lacrymas civilibus armis
Secretumque damus. Tractentur vulnera nulla
Sacra manu. Si cœlicolis furor arma dedisset,
Aut si terrigenæ tentarent astra Gigantes,
Non tamen auderet pietas humana vel armis,
Vel votis, prodesse Jovi : sortisque Deorum
Ignarum mortale genus, per fulmina tantum
Sciret adhuc cœlo solum regnare Tonantem.
Adde quod innumeræ concurrunt undique gentes,
Nec sic horret iners scelerum contagia mundus,
Ut gladiis egeant civilia bella coactis.
Sit mens ista quidem cunctis, ut vestra recusent
Fata, nec hæc alius committat prœlia miles.
Cui non conspecto languebit dextra parente?
Telaque diversi prohibebunt spargere fratres.
Finis adest rerum, si non committitis illis
Arma, quibus fas est.

« Nobis hæc summa precandi,
Terribiles aquilas, infestaque signa relinquas
Urbe procul, nostrisque velis te credere muris,
Excludique sinas, admisso Cæsare, bellum.
Sit locus exceptus sceleri, Magnoque, tibique

nemi qui s'approche, et lui font ainsi leur requête,
tenant à la main l'olivier de Minerve :

« Toujours nous avons partagé les destins de Rome
dans les guerres du dehors : chaque page de vos annales
le dira. Aujourd'hui même encore, si tu cherches des
triomphes dans quelque monde inconnu, nous voici :
dispose de nos bras pour ces luttes extérieures. Mais si,
dans l'égarement de vos tristes discordes, vous ne savez
aspirer qu'à des combats réprouvés, la guerre civile ne
trouvera ici que des larmes et un asile. Les plaies de
Rome doivent être sacrées pour toute main étrangère. Si la
fureur armait les dieux, si les Géans, fils de la Terre, es-
sayaient d'escalader le ciel, la piété des humains n'oserait
pourtant secourir Jupiter, ni par des armes, ni par des
vœux : et la terre, ignorant le sort des Immortels, n'ap-
prendrait que par la foudre, que le maître du tonnerre
règne encore seul dans les cieux. Mais, tu le vois, des
peuples sans nombre accourent de toutes parts, et le
monde qui s'ébranle montre assez qu'il n'a pas pris en
horreur la contagion des forfaits, et que la guerre civile
n'a pas besoin de bras armés par contrainte. Oh! si tous
pensaient comme nous, si tous refusaient de partager
vos destins, et de se mêler à vos combats! Quel fils, en
face de son père, ne sentira retomber son bras? Les
frères se verront d'une armée à l'autre, et ne lanceront
point leurs traits. La guerre est finie, si vous n'armez les
mains qui peuvent la faire sans crime.

« Pour nous, voici la seule grâce que nous demandons.
Laisse loin de nos murs tes aigles terribles et tes drapeaux
menaçans : entre avec confiance dans Marseille, et permets
que nos portes, en s'ouvrant pour César, restent fermées
pour la guerre. Qu'il y ait au moins sur la terre un lieu

Tutus, ut, invictæ fatum si consulat Urbi,
Fœdera si placeant, sit quo veniatis inermes.

« Vel, quum tanta vocent discrimina Martis Hiberi,
Quid rapidum deflectis iter? non pondera rerum,
Nec momenta sumus : numquam felicibus armis
Usa manus, patriæ primis a sedibus exsul,
Et post translatas exustæ Phocidos arces,
Mœnibus exiguis, alieno in litore, tuti,
Illustrat quos sola fides.

     « Si claudere muros
Obsidione paras, et vi perfringere portas,
Excepisse faces tectis, et tela parati,
Undarum raptos aversis fontibus haustus
Quærere, et effossam sitientes lambere terram :
Et desit si larga Ceres, tunc horrida cerni,
Fœdaque contingi maculato carpere morsu.
Nec pavet hic populus pro libertate subire,
Obsessum Pœno gessit quod Marte Saguntum.
Pectoribus rapti matrum, frustraque trahentes
Ubera sicca fame medios mittentur in ignes;
Uxor et a caro poscet sibi fata marito.
Vulnera miscebunt fratres, bellumque coacti
Hoc potius civile gerent. »
      Sic Graia juventus
Finierat; quum turbato jam prodita vultu
Ira ducis, tandem testata est voce dolorem :
« Vana movet Graios nostri fiducia cursus.
Quamvis Hesperium mundi properemus ad axem,

exempt du crime, un asile sûr, où, si quelque jour le sort prend en pitié la ville éternelle, et dispose vos cœurs à la paix, César et Pompée puissent se rencontrer désarmés.

« D'ailleurs, l'Espagne t'appelle, l'Espagne qui est l'axe de la guerre! Pourquoi détourner ici ta marche rapide? Hélas! nous sommes loin de tenir dans nos mains la balance des destinées. Nos armes toujours malheureuses n'ont pu nous préserver de l'exil qui nous a ravi notre première patrie; et depuis que Phocée, traversant les mers, s'est relevée de son bûcher, jetés sur un rivage lointain, protégés par de faibles remparts, nous n'avons d'autre gloire que notre fidélité.

« Si tu viens investir nos murailles, et enfoncer nos portes, Marseille est prête à recevoir sur ses toits le fer et la flamme : si les sources détournées de leur cours nous laissent privés de leurs ondes, nous fouillerons les entrailles de la terre, nos lèvres arides lécheront les glèbes arrachées, et si le pain nous manque, nous enfoncerons nos dents désespérées dans des alimens qu'on ne peut voir ni toucher sans horreur. Ceci est un peuple qui ne craint point de subir pour la liberté tout ce qu'endura Sagonte dans son duel avec Annibal. Les enfans, tirant en vain des mamelles desséchées par la faim, seront arrachés des bras de leurs mères, et lancés au milieu des flammes; l'épouse demandera la mort à son époux chéri; les frères se perceront l'un l'autre; et s'il faut une guerre civile, c'est celle-là qu'ils feront de préférence. »

Ainsi parlèrent les jeunes Marseillais. César, dont la colère s'était déjà trahie par le trouble de son visage, fait éclater en ces mots son ressentiment :

« Les Grecs ont trop compté sur le but de mon expédition. Tout impatient que je suis d'arriver en Espa-

Massiliam delere vacat. Gaudete cohortes :
Obvia præbentur fatorum munere bella.
Ventus ut amittit vires, nisi robore densæ
Occurrant silvæ, spatio diffusus inani :
Utque perit magnus nullis obstantibus ignis,
Sic hostes mihi deesse nocet : damnumque putamus
Armorum, nisi, qui vinci potuere, rebellent.

« Sed si solus eam dimissis degener armis,
Tum mihi tecta patent.

« Jam non excludere tantum,
Inclusisse volunt.

« At enim contagia belli
Dira fugant. Dabitis pœnas pro pace petita :
Et nihil esse meo discetis tutius ævo,
Quam duce me bellum. »

Sic postquam fatus, ad urbem
Haud trepidam convertit iter : tum mœnia clausa
Conspicit, et densa juvenum vallata corona.
Haud procul a muris tumulus surgentis in altum
Telluris, parvum diffuso vertice campum
Explicat : hæc patiens longo munimine cingi
Visa duci rupes, tutisque aptissima castris.
Proxima pars urbis celsam consurgit in arcem
Par tumulo, mediisque sedent convallibus arva.
Tunc res immenso placuit statura labore,
Aggere diversos vasto committere colles.
Sed prius ut totam, qua terra cingitur, urbem
Clauderet, a summis produxit ad æquora castris

gne, je prendrai le temps de détruire Marseille. Réjouissez-vous, soldats, et remerciez le destin qui fait germer les guerres sur votre passage. A l'Aquilon il faut d'épaisses forêts à heurter, ou bien il s'épuise et meurt dans le vide; au vaste incendie, un aliment à dévorer, ou bien il s'éteint; mon malheur à moi, c'est de manquer d'ennemis : je croirais que c'est un vol fait à ma gloire, si les peuples que je peux vaincre ne se révoltaient pas.

« Mais si je veux m'abaisser jusqu'à congédier mes légions et me présenter seul, alors leurs portes me sont ouvertes !

« C'est-a-dire qu'il ne leur suffit pas de m'exclure, ils veulent m'enfermer !...

« Vous repoussez, dites-vous, la guerre civile et son contact impie? Eh bien! malheur à vous qui avez demandé la paix. Vous apprendrez que, de mon vivant, il n'est point de retraite plus sûre que la guerre même sous mes drapeaux. »

Il dit, et s'avance vers Marseille, qui ne s'intimide pas. Il trouve les portes fermées; une nombreuse jeunesse couronne les remparts.

Non loin des murs s'élève un mamelon dont le sommet forme en s'élargissant un petit plateau. Cette éminence qu'on peut fortifier d'une longue enceinte paraît à César très-favorable au campement. La partie de la ville la plus voisine est protégée par un fort dont la hauteur est égale à celle du mamelon; au milieu s'abaisse une vallée. César est séduit par le gigantesque projet de réunir les deux collines par une vaste chaussée. Mais d'abord, pour bloquer entièrement la ville du côté de la terre, il ouvre la tranchée, et la conduit du haut de son camp jusqu'à la mer. Un fossé ferme la campagne aux assiégés,

Longum Cæsar opus, fontesque et pabula campi
Amplexus fossa, densas tollentia pinnas
Cespitibus, crudaque exstruxit brachia terra.
JAM satis hoc Graiæ memorandum contigit urbi,
Æternumque decus, quod non impulsa, neque ipso
Strata metu, tenuit flagrantis in omnia belli
Præcipitem cursum : raptisque a Cæsare cunctis,
Vincitur una mora. Quantum est quod fata tenentur!
Quodque virum toti properans imponere mundo
Hos perdit Fortuna dies!

       TUNC omnia late
Procumbunt nemora, et spoliantur robore silvæ;
Ut, quum terra levis mediam virgultaque molem
Suspendant, structa laterum compage ligatam
Arctet humum, pressus ne cedat turribus agger.

LUCUS erat, longo numquam violatus ab ævo,
Obscurum cingens connexis aera ramis,
Et gelidas alte submotis solibus umbras.

HUNC non ruricolæ Panes, nemorumque potentes
Silvani Nymphæque tenent, sed barbara ritu
Sacra deum, structæ diris altaribus aræ;
Omnis et humanis lustrata cruoribus arbor.
Si qua fidem meruit Superos mirata vetustas,
Illis et volucres metuunt insistere ramis,
Et lustris recubare feræ; nec ventus in illas
Incubuit silvas, excussaque nubibus atris
Fulgura : non ullis frondem præbentibus auris,
Arboribus suus horror inest.

et leur coupe les eaux, les vivres et les fourrages; et le gazon s'élève en créneaux épais sur les angles bastionnés du boulevard.

Certes, c'est un souvenir assez glorieux pour Marseille; ce sera même son triomphe éternel, d'avoir, par son attitude ferme et résolue, retardé la lave dans sa course incendiaire. Seule, au milieu de l'entraînement général, elle ne cède qu'après une longue résistance. N'est-ce pas beaucoup d'entraver les destins, et de faire perdre quelques jours à la Fortune, impatiente de mettre le monde entier sous le joug d'un seul homme!

Aussitot les arbres tombent de toutes parts, et les forêts sont dépouillées de leurs chênes. Le milieu de la chaussée n'étant comblé qu'avec des fascines et du remblai, il fallait sur les deux flancs une charpente solide pour resserrer la terre et l'affermir, de peur que le rempart trop foulé ne croulât sous les tours.

Il était une forêt sacrée, vieillie loin des outrages du fer, enfermant, sous la voûte impénétrable de ses rameaux, un air ténébreux et des ombrages que l'éternelle absence du soleil a glacés.

Là ne règnent point les Faunes champêtres, les Nymphes et les Silvains, divinités bocagères, mais un culte barbare, et le terrible édifice des autels infernaux. L'expiation a marqué tous les arbres d'une couche de sang humain. S'il faut en croire la superstitieuse antiquité, l'oiseau craint de se poser sur ces branches, la bête fauve de se coucher dans ces antres. Jamais le vent, jamais l'éclair arraché au lugubre flanc des nuages n'est descendu sur cette forêt : sans recevoir dans leur feuillage le moindre souffle de l'air, les arbres se hérissent et frissonnent d'eux-mêmes.

Tum plurima nigris
Fontibus unda cadit, simulacraque mœsta Deorum
Arte carent, cæsisque exstant informia truncis.
Ipse situs, putrique facit jam robore pallor
Attonitos : non vulgatis sacrata figuris
Numina sic metuunt : tantum terroribus addit,
Quos timeant, non nosse deos!
　　　　　　　　　　Jam fama ferebat,
Sæpe cavas motu terræ mugire cavernas,
Et procumbentes iterum consurgere taxos,
Et non ardentis fulgere incendia silvæ,
Roboraque amplexos circumfluxisse dracones.
Non illum cultu populi propiore frequentant,
Sed cessere deis. Medio quum Phœbus in axe est,
Aut cœlum nox atra tenet, pavet ipse sacerdos
Accessus, dominumque timet deprendere luci.

Hanc jubet immisso silvam procumbere ferro :
Nam vicina operi, belloque intacta priori
Inter nudatos stabat densissima montes.

Sed fortes tremuere manus; motique verenda
Majestate loci, si robora sacra ferirent,
In sua credebant redituras membra secures.

Implicitas magno Cæsar terrore cohortes
Ut vidit, primus raptam librare bipennem
Ausus, et aeriam ferro proscindere quercum,
Effatur merso violata in robora ferro :
« Jam ne quis vestrum dubitet subvertere silvam,

De vingt sources tombe une onde noire. Les mornes effigies des dieux sont des ébauches sans art, des troncs informes et grossièrement taillés. La mousse qui les couvre, et leur vétusté livide, inspirent seules l'épouvante. La divinité, représentée sous une forme connue, semble moins redoutable : tant notre terreur s'augmente du mystère qui environne les dieux.

Et les bruits de la renommée : souvent la terre avait tremblé, souvent avaient mugi les cavernes profondes, les ifs se renversaient et se relevaient soudain ; la forêt, sans se consumer, s'illuminait de tous les feux de l'incendie ; et, sur le tronc des chênes, des dragons entortillés glissaient à longs replis... Les peuples n'osent fréquenter ce temple de leur culte : ils l'ont abandonné aux dieux. Lorsque Phébus est au milieu de sa course, ou que la sombre nuit occupe le ciel, le prêtre lui-même pâlit à ses approches, et craint de surprendre le maître de ces demeures.

César veut qu'on porte le fer au sein de cette forêt et qu'elle tombe. Car, voisine de ses travaux, et respectée dans la guerre précédente, elle dominait, de sa futaie hautaine et touffue, les monts dépouillés d'alentour.

Mais les mains tremblèrent aux plus braves ; troublés par la formidable majesté du lieu, ils croyaient qu'en frappant ces chênes sacrés, les haches reviendraient sur eux-mêmes.

César, voyant ses soldats immobiles et consternés, saisit le premier une cognée, la balance d'un bras hardi, et entame un chêne qui touchait aux nues. Le fer s'enfonce dans l'arbre profané. « Et maintenant, s'écrie César, abattez sans crainte cette forêt, je prends

Credite me fecisse nefas. » Tunc paruit omnis
Imperiis, non sublato secura pavore,
Turba, sed expensa Superorum et Caesaris ira.
Procumbunt orni, nodosa impellitur ilex,
Silvaque Dodones, et fluctibus aptior alnus,
Et non plebeios luctus testata cupressus,
Tunc primum posuere comas, et fronde carentes
Admisere diem : propulsaque robore denso
Sustinuit se silva cadens.

     Gemuere videntes
Gallorum populi : muris sed clausa juventus
Exsultat. Quis enim laesos impune putaret
Esse Deos? servat multos Fortuna nocentes;
Et tantum miseris irasci numina possunt.
Utque satis caesi nemoris, quaesita per agros
Plaustra ferunt : curvoque soli cessantis aratro
Agricolae raptis annum flevere juvencis.

Dux tamen impatiens haesuri ad moenia Martis,
Versus ad Hispanas acies, extremaque mundi,
Jussit bella geri.

    Stellatis axibus agger
Erigitur, geminasque aequantes moenia turres
Accipit : hae nullo fixerunt robore terram,
Sed per iter longum causa repsere latenti.

Quum tantum nutaret onus, telluris inanes
Concussisse sinus quaerentem erumpere ventum

sur moi le crime. » Aussitôt l'armée entière obéit; non pas qu'elle soit bien rassurée, mais elle pèse la colère des dieux et celle de César.

Les ormeaux tombent, l'yeuse vacille sur son tronc noueux, l'arbre de Dodone, l'aune ami des flots, le cyprès, témoignage toujours refusé aux trépas plébéiens, inclinent pour la première fois leurs têtes chevelues, et leurs cimes désunies livrent passage à la clarté du jour. Toute la forêt s'ébranle, mais son épaisseur la soutient dans sa chute.

A cette vue les peuples de la Gaule gémirent; les assiégés s'en réjouissent. Qui pourrait croire en effet que les dieux sont impunément offensés? Mais la fortune prend sous sa garde bien des criminels, et la colère des dieux n'est puissante que contre les misérables.

Dès qu'on a fait un assez large abattis, dans toute la campagne on enlève les chariots pour le transport: et le laboureur, voyant ses taureaux ravis à la charrue, et ses champs désormais sans culture, pleura son année perdue.

Cependant l'impatient César, ne pouvant se résoudre à languir devant des murailles, va rejoindre l'armée d'Espagne aux extrémités du monde, et laisse la guerre à ses lieutenans.

Bordée par de vigoureux treillis, la jetée s'élève, et reçoit deux tours, qui égalent les murailles de la ville en hauteur. Ces tours ne sont point fixées à la terre par des pilotis, mais une force cachée leur fait parcourir le glacis dans toute son étendue.

A la vue de ces colosses qui chancellent, Marseille crut que les vents, cherchant une issue, ébranlaient le

Credidit, et muros mirata est stare juventus.

Illinc tela cadunt excelsas urbis in arces.
Sed major Graio Romana in corpora ferro
Vis inerat: neque enim solis excussa lacertis
Lancea, sed tenso ballistæ turbine rapta,
Haud unum contenta latus transire, quiescit;
Sed pandens perque arma viam, perque ossa, relicta
Morte fugit: superest telo post vulnera cursus.
At saxum quoties ingenti verberis ictu
Excutitur, qualis rupes, quam vertice montis
Abscidit impulsu ventorum adjuta vetustas,
Frangit cuncta ruens: nec tantum corpora pressa
Exanimat; totos cum sanguine dissipat artus.

Ut tamen hostiles densa testudine muros
Tecta subit virtus, armisque innexa priores
Arma ferunt, galeamque extensus protegit umbo,
Quæ prius ex longo nocuerunt missa recessu,
Jam post terga cadunt: nec Graiis flectere jactum,
Aut facilis labor est longinqua ad tela parati
Tormenti mutare modum; sed pondere solo
Contenti, nudis evolvunt saxa lacertis.
Dum fuit armorum series, ut grandine tecta
Innocua percussa sonant, sic omnia tela
Respuit: at postquam virtus incerta virorum
Perpetuam rupit, defesso milite, cratem,
Singula continuis cesserunt ictibus arma.
Tunc adoperta levi procedit vinea terra,

sein caverneux de la terre, et s'étonna de voir ses murs immobiles.

De ces tours, l'ennemi fait pleuvoir ses dards sur les hautes citadelles de la ville. Mais les traits des Marseillais sont encore plus meurtriers : car ce n'est point à la force du bras qu'ils lancent la javeline. Chassée par les ressorts tendus des balistes, elle ne s'arrête pas pour une poitrine traversée; mais, s'ouvrant une voie sanglante à travers le corps et l'armure, elle fuit, laissant la mort derrière elle. Après tant de blessures, elle porte encore au loin le trépas. Le caillou décoché par l'effort puissant de la catapulte, semblable dans sa trajectoire foudroyante au rocher miné par le temps, et que le vent détache tout à coup de la cime des monts, brise tout dans sa chute; et, non content d'ôter la vie aux corps qu'il écrase, les disperse en lambeaux dans un nuage de sang.

Cependant les Romains, abrités d'une épaisse tortue, s'avancent sous les murs ennemis. Les premiers rangs tiennent leurs armes étroitement unies, et les boucliers élevés protègent la tête du soldat. Alors les traits, qui de loin avaient causé tant de ravage, tombent maintenant derrière eux. Et il n'était pas facile aux Grecs de diminuer la force d'impulsion et de raccourcir la portée de leurs machines; mais, comptant sur la seule pesanteur des blocs de pierre, de leurs bras nus ils les roulent sur l'ennemi. Tant que la voûte des boucliers put se maintenir, elle repoussa tous les traits, comme un toit qui retentit sous la grêle impuissante : mais, dès que la fatigue et le découragement eurent rompu l'unité de la carapace, séparés les uns des autres, les boucliers ne résistèrent plus à des coups si multipliés. Aussitôt on

Sub cujus pluteis, et tecta fronte latentes
Moliri nunc ima parant, et vertere ferro
Mœnia : nunc aries suspenso fortior ictu
Incussus densi compagem solvere muri
Tentat, et impositis unum subducere saxis.
Sed super et flammis, et magnæ fragmine molis,
Et sudibus crebris, et adusti roboris ictu
Percussæ cedunt crates, frustraque labore
Exhausto fessus repetit tentoria miles.

Summa fuit Graiis, starent ut mœnia, voti :
Ultro acies inferre parant; armisque coruscas
Nocturni texere faces : audaxque juventus
Erupit : non hasta viris, non letifer arcus;
Telum flamma fuit, rapiensque incendia ventus
Per Romana tulit celeri munimina cursu.
Nec, quamvis viridi luctetur robore, lentas
Ignis agit vires : tæda sed raptus ab omni
Consequitur nigri spatiosa volumina fumi :
Nec solum silvas, sed saxa ingentia solvit,
Et crudæ putri fluxerunt pulvere cautes.
Procubuit, majorque jacens apparuit agger.

Spes victis telluris abit, placuitque profundo
Fortunam tentare mari. Non robore picto
Ornatas decuit fulgens tutela carinas,
Sed rudis, et qualis procumbit montibus, arbor
Conseritur, stabilis navalibus area bellis.

Et jam turrigeram Bruti comitata carinam

fait avancer les gabions, et, cachés sous le mantelet, les Romains essaient de saper les fondemens des remparts, et de les ruiner avec le fer. Emporté par son branle terrible, le bélier heurte en fureur la masse épaisse des murailles, et s'efforce de détacher une des pierres qui soutiennent les autres. Mais enfin, sous un déluge de feu, sous une avalanche de rochers, de poutres durcies et de chênes enflammés, les madriers s'entr'ouvrent, et le soldat, vainement épuisé de fatigue, rentre sous ses tentes.

Jusque-là toute l'ambition des Grecs s'était bornée à défendre leurs murailles; maintenant, ils se préparent eux-mêmes à l'attaque. Cachant sous leurs boucliers des torches étincelantes, ils opèrent à la faveur de la nuit une audacieuse sortie. Ils n'ont avec eux ni la lance, ni l'arc homicide; leur arme, c'est la flamme; et déjà, porté sur l'aile du vent, l'incendie se promène avec rapidité dans les retranchemens romains. Quoiqu'il lutte contre le chêne vert, le feu ne se développe point avec lenteur. Dès que la torche tombe, il éclate, et poursuit dans les airs la fumée qui tourbillonne en sombres spirales. Il ronge également et les palissades de bois, et les parapets de pierre; sous son action dissolvante, des roches vives tombent en poussière. Tout le môle s'écroule, et dans sa ruine il paraît agrandi.

Les vaincus perdent tout espoir du côté de la terre; c'est sur mer qu'ils vont tenter la fortune. L'image tutélaire ne fait point briller ses peintures sur des carènes élégantes. Les vaisseaux ne sont qu'un assemblage de bois brut, et tel qu'il est tombé des montagnes; une aire solide sur l'élément mobile.

Déja, sur son vaisseau couronné de tours, Brutus,

Venerat in fluctus Rhodani cum gurgite classis,
Stœchados arva tenens.

                Nec non et Graia juventus
Omne suum fatis voluit committere robur;
Grandævosque senes mixtis armavit ephebis.
Accepit non sola viros, quæ stabat in undis,
Classis; et emeritas repetunt navalibus alnos.
Ut matutinos spargens super æquora Phœbus
Fregit aquis radios, et liber nubibus æther,
Et posito Borea, pacemque tenentibus Austris,
Servatum bello jacuit mare, movit ab omni
Quisque suam statione ratem, paribusque lacertis
Cæsaris hinc puppes, hinc Graio remige classis
Tollitur: impulsæ tonsis tremuere carinæ,
Crebraque sublimes convellunt verbera puppes.
Cornua Romanæ classis, validæque triremes,
Quasque quater surgens exstructi remigis ordo
Commovet, et plures quæ mergunt æquore pinus,
Multiplices cinxere rates. Hoc robur aperto
Oppositum pelago: lunata fronte recedunt,
Ordine contentæ gemino crevisse liburnæ.
Celsior at cunctis Bruti prætoria puppis
Verberibus senis agitur, molemque profundo
Invehit, et summis longe petit æquora remis.

Ut tantum medii fuerat maris, utraque classis
Quod semel excussis posset transcurrere tonsis,
Innumeræ vasto miscentur in æthere voces;
Remorumque sonus premitur clamore; nec ullæ

apporté par le Rhône avec toute sa flotte, était en rade aux îles Stéchades.

De son côté, Marseille ne veut affronter le sort qu'avec toutes ses forces réunies. Elle arme ses vieillards et les enrôle avec les adolescens. Les navires qui tiennent la mer ne sont pas seuls montés par les combattans; les bâtimens hors de service sont réparés et remis à flot.

Le soleil, épanché sur les eaux, avait brisé dans les ondes ses premiers rayons. Le ciel était sans nuage; Borée dormait en repos, et les autans paisibles laissaient la mer immobile s'aplanir pour la bataille : tout à coup chaque navire s'ébranle et quitte son mouillage; et d'une égale impétuosité s'élancent et la flotte de César et les galères de Marseille; les carènes ont tressailli sous l'effort de la rame, qui, de ses coups redoublés, emporte les poupes superbes.

La flotte romaine se courbait en croissant. Aux deux extrémités, les galères au triple aviron; celles dont les rameurs sont étagés sur quatre rangs ou qui baignent dans l'onde des bras encore plus nombreux, enveloppent le reste des bâtimens. Cette force imposante forme le front de bataille à découvert. Les frégates liburniennes, qui ne rangent les rameurs que sur deux files, fermaient la demi-lune. Mais au dessus de tous les autres, le vaisseau de Brutus élève sa poupe prétorienne; dirigé par une chiourme à six rangs, il s'avance comme une tour sur la mer profonde, et ses plus hautes rames s'étendent au loin sur les eaux.

Dès qu'il ne reste plus entre les deux flottes que l'espace qu'un vaisseau peut franchir d'un seul coup d'aviron, des cris innombrables se mêlent dans les vastes airs; le bruit des rames est couvert par ces clameurs,

Audiri potuere tubæ. Tum cærula verrunt,
Atque in transtra cadunt, et remis pectora pulsant.

Ut primum rostris crepuerunt obvia rostra;
In puppim rediere rates, emissaque tela
Aera texerunt, vacuumque cadentia pontum.
Et jam diductis extendunt cornua proris,
Diversæque rates laxata classe receptæ.
Ut, quoties æstus Zephyris Eurisque repugnat,
Huc abeunt fluctus, illuc mare : sic ubi puppes
Sulcato varios duxerunt gurgite tractus,
Quod tulit illa ratis remis, hæc rettulit æquor.
Sed Graiis habiles, pugnamque lacessere pinus
Et tentare fugam, nec longo frangere gyro
Cursum, nec tarde flectenti cedere clavo.
At Romana ratis stabilem præbere carinam
Certior, et terræ similem bellantibus usum.

Tunc in signifera residenti puppe magistro
Brutus ait : « Paterisne acies errare profundo?
Artibus et certas pelagi? jam consere bellum :
Phocaicis medias rostris oppone carinas. »
Paruit, obliquas et præbuit hostibus alnos.
Tunc quæcumque ratis tentavit robora Bruti,
Ictu victa suo, percussæ capta cohæsit.
Ast alias manicæque ligant, teretesque catenæ,
Seque tenent remis : tecto stetit æquore bellum.

Jam non excussis torquentur tela lacertis,

et l'on n'entend plus le son des trompettes. Les matelots balaient les eaux bleues, et retombent sur leurs bancs, en frappant leurs poitrines avec les rames.

Les proues s'entrechoquent à grand bruit, et les vaisseaux virent de bord : une volée de traits obscurcit les cieux, et couvre en tombant l'espace vide de la mer. Déjà les vaisseaux se séparent, les ailes s'étendent, et des deux côtés plusieurs galères pénètrent dans les rangs relâchés de la flotte ennemie. Comme dans l'Océan, lorsque le flux est contrarié par les haleines du Zéphyr et de l'Eurus, la mer avance et le flot recule : ainsi, les navires croisant en tous sens leurs rames et leurs sillons, les vagues chassées par l'un sont rechassées par l'autre. Mais les vaisseaux des Grecs étaient plus propres aux feintes de l'attaque, plus légers à la fuite, plus prompts au revirement, plus souples et plus dociles aux mouvemens du gouvernail. Ceux des Romains, au contraire, plus lourds de structure, offraient un plancher stable, vrai champ de bataille d'une armée de terre.

Alors, à son pilote assis sur la poupe magnifiquement sculptée, Brutus parle ainsi : « Nous promènerons-nous encore long-temps, et veux-tu joûter d'adresse avec eux ? Fais-nous joindre ces gens-là : montre le flanc à leurs éperons. » Le pilote obéit, et présente son vaisseau en travers à l'ennemi. Alors toute galère qui vient le frapper ne peut s'en détacher, victime de son choc, et retenue captive par le fer qu'elle enfonce. D'autres sont arrêtées par des grappins de fer et par des chaînes ; leurs rames s'embarrassent ; la mer n'est plus qu'une surface où l'on combat de pied ferme.

On ne se fatigue plus à lancer le javelot ; les blessures

Nec longinqua cadunt jaculato vulnera ferro,
Miscenturque manus: navali plurima bello
Ensis agit. Stat quisque suæ de robore puppis
Pronus in adversos ictus: nullique perempti
In ratibus cecidere suis. Cruor altus in undis
Spumat, et obducti concrescunt sanguine fluctus.
Et quas immissi traxerunt vincula ferri,
Has prohibent jungi conserta cadavera puppes.
Semianimes alii vastum subiere profundum,
Hauseruntque suo permixtum sanguine pontum:
Hi luctantem animam lenta cum morte trahentes,
Fractarum subita ratium periere ruina.
Irrita tela suas peragunt in gurgite cædes;
Et quodcumque cadit frustrato pondere ferrum,
Exceptum mediis invenit vulnus in undis.
Phocaicis Romana ratis vallata carinis,
Robore diducto dextrum lævumque tuetur
Æquo Marte latus: cujus dum pugnat ab alta
Puppe Catus, Graiumque audax aplustre retentat,
Terga simul pariter missis et pectora telis
Transigitur: medio concurrit pectore ferrum,
Et stetit incertus flueret quo vulnere sanguis,
Donec utrasque simul largus cruor expulit hastas,
Divisitque animam, sparsitque in vulnera letum.
Dirigit huc puppim miseri quoque dextra Telonis,
Qua nullæ melius, pelago turbante, carinæ
Audivere manum; nec lux est notior ulli
Crastina, seu Phœbum videat, seu cornua lunæ,
Semper venturis componere carbasa ventis.
Hic Latiæ rostro compagem ruperat alni:

n'arrivent plus sur l'aile d'une flèche; la mêlée occupe tous les bras. Dans ce combat naval, c'est l'épée qui fait presque tout. De son bord, chacun se penche au devant des coups de l'ennemi ; et de tous ceux qui sont tués, nul ne tombe dans son propre vaisseau. Sur les ondes s'épaissit une rouge écume, et les flots se caillent sous leur manteau de sang. Les vaisseaux qui se rapprochent sous la tension des chaînes, sont invinciblement séparés par une digue de cadavres. Les uns disparaissent à demi morts dans le vaste abîme, et boivent leur sang avec l'onde amère. D'autres, luttant contre le trépas, et traînant une longue agonie, sombrent avec leurs vaisseaux fracassés, et périssent tout à coup. Les traits perdus accomplissent sur les eaux leur destination meurtrière; et le javelot qui a vainement traversé les airs, trouve quelque blessure à faire au milieu des ondes.

Un vaisseau romain, entouré par des galères marseillaises, avait partagé ses forces, et défendait également ses deux bords. Tandis que le hardi Catus combat du haut de son tillac, et s'efforce d'arracher un pavillon grec, deux flèches opposées viennent le percer en même temps : le fer se croise au milieu de sa poitrine; d'abord son sang hésite, incertain par quelle blessure il va couler; mais bientôt, chassant à la fois les deux flèches, il se répand à flots par cette double issue, et l'âme divisée s'échappe avec lui.

Le malheur pousse en cet endroit le vaisseau de Télon : Télon dont la main savante se fait entendre aux navires sur une mer révoltée. Jamais pilote, observant le soleil et le croissant de la lune, ne sut mieux prévoir la température du lendemain, et disposer ses voiles pour les vents à venir. Du bec de sa proue il avait entr'ouvert

Pila sed in medium venere trementia pectus,
Avertitque ratem morientis dextra magistri.
Dum cupit in sociam Gyareus erumpere puppim,
Excipit immissum suspensa per ilia ferrum,
Adfixusque rati, telo retinente, pependit.

STANT gemini fratres, fecundæ gloria matris,
Quos eadem variis genuerunt viscera fatis :
Discrevit mors sæva viros ; unumque relictum
Adgnorunt miseri, sublato errore, parentes,
Æternis causam lacrymis : tenet ille dolorem
Semper, et amissum fratrem lugentibus offert.

QUORUM alter, mixtis obliquo pectine remis,
Ausus Romanæ Graia de puppe carinæ
Injectare manum ; sed eam gravis insuper ictus
Amputat : illa tamen nixu, quo prenderat, hæsit,
Deriguitque tenens strictis immortua nervis.
Crevit in adversis virtus : plus nobilis iræ
Truncus habet; fortique instaurat prœlia læva,
Rapturusque suam procumbit in æquora dextram.
Hæc quoque cum toto manus est abscisa lacerto.
Jam clypeo, telisque carens, non conditur ima
Puppe : sed expositus, fraternaque pectore nudo
Arma tegens, crebra confixus cuspide perstat;
Telaque multorum, leto casura suorum,
Emerita jam morte tenet. Tum vulnere multo
Effugientem animam lassos collegit in artus ;
Membraque contendit, toto quicumque manebat,
Sanguine, et hostilem, defectis robore nervis,

une frégate romaine; mais un javelot s'enfonce en tremblant dans sa poitrine, et sa main mourante détourne encore la galère. Gyarée cherche à remonter en rampant sur un vaisseau de son parti : le trait fatal l'arrête en chemin, et le cloue aux flancs du navire ; il reste ainsi suspendu.

A côté l'un de l'autre se tiennent deux frères jumeaux, l'orgueil d'une mère féconde. Les mêmes flancs les ont conçus, mais non pas pour les mêmes destins. La mort met entre eux une cruelle différence. Désormais leurs parens reconnaîtront facilement le seul qui reste : leur douce erreur est passée : source éternelle de larmes, le dernier frère nourrit sans cesse leur douleur en offrant à leurs yeux l'image de celui qui n'est plus.

L'un d'eux, voyant les rames de son vaisseau croisées avec celles de l'ennemi, ose porter la main sur la galère romaine; un pesant coup de hache tombe sur elle et la coupe : cependant les doigts contractés ne lâchent point prise, et la mort les raidit encore rivés dans leur convulsive étreinte. Le malheur augmente son courage : un magnanime courroux s'irrite dans ce corps mutilé ; de sa main gauche il continue intrépidement le combat, et, penché sur les flots, il veut ressaisir celle qu'il a perdue. Cette main reste encore avec tout son bras sous le tranchant de l'acier. Alors, sans bouclier, sans armes, il ne va point se cacher au fond du vaisseau; en butte à tous les traits, il fait à son frère un rempart de sa poitrine découverte. Percé de toutes parts, il reste encore debout, et ce tronc, où depuis long-temps la mort n'a plus rien à prétendre, rassemble sur lui mille dards qui tous auraient donné la mort à ses compagnons. Enfin, sentant que son âme va s'échapper par tant de blessures,

Insiluit, solo nociturus pondere, puppim.

Strage virum cumulata ratis, multoque cruore
Plena, per obliquum crebros latus accipit ictus.
At postquam ruptis pelagus compagibus hausit,
Ad summos repleta foros, desidit in undas,
Vicinum involvens contorto vortice pontum.
Æquora discedunt mersa diducta carina,
Inque locum puppis cecidit mare. Multaque ponto
Præbuit ille dies varii miracula fati.
Ferrea dum puppi rapidos manus inserit uncos,
Adfixit Lycidam : mersus foret ille profundo,
Sed prohibent socii, suspensaque crura retentant.
Scinditur avulsus : nec, sicut vulnere, sanguis
Emicuit lentus; ruptis cadit undique venis,
Discursusque animæ diversa in membra meantis
Interceptus aquis. Nullius vita peremti
Est tanta dimissa via. Pars ultima trunci
Tradidit in letum vacuos vitalibus artus :
At tumidus qua pulmo jacet, qua viscera fervent,
Hæserunt ibi fata diu; luctataque multum
Hac cum parte viri vix omnia membra tulerunt.

Dum nimium pugnax unius turba carinæ
Incumbit prono lateri, vacuamque relinquit,
Qua caret hoste, ratem : congesto pondere puppis
Versa, cava texit pelagus nautasque carina :

il la recueille dans ses membres épuisés ; il tend ses muscles avec tout le sang qui lui reste, et par un dernier effort s'élance dans la barque ennemie pour nuire au moins par le poids de sa chute.

Le bateau, comblé par le carnage, tout plein de sang, crevé de tous côtés par des coups d'éperon, entr'ouvre enfin ses flancs brisés. L'onde s'y précipite, envahit les ponts, et le navire descend dans l'abîme, entraînant tous les flots d'alentour dans le gouffre qui tournoie. L'onde recule et s'écarte pour le naufrage : la mer retombe sur la place vide.

Dans cette journée, le sort des combats multiplia les trépas les plus bizarres. Le crampon lancé sur un vaisseau saisit Lycidas dans ses ongles de fer, et l'entraînait dans les flots. Ses compagnons le retiennent, et l'arrêtent par ses jambes suspendues. Le buste est arraché : le sang ne sort pas lentement comme d'une blessure ; il tombe à la fois de toutes les veines rompues ; et le mouvement de l'âme qui circule dans tous les membres s'interrompt au milieu des flots. Jamais la vie ne sortit par une plus large écluse. La partie inférieure du tronc n'étant plus alimentée par les sources de la vie, devient aussitôt la proie du trépas ; mais celle où le poumon se gonfle et respire, où le cœur entretient tout son feu, lutte encore long-temps contre l'heure fatale ; et après de longs assauts la mort en triomphe à peine.

Tandis que tout l'équipage d'un navire se presse avec une ardeur imprudente sur le bord qui penche, et laisse vide le côté qui n'a point d'ennemis, le bâtiment chavire sous le poids, et sa coque renversée couvre d'une

Brachia nec licuit vasto jactare profundo,
Sed clauso periere mari.

       Tunc unica diri
Conspecta est leti facies, quum forte natantem
Diversæ rostris juvenem fixere carinæ.
Discessit medium tam vastos pectus ad ictus :
Nec prohibere valent obtritis ossibus artus,
Quo minus æra sonent. Eliso ventre, per ora
Ejectat saniem permixtus viscere sanguis.
Postquam inhibent remis puppes, ac rostra reducunt,
Dejectum in pelagus perfosso pectore corpus
Vulneribus transmisit aquas.

         Pars maxima turbæ
Naufraga, jactatis morti obluctata lacertis,
Puppis ad auxilium sociæ concurrit; at illi
Robora quum vetitis prensarent arctius ulnis,
Nutaretque ratis, populo peritura recepto,
Impia turba super medios ferit ense lacertos.
Brachia linquentes Graia pendentia puppi,
A manibus cecidere suis : non amplius undæ
Sustinuere graves in summo gurgite truncos.

Jamque omni fusis nudato milite telis,
Invenit arma furor : remum contorsit in hostem
Alter; at hi tortum validis aplustre lacertis,
Avulsasque rotant, excusso remige, sedes.
In pugnam fregere rates : sidentia pessum
Corpora cæsa tenent, spoliantque cadavera ferro.

Multi inopes teli, jaculum letale revulsum

voûte profonde et les flots et les combattans. La spacieuse mer est refusée aux mouvemens de leurs bras; ils périssent dans une onde emprisonnée.

On vit alors un exemple unique parmi les morts les plus affreuses. Un jeune homme qui nageait est rencontré par le choc de deux proues opposées; à ce coup terrible, sa poitrine s'entr'ouvre, et ses os, broyés à travers ses membres, ne peuvent empêcher l'airain de retentir. Son ventre est écrasé; il rejette par la bouche ses entrailles mêlées d'un sang noir; et lorsque la rame fait reculer les vaisseaux et sépare leurs proues, le corps retombe dans la mer, et l'onde passe à travers sa poitrine transpercée.

Un grand nombre de naufragés, luttant contre la mort, de toute la force de leurs bras, nagent en foule vers les bords d'une de leurs galères : vainement repoussés, ils s'y accrochent avec l'énergie du désespoir. Déjà la barque s'incline; elle va périr sous cette charge nouvelle. Voici que d'en haut la hache bondit sans pitié sur tous ces bras. Laissant leurs tronçons suspendus à la cruelle galère, les malheureux tombent de leurs mains, et l'onde ne soutient plus à sa surface l'immobile fardeau de ces corps mutilés.

Les soldats ont épuisé leurs traits; mais leur fureur invente des armes : ils lancent leurs avirons sur l'ennemi. Balancée par des bras robustes, la crête formidable de la poupe, et les bancs arrachés des rameurs volent en tournant dans les airs. On brise le vaisseau pour combattre. Courbés sur les cadavres gisans à leurs pieds, ils les dépouillent avidement du fer dont ils sont percés.

Plusieurs, manquant de javelot, arrachent de leurs

Vulneribus traxere suis, et viscera laeva
Oppressere manu, validos dum praebeat ictus
Sanguis, et, hostilem quum torserit, exeat, hastam.
Nulla tamen plures hoc edidit aequore clades,
Quam pelago diversa lues. Nam pinguibus ignis
Adfixus taedis, et tecto sulfure vivax
Spargitur: at faciles praebere alimenta carinae
Nunc pice, nunc liquida rapuere incendia cera.
Nec flammam superant undae; sparsisque per aequor
Jam ratibus, fragmenta ferus sibi vindicat ignis.

Hic recipit fluctus, exstinguat ut aequore flammas:
Hi, ne mergantur, tabulis ardentibus haerent.
Mille modos inter leti, mors una timori est,
Qua coepere mori.
    Nec cessat naufraga virtus:
Tela legunt dejecta mari, ratibusque ministrant;
Incertasque manus, ictu languente, per undas
Exercent. Nunc, rara datur si copia ferri,
Utuntur pelago : saevus complectitur hostem
Hostis, et implicitis gaudent subsidere membris,
Mergentesque mori.

    Pugna fuit unus in illa
Eximius Phoceus animam servare sub undis,
Scrutarique fretum, si quid mersisset; arenis
Et nimis adfixos unci convellere morsus,
Adductum quoties non senserat anchora funem.
Hic ubi compressum penitus deduxerat hostem,
Victor et incolumis summas remeabat in undas.

PHARSALE, LIVRE III.

entrailles le trait mortel, et ferment leurs blessures de la main gauche. Que le sang leur donne seulement la force de lancer un dard, et qu'il s'écoule après!

Mais rien ne fit plus de ravages sur les eaux que l'élément qui leur est contraire. Le feu dévorant promène avec les torches lancées de toutes parts les torrens de bitume et de soufre qu'elles recèlent : les vaisseaux offrent une proie facile à l'incendie; en un instant il fait bouillonner sur leurs flancs la poix et la cire dont ils sont revêtus. L'onde même ne peut vaincre la flamme; et, des navires brisés dans le combat, le feu opiniâtre poursuit les débris épars sur les eaux.

L'un inonde son navire pour éteindre l'incendie; d'autres, pour ne pas être engloutis, s'attachent à des ais brûlans. Entre mille morts, on ne craint qu'une mort, celle par où on a commencé de mourir.

Le naufrage même n'arrête point les entreprises de la valeur. Ils ramassent les traits répandus sur la mer, et les fournissent à leurs navires. Au milieu des ondes leurs mains incertaines essaient encore des coups mal assurés. A défaut du fer, la mer est leur auxiliaire : l'ennemi s'attache avec fureur à son ennemi, disparaît avec lui sous les flots, dans un horrible embrassement, et meurt content de le submerger.

Il y avait dans ce combat un Phocéen, habile à retenir son haleine sous les eaux, à chercher dans les profondeurs de la mer ce qu'elle avait englouti, et à dégager l'ancre lorsqu'elle avait trop enfoncé sa dent de fer dans les sables, ou qu'elle n'obéissait plus au cable qui la rappelle. Dès que ce plongeur avait noyé son ennemi au fond de la mer, il revenait sur l'eau sain et sauf et

Sed se per vacuos credit dum surgere fluctus,
Puppibus occurrit, tandemque sub æquore mansit.

Hi super hostiles jecerunt brachia remos,
Et ratium tenuere fugam. Non perdere letum
Maxima cura fuit. Multus sua vulnera puppi
Adfixit moriens, et rostris abstulit ictus.

Stantem sublimi Tyrrhenum culmine proræ
Lygdamus excussa Balearis tortor habenæ
Glande petens, solido fregit cava tempora plumbo.
Sedibus expulsi, postquam cruor omnia rupit
Vincula, procumbunt oculi : stat lumine rapto
Attonitus, mortisque illas putat esse tenebras.
At postquam membris sensit constare vigorem :
« Vos, ait, o socii, sicut tormenta soletis,
Me quoque mittendis rectum componite telis.
Egere quod superest animæ, Tyrrhene, per omnes
Bellorum casus. Ingentem militis usum
Hoc habet ex magna defunctum parte cadaver;
Viventis feriere loco. » Sic fatus, in hostem
Cæca tela manu, sed non tamen irrita, mittit.
Excipit hæc juvenis generosi sanguinis Argus,
Qua jam non medius descendit in ilia venter,
Adjuvitque suo procumbens pondere ferrum.
Stabat diversa victæ jam parte carinæ
Infelix Argi genitor : non ille juventæ
Tempore Phocaïcis ulli cessurus in armis;
Victum ævo robur cecidit; fessusque senecta,
Exemplum, non miles erat : qui, funere viso,

triomphant. Mais enfin, croyant remonter librement à la surface, il heurte le fond d'une galère, et ne reparaît plus.

Quelques-uns jettent leurs bras désespérés sur les rames des vaisseaux ennemis pour retarder leur fuite. Leur unique crainte, c'est de perdre le fruit de leur trépas. Presque morts, ils suspendent leurs lambeaux sanglans à la poupe de leur navire, pour amortir le choc du vaisseau ennemi.

Tyrrhène était debout au sommet de sa proue; de sa fronde baléare, Lygdamus lui détache une balle rapide. Le plomb mortel lui brise les tempes; ses yeux, dont tous les liens sont rompus, tombent de leurs orbites, chassés par deux ruisseaux de sang. Privé soudainement de la lumière, il s'étonne, et prend ces ténèbres pour celles de la mort; mais bientôt sentant que ses membres n'ont rien perdu de leur vigueur : « Compagnons, dit-il, tournez-moi vers l'ennemi, comme une machine à lancer des traits. Allons, Tyrrhène, épuise dans les chances de la guerre ce peu de vie qui te reste. Ce corps, déjà plus d'à-moitié cadavre, vaut le plus fier soldat. Tu recevras les coups destinés aux vivans. » Il dit, et de sa main partent des traits dont l'atteinte n'est point vaine. L'un d'eux va s'abreuver de l'illustre sang du jeune Argus, dans la partie inférieure du ventre, où gisent les entrailles, et sa chute aide encore à enfoncer le fer.

A l'extrémité de la barque déjà sans défenseurs était le père infortuné d'Argus. Dans sa jeunesse, il n'aurait cédé en valeur à aucun des Phocéens. Vaincue par l'âge, sa force est tombée : faible vieillard, c'était un exemple et non pas un soldat. Voyant tomber son fils, il

Sæpe cadens longæ senior per transtra carinæ
Pervenit ad puppim, spirantesque invenit artus.
Non lacrymæ cecidere genis, non pectora tundit;
Distentis toto riguit sed corpore palmis.
Nox subit, atque oculos vastæ obduxere tenebræ,
Et miserum cernens adgnoscere desinit Argum.
Ille caput labens, et jam languentia colla,
Viso patre, levat : vox fauces nulla solutas
Prosequitur : tacito tantum petit oscula vultu,
Invitatque patris claudenda ad lumina dextram.

Ut torpore senex caruit, viresque cruentus
Cœpit habere dolor : « Non perdam tempora, dixit,
A sævis permissa Deis : jugulumque senilem
Confodiam. Veniam misero concede parenti,
Arge, quod amplexus, extrema quod oscula fugi.
Nondum destituit calidus tua vulnera sanguis,
Semianimisque jaces, et adhuc potes esse superstes. »
Sic fatus, quamvis capulum per viscera missi
Polluerat gladii, tamen alta sub æquora tendit
Præcipiti saltu : letum præcedere nati
Festinantem animam morti non credidit uni.

Inclinant jam fata ducum : nec jam amplius anceps
Belli casus erat. Graiæ pars maxima classis
Mergitur; ast aliæ, mutato remige, puppes
Victores vexere suos : navalia paucæ
Præcipiti tenuere fuga.

                Quis in urbe parentum
Fletus erat! quanti matrum per litora planctus!

se traîne avec peine tout le long du vaisseau, parmi les bancs des rameurs, arrive de chute en chute à la poupe, et trouve Argus expirant. Il ne verse point de larmes, il ne frappe point sa poitrine; mais ses bras se tendent, et tout son corps se raidit. Ses yeux s'obscurcissent, une vaste nuit étend sur eux son bandeau. Il regarde son malheureux fils, et ne sait plus le reconnaître. A la vue de son père, Argus soulève sur son cou languissant sa tête qui retombe : il ouvre la bouche; la voix trompe ses efforts; son regard mourant demande seul un dernier baiser, et invite la main de son père à lui fermer les yeux.

Enfin, lorsque le vieillard foudroyé revient à lui, et que sa sanglante douleur se ravive dans son sein : « Je ne perdrai pas, s'écrie-t-il, les instans que me laissent les dieux inhumains. Je percerai ce cœur qui a trop vécu. Pardonne à ton malheureux père, mon cher Argus, s'il s'est dérobé à tes embrassemens, à tes derniers baisers. La chaleur n'a pas quitté le sang dans tes blessures; tu respires, tu peux encore me survivre. » A ces mots, quoiqu'il eût enfoncé son glaive jusqu'à toucher de la poignée ses entrailles, il se hâte de se précipiter au fond des eaux : impatiente de précéder son fils, son âme ne voulut point se confier à une seule mort.

La fortune des lieutenans de César emporte la balance, et déjà l'issue du combat n'était plus douteuse. La plus grande partie de la flotte grecque est submergée; d'autres vaisseaux, changeant de rameurs, portent l'armée victorieuse; quelques-uns, par une fuite précipitée, parviennent à regagner les ports.

Mais, dans Marseille, quel désespoir des familles! quelle désolation des mères sur le rivage! Plus d'une

Conjux sæpe sui, confusis vultibus unda,
Credidit ora viri, Romanum amplexa cadaver;
Accensisque rogis, miseri de corpore trunco
Certavere patres.

       At Brutus, in æquore victor,
Primus Cæsareis pelagi decus addidit armis.

épouse, croyant reconnaître les traits de son mari défiguré par les flots, embrasse le cadavre d'un Romain. A côté des bûchers en flammes, de malheureux pères se disputent un corps mutilé.

Ainsi Brutus, triomphant sur la mer, ajouta le premier, aux armes de César, l'éclat d'une victoire navale.

LIBER QUARTUS.

At procul extremis terrarum Cæsar in oris
Martem sævus agit non multa cæde nocentem,
Maxima sed fati ducibus momenta daturum.
Jure pari rector castris Afranius illis,
Ac Petreius erat : concordia duxit in æquas
Imperium commune vices; tutelaque valli
Pervigil, alterno paret custodia signo.
His præter Latias acies erat impiger Astur,
Vettonesque leves, profugique a gente vetusta
Gallorum Celtæ miscentes nomen Hiberis.

Colle tumet modico, lenique excrevit in altum
Pingue solum tumulo : super hunc fundata vetusta
Surgit Hilerda manu : placidis prælabitur undis
Hesperios inter Sicoris non ultimus amnes,
Saxeus ingenti quem pons amplectitur arcu,
Hibernas passurus aquas. At proxima rupes
Signa tenet Magni : nec Cæsar colle minori
Castra levat : medius dirimit tentoria gurges.

Explicat hinc tellus campos effusa patentes,
Vix oculo prendente modum : camposque coerces,
Cinga rapax, vetitus fluctus et litora cursu
Oceani pepulisse tuo; nam gurgite mixto,
Qui præstat terris, aufert tibi nomen Hiberus.

LIVRE QUATRIÈME.

Cependant, loin du théâtre de ces évènemens, César, aux extrémités du monde, poursuit avec ardeur une guerre peu sanglante, mais qui doit avoir une influence décisive sur la fortune des deux partis. Les troupes de Pompée avaient deux chefs d'une égale autorité, Afranius et Petreius. Étroitement unis, ils prennent tour-à-tour le commandement, et la garde du camp reçoit alternativement leurs ordres. Aux légions romaines qui leur obéissaient, s'étaient joints l'infatigable Astur, les Vettons agiles, et les Celtes qui, s'étant détachés de l'antique race des Gaules, avaient mêlé leur nom à celui des Ibères.

Au milieu d'un sol plantureux, sur la croupe doucement inclinée d'une colline, s'élève Hilerda, dont une antique main posa les fondemens. A ses pieds se déroulent les eaux paisibles du Sicoris, un des principaux fleuves de l'Hespérie. Un pont de pierre l'embrasse de son arc immense, et peut braver les crues de l'hiver. Sur la hauteur voisine flottent les étendards de Pompée. César place son camp sur une éminence pareille : le fleuve sépare les deux armées.

De là se perd dans l'horizon une plaine infinie dont l'œil mesure à peine l'étendue, et qui est terminée par ton cours, impétueux Cinga. Mais tu ne vas point battre de tes flots l'Océan et ses rivages, car l'Èbre t'entraîne dans son cours victorieux, et te dépouille de ton nom.

PRIMA dies belli cessavit marte cruento,
Spectandasque ducum vires, numerosaque signa
Exposuit : piguit sceleris : pudor arma furentum
Continuit; patriæque et ruptis legibus unum
Donavere diem.
    PRONO quum Cæsar Olympo
In noctem subita circumdedit agmina fossa,
Dum primæ perstant acies, hostemque fefellit,
Et prope consertis obduxit castra maniplis.

LUCE nova collem subito conscendere cursu,
Qui medius tutam castris dirimebat Hilerdam,
Imperat. Huc hostem pariter terrorque pudorque
Impulit, et rapto tumulum prior agmine cepit.
His virtus ferrumque locum promittit : at illis
Ipse locus. Miles rupes oneratus in altas
Nititur : adversoque acies in monte supina
Hæret, et in tergum casura, umbone sequentis
Erigitur. Nulli telum vibrare vacabat,
Dum labat, et fixo firmat vestigia pilo,
Dum scopulos stirpesque tenent, atque hoste relicto
Cædunt ense viam. Vidit lapsura ruina
Agmina dux, equitemque jubet succedere bello,
Munitumque latus lævo præducere gyro.
Sic pedes ex facili, nulloque urgente receptus,
Irritus et victor subducto Marte pependit.

HACTENUS armorum discrimina. Cetera bello
Fata dedit variis incertus motibus aer.
Pigro bruma gelu, siccisque Aquilonibus hærens,

Le premier jour de la guerre se passa sans effusion de sang ; les généraux y déployèrent tout l'appareil de leurs forces et de leurs nombreuses enseignes. Mais on recula devant le crime : la honte contint les armes des furieux. On donna un jour à la patrie et aux lois déjà violées.

Aux approches de la nuit, César fait creuser à la hâte un fossé autour de son camp, tandis que les premières lignes restent sous les armes pour tromper l'ennemi, et qu'une épaisse ceinture de bataillons couvre les travailleurs.

A l'aube du jour, il ordonne un mouvement rapide sur la colline qui protège Hilerda et la sépare du camp d'Afranius. Au même instant, l'ennemi, poussé par la crainte et l'émulation, s'élance vers le coteau et s'en empare le premier. Aux uns le courage et le fer promettent la position : aux autres c'est la position elle-même. Les soldats, chargés de leurs armes, gravissent les roches élevées. Suspendus aux flancs escarpés de la montagne, et près de tomber en arrière, ils sont soutenus par les boucliers de ceux qui les suivent. Privés de l'usage du trait, ils enfoncent leurs javelots en terre, pour affermir leurs pas chancelans, s'accrochent aux pierres et aux racines, et, sans s'occuper de l'ennemi, ne se servent de leur épée que pour se frayer un chemin. César vit ses gens sur le point d'être culbutés. Aussitôt il fit avancer sa cavalerie dont la colonne, par une conversion à gauche, se jette comme un rempart entre les siens et l'ennemi. Ainsi le fantassin opère, sans être inquiété, une facile retraite, et laisse en haut Afranius qui regarde fuir sa victoire.

Jusqu'alors les Romains n'avaient couru que le danger des armes. Voici que la guerre prend une face nouvelle : les saisons soulèvent contre eux toute leur intem-

Æthere constricto pluvias in nube tenebat.
Urebant montana nives, camposque jacentes
Non duraturæ conspecto sole pruinæ:
Atque omnis propior mergenti sidera cœlo
Aruerat tellus, hiberno dura sereno.

Sed postquam vernus calidum Titana recepit
Sidera respiciens delapsæ portitor Helles,
Atque iterum æquatis ad justæ pondera Libræ
Temporibus vicere dies; tunc, sole relicto,
Cynthia quo primum cornu dubitanda refulsit,
Exclusit Borean, flammasque accepit ab Euro.
Ille suo nubes quascumque invenit in axe,
Torsit in occiduum Nabatæis flatibus orbem,
Et quas sentit Arabs, et quas Gangetica tellus
Exhalat nebulas, quidquid concrescere primus
Sol patitur, quidquid cœli fuscator Eoi
Impulerat Corus, quidquid defenderat Indos :
Incendere diem nubes oriente remotæ,
Nec medio potuere graves incumbere mundo,
Sed nimbos rapuere fuga. Vacat imbribus Arctos,
Et Notus : in solam Calpen fluit humidus aer.
Hic ubi jam Zephyri fines, et summus Olympi
Cardo tenet Tethyn, vetitæ transcurrere, densos
Involvere globos, congestumque aeris atri
Vix recipit spatium, quod separat æthere terram.
Jamque polo pressæ largos densantur in imbres,
Spissatæque fluunt : nec servant fulmina flammas,
Quamvis crebra micent : exstinguit fulgura nimbus.

périe. Le paresseux hiver, avec ses gelées épaissies par le souffle aride des aquilons, condensait l'atmosphère, et retenait les pluies dans les nues. La neige brûlait les montagnes, et, sur les plaines blanchies, les frimas attendaient pour s'évanouir un regard du soleil : dans toutes les régions qui avoisinent l'Occident, la terre s'était endurcie sous une glaciale sérénité.

Mais lorsqu'au printemps le soleil eut fait son entrée brûlante dans le signe renversé du Bélier, témoin de la chute d'Hellé; lorsque la Balance eut rétabli l'égalité entre ses bassins, et que les jours eurent repris l'avantage; alors, Diane, s'éloignant du soleil, fit pointer dans le ciel le douteux éclat de son croissant; aussitôt elle chasse Borée, et son disque rougi s'enflamme sous l'Eurus.

De son aile orientale il rassemble tous les nuages de ses climats ; il balaie vers l'Occident les brouillards qui s'exhalent de l'Arabie et de la terre du Gange, et les vapeurs qui bravent les feux du jour naissant, et le sombre rideau dont le Corus avait enveloppé le berceau du soleil, et qui protégeait l'Indien contre l'ardeur de ses rayons. Toutes ces nuées, chassées de l'Orient, embrasent les airs ; mais leurs vastes flancs ne peuvent se décharger au milieu du monde; ils emportent les orages dans leur fuite. Les pluies quittent les vides domaines de l'Ourse et du Notus : sur la seule Calpé s'étend un humide parasol. Arrêtées par le palais du Zéphir, et par l'Olympe qui appuie son cintre immense sur le sein de Thétis, les nues se roulent en noirs monceaux, et ce chaos opaque et ténébreux est à peine contenu dans l'espace qui sépare le ciel et la terre. Enfin pressées par le poids du ciel, elles se fondent en larges pluies, et descendent à flots épais. La foudre éclate à coups redoublés, mais

Hinc imperfecto complectitur aera gyro
Arcus, vix ulla variatus luce colorem,
Oceanumque bibit, raptosque ad nubila fluctus
Pertulit, et coelo defusum reddidit æquor.
Jamque Pyrenææ, quas nunquam solvere Titan
Evaluit, fluxere nives, fractoque madescunt
Saxa gelu: tum, quæ solitis e fontibus exit,
Non habet unda viam: tam largas alveus omnis
A ripis accepit aquas.
      Jam naufraga campo
Cæsaris arma natant, impulsaque gurgite multo
Castra labant: alto restagnant flumina vallo.
Non pecorum raptus faciles, non pabula mersi
Ulla ferunt sulci: tectarum errore viarum
Fallitur occultos sparsus populator in agros.
Jamque comes semper magnorum prima malorum
Sæva fames aderat; nulloque obsessus ab hoste
Miles eget: toto censu non prodigus emit
Exiguam Cererem. Pro, lucri pallida tabes!
Non deest prolato jejunus venditor auro.

Jam tumuli, collesque latent: jam flumina cuncta
Condidit una palus, vastaque voragine mersit.
Absorpsit penitus rupes, ac tecta ferarum
Detulit, atque ipsas hausit, subitisque frementes
Vorticibus contorsit equos; et reppulit æstus
Fortior Oceani; nec Phœbum surgere sentit
Nox subtexta polo: rerum discrimina miscet
Deformis cœli facies, junctæque tenebræ.
Sic mundi pars ima jacet, quam zona nivalis,

elle a perdu sa route de feu : l'éclair s'éteint dans ce déluge. Terne, décoloré, dessinant dans les airs une courbe imparfaite, l'arc d'Iris pompe l'Océan, porte aux nuages les flots qu'il enlève, et rend au ciel tous les torrens qu'il a versés. Des neiges que le soleil n'avait jamais pu fondre, coulent du haut des Pyrénées, et des rocs de glaces sont amollis. L'eau qui sort des sources n'a plus de cours réglé, tant le bassin des fleuves est rempli par les ondes qu'il reçoit de ses bords.

Le camp de César flotte inondé dans la plaine; la vague bat sans relâche les tentes ébranlées. La ravine comble les fossés, et déploie ses nappes stagnantes. Impossible d'enlever les troupeaux. Plus de fourrages dans les sillons noyés; et le maraudeur, égaré dans les campagnes submergées, ne reconnaît plus les chemins disparus.

Déja la compagne immédiate et inséparable des grandes calamités, la cruelle famine, est dans le camp. Le soldat, que nul ennemi n'assiège, manque de vivres. De toute sa fortune, il paie sans prodigalité un morceau de pain. O triste frénésie de l'avarice! parmi ces pâles affamés, l'or trouve encore des vendeurs!

Les hauteurs et les collines sont cachées; tous les fleuves, confondus, ne forment plus qu'un vaste abîme. Tout est englouti, et les rochers, et les bêtes féroces avec les forêts qui leur servent d'asile. Dans ses torrens échevelés, l'inondation entraîne les coursiers frémissans, et refoule impétueusement la marée. On ne sait si le soleil se lève derrière ce voile d'obscurité qui pèse sur la terre. Le deuil du ciel, et les ténèbres qui se succèdent sans interruption, ne permettent plus de distinguer les ob-

Perpetuæque premunt hiemes : non sidera cœlo
Ulla videt, sterili non quidquam frigore gignit,
Sed glacie medios signorum temperat ignes.

Sic, o summe parens mundi, sic sorte secunda
Æquorei rector facias, Neptune, tridentis :
Et tu perpetuis impendas aera nimbis :
Tu remeare vetes quoscumque emiseris æstus.
Non habeant amnes declivem ad litora cursum,
Sed pelagi referantur aquis; concussaque tellus
Laxet iter fluviis : hos campos Rhenus inundet,
Hos Rhodanus : vastos obliquent flumina fontes.
Rhipæas huc solve nives, huc stagna, lacusque,
Et pigras, ubicumque jacent, effunde paludes;
Et miseras bellis civilibus eripe terras.

Sed parvo Fortuna viri contenta pavore,
Plena redit, solitoque magis favere secundi,
Et veniam meruere Dei.

     Jam rarior aer,
Et par Phœbus aquis, densas in vellera nubes
Sparserat, et noctes ventura luce rubebant;
Servatoque loco rerum, discessit ab astris
Humor, et ima petit quidquid pendebat aquarum.
Tollere silva comas, stagnis emergere colles
Incipiunt, visoque die durescere valles.

Utque habuit ripas Sicoris, camposque reliquit,
Primum cana salix madefacto vimine parvam
Texitur in puppim, cæsoque inducta juvenco

jets. Ainsi languit cette portion reculée du globe, que la zone et l'éternel hiver étreignent de leurs bras glacés. Aucun astre n'apparaît dans son ciel; un froid stérile y étouffe toute végétation. Mais elle tempère par ses glaces le voisinage enflammé de la zone torride.

O souverain père du monde! ô Neptune, à qui le sort a donné le trident des mers, exaucez-moi! Toi, lâche dans les airs toutes les cataractes du ciel : toi, défends à tes flots déchaînés de rentrer dans leur lit; que les fleuves ne courent plus tête baissée dans la mer; mais que celle-ci ramène sur nous toutes leurs vagues : que la terre ébranlée leur ouvre un nouveau chemin; que le Rhin et le Rhône envahissent ces campagnes; qu'ils tordent par ici leurs vastes réservoirs. Envoyez-y la fonte des neiges de Scythie; faites-y déborder étangs, lacs, marais paresseux, quelque part qu'ils se trouvent; enfin, arrachez aux guerres civiles la terre désolée.

Mais la Fortune, satisfaite d'avoir inquiété César quelques instans, revient à lui sans réserve; et les dieux, plus favorables que jamais, s'empressent de mériter leur pardon.

L'air s'était éclairci; le soleil, maître des nuages, les dissipait en légères toisons, et les nuits se paraient de pourpre aux approches du jour. Toutes choses reprirent leurs places; les pluies quittèrent le séjour des astres, et les eaux suspendues redescendirent. Les forêts relèvent leur chevelure, les collines surgissent du sein des étangs, et les vallées, en revoyant le jour, reprennent leur solidité première.

Déjà le Sicoris a quitté la campagne et s'est renfermé dans ses rives; aussitôt les blancs rameaux du saule détrempé, tissus en forme de nacelle, et recou-

Vectoris patiens tumidum superenatat amnem.
Sic Venetus stagnante Pado, fusoque Britannus
Navigat Oceano : sic quum tenet omnia Nilus,
Conseritur bibula Memphitis cymba papyro.

His ratibus trajecta manus festinat utrimque
Succisum curvare nemus; fluviique ferocis
Incrementa timens, non primis robora ripis
Imposuit : medios pontem distendit in agros.
Ac ne quid Sicoris repetitis audeat undis,
Spargitur in sulcos, et scisso gurgite rivus
Dat pœnas majoris aquæ.

Postquam omnia fatis
Cæsaris ire videt, celsam Petreius Hilerdam
Deserit; et noti diffisus viribus orbis,
Indomitos quærit populos, et semper in arma
Martis amore feros, et tendit in ultima mundi.

Nudatos Cæsar colles, desertaque castra
Conspiciens, capere arma jubet; nec quærere pontem,
Nec vada, sed duris fluvium superare lacertis.
Paretur : rupitque ruens in prœlia miles,
Quod fugiens timuisset, iter. Mox uda receptis
Membra fovent armis, gelidosque a gurgite cursu
Restituunt artus, donec decresceret umbra
In medium surgente die. Jamque agmina summa
Carpit eques, dubiique fugæ, pugnæque tenentur.

Attollunt campo geminæ juga saxea rupes,

verts de la dépouille des taureaux, transportent les soldats de César à travers le fleuve écumant. Ainsi navigue le Vénitien sur l'Éridan débordé; ainsi le Breton sur les plaines de l'Océan; ainsi, lorsque le Nil couvre l'Égypte, la barque de Memphis arrondit sur ses flancs l'aquatique papyrus.

Débarquée sur l'autre rive, l'armée se met à l'ouvrage; sous ses mains, les bois s'équarrissent et se courbent. Redoutant la crue du fleuve mutiné, elle ne pose point sur les bords les premiers appuis du pont, mais elle le prolonge au milieu des champs. Pour dompter le fougueux Sicoris, et prévenir le retour des grandes eaux, on disperse son cours en plusieurs canaux; et, réduit par de nombreuses saignées aux proportions d'un ruisseau, il est puni de son débordement.

Tout cède visiblement aux destins de César. Alors Petreius abandonne les hauteurs d'Hilerda, et, défiant dans le secours d'un peuple qu'il a observé, il va chercher aux confins de l'univers des peuples indomptés, farouches adorateurs de Mars, et qui ne respirent que les combats.

César, voyant la colline évacuée et le camp désert, ordonne de prendre les armes, et, sans chercher ni pont ni gué, de traverser le fleuve à rudes brassées. On obéit, et pour se battre le soldat s'élance par une route qu'il aurait redoutée pour fuir. Pour tout repos, ils remettent le harnois sur leurs épaules humides, et ils réchauffent en courant leurs membres glacés, jusqu'à l'heure où l'ombre décroît sous le char vertical du Soleil. Déjà la cavalerie harcèle les derrières de l'ennemi, qui ne sait s'il doit fuir ou combattre.

Au milieu d'une vallée profonde, deux roches élèvent

Valle cava mediæ : tellus hinc ardua celsos
Continuat colles, tutæ quos inter opaco
Amfractu latuere viæ : quibus hoste potito
Faucibus, emitti terrarum in devia martem,
Inque feras gentes Cæsar videt. « Ite sine ullo
Ordine, ait, raptumque fuga convertite bellum,
Et faciem pugnæ, vultusque inferte minaces;
Nec liceat pavidis ignava occumbere morte :
Excipiant recto fugientes pectore ferrum. »
Dixit; et ad montes tendentem prævenit hostem.
Illic exiguo paullum distantia vallo
Castra locant.

Postquam spatio languentia nullo
Mutua conspicuos habuerunt lumina vultus,
Et fratres, natosque suos videre, patresque.
Deprensum est civile nefas.

Tenuere parumper
Ora metu : tantum nutu, motoque salutant
Ense suos. Mox ut stimulis majoribus ardens
Rupit amor leges, audet transcendere vallum
Miles, in amplexus effusas tendere palmas.
Hospitis ille ciet nomen, vocat ille propinquum :
Admonet hunc studiis consors puerilibus ætas;
Nec Romanus erat, qui non agnoverat hostem.
Arma rigant lacrymis, singultibus oscula rumpunt;
Et quamvis nullo maculatus sanguine miles,
Quæ potuit fecisse, timet. Quid pectora pulsas?

au dessus du sol leurs têtes de pierre ; de là s'étend une chaîne escarpée de hautes collines, dont les anfractuosités profondes recèlent des sentiers couverts. Si l'ennemi s'empare de ces gorges, César voit que la guerre lui échappe, et qu'elle va s'engager dans un pays impraticable, au milieu de peuples sauvages : « Rompez les rangs ! dit-il à ses soldats ; courez à la débandade ! rabattez ici l'ennemi qui se sauve ; face aux fuyards, et qu'ils trouvent le passage barré par un front de bataille menaçant. Ils ont peur, mais ne les laissez pas succomber de la mort des lâches : que le fer les rencontre en pleine poitrine, au milieu de leur fuite ! » Il dit, et devance l'ennemi qui gagnait les monts. Les deux armées s'arrêtent à peu de distance, et campent dans une petite vallée.

LA, d'un regard fixe, et que l'intervalle ne pouvait affaiblir, les deux partis s'envisagèrent... Ils reconnurent leurs frères, leurs fils, leurs pères....

ET alors ils sentirent que la guerre civile est un grand crime.

D'ABORD muets par crainte, chacun d'eux ne salue les siens que par un signe de tête ou un geste d'épée ; mais bientôt l'amitié devient plus impérieuse que la discipline : la consigne est violée : le soldat ose franchir le vallon : ils volent, les bras ouverts, les uns vers les autres. Celui-ci appelle son hôte, celui-là nomme son parent ; d'autres invoquent les souvenirs communs de leur enfance. Celui-là n'était pas un Romain, qui ne connaissait pas son ennemi. Leurs armes sont baignées de pleurs ; leurs embrassemens entrecoupés de sanglots ; et quoiqu'ils n'aient pas encore sur leurs mains la souillure du sang, ils tremblent en songeant à ce qu'ils auraient pu faire.

Quid, vesane, gemis? fletus quid fundis inanes?
Nec te sponte tua sceleri parere fateris?
Usque adeone times, quem tu facis ipse timendum?
Classica det bello; saevos tu neglige cantus :
Signa ferat; cessa : jamjam civilis Erinnys
Concidet, et Caesar generum privatus amabit.

Nunc ades, aeterno complectens omnia nexu,
O rerum, mixtique salus, Concordia, mundi,
Et sacer orbis amor : magnum nunc saecula nostra
Venturi discrimen habent. Periere latebrae
Tot scelerum : populo venia est erepta nocenti :
Agnovere suos.

    Pro, numine fata sinistro
Exigua requie tantas augentia clades!
Pax erat, et miles castris permixtus utrisque
Errabat; duro concordes cespite mensas
Instituunt, et permixto libamina Baccho.
Graminei luxere foci; junctoque cubili
Extrahit insomnes bellorum fabula noctes,
Quo primum steterint campo, qua lancea dextra
Exierit. Dum, quae gesserunt fortia, jactant,
Et dum multa negant, quod solum fata petebant,
Est miseris renovata fides, atque omne futurum
Crevit amore nefas.

    Nam postquam foedera pacis
Cognita Petreio, seque, et sua tradita venum

Pourquoi frapper vos poitrines? pourquoi gémir, insensés! pourquoi verser d'inutiles larmes? avouez, avouez que vous obéissez volontairement au crime. Redoutez-vous à ce point celui que vous seuls rendez redoutable? Qu'il ordonne de sonner la charge; vous, laissez dormir le funèbre chant du clairon. Qu'il s'élance avec l'étendard; ne le suivez pas : et la guerre civile verra tomber tous ses serpens; et César, simple citoyen, sera l'ami de son gendre.

Oh! viens à notre secours, toi qui embrasses toutes choses dans tes liens harmonieux, éternelle Concorde, l'âme du monde et le plus digne objet de son amour : l'avenir s'est révélé à nous dans une menaçante vision. Le voile qui couvrait tant d'horreurs est tombé : plus de pardon pour ce peuple coupable. Ils ont reconnu leurs frères.

O sombre fatalité! trève bien courte qui doit si cruellement envenimer nos douleurs!

La paix existait, et les soldats mêlés erraient de l'un à l'autre camp. Avec le gazon ils dressent des tables fraternelles, et Bacchus reçoit leurs communes libations. La flamme brille aux foyers de bruyère, les lits de camp se rapprochent, et des récits de guerre prolongent la veillée jusqu'aux dernières heures de la nuit. Ils disent où se livrèrent leurs premiers combats, et si leurs javelots partaient d'une main bien assurée; ils vantent leurs exploits, s'excusent sur le malheur des temps, et renouent leur ancienne amitié. Les malheureux! le destin ne demandait que cela. Toute cette tendresse ne sert qu'à grandir le crime futur.

Petreius apprend que la paix se rétablit, qu'il est vendu et livré, lui et son camp : aussitôt il traîne ses

Castra videt, famulas scelerata ad prœlia dextras
Excitat, atque hostes turba stipatus inermes
Præcipitat castris, junctosque amplexibus ense
Separat, et multo disturbat sanguine pacem.
Addidit ira ferox moturas prœlia voces :
« Immemor o patriæ, signorum oblite tuorum,
Non potes hoc causæ, miles, præstare, senatus
Adsertor victo redeas ut Cæsare : certe
Ut vincare, potes. Dum ferrum, incertaque fata,
Quique fluat multo non deerit vulnere sanguis,
Ibitis ad dominum? damnataque signa feretis?
Utque habeat famulos nullo discrimine Cæsar
Exorandus erit? ducibus quoque vita petenda est?
Numquam nostra salus pretium mercesque nefandæ
Proditionis erit : non hoc civilia bella,
Ut vivamus, agunt. Trahimur sub nomine pacis.
Non chalybem gentes penitus fugiente metallo
Eruerent, nulli vallarent oppida muri,
Non sonipes in bella ferox, non iret in æquor
Turrigeras classis pelago sparsura carinas,
Si bene libertas umquam pro pace daretur.

« Hostes nempe meos sceleri jurata nefando
Sacramenta tenent : at vobis vilior hoc est
Vestra fides, quod pro causa pugnabitis æqua.

« — Sed veniam sperare licet !

« Pro, dira pudoris
Funera ! nunc toto fatorum ignarus in orbe,

esclaves à une lutte impie; environné de son escorte, il fait place nette de ces ennemis qui n'ont point d'armes. Il rompt leurs embrassemens avec l'épée, et bouleverse cette paix par un désordre sanglant.

Sa fureur ajoute des paroles qui respirent le carnage : « Soldats infidèles, qui oubliez votre patrie et vos étendards! si vous n'avez pas la force de vaincre pour une sainte cause, et de revenir en libérateurs déposer aux pieds du sénat les dépouilles de César, au moins vous pouvez mourir! Tant qu'il vous reste du fer, une chance douteuse, et du sang de quoi en perdre par vingt blessures, vous irez bien chercher un maître! et vous porterez des enseignes flétries! et César sera supplié de daigner sans péril vous accepter pour esclaves! Sans doute aussi vous demanderez la vie pour vos chefs? Jamais, entendez-vous, jamais notre salut ne sera le prix et la récompense d'une infamie : ce n'est pas la question de nos vies qu'agite la guerre civile. Votre paix n'est que trahison. Certes les hommes n'arracheraient point de la terre l'acier enseveli dans ses profondeurs, les villes ne noueraient point à leurs flancs leurs ceintures de granit, l'ardent coursier ne se lancerait point dans la bataille, les flottes ne couvriraient point les mers de leurs mouvantes citadelles, s'il pouvait être honorable de troquer la Liberté pour la Paix.

« Quoi ! mes ennemis se trouvent irrévocablement enchaînés par un serment prêté au crime; et vous, la foi qui vous lie semble plus vile à vos yeux, parce que vous avez à combattre pour une cause légitime?

« — Mais il est permis d'espérer le pardon !

« Oh! je le vois trop bien, la pudeur est morte! Maintenant par tout l'univers, ignorant la perfidie des des-

Magne, paras acies, mundique extrema tenentes
Sollicitas reges, quum forsan foedere nostro
Jam tibi sit promissa salus. »

     Sic fatur, et omnes
Concussit mentes, scelerumque reduxit amorem.
Sic ubi desuetæ silvis in carcere clauso
Mansuevere feræ, et vultus posuere minaces,
Atque hominem didicere pati; si torrida parvus
Venit in ora cruor, redeunt rabiesque furorque,
Admonitæque tument gustato sanguine fauces;
Fervet, et a trepido vix abstinet ira magistro.

Itur in omne nefas; et quæ Fortuna, Deorum
Invidia, cæca bellorum in nocte tulisset,
Fecit monstra fides : inter mensasque, torosque,
Quæ modo complexu foverunt pectora, cædunt.
Et quamvis primo ferrum strinxere gementes,
Ut dextræ justi gladius dissuasor adhæsit,
Dum feriunt, odere suos, animosque labantes
Confirmant ictu. Fervent jam castra tumultu,
Et scelerum turba : rapiuntur colla parentum.
Ac velut occultum pereat scelus, omnia monstra
In faciem posuere ducum : juvat esse nocentes.

Tu, Cæsar, quamvis spoliatus milite multo,
Agnoscis Superos : neque enim tibi major in arvis
Emathiis fortuna fuit, nec Phocidos undis
Massiliæ, Phario nec tantum est æquore gestum.

tins, ô Pompée! tu prépares des armées, et tu fais lever les rois jusqu'aux extrémités du monde, tandis qu'ici peut-être on t'a déjà promis ta grâce! »

Il dit, et ses paroles ont secoué tous les cœurs; l'amour des crimes est revenu.

Ainsi quand les bêtes féroces, déshabituées des forêts, se sont adoucies dans la prison qui les renferme, lorsqu'elles ont déposé leurs airs menaçans, et appris à supporter l'aspect de l'homme, si une goutte de sang vient humecter leurs lèvres ardentes, tout à coup la rage et la férocité se réveillent: averti par le goût du sang, leur gosier se gonfle et s'irrite, et leur fureur pantelante épargne à peine leur maître épouvanté.

On se rue au crime; des attentats que la fortune aurait cachés dans la nuit d'une mêlée, et qui auraient été commis à la honte des dieux, deviennent une exigence du point d'honneur. Au milieu des lits et des tables du festin, les soldats déchirent avec fureur ces poitrines qu'ils pressaient tout-à-l'heure avec amour. Ils n'ont d'abord tiré le fer qu'en gémissant; mais dès que le glaive, conseiller de violence, a électrisé leurs mains, en égorgeant, la haine leur vient; et si leur cœur est prêt à manquer, ils le raniment en redoublant leurs coups. L'orgie du sang se démène et rugit dans la vallée: tout le camp est en travail de crimes. Ils tranchent la tête de leurs parens, et, comme si un crime ignoré était un crime perdu, chacun vient poser son forfait devant la face de son chef: on est glorieux d'être un scélérat.

Toi, César, quoique tu perdes plusieurs de tes soldats, tu reconnais ici la protection des dieux; car jamais la fortune ne te servit mieux dans les champs de l'Émathie; jamais rien de plus heureux ne t'arriva sur les eaux

Hoc siquidem solo civilis crimine belli
Dux causæ melioris eris.

POLLUTA nefanda
Agmina cæde duces junctis committere castris
Non audent, altæque ad mœnia rursus Hilerdæ
Intendere fugam. Campos eques obvius omnes
Abstulit, et siccis inclusit collibus hostem.
Tunc inopes undæ præruptæ cingere fossa
Cæsar avet, nec castra pati contingere ripas,
Aut circum largos curvari brachia fontes.

UT leti videre viam, conversus in iram
Præcipitem timor est. Miles, non utile clausis
Auxilium, mactavit equos : tandemque coactus
Spe posita damnare fugam, casurus in hostes
Fertur.

UT effuso Cæsar decurrere passu
Vidit, et ad certam devotos tendere mortem :
« Tela tene jam, miles, ait, ferrumque ruenti
Subtrahe : non ullo constet mihi sanguine bellum :
Vincitur haud gratis, jugulo qui provocat hostem.
En sibi vilis adest invisa luce juventus,
Jam damno peritura meo : non sentiet ictus,
Incumbet gladiis, gaudebit sanguine fuso.
Deserat hic fervor mentes, cadat impetus amens :
Perdant velle mori. » Sic deflagrare minaces
Incassum, et vetito passus languescere bello,
Substituit merso dum Nox sua lumina Phœbo.

de Marseille et du Phare. Grâce à ce jour coupable, ta cause est désormais la meilleure.

Les lieutenans de Pompée n'osent point faire camper dans le voisinage de l'ennemi des bataillons souillés par un horrible carnage. Ils cherchent à regagner, en fuyant, les hauteurs d'Hilerda. Mais devant eux toute la campagne est battue par la cavalerie, et ils se voient cernés sur l'aride sommet des coteaux. Sachant qu'ils manquent d'eau, César se hâte de les entourer d'un fossé profond, sans permettre à leur camp de s'étendre jusqu'au fleuve, ni d'embrasser dans son enceinte aucune des sources d'alentour.

Quand ils virent quelle mort s'apprêtait pour eux, la crainte fit place dans leur âme à une aveugle fureur. Ils immolent d'abord les chevaux, secours inutile à des hommes ainsi bloqués ; puis, forcés enfin de renoncer à tout espoir de fuite, ils se précipitent sur l'ennemi, pour se faire tuer.

César les voyant accourir en désordre, comme des victimes dévouées à un trépas certain, « Soldats, dit-il, ne lancez pas un seul trait, et que leur choc ne rencontre point vos glaives : je ne veux pas perdre ici une seule goutte de sang. La victoire sur un ennemi qui attaque en tendant la gorge serait encore trop payée ; ces hommes ont fait le sacrifice de leur vie et maudit la lumière : leur trépas ne serait un malheur que pour moi. Ils ne sentiront pas les coups, ils courront s'enferrer d'eux-mêmes, et verront avec joie couler leur sang. Laissez refroidir cette bouillante ardeur, attendez que cette frénésie tombe d'elle-même, et qu'ils perdent la volonté de mourir. » Ainsi les laisse-t-il se consumer en vaines menaces, et perdre tout leur feu devant un ennemi qui refuse le combat, jusqu'à ce que le soleil descendu au sein des mers ait fait place à la nuit.

Inde ubi nulla data est miscendæ copia mortis,
Paulatim cadit ira ferox, mentesque tepescunt.
Saucia majores animos ut pectora gestant
Dum dolor est, ictusque recens, et mobile nervis
Conamen calidus præbet cruor, ossaque nondum
Adduxere cutem : si conscius ensis adacti
Stat victor, tenuitque manus; tum frigidus artus
Adligat, atque animum subducto robore torpor,
Postquam sicca rigens adstrinxit vulnera sanguis.

Jamque inopes undæ, primum tellure refossa,
Occultos latices, abstrusaque flumina quærunt :
Nec solum rastris, durisque ligonibus arva,
Sed gladiis fodere suis : puteusque cavati
Montis ad irrigui premitur fastigia campi.
Non se tam penitus, tam longe luce relicta
Merserit Asturii scrutator pallidus auri.
Non tamen aut tectis sonuerunt cursibus amnes,
Aut micuere novi, percusso pumice, fontes :
Antra nec exiguo stillant sudantia rore,
Aut impulsa levi turbatur glarea vena.
Tunc exhausta super multo sudore juventus
Extrahitur, duris silicum lassata metallis.
Quoque minus possent siccos tolerare vapores
Quæsitæ fecistis aquæ.
     Nec languida fessi
Corpora sustentant epulis, mensasque perosi
Auxilium fecere famem. Si mollius arvum
Prodidit humorem, pingues manus utraque glebas

Quand ils ont vu qu'ils ne peuvent mourir en mêlant leur sang à celui de l'ennemi, leur fougueuse colère tombe insensiblement, et leurs âmes s'apaisent. Ainsi le cœur grandit dans une poitrine blessée, tant que la douleur est vive et le coup récent, tant que la chaleur du sang fournit aux muscles un ressort énergique, et que la chair ne s'est pas retirée vers les os : mais si, jugeant bien du coup qu'il a porté, le vainqueur s'arrête et retient son bras ; alors, le sang venant à se figer et à tendre les bords arides de la plaie, la force tombe, et un engourdissement glacial saisit à la fois le corps et l'âme.

Privés d'eau, ils commencent à retourner la terre, pour trouver des sources cachées et des fleuves souterrains. Ils creusent le sol, non-seulement avec la pioche et le hoyau, mais encore avec l'épée. Un puits percé dans la montagne, descend jusqu'au niveau de la plaine arrosée. Ni si avant dans la terre, ni si loin du jour, ne s'enfonce le pâle mineur qui cherche l'or au sein des Asturies. Cependant nul fleuve ne fit entendre le murmure de son eau profonde ; nulles sources ne jaillirent des veines de la pierre-ponce ; les parois des cavités ne distillèrent point leur pleur humide, le plus mince filet d'eau ne vint pas remuer le gravier. Alors, épuisés de fatigues et de sueurs, ils s'arrachent avec peine de ces roches dont la dureté métallique a vaincu l'effort de leurs bras, et leur pénible recherche n'aboutit qu'à leur rendre encore plus insupportable l'air brûlant qu'ils respirent.

Ils ne songent point à soutenir par des alimens leurs corps languissans et affaissés. Ils se privent de nourriture, et demandent à la faim un secours contre la soif. Si la terre amollie trahit quelque humidité, ils arrachent

Exprimit ora super. Nigro si turbida limo
Colluvies immota jacet, cadit omnis in haustus
Certatim obscenos miles; moriensque recepit,
Quas nollet victurus, aquas; rituque ferarum
Distentas siccant pecudes, et lacte negato,
Sordidus exhausto sorbetur ab ubere sanguis.
Tunc herbas frondesque terunt, et rore madentes
Destringunt ramos, et si quos palmite crudo,
Arboris aut tenera succos pressere medulla.

O FORTUNATI, fugiens quos barbarus hostis
Fontibus immixto stravit per rura veneno.
Hos licet in fluvios saniem, tabemque ferarum,
Pallida Dictæis, Cæsar, nascentia saxis
Infundas aconita palam; Romana juventus
Non decepta bibet.   TORRENTUR viscera flamma,
Oraque sicca rigent squamosis aspera linguis.
Jam marcent venæ, nulloque humore rigatus
Aeris alternos angustat pulmo meatus,
Rescissoque nocent suspiria dura palato.
Pandunt ora tamen, nocturnumque aera captant.
Exspectant imbres, quorum modo cuncta natabant
Impulsu, et siccis vultus in nubibus hærent.
Quoque magis miseros undæ jejunia solvant,
Non super arentem Meroen, Cancrique sub axe,
Qua nudi Garamantes arant, sedere: sed inter
Stagnantem Sicorim, et rapidum deprensus Hiberum
Spectat vicinos sitiens exercitus amnes.

les glèbes mouillées, et les pressent à deux mains sur leurs lèvres. Découvrent-ils quelque flaque d'eau noire et bourbeuse, quelque mare croupissante, ils se précipitent à l'envi sur ce breuvage impur, et boivent pour mourir une eau qu'ils ne boiraient pas pour vivre. Avec une avidité de bêtes féroces, ils dessèchent la mamelle gonflée des troupeaux, et à défaut de lait ils la pressent encore pour boire le sang corrompu qu'ils aspirent. Ensuite ils broyent les herbes et les feuilles, ils ratissent les rameaux trempés de rosée, ils tordent les tiges vertes, et pressent la tendre moelle des arbres, pour en faire suinter quelques gouttes rafraîchissantes.

Heureux ceux qui sont tombés morts en buvant aux sources qu'un ennemi barbare avait empoisonnées dans sa fuite! Va, César, jette dans les fleuves le fiel le plus immonde, le venin des serpens, les pâles aconits qu'enfantent les roches de la Crète; fais-le à la vue de tous: les guerriers Romains le verront et courront y boire.

Un feu brûlant dévore leurs entrailles; leur langue aride et écailleuse se durcit dans leur bouche desséchée. Leurs veines sont flétries; leur poumon, qui n'est plus arrosé, se resserre et ne laisse plus à l'air qu'un étroit passage. Un râle douloureux déchire leur palais. Ils ouvrent la bouche néanmoins, et aspirent l'air de la nuit. Ils implorent les orages qui naguère encore menaçaient de tout engloutir, et restent immobiles les yeux fixés sur des nuages brûlans. Et, ce qui leur rend plus insupportable ce manque d'eau, ce n'est pas sur l'aride Méroé, ni sous le tropique du Cancer, habité par le peuple nu des Garamantes, qu'ils sont campés; mais prise entre le Sicoris indolent et le rapide Hibère, cette armée, qui meurt de soif, voit couler ces deux fleuves sous ses yeux.

Jam domiti cessere duces, pacisque petendæ
Auctor damnatis supplex Afranius armis,
Semianimes in castra trahens hostilia turmas,
Victoris stetit ante pedes. Servata precanti
Majestas, non fracta malis, interque priorem
Fortunam, casusque novos, gerit omnia victi,
Sed ducis, et veniam securo pectore poscit.

« Si me degeneri stravissent fata sub hoste,
Non deerat fortis rapiendo dextera leto :
At nunc sola mihi est orandæ causa salutis,
Dignum donanda, Cæsar, te credere vita.
Non partis studiis agimur, nec sumpsimus arma
Consiliis inimica tuis. Nos denique bellum
Invenit civile duces : causæque priori,
Dum potuit, servata fides : nil fata moramur.
Tradimus Hesperias gentes, aperimus Eoas,
Securumque orbis patimur post terga relicti.

« Nec cruor effusus campis tibi bella peregit,
Nec ferrum, lassæque manus : hoc hostibus unum,
Quod vincas, ignosce tuis. Nec magna petuntur :
Otia des fessis, vitam patiaris inermes
Degere, quam tribuis : campis prostrata jacere
Agmina nostra putes; nec enim felicibus armis
Misceri damnata decet, partemque triumphi
Captos ferre tui : turba hæc sua fata peregit.
Hoc petimus, victos ne tecum vincere cogas. »

Enfin les chefs cèdent à l'intraitable nécessité. Afranius, le premier, propose de demander la paix; plus de combats: il s'avance vers le camp ennemi, traînant après lui ses cohortes expirantes, et s'arrête suppliant aux pieds du vainqueur. Mais dans cette attitude même il conserve un air de fierté que le malheur ne peut abattre. Son visage exprime à la fois sa fortune passée et ses revers présens; c'est un vaincu, mais un chef; il demande grâce, mais c'est avec la tranquillité d'un grand cœur.

« Si le destin m'eût fait succomber sous un ennemi sans gloire, j'aurais trouvé dans ce bras l'instrument d'une mort courageuse. Le seul motif qui me fait demander la vie, César, c'est que je te crois digne de la donner. Nous ne sommes point poussés par l'esprit de parti; nous n'avons pas pris les armes pour traverser tes desseins; la guerre civile, enfin, nous a trouvés à la tête de ces troupes. Tant que nous l'avons pu, nous sommes restés fidèles à notre général : le destin l'emporte, nous ne résistons plus. Nous t'abandonnons les Espagnes, nous t'ouvrons l'Orient. Par notre soumission, tu n'as plus rien à craindre des pays que tu laisses derrière toi.

« Ce qui a terminé la guerre entre nous, ce n'est ni le sang répandu, ni le fer, ni les bras fatigués de carnage: pardonne à tes ennemis leur seul crime, ta victoire. Nos prétentions sont modestes : accorde-nous le repos, laisse-nous achever en paix des jours que nous tiendrons de toi : regarde-nous comme des morts étendus sur un champ de bataille; car il ne convient pas d'associer à des armes triomphantes des armes condamnées par les dieux, et des captifs ne doivent point partager ta gloire. Ces soldats ont accompli leurs destins. Pour toute grâce, ne force point des vaincus à vaincre avec toi. »

Dixerat : at facilis Cæsar, vultuque serenus
Flectitur, atque usum belli, pœnamque remittit.

Ut primum justæ placuerunt fœdera pacis,
Incustoditos decurrit miles ad amnes,
Incumbit ripis, permissaque flumina turbat.
Continuus multis subitarum tractus aquarum
Aera non passus vacuis discurrere venis,
Arctavit, clausitque animam : nec fervida pestis
Cedit adhuc ; sed morbus egens jam gurgite, plenis
Visceribus, sibi poscit aquas : mox robora nervis,
Et vires rediere viris.
    O prodiga rerum
Luxuries, numquam parvo contenta paratu,
Et quæsitorum terra pelagoque ciborum
Ambitiosa fames, et lautæ gloria mensæ,
Discite, quam parvo liceat producere vitam,
Et quantum natura petat ! Non erigit ægros
Nobilis ignoto diffusus consule Bacchus ;
Non auro, murrhaque bibunt : sed gurgite puro
Vita redit. Satis est populis fluviusque Ceresque.
Heu miseri, qui bella gerunt !
     Tunc arma relinquens
Victori miles, spoliato pectore tutus,
Innocuusque suas, curarum liber, in urbes
Spargitur. O quantum donata pace potitos
Excussis umquam ferrum vibrasse lacertis
Pœnituit, tolerasse sitim, frustraque rogasse
Prospera bella Deos ! Nempe usis Marte secundo
Tot dubiæ restant acies, tot in orbe labores ;

PHARSALE, LIVRE IV.

Il avait dit; César, plein de clémence et avec un visage serein, leur accorde à la fois leur pardon et la dispense des combats.

Dès que cette heureuse paix est conclue, le soldat s'élance vers les fleuves dont les bords ne sont plus gardés. Il se penche sur les rives, et trouble ces eaux qu'on lui abandonne. Plusieurs se gorgeant à la hâte et d'un seul trait, sans permettre à l'air de circuler dans leurs veines, sont victimes de leur précipitation, et périssent suffoqués. Le feu qui les mine ne cède point encore; leur soif maladive convoite le fleuve entier, leurs entrailles noyées demandent encore de l'eau. Bientôt, cependant, leurs muscles se raniment, et leur vigueur se rétablit.

O prodigalité du luxe que la simplicité n'a jamais satisfaite! ambitieuse faim de ces mets qu'on ne peut obtenir qu'en mettant la terre et la mer à contribution! vaine gloire des tables somptueuses! apprenez combien il faut peu de chose pour soutenir la vie, et combien la nature est peu exigeante! Ce qui ranime ces malheureux, ce n'est point un vin fameux, recueilli sous un consul inconnu; ils ne boivent point dans l'or, ni dans la pierre de Murrha : c'est une onde pure qui leur rend la vie. Il ne faut à l'homme que deux choses : de l'eau et du pain. Ah! malheur à ceux qui font la guerre!

Le soldat abandonne ses armes au vainqueur. Il dépouille sa poitrine qui n'est plus menacée, et, désormais innocent de la guerre civile, affranchi de toute inquiétude, il se répand dans les villes qui l'ont vu naître. Oh! qu'une fois en possession de la paix, ils se repentirent d'avoir jamais lancé le javelot meurtrier, souffert la soif, et demandé vainement aux dieux le succès de leurs armes! Tant de hasards, tant de travaux sous le

Ut numquam fortuna labet successibus anceps,
Vincendum toties : terras fundendus in omnes
Est cruor, et Cæsar per tot sua fata sequendus.
Felix, qui potuit, mundi nutante ruina,
Quo jaceat, jam scire, loco! Non prœlia fessos
Ulla vocant, certos non rumpunt classica somnos.
Jam conjux, natique rudes, et sordida tecta,
Et non deductos recipit sua terra colonos.
Hoc quoque securis oneris fortuna remisit,
Sollicitus menti quod abest favor : ille salutis
Est auctor, dux ille fuit. Sic prœlia soli
Felices nullo spectant civilia voto.

Non eadem belli totum fortuna per orbem
Constitit; in partes aliquid sed Cæsaris ausa est,
Quá maris Hadriaci longas ferit unda Salonas,
Et tepidum in molles Zephyros excurrit Iader.

Illic bellaci confisus gente Curetum,
Quos alit Hadriaco tellus circumflua ponto,
Clauditur extrema residens Antonius ora,
Cautus ab incursu belli, si sola recedat,
Expugnat quæ tuta, fames. Non pabula tellus
Pascendis submittit equis, non proserit ullam
Flava Ceres segetem : spoliabat gramine campum
Miles, et attonso miseris jam dentibus arvo

ciel sont encore réservés aux vainqueurs. Quand la fortune, toujours égale, ne démentirait jamais ses faveurs, ils ont à vaincre encore tant de fois ! il leur faut verser leur sang par toute la terre ! il leur faut suivre César dans son fatal itinéraire. Heureux celui qui, dans cette ruine prochaine du monde, sait d'avance où il doit mourir ! Fatigués, ils n'ont plus à courir aux combats ; s'ils reposent, la trompette ne vient plus interrompre leur tranquille sommeil. Une épouse, de jeunes enfans, un foyer rustique les attendent ; la terre natale reçoit en eux ses propres enfans, au lieu de vaincus transplantés. Dans leur sécurité profonde, la fortune les délivre encore d'une dernière inquiétude ; ils ne se tourmentent plus en faveur d'aucun parti : Pompée fut leur général, César est leur sauveur. Seuls dans le monde, ils ont le bonheur de voir sans intérêt le spectacle des guerres civiles.

La fortune des combats ne se montra point la même par tout l'univers ; elle frappa d'un échec le parti de César, aux lieux où l'Adriatique baigne de ses flots bondissans les longues murailles de Salone, et où l'Iader roule ses tièdes ondes vers les molles demeures des Zéphyrs.

Confiant dans la belliqueuse nation des Curètes, dont le pays est environné de tous côtés par l'Adriatique, Antoine se laisse enfermer dans leur île ; position admirable dans laquelle il eût bravé tout l'effort de l'ennemi, s'il avait pu en écarter la faim, qui seule force les citadelles imprenables. Cette terre ne fournit point de pâturages pour les coursiers. La blonde Cérès n'y fait germer aucune moisson. Le soldat dévore l'herbe des champs, et, après avoir dépouillé la campagne avec ses

Castrorum siccas de cespite vulserat herbas.

Ut primum adversæ socios in litore terræ
Et Basilum videre ducem, nova furta per æquor
Exquisita fugæ : neque enim de more carinas
Extendunt, puppesque levant, sed firma gerendis
Molibus insolito contexunt robora ductu.
Namque ratem vacuæ sustentant undique cupæ,
Quarum porrectis series constricta catenis
Ordinibus geminis obliquas excipit alnos.
Nec gerit expositum telis in fronte patenti
Remigium; sed, quod trabibus circumdedit æquor,
Hoc ferit, et taciti præbet miracula cursus,
Quod nec vela ferat, nec apertas verberet undas.
Tunc freta servantur, dum se declivibus undis
Æstus agat, refluoque mari nudentur arenæ.

Jamque relabenti crescebant litora ponto;
Missa ratis prono defertur lapsa profundo,
Et geminæ comites : cunctas super ardua turris
Eminet, et tremulis tabulata minantia pinnis.

Noluit Illyricæ custos Octavius undæ
Confestim tentare ratem, celeresque carinas
Continuit, cursu crescat dum præda secundo;
Et temere ingressos repetendum invitat ad æquor
Pace maris.

      Sic dum pavidos formidine cervos
Claudat odoratæ metuentes aera pennæ :
Aut dum dispositis attollat retia varis
Venator, tenet ora levis clamosa Molossi;

dents affamées, il arrache enfin le gazon séché des retranchemens.

Enfin, ils aperçoivent, sur le rivage opposé, des troupes amies, et Basile à leur tête : aussitôt ils inventent un stratagème nouveau pour fuir à travers les ondes. Au lieu de vaisseaux construits comme à l'ordinaire, poupes hautes, carènes allongées, ils joignent ensemble des poutres solides et capables de supporter un grand poids. Cet appareil est soutenu des deux côtés par un double rang de tonneaux vides attachés par de longues chaînes, et recouverts de planches obliques : ainsi les rameurs ne sont point exposés aux traits de l'ennemi, en leur présentant un front découvert. Ils ne sillonnent que l'onde enfermée dans leur muraille de bois, et donnent le merveilleux spectacle d'une navigation sans voiles et sans rames apparentes. Il ne leur reste plus qu'à attendre l'heure où la mer décroissante retire ses flots et laisse à nu la grève sablonneuse.

Déja l'eau se retire, et le rivage s'agrandit. Cette embarcation nouvelle est lancée à la mer et glisse sur sa pente humide ; deux autres la suivent ; mais elle les domine de sa tour menaçante, et de ses créneaux de bois qui tremblent au mouvement des vagues.

Octave, qui gardait la mer d'Illyrie, ne voulut pas attaquer d'abord le bâtiment. Il retient ses rapides galères, attendant que le succès du trajet lui livre sa proie tout entière. Il veut que l'aspect d'une mer tranquille et sans ennemis encourage leur téméraire entreprise.

Ainsi, tant que le chasseur n'a pas encore enfermé le cerf qui fuit l'odeur des plumes de l'épouvantail ; tant qu'il n'a pas élevé ses filets sur leurs appuis fourchus, il retient les cris de ses légers molosses, il tient en laisse

Spartanos, Cretasque ligat : nec creditur ulli
Silva cani, nisi qui presso vestigia rostro
Colligit, et præda nescit latrare reperta,
Contentus tremulo monstrasse cubilia loro.

Nec mora; complentur moles, avideque petitis
Insula deseritur ratibus, quo tempore primas
Impedit ad noctem jam lux extrema tenebras.

At Pompeianus fraudes innectere ponto
Antiqua parat arte Cilix, passusque vacare
Summa freti, medio suspendit vincula ponto,
Et laxas fluitare sinit, religatque catenas
Rupis ab Illyricæ scopulis. Nec prima, nec illa,
Quæ sequitur, tardata ratis: sed tertia moles
Hæsit, et ad cautes adducto fune sequuta est.
Impendent cava saxa mari; ruituraque semper
Stat (mirum) moles, et silvis æquor inumbrat.
Huc fractas Aquilone rates, submersaque pontus
Corpora sæpe tulit, cæcisque abscondit in antris :
Restituit raptus tectum mare, quumque cavernæ
Evomuere fretum, contorti vorticis undæ
Tauromenitanam vincunt fervore Charybdim.

Hic Opiterginis moles onerata colonis
Constitit : hanc omni puppes statione solutæ
Circueunt; alii rupes, ac litora complent.

Vulteius tacitas sensit sub gurgite fraudes;
Dux erat ille ratis : frustra qui vincula ferro

PHARSALE, LIVRE IV.

sa meute de Sparte et de Crète : nul chien n'est lancé dans la forêt, excepté celui qui démêle la piste en silence, évente le gibier sans donner de la voix, et se contente d'indiquer sa retraite par un léger tremblement de son collier.

Aussitôt ils s'embarquent à l'envi sur ces pesantes machines; et s'empressent de quitter l'île à l'heure où les dernières clartés du jour luttent contre les premières ombres de la nuit.

Alors un Cilicien du parti de Pompée, consommé dans l'art de sa nation, prépare des pièges secrets sous la mer. Laissant la surface libre, il suspend, entre deux eaux, des chaînes flottantes dont les extrémités s'attachent aux rochers d'Illyrie. Ni le premier, ni le second navire ne sont arrêtés, mais le troisième s'embarrasse, et suit les chaînes qui l'entraînent vers les écueils. De sa voûte sourcilleuse un rocher surplombe la mer. Toujours prêt à tomber, toujours il reste suspendu comme par enchantement, et répand sur les eaux l'ombre de sa forêt. Là souvent la mer apporte les débris des vaisseaux fracassés par l'Aquilon, ou des cadavres d'hommes noyés, et les cache dans de profonds abîmes. Puis ensuite les flots rendent ce qu'ils ont pris ; et lorsque le gouffre s'ouvre pour vomir la mer qu'il a engloutie, c'est un bruit de tempête qui couvrirait les hurlemens de Charybde.

Là s'arrêta le vaisseau chargé d'Opitergins. Il est entouré de galères ennemies qui sortent de leur mouillage, et de soldats qui couvrent les rochers et la rive.

Vulteius sentit le piège sous-marin. Il était chef du navire. Après avoir vainement essayé de briser les chaînes

Rumpere conatus, poscit spe proelia nulla,
Incertus qua terga daret, qua pectora bello.
Hoc tamen in casu, quantum deprensa valebat,
Effecit virtus : inter tot millia captae
Circumfusa rati, et plenam vix inde cohortem,
Pugna fuit, non longa quidem; nam condidit atra
Nox lucem dubiam, pacemque habuere tenebrae.

Tunc sic attonitam, venturaque fata paventem
Rexit magnanima Vulteius voce cohortem :

« Libera non ultra parva quam nocte, juventus,
Consulite extremis angusto in tempore rebus.
Vita brevis nulli superest, qui tempus in illa
Quaerendae sibi mortis habet : nec gloria leti
Inferior, juvenes, admoto occurrere fato.
Omnibus incerto venturae tempore vitae
Par animi laus est, et quos speraveris annos
Perdere, et extremae momentum abrumpere lucis,
Accersas dum fata manu : non cogitur ullus
Velle mori. Fuga nulla patet; stant undique nostris
Intenti cives jugulis. Decernite letum,
Et metus omnis abest : cupias quodcumque necesse est.

« Non tamen in caeca bellorum nube cadendum est,
Ut quum permixtis acies sua tela tenebris
Involvunt : conserta jacent quum corpora campo,
In medium mors omnis abit; perit obruta virtus.
Nos in conspicua sociis, hostique carina

à coups de hache, il se prépare à un combat sans espoir, ne sachant de quel côté tourner le dos ou la poitrine à l'ennemi. Dans cette disgrâce pourtant, tout ce que peut la valeur surprise, elle le fit. Entre mille vaisseaux d'un côté, et de l'autre à peine une cohorte investie de toute part, il y eut un combat. Il ne fut pas long à la vérité, car ce qui restait de lumière s'éteignit dans les ténèbres, et la nuit fit régner la paix.

Alors, du milieu de cette troupe saisie et tremblante à l'idée de sa mort prochaine, Vultéius se lève et l'électrise de sa voix magnanime :

« Soldats! vous n'avez plus qu'une nuit à être libres! une courte nuit! Profitez de ce peu d'instans pour mettre ordre à votre heure dernière. La vie n'est jamais trop courte quand il en reste assez pour aller chercher la mort. Un trépas volontaire ne perd rien de sa gloire, ne ferait-on qu'un pas au devant du destin. Personne n'étant assuré du temps qu'il lui reste à vivre, c'est un courage également beau de renoncer aux années qu'on espère, et de trancher ses derniers momens d'une vie prête à s'éteindre : tout l'honneur consiste à rapprocher l'instant fatal ; car personne ne peut être forcé à vouloir mourir. Voyez, nulle fuite n'est ouverte ; de tous côtés nous avons le fer sur la gorge. Prononcez votre arrêt de mort, et toute crainte s'évanouit : sachons vouloir ce qui est inévitable.

« Il ne s'agit pourtant pas ici de périr obscurément dans une mêlée confuse, où la multitude des traits enveloppe les bataillons dans un épais nuage, où les cadavres s'entassent pêle-mêle dans la plaine, où toutes les morts se confondent, où la valeur périt oubliée. Les dieux nous ont placés sur un noble théâtre,

Constituere Dei : præbebunt æquora testes,
Præbebunt terræ, summis dabit insula saxis.
Spectabunt geminæ diverso e litore partes.
Nescio quod nostris magnum et memorabile fatis
Exemplum, Fortuna, paras. Quæcumque per ævum
Exhibuit monumenta fides, servataque ferro
Militiæ pietas, transibit nostra juventus.
Namque suis pro te gladiis incumbere, Cæsar,
Esse parum scimus; sed non majora supersunt
Obsessis, tanti quæ pignora demus amoris.
Abscidit nostræ multum sors invida laudi,
Quod non cum senibus capti natisque tenemur.
Indomitos sciat esse viros, timeatque furentes,
Et morti faciles animos, et gaudeat hostis
Non plures hæsisse rates.

« Tentare parabunt
Fœderibus, turpique volent corrumpere vita.
O utinam, quo plus habeat mors unica famæ,
Promittant veniam, jubeant sperare salutem :
Ne nos, quum calido fodiemus viscera ferro,
Desperasse putent. Magna virtute merendum est,
Cæsar, ut, amissis inter tot millia paucis,
Hoc damnum, cladmque voces. Dent fata recessum,
Emittantque licet, vitare instantia nolim.
Projeci vitam, comites, totusque futuræ
Mortis agor stimulis; furor est. Agnoscere solis
Permissum est, quos jam tangit vicinia fati,

en vue tout à la fois de nos amis et de nos ennemis. Nous aurons des témoins sur les eaux, des témoins sur la terre, et l'île nous en fournira sur le sommet de ses rochers. De l'un et de l'autre rivage, les deux partis vont assister en spectateurs. O fortune, quel grand et mémorable exemple veux-tu donc faire de notre trépas? Tout ce que la fidélité et le dévoûment militaire ont laissé de monumens illustres dans tous les siècles, va être dépassé par cette brave jeunesse. S'immoler pour toi, César, c'est peu de chose, nous le savons; mais assiégés comme nous sommes, nous n'avons pas de plus grand témoignage à te donner de notre grand amour ! — Le sort jaloux nous enlève beaucoup de notre gloire, en ne rassemblant point avec nous dans cette prison nos vieillards et nos enfans. Que l'ennemi comprenne bien qu'il a affaire à des hommes indomptables, qu'il pâlisse devant ces cœurs furieux et empressés vers la mort. Enfin qu'il remercie le ciel de n'avoir arrêté ici qu'un de nos vaisseaux.

« Ils essayeront de nous tenter par une capitulation; ils voudront nous corrompre par l'offre d'une vie honteuse. Puissent-ils, notre mort en serait plus fameuse, puissent-ils promettre de nous faire grâce, et nous assurer de notre salut, afin qu'en voyant nos épées se plonger ardemment dans nos entrailles ils ne disent pas que c'est là du désespoir. Par l'effort de notre vertu nous mériterons, César, que tu pleures la mort de quelques hommes, sur tant de milliers qui suivent tes drapeaux, comme un désastre et une défaite. Quand le destin m'offrirait un moyen d'échapper, et m'ouvrirait une issue, je ne voudrais pas reculer devant le sort qui m'attend. J'en ai fini avec la vie; je suis tout entier sous

Victurosque Dei celant, ut vivere durent,
Felix esse mori. »

          Sic cunctas extulit ardor
Nobilium mentes juvenum : quum sidera coeli,
Ante ducis voces, oculis humentibus omnes
Adspicerent, flexoque Ursæ temone paverent;
Idem, quum fortes animos præcepta subissent,
Optavere diem. Nec segnis mergere ponto
Tunc erat astra polus; nam sol Ledæa tenebat
Sidera, vicino quum lux altissima Cancro est :
Nox tum Thessalicas urgebat parva sagittas.
Detegit orta dies stantes in rupibus Histros,
Pugnacesque mari Graia cum classe Liburnos.

Tentavere prius suspenso vincere bello
Fœderibus, fieret captis si dulcior ipsa
Mortis vita mora. Stabat devota juventus,
Damnata jam luce ferox, securaque pugnæ
Promisso sibi fine manu : nullique tumultus
Excussere viris mentes ad summa paratas;
Innumerasque simul pauci terraque marique
Sustinuere manus : tanta est fiducia mortis.

Utque satis bello visum est fluxisse cruoris,
Versus ab hoste furor, primus dux ipse carinæ
Vulteius jugulo poscens jam fata retecto,

l'aiguillon de la mort; c'est une sainte fureur. Il faut sentir la mort tout près de soi pour comprendre cette vérité que les dieux cachent aux mortels condamnés à vivre, afin qu'ils supportent la vie : c'est un bonheur de mourir! »

Le feu de sa parole enflamme ces nobles cœurs. Eux, qui tout-à-l'heure, avant le discours de leur chef, soulevaient un œil humide vers les astres du ciel, et contemplaient avec effroi le timon retourné du Chariot; maintenant que la leçon héroïque a retrempé leurs âmes, ils appellent le jour. Et le ciel alors ne tardait guère à plonger les étoiles dans l'Océan, car le soleil était encore dans les Gémeaux, fils de Léda, et montait à son zénith dans le voisinage du Cancer : la nuit raccourcie entraînait dans sa fuite le centaure de Thessalie. Le jour naissant montra les Istriens sur les rochers, et sur la mer les belliqueux Liburniens réunis à la flotte des Grecs.

On essaya d'abord en suspendant les hostilités de les soumettre par voie de capitulation. Peut-être le délai de la mort leur fera-t-il aimer la vie. — Ils étaient là, ces hommes dévoués à la mort, noblement affermis dans leur résolution et tranquilles sur l'issue d'un combat où leur propre main leur assure le trépas; nul trouble élevé dans leur cœur ne put affaiblir un moment leur sublime courage. Une poignée d'hommes soutient à la fois les assauts que du rivage et de la mer leur livre un monde d'ennemis : tant ils comptent sur la mort!

Dès qu'ils croient avoir assez versé de leur sang dans le combat, ils détournent leur fureur de l'ennemi, et le chef du navire, Vultéius, découvrant le premier sa poi-

« Ecquis, ait, juvenes, cujus sit dextra cruore
Digna meo, certaque fide per vulnera nostra
Testetur se velle mori ? »

     Nec plura loquuto
Viscera non unus jamdudum transigit ensis.
Collaudat cunctos : sed eum, cui vulnera prima
Debebat, grato moriens interficit ictu.

Concurrunt alii, totumque in partibus unis
Bellorum fecere nefas. Sic semine Cadmi
Emicuit Dircæa cohors, ceciditque suorum
Vulneribus, dirum Thebanis fratribus omen.
Phasidos et campis insomni dente creati
Terrigenæ, missa magicis e cantibus ira,
Cognato tantos implerunt sanguine sulcos :
Ipsaque, inexpertis quod primum fecerat herbis,
Expavit Medea nefas. Sic mutua pacti
Fata cadunt juvenes; minimumque in morte virorum
Mors virtutis habet : pariter sternuntque, caduntque
Vulnere letali; nec quemquam dextra fefellit,
Quum feriat moriente manu : nec vulnus adactis
Debetur gladiis : percussum est pectore ferrum,
Et jugulis pressere manum. Quum sorte cruenta
Fratribus incurrant fratres, natusque parenti;
Haud trepidante tamen toto cum pondere dextra
Exegere enses : pietas ferientibus una,
Non repetisse, fuit.

     Jam latis viscera lapsa

trine, demande la mort : « Soldats, quel est celui dont la main est digne de mon sang, et qui prouvera en me perçant le sein, qu'il veut mourir? »

Il n'avait pas fini qu'une foule de glaives avait traversé déjà ses entrailles. « Bien! » dit-il à tous; mais à celui qui l'a frappé le premier il prête à son tour sa main reconnaissante, et lui donne en expirant le coup mortel.

Aussitôt les autres s'entr'égorgent, et dans un même parti se déploient toutes les horreurs de la guerre. Ainsi l'on vit autrefois des guerriers dircéens, moisson terrible de Cadmus, se lever les uns contre les autres, et laisser, en s'entretuant, un présage funeste pour les frères thébains : ainsi dans les plaines du Phase, les cruels fils de la dent vigilante, rendus furieux par la force des enchantemens, inondèrent de leur sang fraternel les sillons prodigieux qui les avaient engendrés, et Médée elle-même, au premier essai de son charme terrible, s'effraya de son forfait. — Ainsi tombent tous ces guerriers qui s'étaient réciproquement promis la mort. Leur moindre courage est de mourir. En recevant le trépas, ils le donnent. Nul n'est trahi par son bras, même lorsqu'il frappe d'une main mourante. La blessure n'est pas l'œuvre de l'épée; c'est la poitrine qui frappe le fer; c'est la gorge qui presse la main meurtrière. Si le hasard, dans cette affreuse tuerie, veut qu'un frère se trouve en face de son frère, un père en face de son fils, leur main ne tremble pas, elle conserve toute sa force et pèse de tout son poids sur l'épée qu'elle enfonce. La seule tendresse qu'ils montrent, c'est de ne frapper qu'un coup.

Déjà demi morts, ils traînent, sur les larges ponts du

Semianimes traxere foris, multumque cruoris
Infudere mari. Despectam cernere lucem,
Victoresque suos vultu spectare superbo,
Et mortem sentire juvat.
 Jam strage cruenta
Conspicitur cumulata ratis; bustisque remittunt
Corpora victores, ducibus mirantibus, ulli
Esse ducem tanti. Nullam majore loquuta est
Ore ratem totum discurrens fama per orbem.

Non tamen ignavæ post hæc exempla virorum
Percipient gentes, quam sit non ardua virtus
Servitium fugisse manu. Sed regna timentur
Ob ferrum, et sævis libertas uritur armis;
Ignorantque datos, ne quisquam serviat, enses.
Mors, utinam pavidos vitæ subducere nolles,
Sed virtus te sola daret.

 Non segnior illo
Marte fuit, qui tunc Libycis exarsit in arvis.
Namque rates audax Lilybæo litore solvit
Curio : nec forti velis Aquilone recepto
Inter semirutas magnæ Carthaginis arces,
Et Clupeam, tenuit stationis litora notæ :
Primaque castra locat cano procul æquore, qua se
Bagrada lentus agit, siccæ sulcator arenæ.
Inde petit tumulos, exesasque undique rupes,
Antæi quæ regna vocat non vana vetustas.
Nominis antiqui cupientem noscere causas,
Cognita per multos docuit rudis incola patres.

navire, leurs entrailles pendantes, et versent dans la mer beaucoup de leur sang. Ils veulent regarder encore cette lumière dont ils ont fait le sacrifice, contempler leurs vainqueurs d'un front superbe et sentir la mort.

Enfin, la sanglante tuerie a comblé les bords du bateau silencieux. Les vainqueurs placent les cadavres sur des bûchers, et les chefs s'étonnent qu'on puisse faire pour un chef de pareilles choses. Aussi jamais exploit célébré par la renommée n'a fait plus de bruit dans l'univers.

Et après l'exemple donné par ces héros, les nations sans cœur ne comprendront pas combien c'est une vertu accessible, que de s'affranchir de l'esclavage par un trépas volontaire. Mais on craint les rois, parce qu'ils portent le glaive; la liberté gémit sous l'oppression des armes; on ne veut pas savoir que si le fer a été donné à l'homme, c'est pour qu'il n'y eût point d'esclaves. O mort! que n'es-tu refusée aux lâches! que n'es-tu seulement le prix du courage!

Non moins terrible fut la guerre qui s'allumait alors dans les champs de la Libye. Le hardi Curion avait quitté le rivage de Lilybée, et, déployant ses voiles à un léger vent du nord, il était venu mouiller dans une rade bien connue, entre les ruines de la grande Carthage et Clupéa. Il place ses premiers retranchemens loin de la mer blanchissante, aux lieux où le Bagrada sillonne lentement des sables arides. De là il s'étend vers des hauteurs et des rochers minés de toutes parts, que l'antiquité véridique appelle le royaume d'Antée. Curion voulut connaître l'origine de ce nom si ancien; voici comme un habitant du pays lui raconta la tradition transmise par une longue suite d'aïeux.

« Nondum post genitos Tellus effeta Gigantas,
Terribilem Libycis partum concepit in antris.
Nec tam justa fuit terrarum gloria Typhon,
Aut Tityos, Briareusque ferox; cœloque pepercit,
Quod non Phlegræis Antæum sustulit arvis.
Hoc quoque tam vastas cumulavit munere vires
Terra sui fetus, quod, quum tetigere parentem,
Jam defecta vigent, renovato robore, membra.
Hæc illi spelunca domus; latuisse sub alta
Rupe ferunt, epulas raptos habuisse leones.
Ad somnos non terga feræ præbere cubile
Adsuerunt, non silva torum : viresque resumit
In nuda tellure jacens. Periere coloni
Arvorum Libyes; pereunt, quos adpulit æquor.
Auxilioque diu virtus non usa cadendi,
Terræ spernit opes : invictus robore cunctis,
Quamvis staret, erat. Tandem vulgata cruenti
Fama mali, terras monstris æquorque levantem,
Magnanimum Alciden Libycas excivit in oras.

« Ille Cleonæi projecit terga leonis,
Antæus Libyci : perfudit membra liquore
Hospes, Olympiacæ servato more palæstræ.
Ille parum fidens pedibus contingere matrem,
Auxilium membris calidas infundit arenas.

« Conseruere manus, et multo brachia nexu.
Colla diu gravibus frustra tentata lacertis,
Immotumque caput fixa cum fronte tenentur;

« La terre n'étant pas encore épuisée après la naissance des Titans, mit au monde, dans les antres de Libye, un enfant monstrueux. Jamais Typhon, ni Tityus, ni le féroce Briarée ne lui donnèrent tant de sujets d'être fière; et elle épargna le ciel, en ne lançant pas Antée dans les champs de Phlégra. Aux forces déjà si prodigieuses de cet enfant, elle mit le comble par une dernière faveur : lorsqu'il touche sa mère, ses membres épuisés se raniment et sa vigueur se répare. Cette caverne était sa demeure; on dit qu'il reposait sous cette roche immense : il se nourrissait de la chair des lions qu'il prenait à la chasse. Ni la peau des bêtes féroces, ni les feuilles des bois ne formaient sa couche; il dormait sur la terre nue, d'où il se relevait toujours plus fort. Les habitans des plaines de Libye périssaient; les étrangers que la mer apportait sur ce rivage périssaient encore. Long-temps sa valeur, sans employer la chute, méprise les secours de la terre : quoique debout il avait toujours vaincu par sa seule vigueur. Enfin la renommée de ce fléau sanguinaire amena sur ces plages le magnanime Alcide qui purgeait de leurs monstres les terres et les mers.

« Alcide a rejeté la dépouille du Lion de Cléones, Antée celle du Lion de Libye. L'étranger arrose ses membres de la liqueur en usage aux luttes olympiques. L'autre ne se contente pas de toucher du pied sa mère : pour en tirer plus de secours il se roule dans le sable brûlant.

« Ils se saisissent alors, et s'étreignent de leurs bras entrelacés. Long-temps de leurs pesantes mains ils tourmentent leurs cous musculeux. Vains efforts! leurs têtes

Miranturque habuisse parem.

«Nec viribus uti
Alcides primo voluit certamine totis,
Exhausitque virum : quod creber anhelitus illi
Prodidit, et fesso gelidus de corpore sudor.
Tunc cervix lassata quati; tunc pectore pectus
Urgeri; tunc obliqua percussa labare
Crura manu. Jam terga viri cedentia victor
Alligat, et medium, compressis ilibus, arctat :
Inguinaque insertis pedibus distendit, et omnem
Explicuit per membra virum.

«Rapit arida tellus
Sudorem : calido complentur sanguine venæ.
Intumuere tori, totosque induruit artus,
Herculeosque novo laxavit corpore nodos.

«Constitit Alcides stupefactus robore tanto :
Nec sic Inachiis, quamvis rudis esset, in undis
Desectam timuit, reparatis anguibus, hydram.

«Conflixere pares, Telluris viribus ille,
Ille suis. Numquam sævæ sperare novercæ
Plus licuit : videt exhaustos sudoribus artus
Cervicemque viri siccam, quum ferret Olympum.
Utque iterum fessis injecit brachia membris,
Non exspectatis Antæus viribus hostis,
Sponte cadit, majorque, accepto robore, surgit.
Quisquis inest terris, in fessos spiritus artus
Egeritur; tellusque viro luctante laborat.

restent droites, et leur front n'est point incliné. Chacun s'étonne d'avoir trouvé son pareil.

« ALCIDE ne voulut pas se servir d'abord de toutes ses forces. Il épuisa son adversaire. A sa respiration pressée, à la sueur froide qui trahit sa lassitude, il reconnaît enfin qu'il a réussi. Alors il secoue rudement sa tête languissante, il pèse sur lui, poitrine sur poitrine ; il le frappe de coups obliques qui font plier ses jambes : puis, se croyant vainqueur, il saisit par les reins son adversaire qui fléchit et lui serre les flancs d'une étreinte vigoureuse ; en même temps il passe sa jambe entre celles du géant, les écarte, et l'étend de toute sa longueur.

« LA terre altérée boit avidement la sueur du géant : aussitôt un sang plein de chaleur gonfle ses veines : ses muscles s'enflent, ses membres se durcissent, et son corps rajeuni se délivre des nœuds dont Alcide le tenait enchaîné.

« ÉTONNÉ d'une si grande force, Hercule reste immobile et plus effrayé qu'il ne le fut lorsque, témoin pour la première fois d'un pareil prodige, il vit renaître sous ses coups les serpens de l'Hydre.

« ILS recommencent un combat douteux, l'un avec les forces de la Terre, l'autre avec ses propres forces. Jamais espoir mieux fondé ne flatta la cruelle marâtre d'Hercule. Elle voit ruisseler la sueur sur ses épaules infatigables, sur ce front qui resta sec, lorsqu'il portait l'Olympe. Cependant le héros jette encore une fois ses bras sur les reins affaiblis du géant; mais celui-ci ne laisse pas à son ennemi le temps de le saisir : il se laisse tomber volontairement pour se relever plus fier et plein d'une force nouvelle. Tout ce que le sol contient d'es-

« Ut tandem auxilium tactæ prodesse parentis
Alcides sensit : — Standum est tibi, dixit, et ultra
Non credere solo, sterniquè vetabere terra :
Hærebis pressis intra mea pectora membris :
Huc, Antæe, cades. — Sic fatus, sustulit alte
Nitentem in terras juvenem : morientis in artus
Non potuit nati Tellus permittere vires.
Alcides medium tenuit : jam pectora pigro
Stricta gelu, terrisque diu non credidit hostem.
Hinc, ævi veteris custos, famosa vetustas,
Miratrixque sui signavit nomine terras.
Sed majora dedit cognomina collibus istis,
Pœnum qui Latiis revocavit ab arcibus hostem
Scipio : nam sedes Libyca tellure potito
Hæc fuit. En veteris cernis vestigia valli.
Romana hos primum tenuit victoria campos. »

Curio lætatus, tamquam fortuna locorum
Bella regat, servetque ducum sibi fata priorum,
Felici non fausta loco tentoria ponens,
Indulsit castris, et collibus abstulit omen,
Sollicitatque ferox non æquis viribus hostes.

Omnis Romanis quæ cesserat Africa signis,
Tunc Vari sub jure fuit : qui robore quamquam
Confisus Latio, regis tamen undique vires
Excivit.
   Libycæ gentes, extremaque mundi

prits vivifians passe dans son corps fatigué : la Terre s'épuise dans la lutte d'un homme.

« ALCIDE s'aperçut du secours qu'Antée puisait dans le contact de sa mère : — Tu resteras debout, dit-il, tu n'iras plus visiter la terre, et je t'empêcherai bien d'y retomber. Tu resteras suspendu entre mes bras, sur ma poitrine. C'est là que tu feras ta dernière chute ! — A ces mots, il soulève dans les airs le géant, dont les pieds cherchent en vain la Terre. Séparée de son fils mourant, elle ne peut plus lui envoyer sa vie. Alcide l'étreint par le milieu du corps. Déja les glaces de la mort ont raidi la poitrine d'Antée; mais Hercule n'ose de long-temps encore le confier à la Terre. Gardienne du passé, l'antiquité conteuse, et admiratrice d'elle-même, a marqué ces lieux du nom d'Antée. Mais un plus glorieux surnom fut donné à ces collines par le général qui arracha des entrailles de l'Italie le terrible Carthaginois : là fut le camp de Scipion, le conquérant de l'Afrique. Vous voyez encore les vestiges du vieux retranchement : c'est là que la conquête des Romains a commencé. »

CURION s'applaudit, comme si ces lieux devaient influer sur le sort des combats, et lui gardaient la destinée des anciens capitaines. Il dresse dans cette plaine fortunée des tentes malheureuses; il campe avec joie sur ces collines auxquelles il doit ravir leur présage, et provoque témérairement l'ennemi avec des forces inégales.

TOUTE la partie de l'Afrique, soumise aux Romains par la conquête, obéissait alors à Varus. Celui-ci, malgré sa confiance dans ce qu'il avait de milice nationale, appela cependant à son secours toutes les forces du roi.

LES nations libyennes, et leurs guerriers venus des

Signa suum comitata Jubam. Non fusior ulli
Terra fuit domino : qua sunt longissima regna,
Cardine ab occiduo vicinus Gadibus Atlas
Terminat; a medio, confinis Syrtibus Hammon.
At qua lata jacet, vasti plaga fervida regni
Distinet Oceanum, zonæque exusta calentis
Sufficiunt spatio.

    Populi tot castra sequuntur,
Autololes, Numidæque vagi, semperque paratus
Inculto Gætulus equo : tum concolor Indo
Maurus, inops Nasamon, mixti Garamante perusto
Marmaridæ volucres, æquaturusque sagittas
Medorum, tremulum quum torsit missile, Mazax :
Et gens, quæ nudo residens Massylia dorso
Ora levi flectit frenorum nescia virga :
Et solitus vacuis errare mapalibus Afer
Venator, ferrique simul fiducia non est,
Vestibus iratos laxis operire leones.
Nec solum studiis civilibus arma parabat,
Privatæ sed bella dabat Juba concitus iræ.
Hunc quoque, quo Superos humanaque polluit anno,
Lege tribunitia solio depellere avorum
Curio tentarat, Libyamque auferre tyranno,
Dum regnum te, Roma, facit. Memor ille doloris
Hoc bellum sceptri fructum putat esse retenti.

Hac igitur regis trepidat jam Curio fama,
Et quod Cæsareis nunquam devota juventus
Illa nimis castris, nec Rheni miles in undis

des extrêmités du monde, marchent sous la conduite de leur roi Juba. Jamais prince n'eut un royaume plus étendu. Dans sa plus grande longueur, il a pour limites, au couchant, le petit Atlas qui avoisine Gadès, et au midi, le temple d'Hammon, près des Syrtes d'Afrique; en largeur, il comprend cette vaste et brûlante contrée qui sépare les deux mers et forme la zone torride.

Des peuples nombreux marchent sous les drapeaux de Juba, les Autololes et les Numides errans; le Gétule qui bondit sur un coursier sans selle et sans frein, le Maure noirci comme l'Indien, l'indigent Nasamon, le Garamante brûlé par le soleil, le Marmaride aux pieds légers, le Mazax dont les traits volent aussi rapides que la flèche du Parthe, et les Massyles qui s'asseoient sur le dos nu des cavales, et les conduisent avec une légère baguette au lieu de frein; et l'Africain chasseur qui aime à quitter ses cabanes pour errer dans les solitudes, et qui, se défiant de sa pique de fer, jette sa robe flottante à la face des lions en furie.

Ce n'est pas seulement dans l'intérêt général que Juba se prépare à la guerre, il avait à venger aussi une attaque toute personnelle. La même année où il avait violé toutes les lois divines et humaines, Curion avait essayé de ravir à Juba le trône de ses aïeux par une de ces lois qu'enfantait son audace de tribun, voulant arracher l'Afrique à la puissance d'un seul, tandis qu'il y soumettait Rome. Juba garde le souvenir de cette injure, et regarde cette guerre comme un fruit naturel du sceptre qu'il a gardé.

Curion se trouble à la nouvelle des armemens du roi; et de plus, l'armée qu'il a sous ses ordres n'a jamais montré un entier dévoûment aux intérêts de César, ni

Exploratus erat, Corfini captus in arce,
Infidusque novis ducibus, dubiusque priori,
Fas utrumque putat. Sed postquam languida segni
Cernit cuncta metu, nocturnaque munia valli
Desolata fuga, trepida sic mente profatur :

« Audendo magnus tegitur timor : arma capessam
Ipse prior. Campum miles descendat in æquum,
Dum meus est. Variam semper dant otia mentem.
Eripe consilium pugna : quum dira voluntas
Ense subit prenso, et galeæ texere pudorem,
Quis conferre duces meminit? quis pendere causas?
Qua stetit, inde favet : veluti fatalis arenæ
Muneribus non ira vetus concurrere cogit
Productos; odere pares. » Sic fatus, apertis
Instruxit campis acies : quem blanda futuris
Deceptura malis belli fortuna recepit;
Nam pepulit Varum campo, nudataque fœda
Terga fuga, donec vetuerunt castra, cecidit.

Tristia sed postquam superati proelia Vari
Sunt audita Jubæ, lætus quod gloria belli
Sit rebus servata suis, rapit agmina furtim,
Obscuratque suam per jussa silentia famam;
Hoc solum metuens incautus ab hoste timeri.
Mittitur, exigua qui proelia prima lacessat,

donné sur le Rhin des preuves de sa fidélité. Ce sont des recrues qui se sont laissé prendre à Corfinium, traîtres envers leurs nouveaux chefs, suspects à leur premier général, et libres entre deux sermens. La frayeur abat tous les courages : Curion, les voyant déserter en foule et abandonner pendant la nuit la garde des retranchemens, se parle ainsi à lui-même dans le trouble qui l'agite :

« C'est par l'audace qu'il faut cacher la peur : je veux présenter la bataille et ranger mes soldats dans la plaine, tandis qu'ils sont encore à moi : leur fidélité se corrompt toujours dans l'oisiveté des camps. Empêchons-les de réfléchir en les faisant combattre ; quand la main a saisi l'épée, la soif du sang s'allume, et le casque ne laisse plus voir la rougeur sur le front. Qui pense alors à faire la comparaison des chefs et l'examen des causes ? On combat pour le parti où l'on est. Ce n'est point l'ardeur de la vengeance qui amène deux gladiateurs sur l'arène fatale ; leur seule raison de se combattre, c'est qu'on les met en face l'un de l'autre. »

Il dit, et range son armée dans la plaine. Un sourire de la fortune l'accueille d'abord, et l'aveugle sur le malheur qui l'attend. Varus est mis en déroute, et, dans sa fuite honteuse, Curion fait un grand carnage de ses soldats, qu'il poursuit jusqu'à l'entrée de leur camp.

En apprenant ce triste échec de Varus, Juba remercie le ciel, qui lui garde l'honneur de cette guerre. Il part avec ses troupes, à la hâte et sans bruit ; il enveloppe sa marche du plus profond silence, n'ayant qu'une crainte, celle de se faire craindre lui-même par quelque imprudence. Pour escarmoucher devant l'ennemi et l'attirer dans la plaine, il envoie, avec une

Eliciatque manu, Numidis a rege secundus,
Ut sibi commissi simulator Sabura belli :
Ipse cava regni vires in valle retentat.
Aspidas ut Pharias cauda solertior hostis
Ludit, et iratas incerta provocat umbra;
Obliquusque caput, vanas serpentis in auras
Effusæ tuto comprendit guttura morsu,
Letiferam citra saniem : tunc irrita pestis
Exprimitur, faucesque fluunt, pereunte veneno.

Fraudibus eventum dederat fortuna : feroxque,
Non exploratis occulti viribus hostis,
Curio nocturnum castris erumpere cogit,
Ignotisque equitem late discurrere campis.
Ipse sub Auroræ primos excedere motus
Signa jubet castris, multum, frustraque rogatus
Ut Libycas metuat fraudes, infectaque semper
Punica bella dolis. Leti fortuna propinqui
Tradiderat fatis juvenem; bellumque trahebat
Auctorem civile suum.

     Super ardua ducit
Saxa, super cautes, abrupto limite, signa.
Quum procul e summis conspecti collibus hostes,
Fraude sua cessere parum, dum colle relicto
Effusam patulis aciem committeret arvis.

Ille fugam credens, simulatæ nescius artis,
Ut victor, medios aciem dejecit in agros.
Tunc primum patuere doli; Numidæque fugaces
Undique completis clauserunt montibus agmen.

poignée d'hommes, le premier des Numides après lui, Sabura, qui semble ainsi chargé du soin de la guerre; lui se cache avec toutes ses forces dans une vallée profonde. C'est le piège adroit que l'ichneumon tend au crocodile en faisant jouer devant lui l'ombre de sa queue : ce vain fantôme irrite son ennemi, et tandis que le reptile s'acharne contre une vaine image, il s'élance de côté, la tête à couvert, et lui serre la gorge à belles dents au dessous de la partie qui renferme son venin mortel. Le crocodile jette son poison, qui s'échappe sans force avec ses entrailles.

Ce stratagème réussit : avant d'avoir fait reconnaître les forces cachées de l'ennemi, l'ardent Curion fait sortir de nuit sa cavalerie, et lui ordonne de se répandre au loin dans une plaine inconnue. Lui-même, aux premières clartés de l'aurore, quitte son camp, enseignes déployées. On le supplie, on le conjure de se défier de la ruse africaine et de la perfidie ordinaire au peuple qu'il va combattre, c'est en vain : la mort était prête à le saisir et sa destinée l'entraînait. La guerre civile allait dévorer son auteur.

Par de rudes sentiers il conduit ses troupes sur des roches escarpées. Aussitôt que du haut des collines il peut apercevoir l'ennemi, il le voit aussitôt reculer à dessein, pour lui laisser le temps de déployer son armée en rase campagne.

Curion, prenant pour une déroute cette fuite simulée, se croit vainqueur, et précipite ses bataillons dans la plaine. Alors seulement le stratagème se découvre, les fuyards numides couvrent toutes les hauteurs et en-

Obstupuit dux ipse simul, perituraque turba.
Non timidi petiere fugam, non prœlia fortes :
Quippe ubi non sonipes motus clangore tubarum
Saxa quatit pulsu, rigidos vexantia frenos
Ora terens, spargitque jubas, et subrigit aures,
Incertoque pedum pugnat non stare tumultu :
Fessa jacet cervix; fumant sudoribus artus;
Oraque projecta squalent arentia lingua :
Pectora rauca gemunt, quæ creber anhelitus urget;
Et defecta gravis longe trahit ilia pulsus;
Siccaque sanguineis durescit spuma lupatis.
Jamque gradum neque verberibus, stimulisque coacti,
Nec, quamvis crebris jussi calcaribus, addunt :
Vulneribus coguntur equi, nec profuit ulli
Cornipedis rupisse moras; neque enim impetus illis
Incursusque fuit : tantum profertur ad hostes,
Et spatium jaculis oblato vulnere donat.

At vagus Afer equos ut primum emisit in agmen,
Tunc campi tremuere sono; terraque soluta,
Quantus Bistonio torquetur turbine pulvis,
Aera nube sua texit, traxitque tenebras.
Ut vero in pedites fatum miserabile belli
Incubuit, nullo dubii discrimine Martis
Ancipites steterunt casus; sed tempora pugnæ
Mors tenuit. Neque enim licuit procurrere contra,
Et miscere manus. Sic undique septa juventus

ferment de tous côtés l'armée romaine. Une morne stupeur s'empare à la fois du général et de ses troupes destinées à périr. Ni les lâches ne prennent la fuite, ni les braves ne courent au combat : les coursiers abattus ne s'animent point au son des trompettes; on ne les voit pas battre du pied le sol, ni se déchirer la bouche en mordant leur frein d'acier, ni secouer leurs crinières, ni dresser leurs oreilles, ni témoigner leur fougueuse impatience par leurs piaffemens inquiets. Leur tête fatiguée s'incline, un nuage de sueur s'échappe de leur corps; leur langue pendante sort de leur bouche noircie et desséchée; une respiration pénible et précipitée fait gémir leur poitrine haletante; un effort douloureux étire leurs flancs épuisés de vigueur; une écume sèche se durcit sur leur mors sanglant. C'est en vain qu'on les frappe et qu'on les excite pour leur faire doubler le pas, ils résistent aux attaques réitérées de l'éperon : déchirés de blessures, la douleur les tire enfin de leur engourdissement : vain succès; car ils n'ont ni l'impétuosité ni la force nécessaires pour une attaque : tout ce qu'ils peuvent faire, c'est de traîner leurs cavaliers au devant de l'ennem, et de les mettre à la portée des flèches homicides.

Les Numides lancent leurs chevaux sur la première ligne des Romains; la plaine s'ébranle au bruit de leurs pas; la poussière se roule en noirs tourbillons pareils à ceux que soulèvent les ouragans du nord et forme un épais nuage qui obscurcit de ténèbres la clarté du jour. Mais quand ce terrible orage vint éclater sur l'infanterie romaine, les chances ne furent pas un seul moment douteuses, le combat ne dura que le temps qu'il fallut au vainqueur pour tuer les vaincus. Les Romains ne pou-

Cominus obliquis, et rectis eminus hastis
Obruitur : non vulneribus, nec sanguine; solum
Telorum nimbo peritura, et pondere ferri.

Ergo acies tantæ parvum spissantur in orbem :
Ac, si quis metuens medium correpsit in agmen,
Vix impune suos inter convertitur enses :
Densaturque globus, quantum pede prima relato
Constrinxit gyros acies. Non arma movendi
Jam locus est pressis, stipataque membra teruntur;
Frangitur armatum colliso pectore pectus.,
Non tam læta tulit victor spectacula Maurus,
Quam fortuna dabat : fluvios non ille cruoris,
Membrorumque videt lapsum, et ferientia terram
Corpora : compressum turba stetit omne cadaver.

Excitet invisas diræ Carthaginis umbras
Inferiis Fortuna novis : ferat ista cruentus
Annibal, et Pœni tam dira piacula manes.
Romanam, Superi, Libyca tellure ruinam
Pompeio prodesse nefas, votisque senatus.
Africa nos potius vincat sibi.

      Curio fusas
Ut vidit campis acies, et cernere tantas
Permisit clades compressus sanguine pulvis,

vaient ni avancer, ni engager une mêlée ; enveloppés de toutes parts, ils sont accablés de traits, qui tombent sur eux dans une direction droite ou oblique, suivant qu'ils sont lancés de près ou de loin. Même sans blessure et sans effusion de sang, la grêle des flèches et le poids du fer suffiraient pour leur ôter la vie.

Alors tous ces bataillons se resserrent dans un cercle si étroit, que, si quelque soldat tremblant s'est glissé vers le centre, il peut à peine se retourner impunément au milieu des épées de ses compagnons. Cette masse devient plus épaisse à mesure que le premier rang se replie et rétrécit le cadre mobile de l'armée. Déjà la presse est telle, qu'ils ne peuvent plus manier leurs armes; leurs membres se froissent mutuellement et se meurtrissent; les poitrines bardées de fer se brisent en se heurtant. Beau spectacle, étalé par la fortune aux yeux du Maure, s'il pouvait le contempler dans toute sa plénitude! Mais il ne voit point le sang couler à flots, ni les membres coupés, ni les corps qui vont frapper la terre : dans une si grande presse, aucun cadavre ne peut tomber.

O fortune! c'est à l'ombre implacable de la cruelle Carthage qu'il faut offrir cette nouvelle offrande expiatoire. C'est à tes mânes, farouche Annibal; c'est aux vôtres, Carthaginois, à recevoir ce sanglant sacrifice. Le massacre des enfans de Rome dans les champs libyens ne doit servir ni la cause de Pompée, ni les vœux du sénat, vous ne le voudriez pas, grands dieux ! que l'Afrique plutôt garde pour elle le fruit de sa victoire.

Quand le sang eut abattu la poussière, Curion vit la déroute des siens et put reconnaître l'étendue de ce désastre : il ne voulut ni survivre à son malheur ni songer

Non tulit afflictis animam producere rebus,
Aut sperare fugam; ceciditque in strage suorum
Impiger ad letum, et fortis virtute coacta.

Quid nunc rostra tibi prosunt turbata, forumque,
Unde tribunitia plebeius signifer arce
Arma dabas populis? quid prodita jura senatus,
Et gener, atque socer bello concurrere jussi?
Ante jaces, quam dira duces Pharsalia confert :
Spectandumque tibi bellum civile negatum est.

Has urbi miserae vestro de sanguine poenas
Ferre datis; luitis jugulo sic arma, potentes.
Felix Roma quidem, civesque habitura beatos,
Si libertatis Superis tam cura placeret,
Quam vindicta placet! Libycas en nobile corpus
Pascit aves, nullo contectus Curio busto.

At tibi nos (quando non proderit ista silere,
A quibus omne aevi senium sua fama repellit),
Digna damus, juvenis, meritae praeconia vitae.

Haud alium tanta civem tulit indole Roma,
Aut cui plus leges deberent recta sequenti.
Perdita nunc urbi nocuerunt secula, postquam
Ambitus, et luxus, et opum metuenda facultas
Transverso mentem dubiam torrente tulerunt :
Momentumque fuit mutatus Curio rerum,
Gallorum captus spoliis, et Caesaris auro.
Jus licet in jugulos nostros sibi fecerit ense

à la fuite, il se jeta dans la foule des morts, pour y périr lui-même avec un ardent courage et un noble désespoir.

Que te servent maintenant les scandaleux orages de la tribune et du Forum, où, porte-enseigne d'un vil peuple, tu secouais la guerre du haut de ton arsenal de révolte? que te sert d'avoir trahi les droits du sénat et armé le beau-père et le gendre l'un contre l'autre? te voilà mort avant que la Macédoine les ait vus se rencontrer dans ses plaines funestes. Le spectacle de la guerre civile t'est refusé.

C'est ainsi, chefs du peuple, que vous payez de votre sang les malheurs de la patrie; c'est ainsi que la guerre que vous avez suscitée vous dévore! Heureuse Rome, heureux ses habitans, si les dieux prenaient, pour défendre la liberté, le soin qu'ils prennent pour la venger! Curion n'est plus, et son corps, privé de funérailles, offre une noble pâture aux vautours d'Afrique.

Cependant, comme le silence ne servirait de rien contre une renommée qui repoussera, dans tous les âges, le voile injurieux de l'oubli, je dois, glorieux jeune homme, rendre à ta vie l'hommage qu'elle a mérité.

Jamais Rome ne porta dans son sein un plus beau génie, un citoyen plus capable d'assurer le maintien des lois, s'il eût marché dans le sentier de la justice. Mais la corruption des temps ne le permit pas; l'ambition, le luxe et la terrible puissance des richesses entraînèrent dans le torrent du mal cette âme faible et mal affermie : il se laissa prendre aux dépouilles des Gaulois et à l'or de César; il changea, et sa trahison perdit tout. L'épée donna droit de vie et de mort sur nous

Sylla potens, Mariusque ferox, et Cinna cruentus,
Cæsareæque domus series : cui tanta potestas
Concessa est? emere omnes, hic vendidit urbem.

à Sylla le dictateur, au féroce Marius, au sanguinaire Cinna, et à toute la maison des Césars; mais Curion les surpassa tous en puissance; car tous ont acheté Rome, lui seul l'a vendue.

LIBER QUINTUS.

Sic alterna duces bellorum vulnera passos
In Macetum terras, miscens adversa secundis,
Servavit fortuna pares.
     Jam sparserat Hæmo
Bruma nives, gelidoque cadens Atlantis Olympo :
Instabatque dies, qui dat nova nomina fastis,
Quique colit primus ducentem tempora Janum.
Dum tamen emeriti remanet pars ultima juris,
Consul uterque vagos belli per munia Patres
Elicit Epirum. Peregrina ac sordida sedes
Romanos cepit proceres; secretaque rerum
Hospes in externis audivit curia tectis :
Nam quis castra vocet tot strictas jure secures,
Tot fasces? docuit populos venerabilis ordo
Non Magni partes, sed Magnum in partibus esse.

Ut primum mœstum tenuere silentia cœtum,
Lentulus excelsa sublimis sede profatur :
« Indole si dignum Latia, si sanguine prisco
Robur inest animis, non qua tellure coacti,
Quamque procul tectis captæ sedeamus ab urbis
Cernite : sed vestræ faciem cognoscite turbæ;

LIVRE CINQUIÈME.

Ainsi la fortune, en frappant tour-à-tour chaque parti, balançait entre eux les succès et les revers, pour les amener égaux dans les champs de Macédoine.

Déja l'hiver avait blanchi les cimes de l'Hémus; les Pléiades tombaient de la voûte glacée de l'Olympe; le jour approchait qui inscrit de nouveaux noms dans nos fastes et ramène la fête de Janus, père de l'année.

Les deux consuls profitent des derniers instans de leur pouvoir qui finit pour convoquer en Épire le sénat, que les soins de la guerre ont tenu dispersé. Une demeure étrangère et abjecte reçut les chefs de la république romaine, une salle empruntée sur une terre d'exil devint le palais du sénat et entendit les secrets de l'empire. Car qui prendrait pour un camp le lieu où l'on voit légitimement briller tant de haches et de faisceaux? Cette imposante assemblée dut apprendre aux peuples que ce n'était point là le parti de Pompée, mais le parti où Pompée se trouvait.

La tristesse et le silence règnent dans l'assemblée: alors, du siège élevé qu'il occupe, Lentulus prend la parole et dit: « Si vous êtes les dignes enfans de Rome; si le sang de vos pères vous a transmis leur vertu, ne considérez ni le lieu où vous êtes, ni la distance qui vous sépare de votre ville captive; mais songez plutôt à vous reconnaître vous-mêmes, et, pour établir les droits

Cunctaque jussuri primum hoc decernite, Patres,
Quod regnis, populisque liquet, nos esse senatum.
Nam, vel hyperboreæ plaustrum glaciale sub Ursæ,
Vel plaga qua torrens claususque vaporibus axis
Nec patitur noctes, sed iniquos crescere soles,
Si fortuna ferat, rerum nos summa sequetur,
Imperiumque comes. Tarpeia sede perusta
Gallorum facibus, Veiosque habitante Camillo,
Illic Roma fuit. Non umquam perdidit ordo
Mutato sua jura solo. Mœrentia tecta
Cæsar habet, vacuasque domos, legesque silentes,
Clausaque justitio tristi fora. Curia solos
Illa videt Patres, plena quos urbe fugavit.
Ordine de tanto quisquis non exsulat, hic est.
Ignaros scelerum, longaque in pace quietos,
Bellorum primus sparsit furor : omnia rursus
Membra loco redeunt. En totis viribus orbis
Hesperiam pensant Superi : jacet hostis in undis
Obrutus Illyricis : Libyæ squalentibus arvis
Curio Cæsarei cecidit pars magna senatus.
Tollite signa duces : fatorum impellite cursum :
Spem vestram præstate Deis; fortunaque tantos
Det vobis animos, quantos fugientibus hostem
Causa dabat.

      Nostrum exacto jus clauditur anno :
Vos, quorum finem non est sensura potestas,
Consulite in medium, patres, Magnumque jubete
Esse ducem. »

de votre suprême puissance, déclarez d'abord que nous sommes le sénat romain : c'est un fait évident pour les peuples et les rois. Sous le char glacé de l'Ourse du pôle, comme dans ces plaines inhabitables et brûlées où se balancent, dans un éternel équilibre, les nuits et les jours, en quelque lieu que les destins nous entraînent, la souveraineté nous suit et l'empire nous accompagne. Lorsque, après l'incendie de Rome par les Gaulois, Camille se fut retiré à Veïes, Rome y fut avec lui. Votre ordre n'a jamais perdu ses droits en changeant de lieu. César n'a en sa puissance que des murs gémissans, une ville déserte où les lois sont muettes, où la justice a tristement fermé son temple. Le palais du sénat, à Rome, ne renferme d'autres membres que ceux qu'il a chassés de son sein quand la ville était encore pleine de ses habitans ; tout ce qui n'est pas en exil est ici. Étrangers au crime et surpris dans le calme d'une longue paix, les premiers orages de la guerre nous ont dispersés ; mais enfin tous ces membres épars ont repris leur place. En échange de l'Italie, les dieux nous donnent le monde entier ; une partie de nos ennemis dort maintenant sous les vagues illyriennes ; Curion, la gloire du sénat de César, vient de trouver un tombeau dans les sables d'Afrique. Levez donc l'étendard des combats et précipitez le cours des destinées ; faites un hommage aux dieux de notre espérance, et montrez, dans la victoire, la même confiance que la justice de votre cause vous donnait dans votre fuite.

« Notre puissance, à nous consuls, expire avec l'année ; vous dont l'autorité ne doit point finir, prenez en main l'intérêt de tous, pères conscrits, et décernez le commandement à Pompée. »

Læto nomen clamore senatus
Excipit : et Magno fatum patriæque suumque
Imposuit.

Tunc in reges, populosque merentes
Sparsus honos : pelagique potens Phœbeia donis
Exornata Rhodos, gelidique inculta juventus
Taygeti : fama veteres laudantur Athenæ;
Massiliæque suæ donatur libera Phocis.
Tunc Sadalen, fortemque Cotyn, fidumque per arma
Dejotarum, et gelidæ dominum Rhascupolin oræ
Collaudant; Libyamque jubent auctore senatu
Sceptrifero parere Jubæ : pro, tristia fata!
Et tibi, non fidæ gentis dignissime regno,
Fortunæ, Ptolemæe, pudor, crimenque Deorum,
Cingere Pellæo pressos diademate crines
Permissum : sævum in populos, puer, accipis ensem :
Atque utinam in populos! donata est regia Lagi;
Accessit Magni jugulus; regnumque sorori
Ereptum est, soceroque nefas.

Jam turba soluto
Arma petit cœtu; quæ quum populique, ducesque
Casibus incertis, et cæca sorte pararent,
Solus in ancipites metuit descendere Martis
Appius eventus; finemque expromere rerum
Sollicitat Superos, multosque obducta per annos
Delphica fatidici reserat penetralia Phœbi.
Hesperio tantum, quantum semotus Eoo
Cardine, Parnasus gemino petit æthera colle,
Mons Phœbo Bromioque sacer : cui numine mixto

Le nom de Pompée est accueilli par d'unanimes suffrages; sur lui reposent désormais les destinées de la patrie et celles du sénat.

Alors des honneurs sont rendus aux peuples et aux rois qui ont bien mérité de la république. Rhodes, maîtresse de la mer, et chère à Phébus, reçoit des présens, ainsi que la jeunesse guerrière du Taygète glacé; l'antique et noble Athènes obtient sa part de gloire, et la fidélité de Marseille est récompensée par la liberté de la Phocide. Sadale, le brave Cotys, le fidèle Dejotarus, et Rhascupolis, roi d'une terre glacée, reçoivent de justes éloges. Un sénatusconsulte met le sceptre aux mains de Juba et lui confirme la possession de la Libye; et toi aussi, par une fatale erreur, toi le digne chef d'un peuple perfide, toi l'opprobre de la fortune et le crime des dieux, on te permet, Ptolémée, de poser sur ton front la couronne d'Alexandre. Ta jeune main reçoit le glaive dont tu dois frapper ton peuple; et puisses-tu ne frapper que lui! mais avec le royal héritage de Lagus on te livre aussi la tête de Pompée : c'est ainsi qu'on dérobe un trône à Cléopâtre et un crime à César.

L'assemblée se sépare, et chacun court aux armes : peuples et chefs s'abandonnent aveuglément aux chances de la guerre et au destin des batailles : le seul Appius n'ose affronter ainsi les hasards d'une lutte incertaine; il interroge les dieux sur le résultat qui se prépare, et l'oracle de Delphes ouvre pour lui les portes long-temps fermées de son sanctuaire.

A une distance égale du couchant et de l'aurore s'élancent dans les airs les deux cimes du Parnasse, montagne chère à Apollon et à Bacchus, dont les Ménades

Delphica Thebanæ referunt trieterica Bacchæ.
Hoc solum, fluctu terras mergente, cacumen
Eminuit, pontoque fuit discrimen et astris.
Tu quoque vix summam seductus ab æquore rupem
Extuleras, unoque jugo, Parnase, latebas.
Ultor ibi expulsæ, premeret quum viscera partus,
Matris, adhuc rudibus Pæan Pythona sagittis
Explicuit, quum regna Themis tripodasque teneret.

Ut vidit Pæan vastos telluris hiatus
Divinam spirare fidem, ventosque loquaces
Exhalare solum, sacris se condidit antris,
Incubuitque adyto, vates ibi factus, Apollo.
Quis latet hic Superum? quod numen ab æthere pressum
Dignatur cæcas inclusum habitare cavernas?
Quis terram cœli patitur Deus, omnia cursus
Æterni secreta tenens, mundique futuri
Conscius, ac populis sese proferre paratus,
Contactumque ferens hominis, magnusque, potensque
Sive canit fatum, seu quod jubet ipse canendo
Fit fatum? Forsan terris inserta regendis,
Aere libratum vacuo quæ sustinet orbem,
Totius pars magna Jovis Cirrhæa per antra
Exit, et ætherio trahitur connexa Tonanti.

Hoc ubi virgineo conceptum est pectore numen,
Humanam feriens animam sonat, oraque vatis
Solvit, ceu Siculus flammis urgentibus Ætnam

PHARSALE, LIVRE V.

thébaines confondent le culte dans les fêtes triennales qu'elles viennent célébrer à Delphes. Quand le déluge couvrit la terre, là fut le seul point qui resta élevé au dessus des eaux, entre la mer et le ciel : encore ne détachais-tu de la surface de l'abîme que la pointe extrême de tes rochers, orgueilleux Parnasse, et l'une de tes cimes avait cessé de paraître. C'est là que le vengeur de Latone si cruellement persécutée pendant qu'elle portait ses enfans dans son sein, terrassa de ses premières flèches le serpent Python : à cette époque, Thémis régnait en ces lieux par le sceptre et le trépied.

Apollon, voyant que des flancs de la montagne entr'ouverte sortait un esprit divin, et que le sol exhalait un souffle parlant, descendit dans l'antre et s'enferma dans ses profondeurs sacrées, pour y annoncer l'avenir.

Quelle divinité se cache en ce lieu? quel est celui des Immortels qui a daigné descendre de l'Olympe et s'enfermer dans la prison ténébreuse de cette caverne? quel dieu possédant tous les mystères du monde éternel et les secrets de l'avenir, se résigne au séjour de la terre, toujours prêt à se révéler aux mortels, et à souffrir le contact de l'homme ; également admirable et puissant, soit qu'il révèle seulement la destinée, soit qu'il la détermine par sa parole? peut-être que, placée au centre de la terre pour la gouverner et soutenir notre monde, balancé dans le vide, une grande partie de l'essence universelle de Jupiter s'échappe des antres de Cirrha pour monter au ciel et communiquer avec le dieu de la foudre.

Quoi qu'il en soit, dès que le souffle divin est entré dans le sein virginal de la prêtresse, il ébranle avec un bruit terrible cette âme humaine ; il fait éclater la bou-

Undat apex : Campana fremens ceu saxa vaporat
Conditus Inarimes æterna mole Typhœus.

Hoc tamen expositum cunctis, nullique negatum
Numen, ab humani solum se labe furoris
Vindicat. Haud illic tacito mala vota susurro
Concipiunt; nam fixa canens, mutandaque nulli,
Mortales optare vetat : justisque benignus
Sæpe dedit sedem notas mutantibus urbes,
Ut Tyriis : dedit ille minas impellere belli,
Ut Salaminiacum meminit mare : sustulit iras
Telluris sterilis, monstrato fine : resolvit
Aera tabificum.

    Non ullo sæcula dono
Nostra carent majore Deum, quam Delphica sedes
Quod siluit, postquam reges timuere futura,
Et Superos vetuere loqui.
     Nec voce negata
Cyrrhææ mœrent vates, templique fruuntur
Justitio; nam si qua Deus sub pectora venit,
Numinis aut pœna est mors immatura recepti,
Aut pretium; quippe stimulo fluctuque furoris
Compages humana labat, pulsusque Deorum
Concutiunt fragiles animas.
     Sic tempore longo
Immotos tripodas, vastæque silentia rupis
Appius Hesperii scrutator ad ultima fati
Sollicitat. Jussus sedes laxare verendas

che de la prophétesse, comme la flamme déchire en bouillonnant le cratère de Sicile, comme le violent Typhée embrase les rochers de Campanie quand il s'agite sous le poids éternel d'Inarime, qui lui sert de tombeau.

Le dieu se montre accessible à tous, et ne refuse à personne ses oracles; seulement il ne se rend jamais complice des passions humaines. Il n'est point permis de venir dans son temple murmurer à voix basse de coupables vœux; car, annonçant l'ordre fixe et immuable des destins, il n'accorde rien aux prières de l'homme. Favorable aux justes, il a donné souvent une demeure à des exilés, qui fuyaient leur patrie, comme aux Tyriens. D'autres apprirent de lui à repousser une invasion étrangère, comme l'a vu la mer de Salamine, ou le moyen d'apaiser le courroux de la terre devenue stérile, et de dissiper les miasmes empoisonnés de l'atmosphère.

Le plus grand malheur de notre siècle, c'est d'avoir perdu cet admirable présent du ciel; l'oracle de Delphes est muet, depuis que les rois craignent l'avenir, et ne veulent plus laisser parler les dieux.

Les prêtresses de Cirrha ne s'affligent point de ce silence; elles sont heureuses plutôt de ce repos du temple : car dès qu'elles ont reçu le dieu dans leur sein, une mort prématurée devient pour elles la peine ou le prix de l'enthousiasme prophétique; la nature humaine est trop faible pour suffire à ces orages et à ces transports, elle succombe, et l'âme se brise au souffle divin.

Ainsi dormaient les trépieds depuis long-temps immobiles, et le silence régnait au fond du sanctuaire, quand Appius vint troubler ce repos et demander le dernier mot de la guerre civile. Il ordonne au ministre d'Apollon d'ouvrir l'enceinte redoutable et de livrer au

Antistes, pavidamque Deis immittere vatem,
Castalios circum latices, nemorumque recessus
Phemonoen errore vagam, curisque vacantem
Corripuit, cogitque fores irrumpere templi.
Limine terrifico metuens consistere Phœbas,
Absterrere ducem noscendi ardore futura
Cassa fraude parat : « Quid spes, ait, improba veri
Te, Romane, trahit? muto Parnasus hiatu
Conticuit, pressitque Deum : seu spiritus istas
Destituit fauces, mundique in devia versum
Duxit iter : seu barbarica quum lampade Pytho
Arsit, in immensas cineres abiere cavernas,
Et Phœbi tenuere viam : seu sponte Deorum
Cirrha silet, fatique sat est arcana futuri
Carmina longævæ vobis commissa sibyllæ :
Seu Pæan solitus templis arcere nocentes,
Ora quibus solvat nostro non invenit ævo. »

Virginei patuere doli, fecitque, negatis
Numinibus, metus ipse fidem. Tum torta priores
Stringit vitta comas, crinesque in terga solutos
Candida Phocaica complectitur infula lauro.

Hærentem, dubiamque premens in templa sacerdos
Impulit. Illa pavens adyti penetrale remoti
Fatidicum, prima templorum in parte resistit :
Atque Deum simulans, sub pectore ficta quieto
Verba refert, nullo confusæ murmure vocis
Instinctam sacro mentem testata furore,

dieu la prêtresse tremblante. Sur le bord des sources de Castalie, au fond des bois solitaires, se promenait, joyeuse et sans crainte, la jeune Phémonoé : le pontife la saisit et l'entraîne avec force vers le sanctuaire.

Tremblante et n'osant toucher le seuil terrible, elle veut, par une ruse inutile, détourner Appius de son désir ardent de connaître l'avenir : « Romain, dit-elle, quelle indiscrète espérance t'amène en ces lieux? Le Parnasse ne rend plus d'oracles, et ses antres muets ne laissent plus entendre la voix divine; soit que le souffle prophétique ait abandonné ces grottes pour se répandre dans quelque autre partie du monde, soit que les cendres de l'ancien temple brûlé par les Barbares aient comblé ces immenses cavernes, et fermé le passage à Phébus, soit enfin que l'ordre des dieux ait fait taire cet oracle, et qu'il vous suffise, pour connaître l'avenir, des livres de l'antique Sibylle; soit enfin qu'Apollon, qui toujours écarta de son temple les hommes coupables, ne trouve plus dans ce siècle, de mortels assez purs et dignes d'entendre ses oracles. »

On reconnut cette ruse, et la terreur même de la prêtresse fit croire à la présence du dieu qu'elle avait nié. Alors elle noue ses cheveux sur son front, et enferme ceux qui flottent sur ses épaules d'une bandelette blanche et d'une couronne de laurier de la Phocide.

Mais elle hésite encore et n'ose avancer; alors le prêtre la pousse violemment dans l'intérieur du temple. Elle, redoutant la profondeur mystérieuse de l'antre fatidique, s'arrête à l'entrée du sanctuaire, et pour faire croire que le dieu l'inspire, elle prononce des paroles qu'elle invente : mais son sein est calme, et le son de sa voix n'annonce point le trouble où devrait la jeter l'enthou-

Haud æque læsura ducem, cui falsa canebat,
Quam tripodas, Phœbique fidem. Non rupta trementi
Verba sono, nec vox antri complere capacis
Sufficiens spatium, nulloque horrore comarum
Excussæ laurus, immotaque culmina templi,
Securumque nemus, veritam se credere Phœbo
Prodiderant.

SENSIT tripodas cessare, furensque
Appius : « Et nobis meritas dabis, impia, pœnas,
Et Superis, quos fingis, ait, nisi mergeris antris,
Deque orbis trepidi tanto consulta tumultu
Desinis ipsa loqui. »

TANDEM conterrita virgo
Confugit ad tripodas, vastisque abducta cavernis
Hæsit, et invito concepit pectore numen,
Quod non exhaustæ per tot jam sæcula rupis
Spiritus ingessit vati : tandemque potitus
Pectore Cirrhæo, non umquam plenior artus
Phœbados irrupit Pæan : mentemque priorem
Expulit, atque hominem toto sibi cedere jussit
Pectore.

BACCHATUR demens aliena per antrum
Colla ferens, vittasque Dei, Phœbeaque serta
Erectis discussa comis, per inania templi
Ancipiti cervice rotat, spargitque vaganti
Obstantes tripodas, magnoque exæstuat igne,
Iratum te, Phœbe, ferens : nec verbere solo

siasme prophétique ; c'est une ruse impie qui outrage plus encore les trépieds et la vérité du dieu, que le Romain qu'elle abuse par des mensonges. Ce ne sont point des mots entrecoupés qui s'échappent d'une bouche convulsive, ce n'est point une voix capable de remplir l'immense ouverture de l'antre ; on ne voit point sa couronne s'agiter sur son front ; le faîte du temple n'a point tremblé, le bois sacré demeure immobile, tout la trahit, tout annonce qu'elle a craint de se livrer au dieu des oracles.

Appius qui s'en aperçoit ne peut retenir sa colère : « Misérable, s'écrie-t-il, ton impiété sera punie par moi et par les dieux que tu fais mentir, si tu ne te plonges dans l'antre fatidique, et si tu continues à ne me donner sur l'immense intérêt qui m'amène que tes propres réponses. »

Enfin la vierge, effrayée par cette menace, court vers le trépied redoutable ; elle s'enfonce dans la grotte et s'y arrête pour recevoir à regret dans son sein le dieu que lui envoie le souffle souterrain dont les siècles n'ont point épuisé la force. Maître enfin du cœur de sa prêtresse, Apollon s'en empare avec plus de puissance qu'il n'avait jamais fait ; il chasse de ce corps l'esprit qui l'animait, et n'y laisse rien de l'homme afin de le remplir tout entier.

Furieuse et hors d'elle-même, la prêtresse court en désordre à travers le temple, agitant violemment sa tête qui ne lui appartient plus ; ses cheveux se dressent, les bandelettes sacrées et le laurier prophétique bondissent sur son front dans ses mouvemens rapides et désordonnés : elle renverse le trépied qui lui fait obstacle dans sa

Uteris, et stimulis; flammas in viscera mergis.
Accipit et frenos : nec tantum prodere vati,
Quantum scire, licet. Venit ætas omnis in unam
Congeriem; miserumque premunt tot sæcula pectus :
Tanta patet rerum series, atque omne futurum
Nititur in lucem; vocemque petentia fata
Luctantur : non prima dies, non ultima mundi,
Non modus Oceani, numerus non deerat arenæ.

Talis in Euboico vates Cumana recessu,
Indignata suum multis servire furorem
Gentibus, ex tanta fatorum strage superba
Excerpsit Romana manu. Sic plena laborat
Phemonoe Phœbo, dum te, consultor operti,
Castalia tellure Dei, vix invenit, Appi,
Inter fata diu quærens tam magna latentem.
Spumea tunc primum rabies vesana per ora
Effluit, et gemitus, et anhelo clara meatu
Murmura : tunc mœstus vastis ululatus in antris,
Extremæque sonant, domita jam virgine, voces :

« Effugis ingentes, tanti discriminis expers,
Bellorum, Romane, minas : solusque quietem
Euboici vasta lateris convalle tenebis. »
Cætera suppressit, faucesque obstruxit Apollo.

Custodes tripodes fatorum, arcanaque mundi,

course vagabonde, elle écume dans l'ardeur qui la dévore : ton souffle brûlant est sur elle, ô dieu des oracles ! les coups et les aiguillons ne te suffisent pas, tu jettes le feu dans ses entrailles; mais aussi tu la soumets au frein; tu ne lui permets pas d'annoncer tout ce que tu lui permets de connaître : tous les âges arrivent en foule comme une masse confuse, et ce faible cœur succombe sous le poids des siècles entassés : le tableau qui se déroule devant elle est immense; tout l'avenir se presse pour sortir à la fois, et les évènemens se disputent la parole prophétique; le premier et le dernier jour du monde, la mesure des mers, et le nombre des grains de sable, tout se présente à la fois.

Autrefois, dans l'antre d'Eubée, la Sibylle de Cumes, dédaignant de mettre son enthousiasme prophétique au service de tous les peuples, dans cet amas d'évènemens que lui offrait l'avenir, ne choisit que la part des Romains; c'est ainsi, Appius, que la prêtresse de Delphes, toute pleine du dieu qui l'inspire, te cherche avec effort et ne trouve qu'avec peine ta destinée imperceptible parmi tant d'autres bien plus grandes; pour la première fois enfin sa bouche écume avec une rage convulsive; elle gémit; des cris aigus s'échappent de sa poitrine haletante : un hurlement lugubre fait retentir les profondeurs du sanctuaire; la vierge cède tout entière au dieu qui la domine, et l'on entend ces dernières paroles :

« Tu échapperas, Appius, aux dangers de cette guerre funeste, et seul tu trouveras le repos dans un large vallon sur la côte d'Eubée. »

Elle n'en dit pas davantage, car Apollon lui ferma la bouche.

Trépieds, dépositaires des destinées, et vous mysté-

Tuque potens veri, Pæan, nullumque futuri
A Superis celate diem, suprema ruentis
Imperii, cæsosque duces, et funera regum,
Et tot in Hesperio collapsas sanguine gentes
Cur aperire times? an nondum numina tantum
Decrevere nefas? et adhuc dubitantibus astris
Pompeii damnare caput, tot fata tenentur?
Vindicis an gladii facinus, pœnasque furorum,
Regnaque ad ultores iterum redeuntia Brutos,
Ut peragat fortuna, taces?

       Tunc pectore vatis
Impulsæ cessere fores, exclusaque templis
Prosiluit : perstat rabies, nec cuncta loquutæ,
Quem non emisit, superest Deus. Ille feroces
Torquet adhuc oculos, totoque vagantia cœlo
Lumina : nunc vultu pavido, nunc torva minaci,
Stat numquam facies : rubor igneus inficit ora,
Liventesque genas; nec, qui solet esse timenti,
Terribilis sed pallor inest; nec fessa quiescunt
Corda : sed ut tumidus Boreæ post flamina pontus
Rauca gemit; sic multa levant suspiria vatem :
Dumque a luce sacra, qua vidit fata, refertur
Ad vulgare jubar, mediæ venere tenebræ.
Immisit Stygiam Pæan in viscera Lethen,
Quæ raperet secreta Deum. Tum pectore verum
Fugit, et ad Phœbi tripodas rediere futura :
Vixque refecta cadit.

rieuses puissances du monde, et toi, Phébus, qui connais toutes choses et à qui les dieux ne cachent aucun des jours de l'avenir, pourquoi craignez-vous de révéler dès aujourd'hui la chute de cet empire, et la mort des chefs, et le trépas des rois, et le malheur de tant de peuples entraînés dans la ruine de l'Italie ? Serait-ce que les dieux n'ont pas encore décrété ces horreurs, et que leur hésitation à sacrifier la tête de Pompée tient encore le cours des destins suspendu? ou bien est-ce pour que la fortune puisse nous montrer un jour le crime vengé par un crime, tant d'excès punis et la royauté livrée à de nouveaux Brutus, que l'oracle ne parle pas?

Le sein de la pythonisse vient heurter la porte du temple, qui cède à son effort; elle s'échappe, mais sa fureur prophétique n'est pas encore apaisée; elle n'a pas tout dit, et le dieu resté dans son sein la domine toujours. C'est lui qui fait rouler ses yeux dans leurs orbites, et lui donne ce regard farouche et égaré : son visage n'a point d'expression fixe, la menace et la peur s'y peignent tour-à-tour. Une rougeur enflammée le colore et succède à la pâleur livide de ses joues, pâleur qui inspire l'effroi plutôt qu'elle ne l'exprime. Son cœur, battu de tant d'orages, ne se calme pas encore, mais il se soulage par de nombreux soupirs semblables à ces gémissemens sourds que la mer fait encore entendre quand le vent du nord a cessé de battre les flots. Dans son passage de cette lumière divine qui lui découvrait l'avenir à la lumière du jour, il se fit pour elle un intervalle de ténèbres. Apollon versa l'oubli dans son cœur, pour lui ôter les secrets du ciel : la science de l'avenir s'en échappe, et la prophétie retourne aux trépieds fatidiques. Revenue à elle-même, la malheureuse vierge tombe expirante.

Nec te vicinia leti
Territat ambiguis frustratum sortibus, Appi :
Jure sed incerto mundi, subsidere regnum
Chalcidos Euboicae, vana spe rapte, parabas.
Heu demens, nullum belli sentire fragorem,
Tot mundi caruisse malis, praestare Deorum,
Excepta quis Morte potest! secreta tenebis
Litoris Euboici, memorando condite busto,
Qua maris angustat fauces saxosa Carystos,
Et tumidis infesta colit qua numina Rhamnus,
Arctatus rapido fervet qua gurgite pontus,
Euripusque trahit, cursum mutantibus undis,
Chalcidicas puppes ad iniquam classibus Aulim.

Interea domitis Caesar remeabat Hiberis,
Victrices aquilas alium laturus in orbem;
Quum prope fatorum tantos per prospera cursus
Avertere Dei : nullo nam marte subactus
Intra castrorum timuit tentoria ductor
Perdere successus scelerum; quum paene fideles
Per tot bella manus satiatae sanguine tandem
Destituere ducem : seu moesto classica paulum
Intermissa sono, claususque et frigidus ensis,
Expulerat belli furias; seu praemia miles
Dum majora petit, damnat causamque, ducemque,
Et scelere imbutos etiam nunc venditat enses.
Haud magis expertus discrimine Caesar in ullo est,
Quam non e stabili, tremulo sed culmine cuncta
Despiceret, staretque super titubantia fultus.

Mais toi, Appius, ta mort s'approche et tu n'en es point troublé; l'obscurité de l'oracle en dérobe le sens à tes yeux; séduit par une vaine espérance, tu songeais à t'emparer adroitement du royaume de Chalcis en Eubée, avant que la guerre eût décidé le sort du monde. Insensé que tu es! cette heureuse paix, à l'abri du fracas des armes, cette exemption des calamités générales, la mort est le seul dieu qui puisse te les donner. Oui, tu reposeras dans une vallée profonde sur la côte d'Eubée, mais dans un tombeau célèbre, aux lieux où Caryste, renommée pour ses marbres, resserre le détroit, près du bourg de Rhamnuse, qui adore la déesse redoutable aux mortels orgueilleux, sur ces bords où la mer bouillonne avec violence dans son lit étroit, et où les vagues inconstantes de l'Euripe entraînent les vaisseaux de Chalcis vers l'Aulide si funeste aux navigateurs.

Cependant César avait soumis l'Espagne et s'apprêtait à porter dans une autre partie du monde ses aigles victorieuses, quand la fortune faillit rompre le cours de ses prospérités : sans avoir été vaincu dans aucun combat, et dans l'enceinte même de son camp, César dut craindre de perdre le fruit de ses crimes. Il vit ses légions, si long-temps fidèles à sa cause, dégoûtées enfin du sang et prêtes à l'abandonner, soit que le silence des clairons et le repos du glaive réfroidi dans le fourreau aient amorti l'ardeur des batailles; soit qu'avide de plus grandes récompenses, le soldat sacrifie son chef et sa cause pour vendre ailleurs son glaive ensanglanté.

Jamais César ne se vit dans un plus pressant péril, jamais il ne comprit mieux combien le piédestal qui l'élevait au dessus de toutes choses était fragile, com-

Tot raptis truncus manibus, gladioque relictus
Pæne suo, qui tot gentes in bella trahebat,
Scit non esse ducis strictos, sed militis, enses.

Non pavidum jam murmur erat, nec pectore tecto
Ira latens : nam quæ dubias constringere mentes
Causa solet, dum quisque pavet, quibus ipse timori est,
Seque putat solum regnorum injusta gravari,
Haud retinet.: quippe ipsa metus exsolverat audax
Turba suos. Quidquid multis peccatur, inultum est.

Effudere minas : « Liceat discedere, Cæsar,
A rabie scelerum. Quæris terraque marique
His ferrum jugulis, animasque effundere viles
Quolibet hoste paras : partem tibi Gallia nostri
Eripuit; partem duris Hispania bellis :
Pars jacet Hesperia : totoque exercitus orbe
Te vincente perit. Terris fudisse cruorem
Quid juvat Arctois, Rhodano, Rhenoque subactis?
Tot mihi pro bellis bellum civile dedisti.

« Cepimus expulso patriæ quum tecta senatu,
Quos hominum, vel quos licuit spoliare Deorum?
Imus in omne nefas, manibus ferroque nocentes,
Paupertate pii.

bien ses appuis avaient peu de solidité. Mutilé de tant de bras qui se retirent de lui, demeuré presque seul avec son épée, cet orgueilleux capitaine, qui traînait tant de peuples après lui dans les combats, s'aperçoit enfin que ces glaives qui brillent au soleil ne sont pas à lui, mais à ses soldats.

Déja ce n'était plus un murmure timide, un mécontentement caché au fond des cœurs. La défiance qui enchaîne d'ordinaire les âmes irrésolues, et qui fait que les mécontens se craignent les uns les autres, chacun d'eux croyant avoir seul à se plaindre de l'injustice du maître, a cessé de les retenir; cette multitude audacieuse trouve en elle-même de quoi s'affranchir de toute crainte; elle sait que pour un crime commis par tant de coupables à la fois, il n'y a point de châtiment.

Ils parlent d'une voix menaçante : « Permets-nous, César, de quitter la carrière du crime. Tu vas cherchant partout sur terre et sur mer des mains armées qui nous égorgent, et un ennemi pour lui jeter nos vies dont tu fais peu de cas. Une partie de nos frères a péri dans les champs de la Gaule, une autre partie a été dévorée par ta sanglante expédition d'Espagne; une autre enfin est restée dans les plaines d'Italie. Ainsi tes victoires sèment par toute la terre les débris de ton armée. Que nous sert-il d'avoir arrosé de notre sang les régions du nord, d'avoir soumis le Rhône et le Rhin? pour prix de tant de guerres, tu nous as donné la guerre civile.

« Quand nous avons pris Rome et chassé le sénat, de quels palais, de quels temples nous as-tu permis le pillage? Nous marchons de crime en crime, et, souillés comme nous le sommes par l'œuvre de nos bras et de

« Finis quis quæritur armis?
Quid satis est, si Roma parum? jam respice canos,
Invalidasque manus, et inanes cerne lacertos.
Usus abit vitæ : bellis consumpsimus ævum.
Ad mortem dimitte senes. En improba vota :
Non duro liceat morientia cespite membra
Ponere, non anima glebam fugiente ferire,
Atque oculos morti clausuram quærere dextram,
Conjugis illabi lacrymis, unique paratum
Scire rogum. Liceat morbis finire senectam.
Sit præter gladios aliquod sub Cæsare fatum.

« Quid, velut ignaros ad quæ portenta paremur,
Spe trahis? usque adeo soli civilibus armis
Nescimus cujus sceleris sit maxima merces?
Nil actum est bellis, si nondum comperit istas
Omnia posse manus. Nec fas, nec vincula juris
Hoc audere vetant. Rheni mihi Cæsar in undis
Dux erat, hic socius. Facinus, quos inquinat, æquat.

« Adde, quod ingrato meritorum judice virtus
Nostra perit. Quidquid gerimus, fortuna vocatur.
Nos fatum sciat esse suum. Licet omne Deorum
Obsequium speres, irato milite, Cæsar,
Pax erit. »

nos glaives, il n'y a plus rien d'honnête en nous que notre pauvreté.

« Quel terme veux-tu mettre à nos combats? Si ce n'est pas assez de Rome, que faut-il donc pour te satisfaire? Vois nos cheveux blanchis, nos mains sans vigueur, nos bras vides de sang. Nous n'avons plus de vie, elle s'est toute consumée dans les combats ; nous sommes vieux, laisse-nous aller mourir. Est-ce trop exiger? Nous demandons pour nos membres vaincus par l'âge un lit moins dur que l'herbe des camps ; nous ne voulons pas exhaler sur le champ de bataille une âme défaillante ; il faut à chacun de nous une main qui ferme ses yeux mourans, une épouse en pleurs pour le recevoir dans ses bras, un bûcher préparé pour lui seul. Laisse-nous donner à la maladie les derniers momens de notre vieillesse, et qu'il ne soit pas dit que sous toi l'on ne peut mourir que par l'épée.

« Pourquoi parler toujours d'espérance pour nous mener à ton but fatal, comme si nous ne le voyions pas? Serions-nous les seuls à ne pas savoir quel est, dans les guerres civiles, le crime le mieux récompensé? Tant de combats n'ont servi de rien, s'ils ne t'ont pas appris que nos bras sont capables de tout : il n'y a point de loi, soit divine soit humaine, qui doive nous retenir ; sur les bords du Rhin tu étais notre général, aujourd'hui tu n'es plus que comme l'un de nous, car le crime rend égaux tous ceux qu'il souille.

« D'ailleurs ton ingratitude nous enlève le fruit de notre valeur mal appréciée. Tous nos exploits, tu les mets sur le compte de ta fortune ; il est temps que tu saches que ta fortune, c'est nous. Espère tout de la complaisance des dieux, mais sois sûr que, sans la faveur de tes soldats, il n'y a plus de guerre. »

Hæc fatus, totis discurrere castris
Cœperat, infestoque ducem deposcere vultu.
Sic eat, o Superi, quando pietasque fidesque
Destituunt, moresque malos sperare relictum est;
Finem civili faciat discordia bello.

Quem non ille ducem potuit terrere tumultus!
Fata sed in præceps solitus demittere Cæsar,
Fortunamque suam per summa pericula gaudens
Exercere, venit; nec, dum desæviat ira,
Exspectat; medios properat tentare furores.
Non illis urbes, spoliandaque templa negasset,
Tarpeiamque Jovis sedem, matresque senatus,
Passurasque infanda nurus. Vult omnia certe
A se sæva peti, vult præmia Martis amari :
Militis indomiti tantum mens sana timetur.

Non pudet, heu! Cæsar, soli tibi bella placere
Jam manibus damnata tuis? hos ante pigebit
Sanguinis? his ferri grave jus erit? ipse per omne
Fasque nefasque rues? lassare, et disce sine armis
Posse pati : liceat scelerum tibi ponere finem.
Sæve, quid insequeris? quid jam nolentibus instas?
Bellum te civile fugit.

     Stetit aggere fultus
Cespitis, intrepidus vultu, meruitque timeri

A ces mots, ils courent en désordre par tout le camp, et, pleins de fureur, ils demandent César avec des cris menaçans. Qu'il en soit donc ainsi, dieux suprêmes! et puisque l'honneur et la vertu nous abandonnent, puisqu'il nous faut enfin mettre notre espérance dans le crime, que la discorde au moins termine la guerre civile!

Quel chef n'eût tremblé devant un soulèvement aussi terrible? Mais accoutumé dès long-temps à marcher sur des abîmes, et joyeux d'éprouver la fortune au milieu des plus grands périls, César se présente. Il n'attend pas que la colère de ses soldats soit calmée, il veut braver le feu de leur fureur. Il n'était pas homme à leur refuser le sac des villes, le pillage des temples, et du Capitole même où Jupiter réside; l'honneur des nobles Romaines et la pudeur des vierges, il eût tout livré à leur brutal emportement; mais du moins ces faveurs abominables, il veut qu'on les lui demande, il veut qu'on les reçoive comme le prix de la guerre civile. Il ne craint qu'une chose, c'est de voir ses soldats indomptés revenir à la saine raison.

Ne rougis-tu pas, César, d'être le seul à vouloir encore de cette guerre déjà condamnée par ton parti? Ces misérables se lasseront avant toi de verser le sang; ils maudiront la puissance des armes, et toi tu poursuivras ton œuvre sacrilège et impie! lasse-toi donc enfin, et apprends à vivre désarmé; sache mettre toi-même une borne à tes crimes. Peux-tu bien poursuivre, cruel? peux-tu bien forcer la répugnance de tes soldats qui se refusent à marcher? la guerre civile te fuit.

César se montra, debout sur un tertre de gazon, tranquille, et d'un air qui le rendait digne d'inspirer

Non metuens : atque hæc, ira dictante, profatur :

« Qui modo in absentem vultu, dextraque furebas,
Miles, habes nudum, promptumque ad vulnera pectus.
Hic fuge, si belli finis placet, ense relicto.
Detegit imbelles animos nil fortiter ausa
Seditio, tantumque fugam meditata juventus,
Ac ducis invicti rebus lassata secundis.
Vadite, meque meis ad bella relinquite fatis :
Invenient hæc arma manus, vobisque repulsis
Tot reddet Fortuna viros, quot tela vacabunt.

« Anne, fugam Magni tanta cum classe sequuntur
Hesperiæ gentes, nobis victoria turbam
Non dabit, impulsi tantum quæ præmia belli
Auferat, et vestri rapta mercede laboris,
Lauriferos nullo comitetur vulnere currus ?
Vos despecta, senes, exhaustaque sanguine turba
Cernetis nostros, jam plebs Romana, triumphos.

« Cæsaris an cursus vestræ sentire putatis
Damnum posse fugæ? veluti si cuncta minentur
Flumina, quos miscent pelago, subducere fontes,
Non magis ablatis umquam decresceret æquor,
Quam nunc crescit, aquis. An vos momenta putatis
Ulla dedisse mihi? numquam sic cura Deorum
Se premit, ut vestræ morti, vestræque saluti
Fata vacent. Procerum motus hæc cuncta sequuntur.
Humanum paucis vivit genus. Orbis Hiberi

l'effroi qu'il n'éprouvait pas lui-même. Plein de colère, il laissa tomber ces mots :

« IL n'y a qu'un moment, soldats, vos regards et vos bras menaçans me cherchaient : voici mon sein nu et je l'offre moi-même à vos coups; puisque vous ne voulez plus combattre, c'est là qu'il faut laisser vos épées avant de quitter mes drapeaux. Vous êtes des lâches, si votre révolte ne se signale par aucun coup hardi; si vous n'avez conspiré que la désertion, las que vous êtes de partager les triomphes d'un chef invincible. Allez donc, et laissez-moi seul avec ma destinée : ces armes trouveront des mains pour les porter, et, après votre fuite, la fortune saura me rendre autant de guerriers que vous aurez jeté de traits.

« Quoi! les nations de l'Hespérie suivront avec une flotte si nombreuse la fuite de Pompée, et moi, la victoire ne me donnera pas des milliers de compagnons qui partagent avec moi les profits de la guerre presque terminée, et qui, recueillant à votre place le fruit de vos travaux, suivent sans blessure mon char couvert de lauriers, tandis que vous, vieillards, troupe sans gloire et sans vigueur, vous le verrez, ce triomphe, mais vous le verrez confondus dans les rangs de la plèbe romaine.

« Croyez-vous que la marche de César puisse un moment se ressentir de votre désertion? c'est comme si tous les fleuves menaçaient de retirer à l'Océan le tribut de leurs eaux; leur absence ne pourrait pas plus l'affaiblir, que leur présence n'ajoute à sa plénitude. Croyez-vous m'avoir servi de quelque chose? non; la providence des dieux ne s'abaisse point jusque là que votre vie ou votre mort puissent être de quelque poids dans la balance des destinées. Tout le monde est emporté dans

Horror et Arctoi, nostro sub nomine miles
Pompeio certe fugeres duce. Fortis in armis
Cæsareis Labienus erat: nunc transfuga vilis
Cum duce prælato terras atque æquora lustrat.

« Nec melior mihi vestra fides, si bella, nec hoste,
Nec duce me, geritis. Quisquis mea signa relinquit,
Nec Pompeianis tradit sua partibus arma,
Hic numquam vult esse meus.

     « Sunt ista profecto
Curæ castra Deis, qui me committere tantis,
Non nisi mutato voluerunt milite, bellis.
Heu, quantum Fortuna humeris jam pondere fessis
Amolitur onus! sperantes omnia dextras
Exarmare datur, quibus hic non sufficit orbis.
Jam certe mihi bella geram : discedite castris,
Tradite nostra viris, ignavi, signa, Quirites.
At paucos, quibus hæc rabies auctoribus arsit,
Non Cæsar, sed pœna tenet. Procumbite terræ,
Infidumque caput, feriendaque tendite colla.

« Et tu, quo solo stabunt tam robore castra,
Tiro rudis, specta pœnas, et disce ferire,
Disce mori. »

   Tremuit sæva sub voce minantis
Vulgus iners : unumque caput, tam magna juventus

le mouvement des chefs de peuples ; la vie du genre humain se résume dans quelques hommes. Vous qui, sous mes drapeaux, avez fait trembler l'Espagne et l'Occident, vous ne seriez que des fugitifs sous Pompée. Labienus fut grand sous César, maintenant, vil transfuge, il est errant sur la terre et sur les mers à la suite du chef qu'il m'a préféré.

« Quand vous refuseriez en même temps de m'avoir pour chef et pour ennemi, je ne vous en mépriserais pas moins. Le soldat qui déserte mes drapeaux sans aller se ranger dans le parti de Pompée, ne sera jamais à moi.

« Dans ce qui m'arrive aujourd'hui, je vois éclater la protection des dieux qui n'ont pas voulu m'exposer aux chances d'une guerre aussi terrible avant d'avoir renouvelé mon armée. De quel fardeau tu soulages mes épaules déjà chancelantes sous le poids, ô Fortune! Je puis donc désarmer ces mains qui ont tout à prétendre, et auxquelles cette partie du monde ne suffirait pas. Maintenant du moins je ferai la guerre pour moi seul : videz ce camp; remettez mes drapeaux à de vrais soldats, lâches Quirites que vous êtes. Mais vous, qui avez soufflé le feu de cette révolte furieuse, ce n'est pas moi, c'est le châtiment qui vous retient ici : tombez à genoux et livrez vos têtes coupables au tranchant de la hache.

« Et vous, jeunes conscrits sans expérience, mais qui ferez désormais toute la force de mes armées ; soyez témoins de leur supplice, apprenez à frapper, apprenez à mourir. »

Ce discours menaçant et terrible fit trembler ces âmes vulgaires : cette puissante armée pâlit devant un seul

Privatum factura timet : velut ensibus ipsis
Imperet, invito moturus milite ferrum.
Ipse pavet, ne tela sibi dextræque negentur
Ad scelus hoc, Cæsar : vicit patientia sævi
Spem ducis, et jugulos, non tantum præstitit enses.
Nil magis, adsuetas sceleri quam perdere mentes,
Atque perire timet. Tam diro fœderis ictu
Parta quies, pœnaque redit placata juventus.

BRUNDUSIUM decimis jubet hanc attingere castris,
Et cunctas revocare rates, quas avius Hydrus,
Antiquusque Taras, secretaque litora Leucæ,
Quas recipit Salapina palus, et subdita Sipus
Montibus : Ausoniam qua torquens frugifer oram,
Dalmatico Boreæ, Calabroque obnoxius Austro,
Appulus Hadriacas exit Garganus in undas.

IPSE petit trepidam tutus sine milite Romam
Jam doctam servire togæ : populoque precanti
Scilicet indulgens, summum dictator honorem
Contigit, et lætos fecit, se consule, fastos.
Namque omnes voces, per quas jam tempore tanto
Mentimur dominis, hæc primum repperit ætas,
Qua sibi ne ferri jus ullum Cæsar abesset,
Ausonias voluit gladiis miscere secures.
Addidit et fasces aquilis, et nomen inane

homme qu'elle pouvait réduire à la vie privée; on eût dit que les épées mêmes lui obéissaient, et qu'il avait le don de faire agir le fer malgré les mains qui le portaient. Lui-même craignait de voir les armes et les bras se refuser à son commandement ; mais la patience des soldats alla même au delà de ses cruelles espérances : on lui donna tout, non-seulement les glaives, mais encore les têtes. Il ne redoute rien tant que de perdre ces âmes si bien façonnées au crime, et de se voir privé de pareils instrumens. Le supplice qu'il infligea fut le traité sanglant qui ramena la paix, et fit rentrer dans le devoir ses soldats apaisés.

Il leur ordonne alors de se porter en dix jours sur Brindes, et de rallier tous les vaisseaux épars dans les eaux sinueuses de l'Hydrus, dans le golfe de l'antique Tarente, ainsi que ceux qui stationnent dans les rades enfoncées de Leuca, dans les marais Salapiens, et dans les hâvres de Sipunte que dominent les monts d'Apulie, aux lieux où le riche Gargane, entre le vent du nord qui vient de la Dalmatie, et l'Auster qui souffle de la Calabre, forme une pointe sur la côte d'Italie, et s'allonge sur les flots de l'Adriatique.

Pour lui, seul et sans péril, il se rend à Rome ; il la trouve tremblante, et déjà pliée à l'obéissance. Il se revêt de l'appareil de la dictature ; mais, pour condescendre aux vœux du peuple dont il crut récompenser la conduite, il abdique presque aussitôt, et inscrit son nom glorieux dans les fastes consulaires. Car tous les titres que depuis si long-temps notre hypocrite bassesse prodigue à nos maîtres, furent inventés le jour où, pour réunir en sa main tous les droits de l'épée, César joignit le glaive du conquérant à la hache du consul. Il ajouta

Imperii rapiens, signavit tempora digna
Mœsta nota. Nam quo melius Pharsalicus annus
Consule notus erit?

     Fingit solennia campus,
Et non admissæ dirimit suffragia plebis,
Decantatque tribus, et vana versat in urna.
Nec cœlum servare licet : tonat augure surdo,
Et lætæ jurantur aves, bubone sinistro.

Inde perit primum quondam veneranda potestas
Juris inops : tantum careat ne nomine tempus,
Menstruus in fastos distinguit sæcula consul.

Nec non Iliacæ numen quod præsidet Albæ,
Haud meritum Latio solennia sacra subacto,
Vidit flammifera confectas nocte Latinas.

Inde rapit cursus, et, quæ piger Appulus arva
Deseruit rastris, et inerti tradidit herbæ,
Ocior et cœli flammis, et tigride feta
Transcurrit ; curvique tenens Minoia tecta
Brundusii, clausas ventis brumalibus undas
Invenit, et pavidas hiberno sidere classes.
Turpe duci visum est rapiendi tempora belli
In segnes exisse moras, portuque teneri,
Dum pateat tutum vel non felicibus æquor.
Expertes animos pelagi sic robore complet :

même les aigles aux faisceaux, et saisissant un faux titre de commandement, il mit à cette époque une marque digne d'elle. Car quel consul pouvait, mieux que lui, donner son nom à l'année de Pharsale?

On donne au Champ-de-Mars une vaine représentation des comices populaires; le peuple n'y est point admis : cependant on fait compter les suffrages; les tribus sont appelées par ordre, et les noms agités dans l'urne mensongère. Il n'est plus permis d'observer le ciel : il tonne, mais l'augure est devenu sourd, et l'on jure que les auspices sont favorables, quand le hibou sinistre n'annonce que des malheurs.

Ce fut le premier coup porté à cette magistrature autrefois vénérable, et maintenant dépouillée de tous ses droits; seulement, pour que l'année ne reste pas sans nom, un consul, créé pour un mois, marque le temps sur les fastes publics.

César célébra de plus les fêtes Latines, par une nuit enflammée, et la divinité qu'on révère dans Albe, héritière d'Ilion, fut outragée dans ce culte que lui rendit l'Italie privée de sa liberté.

De là il prend sa course, et, plus rapide que la foudre, plus impétueux qu'une tigresse à laquelle on a dérobé ses petits, il traverse les campagnes que l'Apulien paresseux ne cultive plus et laisse en proie à mille plantes sauvages. Arrivé à Brindes, ville bâtie en demi-lune par les Crétois, il trouve la mer fermée par les tempêtes de l'hiver; les constellations orageuses retenaient les vaisseaux dans les ports. César regarde comme une honte de perdre dans un lâche repos un temps précieux pour la guerre, et de s'attacher au rivage, quand les flots n'offrent aucun péril à ceux même qui n'ont point

« Fortius hiberni flatus, cœlumque fretumque
Quum cepere, tenent, quam quos incumbere certos
Perfida nubiferi vetat inconstantia veris.
Nec maris amfractus, lustrandaque litora nobis,
Sed recti fluctus, soloque Aquilone secandi.
Hic utinam summi curvet carchesia mali,
Incumbatque furens, et Graia ad mœnia perflet,
Ne Pompeiani Phæacum e litore toto
Languida jactatis comprendant carbasa remis :
Rumpite, quæ retinent felices vincula proras.
Jamdudum nubes, et sævas perdimus undas. »

Sidera prima poli Phœbo labente sub undas
Exierant, et luna suas jam fecerat umbras :
Quum pariter solvere rates, totosque rudentes
Laxavere sinus : et flexo navita cornu
Obliquat lævo pede carbasa, summaque pandens
Suppara velorum perituras colligit auras.

Ut primum levior propellere lintea ventus
Incipit, exiguumque tument; mox reddita malo
In mediam cecidere ratem : terraque relicta
Non valet ipsa sequi puppes, quæ vexerat, aura.
Æquora lenta jacent, alto torpore ligata.

pour eux les faveurs de la fortune. Il prend donc la parole, et rassure ses soldats qui n'ont point encore éprouvé la mer.

« Les vents d'hiver, dit-il, une fois déchaînés, règnent plus obstinément dans les airs et sur les flots que ceux à qui la perfide inconstance du printemps orageux ne permet pas de souffler avec force toujours dans la même direction. Nous n'avons point à croiser notre marche ni à côtoyer les rivages ; il ne s'agit que d'aller droit devant nous, et de nous laisser conduire au seul vent du nord. Et plaise au ciel qu'il souffle jusqu'à plier nos mâts; qu'il se déchaîne avec fureur, et nous pousse vers les murs d'Épidamne, afin que les Pompéiens répandus sur toute la côte de Corcyre n'aient pas le temps de saisir nos vaisseaux mal servis par leurs rames et trahis par leurs voiles tombantes. Brisez les liens qui retiennent dans le port nos poupes fortunées; nous avons tardé trop long-temps à mettre à profit l'inclémence des airs et la fureur des vagues. »

Le soleil était descendu sous les eaux ; les premières étoiles se montraient dans le ciel, et la lune s'était emparée des ombres de la nuit. Toutes les ancres des navires sont levées à la fois, et les voiles se déploient tout entières au souffle des vents; les matelots courbent les antennes et tendent sur la gauche les petites voiles supérieures pour faire entrer dans leurs plis une partie du vent, qui sans cela se perdrait dans les airs.

D'abord les voiles, soulevées par un vent faible, s'enflent légèrement; mais bientôt elles se collent aux mâts, et retombent au milieu du navire : on a quitté la terre, et déjà le vent ne peut qu'à peine suivre les vaisseaux qu'il a poussés en mer; les flots n'ont plus de mou-

Pigrius immotis hæsere paludibus undæ.
Sic stat iners Scythicas adstringens Bosporos undas
Quum, glacie retinente, fretum non impulit Hister,
Immensumque gelu tegitur mare : comprimit unda,
Deprendit quascumque, rates; nec pervia velis
Æquora frangit eques, fluctuque latente sonantem
Orbita migrantis scindit Mæotida Bessi.

Sæva quies pelagi, mœstoque ignava profundo
Stagna jacentis aquæ, veluti deserta rigente
Æquora natura cessant : pontusque vetustas
Oblitus servare vices non commeat æstu,
Non horrore tremit, non Solis imagine vibrat.
Casibus innumeris fixæ patuere carinæ.
Illinc infestæ classes, et inertia tonsis
Æquora moturæ; gravis hinc languore profundi
Obsessis ventura fames.

      Nova vota timori
Sunt inventa novo, fluctus nimiasque precari
Ventorum vires, dum se torpentibus unda
Excutiat stagnis, et sit mare. Nubila nusquam,
Undarumque minæ : cœlo languente, fretoque
Naufragii spes omnis abit. Sed nocte fugata
Læsum nube dies jubar extulit; imaque sensim
Concussit pelagi, movitque Ceraunia nautis.

vement, et le calme profond qui les enchaîne les rend plus immobiles que l'eau stagnante des marécages. Ainsi dorment les flots du Bosphore qui resserre les vagues de la mer de Scythie, quand, retenu par les glaces, le Danube ne vient plus l'ébranler, et que le froid durcit la surface immense de l'Euxin : aucun vaisseau, pris dans ces eaux, ne s'en échappe; cette mer qui s'ouvrait pour livrer passage aux navires, s'affermit sous les pas des coursiers, et le chariot du Scythe voyageur sillonne la glace qui recouvre l'eau murmurante et profonde des Palus-Méotides.

Cette immobilité funeste, ce calme effrayant et lugubre feraient croire que la nature engourdie n'exerce plus sur les ondes sa puissance accoutumée : la mer semble avoir oublié ses lois éternelles ; plus de marées, plus de tressaillement dans ses eaux profondes, plus de vagues où les rayons du soleil viennent se briser. Mille dangers assaillent à la fois la flotte de César ainsi enchaînée par le calme; d'un côté ce sont les navires de Pompée qui vont triompher de l'immobilité des flots par la force des rames; de l'autre c'est la faim qui s'apprête à saisir ces vaisseaux, prisonniers sur une mer sans mouvement.

Cette situation bizarre leur inspira des vœux étranges : ce qu'ils demandent, ce sont des tempêtes et des orages; que le vent déploie toutes ses fureurs, pourvu que les flots sortent de leur léthargie funeste et redeviennent une mer. Point de nuages, point d'apparence de tempête; un calme plat règne dans les airs et sur les flots, il n'y a point de naufrage à espérer. Mais au matin, le jour parut obscurci de nuages ; insensiblement la mer s'émut jusqu'en ses plus profonds abîmes, et les matelots virent

Inde rapi cœpere rates, atque æquora classem
Curva sequi, quæ jam vento, fluctuque secundo
Lapsa Palæstinas uncis confixit arenas.

PRIMA duces vidit junctis consistere castris
Tellus, quam volucer Genusus, quam mollior Apsus
Circueunt ripis. Apso gestare carinas
Causa palus, leni quam fallens egerit unda.
At Genusum nunc sole nives, nunc imbre solutæ
Præcipitant : neuter longo se gurgite lassat,
Sed minimum terræ, vicino litore, novit.

Hoc fortuna loco tantæ duo nomina famæ
Composuit : miserique fuit spes irrita mundi,
Posse duces, parva campi statione diremptos,
Admotum damnare nefas : nam cernere vultus,
Et voces audire datur; multosque per annos
Dilectus tibi, Magne, socer, post pignora tanta,
Sanguinis infausti sobolem, mortemque nepotis,
Te nisi Niliaca propius non vidit arena.

CÆSARIS attonitam miscenda ad prœlia mentem
Ferre moras scelerum partes jussere relictæ.
Ductor erat cunctis audax Antonius armis,
Jam tum civili meditatus Leucada bello.
Illum sæpe minis Cæsar, precibusque morantem
Evocat : « O mundo tantorum causa malorum,
Quid Superos, et fata tenes? sunt cætera cursu

les monts Acrocérauniens se balancer à l'horizon. La flotte se mit en mouvement, les vagues, s'élevant par derrière, la firent marcher avec force, et bientôt, à la faveur des vents et des flots, elle put jeter ses ancres dans les sables de Paleste.

Ce fut sur les bords du rapide Genusus et de l'Apsus indolent que les deux chefs se trouvèrent pour la première fois en présence. Un marais que l'Apsus reçoit dans son lit profond et paisible, le rend propre à porter des vaisseaux. Mais les neiges, fondues tantôt par le soleil tantôt par la pluie, précipitent le cours du Genusus. Ces fleuves ne parcourent point une grande étendue de pays, mais se jettent dans la mer tout près de leur source.

Ce fut dans ces lieux que la fortune mit en présence deux capitaines si renommés : l'univers, déchiré par leur querelle, espéra vainement que le peu d'espace qui les séparait leur ferait maudire cette coupable lutte qui les avait si fort rapprochés : car ils sont assez près l'un de l'autre pour se voir et pour s'entendre. Et ce beau-père si long-temps cher à ton cœur, ô Pompée ! depuis que la fortune a rompu les nœuds qui vous unissaient, depuis que la mort de son petit-fils a rompu votre alliance infortunée, jamais il ne t'a vu de plus près qu'en ce moment, si ce n'est sur les sables du Nil.

Le fougueux César brûlait de combattre ; mais l'absence d'une partie de son armée le força de dévorer cette criminelle impatience. Toutes ces troupes étaient sous les ordres d'Antoine, ce hardi soldat, cet artisan de guerre civile, qui déjà roulait dans sa tête le combat d'Actium. Vingt fois César emploie la prière et la menace pour hâter sa marche trop lente : « O toi ! la cause

Acta meo : summam rapti per prospera belli
Te poscit Fortuna manum. Num rupta vadosis
Syrtibus incerto Libye nos dividit æstu?
Numquid inexperto tua credimus arma profundo,
Inque novos traheris casus? Ignave, venire
Te Cæsar, non ire, jubet. Prior ipse per hostes
Percussi medias alieni juris arenas.
Tu mea castra times? pereuntia tempora fati
Conqueror : in ventos impendo vota, fretumque.
Ne retine dubium cupientes ire per æquor :
Si bene nota mihi est, ad Cæsaris arma juventus
Naufragio venisse volet. Jam voce doloris
Utendum est : non ex æquo divisimus orbem.
Epirum Cæsarque tenet, totusque senatus :
Ausoniam tu solus habes. »

His terque, quaterque
Vocibus excitum postquam cessare videbat,
Dum se deesse Deis, at non sibi numina, credit;
Sponte per incautas audet tentare tenebras,
Quod jussi timuere, fretum; temeraria prono
Expertus cessisse Deo; fluctusque verendos
Classibus, exigua sperat superare carina.

Solverat armorum fessas nox languida curas :

de tant de malheurs, pourquoi retarder si long-temps le jugement des dieux et de la destinée? Grâce à la rapidité de ma course, il ne reste presque plus rien à faire, la fortune t'attend pour mettre la dernière main à cette guerre dont mes exploits ont assuré le résultat. Est-ce donc la mer d'Afrique, si dangereuse par les écueils de ses Syrtes, qui nous sépare? Est-ce que j'expose ta valeur sur des flots inconnus? est-ce que je t'appelle à des périls nouveaux pour toi? Lâche que tu es! je ne te dis pas d'aller, mais de venir. Tu m'as vu le premier m'ouvrir un passage à travers les ennemis et jeter l'ancre sur le rivage qu'ils occupaient. Mon camp te fait-il peur? Ce dont je me plains, c'est de voir différer l'accomplissement de mes destinées; et voilà ce qui me fait adresser des vœux aux vents et à la mer. N'arrête donc plus l'ardeur de mes soldats prêts à s'élancer à travers les vagues orageuses; si je les connais bien, ils brûlent de joindre mes drapeaux, même au prix d'un naufrage. Tu me forces à t'accuser : le monde n'est point également partagé entre nous deux : le sénat tout entier possède avec moi l'Épire, et tu gardes l'Italie pour toi seul. »

Après avoir ainsi plusieurs fois accusé sa lenteur, voyant qu'il n'arrive pas, et croyant que c'est lui César qui manque aux dieux, tandis que la faveur des dieux ne lui manque pas; il ose de lui-même affronter, dans l'ombre de la nuit, cette mer à laquelle ses lieutenans ont craint de se confier quand il leur en donnait l'ordre. Il sait par expérience que les entreprises téméraires trouvent les dieux favorables; et ces flots qui font trembler des flottes entières, il espère les traverser sur une faible barque.

Le repos de la nuit avait suspendu les travaux de la

Parva quies miseris, in quorum pectora somno
Dat vires fortuna minor : jam castra silebant;
Tertia jam vigiles commoverat hora secundos;
Caesar sollicito per vasta silentia gressu
Vix famulis audenda parat; cunctisque relictis,
Sola placet Fortuna comes. Tentoria postquam
Egressus, vigilum somno cedentia membra
Transiluit, questus tacite quod fallere posset;
Litora curva legit, primisque invenit in undis
Rupibus exesis haerentem fune carinam.
Rectorem, dominumque ratis secura tenebat
Haud procul inde domus, non ullo robore fulta,
Sed sterili junco, cannaque intexta palustri,
Et latus inversa nudum munita phaselo.

Haec Caesar bis terque manu quassantia tectum
Limina commovit. Molli consurgit Amyclas,
Quem dabat alga, toro : « Quisnam mea naufragus, inquit,
Tecta petit ? aut quem nostrae Fortuna coegit
Auxilium sperare casae ? » Sic fatus, ab alto
Aggere, jam tepidae sublato fune favillae,
Scintillam tenuem commotos pavit in ignes,
Securus belli : praedam civilibus armis
Scit non esse casas. O vitae tuta facultas
Pauperis, angustique lares ! o munera nondum
Intellecta Deum ! quibus hoc contingere templis,
Aut potuit muris, nullo trepidare tumultu,
Caesarea pulsante manu ?

guerre ; ce temps est court pour les malheureux qui, par leur position obscure, offrent meilleure prise au sommeil. Le camp était sans bruit : c'était la troisième heure, et la seconde veille avait commencé. Au milieu de ce grand silence, César s'échappe avec précaution pour exécuter ce qu'un serviteur même eût craint d'entreprendre. Il part tout seul et ne veut avec lui que sa fortune. Sorti de l'enceinte des tentes, il passe au milieu des sentinelles endormies, qu'il se plaint toutefois en lui-même de trouver si peu vigilantes : il suit alors les détours du rivage, et trouve au bord des eaux une barque attachée par un câble à des roches minées par le temps. Le maître et le pilote de ce navire dormaient paisiblement tout près de là dans une cabane qui n'avait pas même pour appui quelques poutres de chêne, mais faite de joncs et de roseaux entrelacés, et fermée d'un côté par une barque posée sur champ.

César frappe trois ou quatre fois cette porte qui, en s'ébranlant, fait trembler toute sa cabane. Amyclas se lève de son lit d'algue marine sur lequel il goûtait un doux sommeil : « Quel est le naufragé, dit-il, qui vient frapper à ma porte ? quel est le malheureux que la fortune réduit à chercher un asile dans ma cabane ? » A ces mots il tire un câble allumé du monceau de cendres chaudes qui le recouvre, et en fait jaillir une faible étincelle qu'il agite jusqu'à ce qu'elle devienne une flamme brillante. Nul souci de la guerre, car il sait bien que les discordes civiles ne s'attaquent point aux chaumières. O vie heureuse et tranquille ! privilège admirable de la pauvreté, don du ciel jusqu'ici trop méconnu ! quels temples, quelles citadelles ont jamais senti sans terreur la main de César se poser sur leurs murailles ?

Tum poste recluso,
Dux ait : « Exspecta votis majora modestis,
Spesque tuas laxa, juvenis, si jussa sequutus
Me vehis Hesperiam; non ultra cuncta carinæ
Debebis, manibusque inopem duxisse senectam.
Ne cessa præbere Deo tua fata, volenti
Angustos opibus subitis implere penates. »

Sic fatur, quamquam plebeio tectus amictu,
Indocilis privata loqui. Tum pauper Amyclas :
« Multa quidem prohibent nocturno credere ponto.
Nam sol non rutilas deduxit in æquora nubes,
Concordesque tulit radios : Noton altera Phœbi,
Altera pars Borean diducta luce vocabat.
Orbe quoque exhaustus medio, languensque recessit,
Spectantes oculos infirmo lumine passus :
Lunaque non gracili surrexit lucida cornu,
Aut orbis medii puros exesa recessus ;
Nec duxit recto tenuata cacumina cornu,
Ventorumque nota rubuit : tum lurida pallens,
Ora tulit vultu sub nubem tristis ituro.
Sed mihi nec motus nemorum, nec litoris ictus,
Nec placet incertus, qui provocat æquora, Delphin;
Aut siccum quod mergus amat; quodque ausa volare
Ardea sublimis, pennæ confisa natanti :
Quodque caput spargens undis, velut occupet imbrem,
Instabili gressu metitur litora cornix.
Sed si magnarum poscunt discrimina rerum,
Haud dubitem præbere manus : vel litora tangam
Jussa, vel hoc potius pelagus, flatusque negabunt. »

La porte s'ouvre. « La mesure de tes modestes vœux sera plus que remplie, jeune homme, dit César, et tu peux élargir le cercle de tes espérances, si tu veux exécuter mes ordres et me passer en Italie; ta barque ne sera plus ton unique ressource, et tu n'auras pas à nourrir du travail de tes mains une vieillesse indigente. N'hésite donc pas à te confier aux dieux qui veulent remplir ton étroite cabane de soudaines richesses. »

Telles sont ses paroles; car, malgré son habit plébéien, il ne peut s'abaisser au langage d'un homme ordinaire. « Plusieurs signes funestes, répond le pauvre pêcheur, m'ont annoncé pour cette nuit une mer dangereuse. Le soleil ne s'est point couché dans un cercle de nuages enflammés; ses rayons n'ont point tous donné les mêmes pronostics; mais les uns appelaient le vent d'ouest, et les autres le vent du midi : de plus la lumière de son disque était défaillante, et si faible à son coucher, que l'œil pouvait la fixer impunément. La lune aussi n'avait point à son lever les extrémités de son croissant claires et dégagées, ni l'intérieur lumineux et pur de tous nuages. De plus, ses cornes ne s'élevaient point en ligne droite; j'ai vu sur elle cette rougeur qui est le signe du vent, puis elle est devenue pâle et livide au moment de disparaître sous un sombre voile de nuages. Je n'aime point d'ailleurs ce bruit des forêts ébranlées, ni ce mugissement du rivage, ni cette agitation inquiète du dauphin qui semble défier la tempête. Je n'aime point à voir le plongeon chercher la terre, ni le héron prendre son vol à travers les airs, et se confier à ses faibles ailes. Je n'aime point la corneille qui court au hasard sur le rivage et baigne sa tête dans l'eau, comme pour appeler la pluie. Cependant, si de graves intérêts l'exigent, je

Hæc fatur, solvensque ratem dat carbasa ventis :
Ad quorum motus non solum lapsa per altum
Aera dispersos traxere cadentia sulcos
Sidera; sed summis etiam quæ fixa tenentur
Astra polis, sunt visa quati. Niger inficit horror
Terga maris; longo per multa volumina tractu
Æstuat unda minax; flatusque incerta futuri,
Turbida testantur conceptos æquora ventos.

Tunc rector trepidæ fatur ratis : « Adspice sævum
Quanta paret pelagus : Zephyros intendat, an Euros,
Incertum est: puppim dubius ferit undique pontus.
Nubibus et cœlo Notus est; si murmura ponti
Consulimus, Cori verrent mare. Gurgite tanto,
Nec ratis Hesperias tanget, nec naufragus, oras.
Desperare viam, et vetitos convertere cursus
Sola salus. Liceat vexata litora puppe
Prendere, ne longe nimium sit proxima tellus. »

Fisus cuncta sibi cessura pericula Cæsar,
« Sperne minas, inquit, pelagi, ventoque furenti
Trade sinum. Italiam si cœlo auctore recusas,
Me pete. Sola tibi causa hæc est justa timoris,
Vectorem non nosse tuum; quem numina numquam
Destituunt; de quo male tunc Fortuna meretur,
Quum post vota venit : medias perrumpe procellas
Tutela secure mea. Cœli iste fretique,

n'hésite point à vous obéir, et, si je ne vous passe point en Italie, c'est que les vents et les flots ne le voudront pas. »

Il dit, et, déliant sa barque, il livre la voile aux vents dont la violence est telle que non-seulement les étoiles errantes semblent se détacher de la voûte du ciel en laissant derrière elles de longues traînées de feu, mais que les étoiles fixes elles-mêmes, quoique attachées au plus haut du ciel, parurent s'ébranler. Une affreuse nuit se répand sur les flots ; l'onde menaçante bouillonne et se roule en noirs tourbillons : tous les vents soufflent à la fois, et la mer ne sait auquel obéir.

« Voyez, dit le nautonnier tremblant, quelle tempête se prépare : quel est le vent qui va se déchaîner ? l'Eurus ou le Zéphyr ? il est impossible de le savoir ; la mer incertaine bat de tous côtés la barque. Dans l'air et dans le ciel c'est le Notus qui règne ; si nous consultons le bruit des flots, c'est le Corus qui va s'abattre sur la mer. Par ce temps affreux, ni la barque, ni nos cadavres n'arriveront en Italie. Renoncez au voyage, et retournez sur vos pas, voilà le seul moyen de salut : laissez-moi prendre terre avant que le rivage ne soit trop loin de nous. »

César croit que tous les périls doivent céder à l'ascendant de sa fortune. « Ne crains point, dit-il, les menaces de la mer ; livre la voile à ce vent furieux. Si le ciel te défend d'avancer, marche sur ma parole ; ta seule raison de craindre, c'est que tu ne sais pas quel est le passager que tu portes. C'est un homme que les dieux n'abandonnent jamais, et qui a le droit de se plaindre de la fortune quand elle n'a pas prévenu ses vœux. Lance-toi donc à travers la tempête, et ne crains rien

Non puppis nostræ labor est ; hanc Cæsare pressam
A fluctu defendet onus. Nec longa furori
Ventorum sævo dabitur mora : proderit undis
Ista ratis. Ne flecte manum ; fuge proxima velis
Litora : tum Calabro portu te crede potitum,
Quum jam non poterit puppi, nostræque saluti
Altera terra dari. Quid tanta strage paretur
Ignoras : quærit pelagi cœlique tumultu
Quid præstet Fortuna mihi. »

         Non plura loquuto
Avulsit laceros, percussa puppe, rudentes
Turbo rapax, fragilemque supervolitantia malum
Vela tulit : sonuit, victis compagibus, alnus.
Inde ruunt toto concita pericula mundo.
Primus ab Oceano caput exseris Atlanteo,
Core, movens æstus : jam, te tollente, furebat
Pontus, et in scopulos totas erexerat undas.
Occurrit gelidus Boreas, pelagusque retundit ;
Et dubium pendet, vento cui concidat, æquor.
Sed Scythici vicit rabies Aquilonis, et undas
Torsit, et abstrusas penitus vada fecit arenas.
Nec perfert pontum Boreas ad saxa, suumque
In fluctus Cori frangit mare ; motaque possunt
Æquora subductis etiam concurrere ventis.
Non Euri cessasse minas, non imbribus atrum
Æolii jacuisse Notum sub carcere saxi
Crediderim : cunctos solita de parte ruentes
Defendisse suas violento turbine terras :

sous ma sauve-garde. Cet orage ne s'adresse qu'au ciel et à la mer, non pas à notre barque : elle porte César, ce fardeau la défendra contre les flots ; et même la furie des vents ne sera pas long-temps déchaînée ; cette barque remettra la paix sur la mer. Ne change point de direction ; que la voile déployée nous emporte seulement loin de ce rivage, et sois sûr que nous atteindrons la côte de Calabre dès que tu verras que notre barque et nos vies n'ont point d'autre asile à espérer. Tu ne comprends pas ce que signifie cette tempête ; la fortune l'a soulevée pour avoir à mériter ma reconnaissance par une faveur digne de moi. »

A ces mots, un tourbillon furieux donnant sur la poupe brise les cordages et déchire les voiles qu'il enlève au dessus du mât tremblant ; la barque gémit profondément ébranlée.

Alors les vents se précipitent sur elle de toutes les parties du monde. Le Corus lève le premier sa tête du sein de la mer Atlantique, et soulève les flots : déjà les ondes montaient avec furie et se dressaient contre les roches du rivage ; mais le glacial Borée accourt d'un autre point du ciel, et fait retomber la mer dans son lit : elle ne sait plus à quel vent s'abandonner ; mais bientôt l'Aquilon furieux s'élance du fond de la Scythie ; il tord les vagues émues et creuse la mer jusqu'à découvrir le sable sous l'eau la plus profonde. Borée ne pousse point contre les rochers les flots qu'il soulève, mais il les brise contre ceux dont le Corus s'est emparé : toutes ces vagues sont tellement agitées qu'elles pourraient lutter les unes contre les autres sans le secours des vents. Je ne crois pas que le souffle de l'Eurus soit tombé, ni que le Notus chargé de pluies effroyables se soit caché

Sic pelagus mansisse loco. Nec parva procellis
Æquora rapta ferunt. Ægæas transit in undas
Tyrrhenum : sonat Ionio vagus Hadria ponto.
Ah! quoties frustra pulsatos æquore montes
Obruit illa dies! quam celsa cacumina pessum
Tellus victa dedit! non ullo litore surgunt
Tam validi fluctus, alioque ex orbe voluti
A magno venere mari, mundumque coercens
Monstriferos agit unda sinus. Sic rector Olympi
Cuspide fraterna lassatum in sæcula fulmen
Adjuvit, regnoque accessit terra secundo,
Quum mare convolvit gentes, quum litora Tethys
Noluit ulla pati, cœlo contenta teneri.
Nunc quoque tanta maris moles crevisset in astra,
Ni Superum rector pressisset nubibus undas.
Non cœli nox illa fuit : latet obsitus aer
Infernæ squalore domus, nimbisque gravatus
Deprimitur, fluctusque in nubibus accipit imbrem.
Lux etiam metuenda perit, nec fulgura currunt
Clara, sed obscurum nimbosus dissilit aer.

Tunc Superum convexa tremunt, atque arduus axis
Intonuit, motaque poli compage laborant.
Extimuit Natura chaos : rupisse videntur
Concordes elementa moras, rursusque redire
Nox manes mixtura Deis. Spes una salutis,

dans l'antre d'Éole, mais plutôt que chacun de ces vents s'est élancé de la partie du ciel qui lui est propre, et a soufflé avec violence pour défendre son rivage, et que c'est là ce qui a retenu la mer dans son lit. Ils emportent même beaucoup d'eau sur leurs ailes rapides : la mer Tyrrhénienne passe dans la mer Égée, et l'Adriatique se mêle en mugissant aux vagues ioniennes. Que de montagnes tant de fois vainement ébranlées par les eaux, disparurent en ce jour? que de cimes élevées la terre dut abandonner à l'Océan victorieux! Jamais pareilles vagues ne s'élevèrent sur aucun autre rivage, ni même au sein de la grande mer qui vient d'un autre monde et enferme l'univers dans ses replis immenses et peuplés de monstrueux habitans. Si l'on a vu quelque chose de semblable, c'est quand Jupiter, las de lancer la foudre sur les humains, appela à son secours le trident de son frère, et réunit la terre à l'empire des eaux : la mer balaya les nations, et Thétys ne voulut plus d'autre rivage que le ciel. César eût vu les mêmes vagues furieuses monter vers l'Olympe, si le maître des dieux n'eût abaissé sur elles le poids des nuées. La nuit qui règne sur les eaux n'est point une nuit ordinaire; mais l'air est chargé de ténèbres affreuses et infernales; il s'affaisse sous le poids des nuages, où les flots émus vont chercher la pluie. On ne voit même pas le feu sinistre des éclairs; ils passent, mais sans jeter aucune lumière, et la foudre éclate dans une obscurité profonde.

LE séjour des dieux s'ébranle, le tonnerre se fait entendre au plus haut du ciel, et le monde semble prêt à se dissoudre. La nature craint de retomber dans le chaos; on dirait que l'harmonie des élémens est rompue, et qu'on va voir revenir la nuit affreuse qui doit confondre

Quod tanta mundi nondum periere ruina.
Quantum Leucadio placidus de vertice pontus
Despicitur; tantum nautæ videre trementes
Fluctibus e summis præceps mare : quumque tumentes
Rursus hiant undæ, vix eminet æquore malus.
Nubila tanguntur velis, et terra carina.
Nam pelagus, qua parte sedet, non celat arenas
Exhaustum in cumulos, omnisque in fluctibus unda est.

Artis opem vicere metus : nescitque magister
Quam frangat, cui cedat aquæ. Discordia Ponti
Succurrit miseris, fluctusque evertere puppim
Non valet in fluctus : victum latus unda repellens
Erigit, atque omni surgit ratis ardua vento.
Non humilem Sasona vadis, non litora curvæ
Thessaliæ saxosa pavent, oræque malignos
Ambraciæ portus : scopulosa Ceraunia nautæ
Summa timent. Credit jam digna pericula Cæsar
Fatis esse suis :

« Tantusne evertere, dixit,
Me Superis labor est : parva quem puppe sedentem
Tam magno petiere mari? Si gloria leti
Est pelago donata mei, bellisque negamur;
Intrepidus, quamcumque datis mihi, numina, mortem
Accipiam. Licet ingentes abruperit actus
Festinata dies fatis, sat magna peregi.

PHARSALE, LIVRE V.

le ciel et les enfers. La seule raison d'espérer qui reste à César et à son pilote, c'est de se voir encore vivans après une aussi effroyable tempête. Autant que l'œil d'un homme assis au sommet de Leucade plonge sur la mer qui dort à ses pieds, autant est profond l'abîme qu'ils découvrent avec horreur de la cime des plus hautes vagues; et, quand les eaux soulevées retombent sous eux, c'est à peine si le mât de leur barque paraît au dessus des flots : après que les voiles ont frappé les nues, la quille vient toucher la terre. Car partout où la mer s'affaisse, elle couvre à peine le sable, elle s'épuise en montagnes humides, et toute son eau sert à former des vagues.

Le nocher, vaincu par la peur, ne trouve plus de ressource dans son art; il ne distingue plus les courans qu'il doit couper ni ceux qu'il doit suivre. Mais la discorde qui règne parmi les flots vient au secours de ces infortunés; une vague empêche l'autre de submerger leur barque; si elle tombe d'un côté, un flot contraire la relève en la repoussant, et tous les vents concourent à la maintenir au dessus de l'abîme. Ils ne craignent ni les bas-fonds de Sasone, ni les rochers de la côte sinueuse de l'Épire, ni les ports dangereux du rivage d'Ambracie; ce sont les cimes les plus hautes des monts Acrocérauniens qu'ils redoutent. César croit enfin le péril assez grand pour sa fortune :

« Les dieux ont-ils donc tant de peine à me détruire, s'écrie-t-il, qu'il leur faille déchaîner une aussi effroyable tempête contre la faible barque où je suis assis? Si je ne dois point périr dans les combats, si c'est à la mer qu'est réservé l'honneur de ma perte, dieux puissans, je recevrai sans pâlir la mort que vous m'envoyez. Quoique cette fin prématurée vienne interrompre

Arctoas domui gentes : inimica subegi
Arma metu : vidit Magnum mihi Roma secundum.
Jussa plebe, tuli fasces per bella negatos :
Nulla meis aberit titulis Romana potestas.
Nesciat hoc quisquam, nisi tu, quæ sola meorum
Conscia votorum es, me, quamvis plenus honorum,
Et dictator eam Stygias, et consul, ad umbras,
Privatum, Fortuna, mori. Mihi funere nullo
Est opus, o Superi : lacerum retinete cadaver
Fluctibus in mediis; desint mihi busta, rogusque,
Dum metuar semper, terraque exspecter ab omni. »

Hæc fatum decimus, dictu mirabile, fluctus
Invalida cum puppe levat : nec rursus ab alto
Aggere dejecit pelagi, sed pertulit unda,
Scruposisque angusta vacant ubi litora saxis,
Imposuit terræ. Pariter tot regna, tot urbes
Fortunamque suam tacta tellure recepit.
Sed non tam remeans Cæsar jam luce propinqua,
Quam tacita sua castra fuga, comitesque fefellit.
Circumfusa duci flevit, gemituque suorum,
Et non ingratis incessit turba querelis.
« Quo te, dure, tulit virtus temeraria, Cæsar?
Aut quæ nos viles animas in fata relinquens,
Invitis spargenda dabas tua membra procellis?
Quum tot in hac anima populorum vita, salusque
Pendeat, et tantus caput hoc sibi fecerit orbis,
Sævitia est voluisse mori. Nullusne tuorum
Emeruit comitum, fatis non posse superstes

les plus grands desseins, j'aurai toujours assez fait pour ma gloire. J'ai dompté les nations du nord; mes ennemis tremblans sont tombés à mes pieds, et Rome a vu Pompée au dessous de moi. La victoire m'a donné les faisceaux que l'injustice du peuple me refusait; la république n'a point de dignités dont je ne me sois revêtu. Que le monde ignore, ô Fortune! ce que tu sais, toi la seule confidente de mes vœux; quoique chargé d'honneurs, quoique dictateur et consul, je meurs homme privé. Je ne veux point de funérailles, dieux puissans; retenez sous les vagues les débris de mon corps déchiré; point de bûcher, point de tombeau, pourvu qu'on me craigne sans cesse et qu'on s'attende à me voir reparaître sur tous les points de l'univers. »

A ces mots, prodige incroyable! une vague énorme l'enlève sur son frêle esquif, et, au lieu de le replonger au fond de l'abîme, l'emporte et va le jeter à terre sur une plage unie et sans écueils. En touchant le rivage, il recouvre à la fois ses conquêtes, son empire et sa fortune.

Mais comme le jour commençait à luire, il ne put cacher son retour à ses compagnons comme il leur avait dérobé son départ. Son armée se presse autour de lui en versant des pleurs; elle fait éclater ses gémissemens, et se répand en reproches qui durent flatter son cœur. « Où t'emportait, cruel, ton imprudent courage? A quel genre de mort nous dévouais-tu donc, nous dont la vie est si peu de chose, quand tu livrais aux vagues furieuses ton propre corps à déchirer? L'existence de tant de peuples dépend de la tienne, ils ne vivent que par toi, tu es devenu la tête précieuse de l'immense univers; c'est cruauté de vouloir mourir. Au-

Esse tuis? Quum te raperet mare, corpora segnis
Nostra sopor tenuit. Pudet heu! tibi causa petendæ
Hæc fuit Hesperiæ? visum est committere quemquam
Tam sævo crudele mari? Sors ultima rerum
In dubios casus, et prona pericula mortis
Præcipitare solet : mundi jam summa tenentem
Permisisse mari! tantum quid numina lassas?
Sufficit ad fatum belli favor iste, laborque
Fortunæ, quod te nostris impegit arenis?
Hinc usus placuere Deum, non rector ut orbis,
Nec dominus rerum, sed felix naufragus esses?»

TALIA jactantes, discussa nocte, serenus
Oppressit cum sole dies, fessumque tumentes
Composuit pelagus, ventis patientibus, undas.
Nec non Hesperii lassatum fluctibus æquor
Ut videre duces, purumque insurgere cœlo
Fracturum pelagus Boream, solvere carinas,
Quas ventus, doctæque pari moderamine dextræ
Permixtas habuere diu : latumque per æquor,
Ut terrestre, coit consertis puppibus agmen.
Sed nox sæva modum venti, velique tenorem
Eripuit nautis, excussitque ordine puppes.

STRYMONA sic gelidum, bruma pellente, relinquunt
Poturæ te, Nile, grues, primoque volatu,
Effingunt varias, casu monstrante, figuras.
Mox ubi percussit densas Notus altior alas,
Confusos temere immixtæ glomerantur in orbes,

cun de tes compagnons n'a-t-il donc mérité de ne pas te survivre? La mer t'emportait sur ses vagues, et pendant ce temps-là tu nous laissais plongés dans un lâche sommeil! cette idée seule nous couvre de honte. Voilà ce qui t'a contraint à vouloir passer toi-même en Italie, c'est que tu trouvais trop cruel d'exposer un autre à ta place. Mais si l'excès du malheur peut jeter un homme à travers tous les périls, et lui faire braver la mort même, était-ce à toi, maître du monde, à te rendre le jouet des flots? veux-tu donc lasser à ce point la bonté des dieux? Est-ce donc assez, pour t'assurer la victoire, que cette faveur de la fortune, et le soin qu'elle a pris de te rejeter sur le rivage où nous sommes? ne demandes-tu pas aux dieux la conquête et l'empire du monde, et veux-tu n'employer leurs secours qu'à te sauver du naufrage?»

Pendant qu'ils parlent ainsi, les ombres de la nuit font place à un jour brillant et sans nuages; le vent tombe, et la mer fatiguée rentre dans son repos.

Antoine et les siens voyant que le calme était revenu sur l'onde, et que Borée, épurant les airs, allait aplanir les vagues, levèrent les ancres de leurs vaisseaux : le vent et le mouvement combiné des rames leur permirent long-temps de voguer avec ensemble et en bon ordre : la flotte s'avançait comme une armée en bataille dans une vaste plaine. Mais la nuit fut orageuse; il n'y eut plus le même vent ni le même gonflement des voiles; la flotte fut dispersée.

Ainsi quand, chassés par l'hiver, les oiseaux du Strymon quittent ce fleuve pour voler aux tièdes rivages du Nil, on les voit d'abord former dans l'air mille figures bizarres. Mais si un vent trop fort vient frapper leur troupe serrée, ils se dispersent et se rallient au hasard

Et turbata perit dispersis littera pennis.

Quum primum, redeunte die, violentior aer
Puppibus incubuit, Phœbeo concitus ortu,
Prætereunt frustra tentati litora Lissi,
Nymphæumque tenent : nudas Aquilonibus undas
Succedens Boreæ jam portum fecerat Auster.

Undique collatis in robur Cæsaris armis,
Summa videns duri Magnus discrimina Martis
Jam castris instare suis, seponere tutum
Conjugii decrevit onus, Lesboque remotam
Te procul a sævi strepitu, Cornelia, belli
Occulere. Heu quantum mentes dominatur in æquas
Justa Venus! dubium, trepidumque ad prœlia, Magne,
Te quoque fecit amor : quod nolles stare sub ictu
Fortunæ, quo mundus erat, Romanaque fata,
Conjux sola fuit. Mentem jam verba paratam
Destituunt, blandæque juvat ventura trahentem
Indulgere moræ, et tempus subducere fatis.

Nocte sub extrema, pulso torpore quietis,
Dum fovet amplexu gravidum Cornelia curis
Pectus, et aversi petit oscula grata mariti :
Humentes mirata genas, percussaque cæco
Vulnere, non audet flentem deprendere Magnum.

Ille gemens, « Vita non nunc mihi dulcior, inquit,
Quum tædet vitæ, læto sed tempore, conjux,
Venit mœsta dies, et quam nimiumque, parumque,
Distulimus : jam totus adest in prœlia Cæsar.
Cedendum est bellis; quorum tibi tuta latebra

par faibles groupes, et la lettre qu'ils traçaient dans l'air disparaît aux yeux.

Au matin, le vent, rendu plus fort par le retour du soleil, prit les vaisseaux en poupe, et, malgré leurs efforts pour aborder à Lysse, les força de prendre terre à Nymphée : comme cette terre est exposée au souffle de l'Aquilon, l'Auster, succédant à Borée, en avait fait une rade sûre et tranquille.

Les forces de César sont toutes réunies. Pompée voyant que le jour décisif approche, et que la guerre est aux portes de son camp, songe à mettre en sûreté son épouse, et à l'envoyer à Lesbos, loin du fracas des armes. Qu'une flamme légitime a de puissance sur les âmes vertueuses ! Dans la tienne même, ô Pompée ! l'amour jeta quelque trouble et quelques alarmes, à la veille du combat : tu voudrais n'être pas soumis à ce même coup du sort, qui va décider l'avenir de Rome et du monde, et c'est ta Cornélie seule qui en est cause. Ta résolution est prise, mais les paroles ne viennent point sur tes lèvres ; tu te plais dans un doux retard qui recule pour toi le moment terrible, et tu aimes à dérober quelques instans à la destinée.

A l'heure où les premiers feux du jour chassent le sommeil, Cornélie presse contre son cœur le cœur troublé de son époux ; elle l'embrasse, mais lui semble vouloir fuir ses baisers. Surprise de voir ses yeux humides, et frappée de cette douleur dont elle ne sait pas la cause, elle n'ose pas surprendre des larmes sur les joues du grand Pompée.

« Chère épouse, dit-il en gémissant, toi qui m'es plus chère que la vie, non telle qu'elle me semble aujourd'hui, amère et insupportable, mais telle que je l'ai connue dans des temps plus heureux, voici le jour terrible que j'ai trop long-temps différé, mais que je vou-

Lesbos erit. Desiste preces tentare; negavi
Jam mihi : non longos a me patiere recessus.
Præcipites aderunt casus : properante ruina,
Summa cadunt. Satis est audisse pericula Magni.
Meque tuus decepit amor, civilia bella
Si spectare potes : nam me, jam Marte parato,
Securos cepisse pudet cum conjuge somnos,
Eque tuo, miserum quatient quum classica mundum,
Surrexisse sinu. Vereor civilibus armis
Pompeium nullo tristem committere damno.
Tutior interea populis, et tutior omni
Rege late, positamque procul fortuna mariti
Non tota te mole premat. Si numina nostras
Impulerint acies, maneat pars optima Magni;
Sitque mihi, si fata premant, victorque cruentus,
Quo fugisse velim. »

     Vix tantum infirma dolorem
Cepit, et attonito cesserunt pectore sensus.
Tandem ut vox mœstas potuit proferre querelas :
« Nil mihi de fatis thalami, Superisque relictum est,
Magne, queri : nostros non rumpit funus amores,
Nec diri fax summa rogi; sed sorte frequenti
Plebeiaque nimis careo dimissa marito.
Hostis ad adventum rumpamus fœdera tædæ;
Placemus socerum.'

drais différer plus long-temps encore. César presse la bataille avec toutes ses forces : il faut céder aux nécessités de la guerre ; Lesbos te sera contre elle un asile assuré. Point de prières; ne me demande point ce que je me refuse à moi-même. Nous ne serons pas long-temps séparés : les évènemens vont se précipiter avec vitesse : de cette hauteur, les choses n'ont besoin que d'un moment pour tomber. C'est assez pour toi d'apprendre mes dangers, et je serais trompé dans mon amour, si tu pouvais assister au spectacle de la guerre civile. A la veille du combat, je rougirais de goûter sur ton sein un tranquille sommeil, et de sortir de tes bras pour le jour terrible où le bruit de la trompette ébranlera toute la terre. Je craindrais, dans cette guerre civile, de ne pas apporter ma part de douleur et d'infortune. Tu seras, dans ta retraite, plus en sûreté que tous les peuples et tous les rois du monde, et, grâce à ton éloignement, la fortune de ton époux ne pèsera pas sur toi de tout son poids. Si les dieux se déclarent contre moi, on verra survivre du moins la plus chère partie de moi-même; malheureux et vaincu, j'aurai dans le monde un asile vers lequel il me sera doux de fuir. »

La triste Cornélie n'eut pas la force d'entendre ces déchirantes paroles ; elle resta muette et privée de sentiment.

Elle put enfin exprimer sa douleur : « Cher Pompée, dit-elle, je n'ai point sujet d'accuser les dieux, ni de maudire mon hymen : ce n'est point la mort, ce n'est point la flamme du bûcher qui rompt la chaîne de nos amours; mais par un malheur commun, par un sort vulgaire, je me vois forcée de quitter mon époux qui me renvoie. Il faut, à l'arrivée de l'ennemi, briser les nœuds qui nous unissent, il faut apaiser ton beau-père.

« Sic est tibi cognita, Magne,
Nostra fides? credisne aliquid mihi tutius esse,
Quam tibi? nonne olim casu pendemus ab uno?
Fulminibus me, sæve, jubes, tantæque ruinæ
Absentem præstare caput? secura videtur
Sors tibi, quum facias etiam nunc vota, perisse!
Ut nolim servire malis, sed morte parata,
Te sequar ad manes; feriat dum mœsta remotas
Fama procul terras, vivam tibi nempe superstes.
Adde, quod adsuescis fatis, tantumque dolorem,
Crudelis, me ferre doces : ignosce fatenti;
Posse pati, timeo : quod si sunt vota, Deisque
Audior, eventus rerum sciet ultima conjux.
Sollicitam rupes jam te victore tenebunt;
Et puppim, quæ fata feret tam læta, timebo :
Nec solvent audita metus mihi prospera belli,
Quum vacuis projecta locis a Cæsare possim
Vel fugiente capi. Notescent litora clari
Nominis exsilio, positaque ibi conjuge Magni,
Quis Mitylenæas poterit nescire latebras?
Hoc precor extremum, si nil tibi victa relinquent
Tutius arma fuga, quum te commiseris undis,
Quolibet infaustam potius deflecte carinam :
Litoribus quærere meis. »

Sic fata, relictis

« Est-ce ainsi, Pompée, que tu connais mon cœur ? crois-tu donc qu'aucun asile sera sûr pour moi, s'il ne l'est pas pour toi ? depuis long-temps nos vies ne sont-elles pas liées pour jamais ? Cruel ! tu veux m'exposer de loin aux éclats de la foudre, tu veux qu'absente je reçoive tous les coups qui peuvent te frapper ! tu appelles un asile assuré cette mort que tu m'imposes, quand toi-même tu formes encore des vœux pour le succès ! Mais si je ne veux pas traîner le poids du malheur, si je suis prête à mourir pour te suivre dans le séjour des Ombres, il me faudra te survivre jusqu'à ce que la renommée ait apporté jusqu'à moi la nouvelle funeste. De plus même cette absence m'accoutume à vivre sans mon époux ; et c'est toi, cruel, qui m'apprends à supporter cette douleur : pardonne-moi cet aveu, je crains d'avoir la force de te survivre. Autrement, si le ciel écoute mes vœux, ton épouse sera la dernière à savoir la nouvelle de ta victoire. Tu auras déjà triomphé, que je serai encore inquiète parmi les roches de Lesbos ; et je frémirai en voyant le navire qui m'apportera l'heureux message ; et même l'annonce de ton bonheur ne dissipera point mes alarmes, car, même dans sa fuite, César pourra me prendre aux lieux où tu m'auras reléguée seule et sans défense. La célébrité de mon nom se répandra sur la terre où tu m'exiles, et le séjour de la femme de Pompée ne laissera ignorer à personne sa retraite de Mitylène. Écoute donc ma dernière prière : Si, trahi par le sort des armes, tu n'as pas de parti plus sûr que la fuite, au moment de te confier aux flots, tourne vers quelque autre pays que ce puisse être la proue de ton navire, car on te cherchera sur le rivage où tu m'auras laissée. »

A ces mots elle s'élance de sa couche, toute hors

Exsiluit stratis amens, tormentaque nulla
Vult differre mora : non mœsti pectora Magni
Sustinet amplexu dulci, non colla tenere;
Extremusque perit tam longi fructus amoris :
Præcipitantque suos luctus : neuterque recedens
Sustinuit dixisse, Vale; vitamque per omnem
Nulla fuit tam mœsta dies : nam cætera damna
Durata jam mente malis, firmaque tulerunt.

LABITUR infelix, manibusque excepta suorum
Fertur ad æquoreas, ac se prosternit, arenas,
Litoraque ipsa tenet, tandemque illata carinæ est.
Non sic infelix patriam, portusque reliquit
Hesperios, sævi premerent quum Cæsaris arma.
Fida comes Magni vadit duce sola relicto,
Pompeiumque fugit. Quæ nox tibi proxima venit,
Insomnis! viduo tum primum frigida lecto,
Atque insueta quies uni, nudumque marito
Non hærente latus : somno quam sæpe gravata
Deceptis vacuum manibus complexa cubile est,
Atque oblita fugæ quæsivit nocte maritum!
Nam, quamvis flamma tacitas urente medullas,
Non juvat in toto corpus jactare cubili :
Servatur pars illa tori. Caruisse timebat
Pompeio : sed non Superi tam læta parabant.
Instabat, miseræ Magnum quæ redderet, hora.

PHARSALE, LIVRE V.

d'elle-même, et ne veut pas différer d'un moment la séparation déchirante. Elle n'a pas la force de donner un dernier baiser à son époux, ni de le presser une dernière fois sur son cœur. Elle ne songe pas à cueillir les fruits suprêmes d'un si long amour. Ils abrègent les instans de leur douleur, et ni l'un ni l'autre, dans cette séparation cruelle, ne put prononcer le mot : Adieu ! De toute leur vie, ce jour fut le plus sombre et le plus lamentable ; car les malheurs qui vinrent à la suite trouvèrent leurs âmes endurcies à la souffrance, et plus fermes contre la douleur.

L'INFORTUNÉE tombe privée de sentiment ; ses femmes la reçoivent dans leurs bras et la portent jusqu'au rivage ; là elle se jette contre terre, et s'attache misérablement au sable de la rive. On finit par la déposer sur le navire. Avec moins de douleur elle avait quitté sa patrie, quand il avait fallu fuir devant le cruel César ; Pompée fuyait avec elle ; mais maintenant cette fidèle épouse s'en va seule loin de son époux, et c'est de lui qu'il lui faut se séparer. Quelle nuit pour toi, malheureuse, que la première qui suivit celle de tes adieux ! Point de sommeil sur cette couche froide et solitaire, où tu reposas pour la première fois, veuve désolée, n'ayant plus d'époux à tes côtés. Plus d'une fois, dans l'illusion du sommeil qui vient accabler tes sens, tu oublies la distance qui te sépare du grand Pompée, et tes bras étendus pour le saisir ne pressent que cette couche où il n'est pas. Car, malgré le feu caché qui te dévore, tu n'oses t'agiter en tous sens sur ton lit ; tu lui gardes sa place : tu crains de ne plus l'avoir à tes côtés ; malheureuse ! les dieux ne te laisseront pas cette joie : l'heure approche qui doit te rendre le grand Pompée.

NOTES

DU LIVRE PREMIER.

Les combats dont l'Émathie fut le théâtre (page 3). L'Émathie était proprement le nom de la Macédoine; elle est prise en cet endroit pour la Thessalie tout entière dont la Macédoine faisait partie.

Guerre plus que civile. Un ancien commentateur a dit, pour expliquer ces mots, que César et Pompée étant alliés entre eux, beau-père et gendre, la guerre qu'ils se firent ne fut pas seulement une guerre civile, comme celle de Marius et de Sylla, une guerre entre citoyens, mais une guerre domestique, une guerre entre parens. Nous n'approuvons point cette explication. Nous croyons plutôt que par ces mots, *plus que civile*, il faut entendre une guerre universelle, de tous contre tous, à laquelle tout l'univers a pris part. L'exagération de Lucain se comprend par celle de Florus qui a dit sur le même sujet : « Cæsaris furor atque Pompeii urbem, Italiam, gentes, nationes, totum denique qua patebat imperium quodam quasi diluvio aut inflammatione corripuit; adeo ut non recte *tantum civile* dicatur, et ne Sociale quidem, sed nec externum, sed potius commune quoddam ex omnibus et *plus quam bellum*. » (FLORUS, lib. IV, c. 21.)

Qui mit le pouvoir aux mains du crime. Les commentateurs sont partagés sur le sens de ces mots *jusque datum sceleri*. Quelques-uns traduisent : « La bride lâchée au crime. »

Parens armés contre parens. C'est ce qui arrive toujours dans les guerres civiles. Certains critiques ont pensé que la parenté qui existait entre César et Pompée avait donné à Lucain le droit poé-

NOTES DU LIVRE PREMIER.

tique de dire : *cognatas acies*. C'est une question peu importante. Le grand Corneille a imité ce début :

> Je leur fais des tableaux de ces tristes batailles
> Où Rome par ses mains déchirait ses entrailles,
> Où l'aigle abattait l'aigle, et de chaque côté
> Nos légions s'armaient contre leur liberté;
> ....
> Romains contre Romains, parens contre parens
> Combattaient seulement pour le choix des tyrans.
> (*Cinna*, acte 1, sc. 3.)

Mêmes aigles s'entre-choquant dans la mêlée (page 3).

> Piles against piles oppos'd in impious fight,
> And eagles against eagles bending flight.
> (Nicol. Rowe, *Pharsale*, liv. 1.)

> Guerre plus que civile, où la fureur d'un homme
> Fit voir aigle contre aigle et Rome contre Rome.
> (Brébeuf, *Pharsale*, liv. 1.)

Lances romaines baignées du sang romain. Le pilum était une arme particulière aux Romains, une espèce de javeline qu'on lançait contre l'ennemi. *Voyez* Polybe, Végèce, Tite-Live, Denys d'Halicarnasse, les *Antiquités romaines* du docteur Kennet, et Guischardt, *Mémoires militaires*, etc.

Allez plutôt arracher à l'orgueil de Babylone. Babylone était la capitale de l'empire que possédèrent successivement les Assyriens, les Mèdes et les Perses. Les poètes donnent aux Parthes la souveraineté de cette contrée : voilà pourquoi Lucain désigne ici Babylone comme leur capitale, quoiqu'elle ne le fût pas en effet. Brébeuf a traduit en assez beaux vers cette éloquente apostrophe ; en voici quelques-uns :

> Lorsque d'un beau courroux tes troupes échauffées
> Devraient dans Babylone arborer des trophées,
> Regagner tes drapeaux, et des Parthes vaincus
> Faire un beau sacrifice aux mânes de Crassus,
> On voit tes conquérans chercher une victoire
> Fatale à ta grandeur et funeste à ta gloire.
> (*Pharsale*, liv. 1.)

On sait que César, quelque temps avant sa mort, se proposait d'aller faire la guerre aux Parthes (*voyez* PLUTARQUE, *Vie de César*). Voltaire lui fait déclarer ce projet à Antoine :

> Je pars, je vais venger sur le Parthe inhumain
> La honte de Crassus et du peuple romain;
> L'aigle des légions que je retiens encore
> Demande à s'envoler vers les mers du Bosphore.
>
> (*La Mort de César*, acte 1, sc. 1.)

Cette guerre qui n'aura pas de triomphe (page 3). Parce qu'elle n'a versé que le sang des citoyens. Plusieurs généraux n'ont pas triomphé, dit Valère-Maxime, parce que leurs victoires, grandes et merveilleuses sans doute, avaient été remportées dans les guerres civiles.

Ah! tout ce sang, dévoré par elle, vous eût conquis la terre et les mers. Cette même réflexion est mise par Plutarque dans la bouche d'Agésilas : Φεῦ τᾶς Ἑλλάδος, ἅ τοσούτους ὑφ' ἑαυτὰς ἀπωλώλεκεν, ὅσοις ἀρκεῖ τοὺς βαρβάρους νικῆν ἅπαντάς. (*Apophth.*)

Jusqu'à la Sérique et l'Araxe sauvage. Il paraît qu'il y avait deux contrées de ce nom : l'une en Éthiopie, l'autre entre la Scythie et l'Inde. Il y avait aussi plusieurs fleuves du nom d'Araxe : Celui dont il est question dans cet endroit, coulait en Arménie, et se jetait dans la mer Caspienne.

Jusqu'aux peuples (s'il en est) qui voient jaillir le Nil de son berceau. Voyez *Pharsale*, liv. x, v. 268 et suiv., sur l'impossibilité de découvrir les sources du Nil. Lucain marque au même endroit le cours de ce fleuve; c'est tout ce que l'antiquité savait sur ce point.

Ni toi, Pyrrhus, etc. (page 5). *Voyez* HORACE, *Épode* XVI :

> Altera jam teritur bellis civilibus ætas,
>   Suis et ipsa Roma viribus ruit.
> Quam neque finitimi valuerunt perdere Marsi.

J'accepte, à ce prix, les crimes de Pharsale. Brébeuf, qui appelle une flatterie énorme cette longue plaisanterie de Lucain, l'a traduite avec une verve fort divertissante; c'était vraiment le cas d'amplifier :

> Destins, loin d'éclater lâchement contre vous,
> Nous devons de l'encens à cet ardent courroux.

DU LIVRE PREMIER.

Heureuse cruauté! fureur officieuse
Dont le prix est illustre et la fin glorieuse!
Crimes trop bien payés! trop aimables hasards!
Puisque nous vous devons le plus grand des Césars!
Que les dieux conjurés redoublent nos misères!
Que Leucas sous les flots abîme nos galères!
Que Pharsale revoie encor nos bataillons
Du plus beau sang de Rome inonder ses sillons,
Immoler l'Ausonie aux mânes de Carthage,
Et signaler leur crime autant que leur courage!
Que Munda soit témoin de nos derniers malheurs!
Que Modène aux abois nous arrache des pleurs!
Qu'on voie encore un coup Pérouse désolée!
Destins, Néron gouverne, et Rome est consolée!
Nous voyons nos travaux dignement couronnés,
Et vous nous ôtez moins que vous ne nous donnez.

(*Pharsale*, liv. 1.)

Ultima funesta concurrant prœlia Munda (v. 40). Ce fut la dernière bataille livrée par César contre les restes du parti de Pompée. Cneius Pompée y mourut (*voyez* Florus, liv. iv, ch 2, et Plutarque, *Vie de César*). Munda était une ville d'Espagne, qu'on suppose avoir été située à environ six lieues de Malaga.

Que Pérouse affamée (page 5). Pérouse, en latin *Perusia*, et en italien *Perugia*, ville toscane, et l'une des douze villes bâties par les Étrusques à leur arrivée en Italie. Octave, qui fut depuis Auguste, y assiégea Lucius Antonius, frère du triumvir, et le réduisit par la famine. *Voyez* Appien, *Guerres civiles*, liv. iii et v.

Mutine assiégée. Mutine, aujourd'hui Modène, ville des Boïens, dans la Gaule Cispadane. Antoine y tint Decimus Brutus assiégé; mais, vaincu dans la bataille de Modène par les consuls Hirtius et Pansa qui y périrent, il fut chassé d'Italie par Octave. *Voyez* Appien, *Guerres civiles*, liv. iii, ch. 49 et suiv.

Leucade ensanglantée. Promontoire d'Épire, auprès duquel Octave César défit Antoine et Cléopâtre, à la bataille d'Actium. *Voyez* Florus, liv. ii, ch. 11, et Virgile, *Énéide*, liv. viii, v. 676:

.... Totumque instructo Marte videres
Fervere Leucaten................

L'Etna témoin de la guerre des esclaves (page 5). Il ne s'agit point ici, comme on l'a cru, de la guerre des esclaves, commandés par Eunus le Syrien, dont Plutarque parle dans ses *Vies*, mais de celle que Sextus Pompée fit ensuite au parti de César, à la tête d'une armée d'esclaves qu'il avait enrôlés.

Tu prendras place au milieu des astres. C'est une monstrueuse imitation de Virgile qui avait donné l'exemple de cette énorme flatterie (voyez *Géorgiques*, liv. 1, v. 25). On connaît le mot heureux de Vespasien, qui se sentant mourir disait : « Je crois que je me fais dieu. » M. Villemain s'est demandé, dans l'article LUCAIN de la *Biographie universelle*, si Néron était encore un bon prince quand le poète écrivait ces vers, ou s'il était déjà lancé dans la voie du crime. « A quel temps, dit-il, faut-il rapporter ces adulations trop célèbres qui déshonorent le commencement de la *Pharsale*, et qui ne sont pas moins choquantes par le mauvais goût que par la bassesse? On ne peut en assigner l'époque, et l'on ignore si elles se rapportent à ces commencemens de Néron affectant quelque vertu, ou à Néron déjà coupable. A leur dégoûtante servilité, on croirait assez qu'elles ont été faites pour un tyran déjà connu et redouté. Jamais bon prince ne fut ainsi loué. » Cette conclusion serait sans réplique, si Virgile n'avait pas adressé, quoique avec plus de mesure et de goût, les mêmes flatteries à Auguste, qui n'était pas un tyran.

De là, tu ne jetterais sur ta Rome chérie qu'un oblique regard (page 7). On a voulu voir dans ce vers une épigramme contre Néron, mais il faudrait pour cela que ce prince eût été louche, comme on l'a cru mal-à-propos. *Oculis fuit cæsiis et hebetioribus*, dit Suétone; il avait des yeux bleus, ou pers, et un peu faibles. Il s'agit donc uniquement d'une certaine position qui l'aurait forcé de jeter sur Rome un regard oblique ou de travers. Voici la paraphrase de Brébeuf :

> Alors il ne faut pas que la divinité
> Choisisse pour son trône un climat écarté
> D'où tes yeux ne pourraient, sur ta Rome éloignée,
> Verser une influence et libre et fortunée.
> (*Pharsale*, liv. 1.)

L'équilibre de l'univers serait rompu (page 7). *Voyez* SÉNÈQUE LE TRAGIQUE, *Hercule sur l'OEta*, vers 1569 et suiv. :

>............Loca quæ sereni
> Deprimes cœli? quis erit recepto
> Tutus Alcidæ locus inter astra?

La grandeur exclut la durée. Ces idées sont justes et vraies. Brébeuf les a délayées, sans doute, mais il offre quelques vers dignes d'être cités :

> C'est un arrêt des dieux ; une puissance extrême
> Cède à son propre poids et se détruit soi-même :
> Le comble des grandeurs sape leurs fondemens,
> Leur élévation fait leurs abaissemens,
> Et le destin, jaloux des suprêmes puissances,
> Dans leurs plus hauts progrès trouve leurs décadences;
> Rien de grand n'est durable..........

Tous les auteurs qui ont écrit sur la chute de la puissance romaine lui ont assigné la même cause : c'est la plénitude qui l'a tuée. *Voyez* surtout PÉTRONE, poëme *de la Guerre civile* :

> Rerum humanarum divinarumque potestas,
> Fors, cui nulla placet nimium diuturna potestas,
> Ecquid Romano sentis te pondere victam,
> Nec posse ulterius perituram extollere molem.
> ....
> Orbem jam totum victor Romanus habebat, etc.

et HORACE, *Épode* XVI, v. 2 :

> Suis et ipsa Roma viribus ruit.

Alors que devenue la commune proie de trois maîtres (page 9). Il s'agit ici du premier triumvirat, dans lequel César, Pompée et Crassus se partagèrent la république.

Vous, que rassemble une fausse et trompeuse concorde. Le latin porte, *ô male concordes*, qui présente deux sens. Le plus naturel est celui qu'a préféré le traducteur : dans l'autre il faudrait dire, accord funeste, c'est-à-dire fatal à la république : c'est ainsi que l'entendait Corneille, quand il a mis dans la bouche de Cinna,

>....................Le récit effroyable
> De leur concorde impie, affreuse, inexorable.

Comme une langue de terre sépare deux océans (page 9). Cette comparaison semble aussi juste que brillante et poétique. Le latin est plus précis que la traduction, et désigne assez clairement l'Isthme de Corinthe qui sépare la mer Ionienne et la mer Égée : *Ionium Ægeo frangat mare.*

Il meurt d'un trépas funeste, dans les plaines d'Assyrie (page 11). Voyez PLUTARQUE, *Vie de Crassus*. Il mourut dans la plaine de Carres en Mésopotamie.

Julie meurt. « Medium jam ex invidia potentiæ male cohærentis inter Cn. Pompeium et C. Cæsarem concordiæ pignus, Julia, uxor Magni, decessit. » (VELL. PATERCULUS, lib. II, c. 47.) Julie, fille de César, devenue la femme de Pompée, mourut en couches dans la maison de son époux, et le seul lien qui retenait le beau-père et le gendre fut brisé (*voyez* PLUTARQUE, *Vies de César* et *de Pompée*). Lucain la compare très-justement aux Sabines, dont elle eût pu jouer le rôle.

Toi, grand Pompée, tu ne veux pas que tes vieux triomphes pâlissent devant de nouvelles victoires. Ces deux portraits de César et de Pompée sont justement célèbres; on nous saura gré d'en donner ici la paraphrase en vers tirée du *Cours de littérature* de La Harpe :

> Pompée avec chagrin voit ses travaux passés
> Par de plus grands exploits tout près d'être effacés.
> Par dix ans de combats la Gaule assujétie
> Semble faire oublier le vainqueur de l'Asie ;
> Et des braves Gaulois le hardi conquérant
> Pour la seconde place est désormais trop grand.
> De leurs prétentions la guerre enfin va naître :
> L'un ne veut point d'égal, et l'autre point de maître.
> Le fer doit décider, et ces rivaux fameux
> D'un suffrage imposant s'autorisent tous deux :
> Les dieux sont pour César, mais Caton suit Pompée.
> L'un contre l'autre enfin prêts à tirer l'épée,
> Dans le champ des combats ils n'entraient pas égaux.
> Pompée oublia trop la guerre et les travaux :
> La voix de ses flatteurs endormit sa vieillesse ;
> De la faveur publique il savoura l'ivresse ;
> Et livré tout entier aux vains amusemens,
> Aux jeux de son théâtre, aux applaudissemens,

Il n'a plus les élans de cette ardeur guerrière,
Ce besoin d'ajouter à sa gloire première ;
Et, fier de son pouvoir, sans crainte et sans soupçon,
Il vieillit en repos à l'ombre d'un grand nom.
Tel un vieux chêne orné de dons et de guirlandes,
Et du peuple et des chefs étalant les offrandes,
Miné dans sa racine et par les ans flétri,
Tient encor par sa masse au sol qui l'a nourri.
Ses longs rameaux noircis s'étendent sans feuillage,
Mais son tronc dépouillé répand un vaste ombrage.
D'une forêt pompeuse il s'élève entouré ;
Mais seul, près de sa chute, il est encor sacré.

César a plus qu'un nom, plus qu'une renommée ;
Il n'est point de repos pour cette âme enflammée :
Attaquer, à combattre, à vaincre et se venger,
Oser tout, ne rien craindre et ne rien ménager,
Tel est César. Ardent, terrible, infatigable,
De gloire et de succès toujours insatiable,
Rien ne remplit ses vœux, ne borne son essor ;
Plus il obtient des dieux, plus il demande encor.
L'obstacle et le danger plaisent à son courage,
Et c'est par des débris qu'il marque son passage.
Tel échappé du sein d'un nuage brûlant,
S'élance avec l'éclair un foudre étincelant.
De sa clarté rapide il éblouit la vue ;
Il fait des vastes cieux retentir l'étendue,
Frappe le voyageur par l'effroi renversé,
Embrase les autels du dieu qui l'a lancé,
De la destruction laisse partout la trace,
Et rassemblant ses feux remonte dans l'espace.

Le germe profond de la guerre existait ailleurs (page 15).
Cette explication des causes de la guerre civile est pleine de sens
et de vérité. On peut voir les mêmes choses dans Plutarque, dans
Appien, dans Pline l'Ancien, dans Denys d'Halicarnasse, Dion,
Cicéron, Tite-Live, Salluste, Tacite, etc. On peut dire de plus
que Lucain parle ici comme l'Esprit-Saint lui-même ; les prophètes
n'ont pas assigné d'autre cause à la ruine des empires, que l'excès
du bien-être et des richesses : *plenitudo rerum et saturitas panis*,
dit Ézéchiel. Les peuples conquérans se perdent par leurs con-

quêtes, les peuples industriels périssent par les produits de leur industrie; c'est la même loi.

Il touche aux rives du Rubicon, faible rivière (page 17). Le Rubicon, ainsi nommé à cause des pierres rouges qui se trouvent dans son lit et sur ses bords (*voyez*, plus bas, vers 213), séparait l'Italie de la Gaule Cisalpine, ou *Gallia Togata*. « La politique, dit Montesquieu (*Grandeur et Décadence des Romains*, ch. VI), n'avait point permis qu'il y eût des armées auprès de Rome, mais elle n'avait pas souffert non plus que l'Italie fût entièrement dégarnie de troupes; cela fit qu'on tint des troupes considérables dans la Gaule Cisalpine, c'est-à-dire dans le pays qui est depuis le Rubicon, petit fleuve de la Romagne, jusqu'aux Alpes. Mais pour assurer la ville de Rome contre ces troupes, on fit le célèbre sénatus-consulte que l'on voit encore gravé sur le chemin de Rimini à Césène, par lequel on dévouait aux dieux infernaux, et l'on déclarait sacrilège et parricide quiconque avec une légion, avec une armée, ou avec une cohorte passerait le Rubicon. »

Lucain raconte en poète ce passage du Rubicon, et dépasse la vérité historique; cependant il ne fait que donner une forme plus vive et plus saisissante à ce qui se passa réellement alors : « A ce moment, dit Plutarque, frappé tout à coup des réflexions que lui suggérait l'approche du danger, et qui lui montrèrent de plus près la grandeur et l'audace de son entreprise, il s'arrêta; et, fixé long-temps à la même place, il pesa, dans un profond silence, les différentes résolutions qui s'offraient à son esprit, balança tour-à-tour les partis contraires, et changea plusieurs fois d'avis. Il en conféra long-temps avec ceux de ses amis qui l'accompagnaient, parmi lesquels était Asinius Pollion; il se représenta tous les maux dont le passage de ce fleuve allait être suivi, et tous les jugemens qu'on porterait de lui dans la postérité. Enfin, n'écoutant plus que sa passion, et rejetant tous les conseils de la raison, pour se précipiter aveuglément dans l'avenir, il prononça ce mot si ordinaire à ceux qui se livrent à des aventures difficiles et hasardeuses : « Le sort en est jeté, etc. » (*Vie de César*, ch. XXXVII.)

Voici du reste l'inscription latine gravée sur la colonne du Rubicon : IMPERATOR, MILES, TIROVE ARMATE, QUISQUIS ES, HIC SISTITO, VEXILLUM SINITO, ARMA DEPONITO, NEC CITRA HUNC AMNEM RUBICONEM, SIGNA, ARMA, EXERCITUMVE TRADUCITO.

Déjà, il occupe Ariminum (page 19). Ou Ariminium, aujourd'hui Rimini, ville d'Ombrie, sur la voie Flaminienne.

Mouvemens des Sénoniens (page 21). *Voyez* PLUTARQUE, *Vie de Camille.* Il s'agit ici des Gaulois Sénonois qui, conduits par Brennus, vinrent assiéger Clusium, ville d'Étrurie, alliée des Romains. Fabius Ambustus, envoyé de Rome en qualité de légat pour intervenir en faveur des Clusiens, eut l'imprudence de prendre part à une escarmouche dans laquelle il tua le chef des Gaulois. Ce fut pour venger cet outrage que les Gaulois marchèrent contre Rome, la prirent, et tinrent le Capitole assiégé pendant sept mois, l'an de Rome 365.

Armes cimbriques. Il s'agit de l'invasion des Cimbres, qui, après avoir détruit trois armées romaines, furent exterminés par C. Marius, ainsi que les Teutons dont il est parlé à la fin du vers suivant.

Soldats libyens. C'est la seconde guerre punique portée par Annibal au cœur de l'Italie.

Du sein de la ville agitée, sortent les tribuns (page 23). *Voyez*, au livre 1er des *Commentaires de César*, l'explication de ses négociations avec le parti de Pompée. Ceci, du reste, est bien exposé dans Plutarque, *Vie de César*, ch. xxxv : « L'orateur Cicéron, qui venait d'arriver de son gouvernement de Cilicie, et qui cherchait à rapprocher les deux partis, faisait tous ses efforts pour adoucir Pompée. Celui-ci, en consentant aux autres demandes de César, refusait de lui laisser les légions. Cicéron avait persuadé aux amis de César de l'engager à se contenter de ses deux gouvernemens avec six mille hommes de troupes, et de faire sur ce pied l'accommodement. Pompée se rendait à cette proposition; mais le consul Lentulus n'y voulut jamais consentir. Il traita honteusement Antoine et Curion et les chassa du sénat. C'était donner à César le plus spécieux de tous les prétextes, et il s'en servit avec succès pour irriter ses soldats, en leur montrant des hommes d'un rang distingué, des magistrats romains, obligés de s'enfuir en habits d'esclaves, dans des voitures de louage; car la crainte d'être reconnus les avait fait sortir de Rome sous ce déguisement. »

Il y a cette différence, que Curion et Antoine avaient joint César avant le passage du Rubicon, dans le récit de Plutarque; au lieu que, suivant Lucain, ils ne l'avaient trouvé qu'à Rimini.

Que le sénat, violateur des lois, menace du sort des Gracques (page 23). *Minax jactatis Curia Gracchis*, nous semble vouloir dire que le sénat, dans ses menaces contre les tribuns, avait mêlé le nom des Gracques, dont on connaît la mort funeste par les récits des historiens (*voyez* surtout PLUTARQUE, *Vies de Tiberius et de Caïus Gracchus*). Ces deux noms prononcés dans une querelle politique, au Forum, avaient un sens très-clair.

Curion est avec eux, Curion, dont la vénale éloquence osa soulever ces troubles. Curion avait été d'abord partisan de Pompée; mais César l'avait gagné à prix d'argent. *Vendidit urbem*, dit notre auteur, au dernier vers de son livre IV. C'est de lui peut-être aussi que Virgile a dit (*Énéide*, liv. VI, v. 621) :

> Vendidit hic auro patriam, dominumque potentem
> Imposuit...........................

Lucain (liv. IV, v. 811 et suiv.) le représente comme un des plus grands hommes que Rome ait portés dans son sein. Velleius Paterculus (liv. II, ch. 48) en porte le même jugement : « Non alius majorem flagrantioremque, quam C. Curio, tribunus plebis, subjecit facem; vir nobilis, eloquens, audax, etc. » Il mourut misérablement en Afrique (voyez *Phars.*, liv. IV). Nous avons eu en France un tribun qui offre quelques rapports de nom et de conduite, sinon de talent, avec ce Curion : c'est Curée, aussi dévoué à Bonaparte que l'autre le fut à César.

J'ai bravé pour toi le sénat, et prolongé le temps de ta puissance. Ce fut lui qui, par son éloquence et ses brigues, prolongea pendant dix années un commandement que César n'avait reçu que pour deux.

Le délai est fatal aux grands desseins. Un commentateur propose *parata* au lieu de *paratis*, à tort, selon nous; car *paratis* présente un sens plus précis et plus neuf : le retard est fatal à ceux qui sont prêts, et qui peuvent agir sans delai.

La guerre des Gaules t'a occupé pendant deux lustres. Le poète se trompe ici, mais en poète sans doute, sur le nombre d'années que dura la guerre des Gaules : César ne fit que neuf ans la guerre contre les Gaulois, et la dixième année il commença la guerre civile. Il n'y avait donc qu'un lustre complet, *surchargé de quatre ans*, comme a dit Despréaux.

César se montre (page 25). Suivant Dion, ce fut Curion lui-même que César chargea de haranguer son armée, et de l'exciter à la révolte par le récit de tout ce qui s'était passé dans Rome.

Qu'il improvise des soldats. Ce mot se rapporte à une parole que Pompée avait dite, avant la guerre civile, et dont il eut bien sujet de se repentir depuis, car elle lui fut amèrement reprochée : « Favonius même osa lui dire de frapper enfin du pied la terre, parce qu'un jour Pompée, en parlant de lui-même, en plein sénat, dans les termes les plus avantageux, avait déclaré aux sénateurs qu'ils ne devaient s'embarrasser de rien, ni s'inquiéter des préparatifs de la guerre; que, dès que César se serait mis en marche, il n'aurait qu'à frapper la terre du pied, et qu'il remplirait de légions toute l'Italie. » (PLUTARQUE, *Vie de César*, ch. XXXVIII.) Un poète moderne a imité ce mot de Pompée :

>Mon pied, frappant le sein de l'antique Italie,
>En fait jaillir des bataillons.

A peine adolescent, on l'aura vu monter sur le char triomphal! « Pompée, de retour à Rome, demanda le triomphe, qui lui fut refusé par Sylla, sous prétexte que la loi ne l'accordait qu'à des consuls ou à des préteurs. Si donc Pompée, qui était encore sans barbe, et à qui sa jeunesse ne permettait pas d'être sénateur, entrait triomphant dans Rome, cette distinction rendrait odieuse la puissance dictatoriale, et deviendrait pour Pompée lui-même une source d'envie, etc. » (PLUTARQUE, *Vie de Pompée*, ch. XIII.) Pompée n'avait alors que vingt-quatre ans.

L'équité bannie du monde (page 27). Le vers qui est ainsi rendu a beaucoup embarrassé les savans, parce que les éditions anciennes portent *rura suppressa per orbem*, au lieu de *jura* que notre auteur a cru devoir substituer. *Rura suppressa* exprimerait la même idée qui se trouve au vers suivant. *Voyez* la note ci-dessous.

L'esclavage né de la faim. « Les Romains, manquant de vivres, envoyèrent Pompée contre les pirates pour leur ôter l'empire de la mer. Gabinius, un de ses amis, en proposa le décret qui non-seulement conférait à Pompée le commandement de toutes les forces maritimes, mais qui lui donnait encore une autorité monarchique, et une puissance absolue sur toutes les personnes sans avoir à en rendre compte. » (PLUTARQUE, *Vie de Pompée*, ch. xxv.) Voyez aussi APPIEN, *Guerres civiles*, liv. II.

Environnant de ses lances pompéiennes Milon accusé (page 27). Voyez l'admirable exorde du discours *pour Milon*. Ce fut, dit-on, cet appareil militaire qui intimida le défenseur et nuisit au succès de la défense. Cicéron ne s'en cache même pas dans ses lettres particulières.

Toutes les faveurs de Pompée seront-elles pour ses pirates (page 29)? « Réfléchissant que l'homme n'est pas de sa nature un animal farouche et indomptable; qu'il ne le devient qu'en se livrant au vice contre son naturel; qu'il s'apprivoise en changeant d'habitation et de genre de vie, il résolut d'éloigner ces pirates de la mer, de les transporter dans les terres, et de leur inspirer le goût d'une vie paisible en les occupant à travailler dans les villes ou à cultiver les champs. » (PLUTARQUE, *Vie de Pompée*, ch. xxix.) Le reproche que César fait ici à Pompée n'est pas juste. Mais il n'y regarde pas de si près. Cependant il est vrai de dire que Pompée se compromit et se rendit même ridicule, comme dit Plutarque, par la bienveillance excessive qu'il montra vis-à-vis de ces forbans de Cilicie.

Cette couronne de chêne, qui rappelle un citoyen sauvé dans la mêlée. On sait que les récompenses militaires étaient très-simples à Rome; elles étaient honorifiques et non riches : c'était une monnaie de nul prix, mais qui payait les plus nobles vertus. Sur les armes de la ville de Chartres on voit une couronne de chêne avec cette légende :

Servanti civem querna corona datur.

Anéantir dans la flamme du camp leurs statues en lambeaux (page 31). Il y a dans le texte : *Numina Monetœ*; ce qui, selon nous, veut dire la statue de Junon. Les commentateurs ne sont pas d'accord sur ce passage.

Ils quittent les bords du lac Léman. C'est-à-dire le pays de Genève et les environs.

Les camps suspendus sur les collines de Vaux. Les Lingons habitaient le pays de Langres dominé par les hauteurs des Vosges.

L'Isara. L'Isère, fleuve de la Gaule Narbonnaise, qui perd

DU LIVRE PREMIER. 317

son nom en se jetant dans le Rhône, et va se perdre avec lui dans la Méditerranée.

Les Ruthènes voient la garnison romaine, etc. (page 33). Ce sont les habitans du Rouergue, dont la capitale est aujourd'hui Rhodez. « Præsidia in Rutenis provincialibus constituit. » (CÆSAR, *de Bello Gallico*, lib. II, c. 7.)

Les eaux paisibles de l'Atax. C'est l'Aude, qui donne son nom à un département du midi. L'Aude est assez paisible (*mitis*) quand il n'est pas gonflé par les pluies d'hiver.

Le Var, etc. Le texte dit : *promoto litore*; c'est-à-dire, frontière plus avancée. Le Var était devenu la limite de l'Italie, autrefois bornée, du côté de la Gaule, par le Rubicon : « Varus nunc Galliam dividit, ante Rubicon, » dit Vibius Sequester.

La baie consacrée à Hercule. C'est ce qu'on nomme aujourd'hui le port de Monaco. Ce dernier mot vient de *monœcus*, solitaire. *Voyez* VIRGILE, *Énéide*, liv. VI, v. 831 :

> Aggeribus socer Alpinis atque arce Monœci
> Descendens.

Golfe bizarre, sur lequel Zéphyre et Corus n'ont aucune influence. Parce que le vent du nord et le vent du midi soufflent seuls sur cette mer. *Solus sua litora turbat Circius*, ajoute le poète. Aulu-Gelle dit de ce vent Circius : « Galli ventum ex sua terra flantem quem sævissimum patiuntur Circium appellant. » C'est peut-être le Sers du Haut et Bas-Languedoc.

Pourquoi ce terrain douteux, plage et mer tour-à-tour ? Il nous semble qu'il s'agit ici de l'ancienne Batavie, aujourd'hui la Hollande. Lucain se demande quelle est la cause des fortes marées qui ont lieu sur ces plages de l'Océan.

Les plaines de Nîmes. Nîmes se dit en latin *Nemausus*. La difficulté de trouver dans la géographie un autre pays auquel le mot de *Nemetis* se rapportât mieux, jointe à ce que ce dernier nom ne paraît pas avoir été jamais appliqué à Nîmes, a fort troublé les commentateurs. Oudendorp a proposé de remplacer *Nemetis* par *Nemausi*; ce serait peut-être le meilleur moyen de faire disparaître la difficulté que présente ce vers.

Le Biturge. Le poète vient de parler de la Saintonge; c'est peut-être une raison de croire que les Biturges ou Bituriges dont il s'agit en cet endroit sont les Bituriges Vivisques, habitans de *Burdigala*, aujourd'hui Bordeaux. Les Bituriges proprement dits étaient les anciens habitans de Bourges et du Berry.

L'Auvergnat, qui ose se dire frère du Romain, et descendant d'Ilium (page 33). Cette prétention des Auvergnats n'est pas très-claire. « Inventi sunt qui etiam fratres populi Romani nominarentur. » (Cicéron, plaidoyer *pour Scaurus*.) Ce passage a embarrassé les commentateurs : quelques-uns ont voulu, mais à tort, confondre les Auvergnats avec les Éduens, qui donnèrent aux Romains le nom de frères, et le reçurent d'eux. Du reste, s'il est vrai qu'Anténor ait été le fondateur de Clermont-Ferrand (*Clarus mons*), comme on le dit, la parenté des Auvergnats avec les Romains est très-réelle.

Le gouffre impétueux de Cinga (page 35). Cinga, ou, comme le veut Strabon, Sulga, aujourd'hui la Sorgue qui se jette dans le Rhône au dessus d'Avignon.

Après le vers 435 il s'en trouve cinq, imprimés en italique dans les éditions ordinaires, et qu'on a supprimés comme étant évidemment ajoutés par une main inconnue : les voici :

> Pictones immunes subigunt sua rura ; nec ultra
> Instabiles Turonas circumsita castra coercent.
> In nebulis, Meduana, tuis Marcere perosus
> Andus, jam placida Ligeris recreatur ab unda
> Inclyta Cæsareis Genabos dissolvitur alis.

Ces vers ne se trouvent point dans les plus anciens manuscrits, notamment dans le manuscrit 7900. On soupçonne qu'ils sont l'ouvrage de Marbode, évêque de Rennes.

Teutatès l'impitoyable, l'autel horrible d'Hésus, et Taranis. Teutatès était le Mercure des Gaulois, et le Theuth des Égyptiens. *Voyez* Platon, dans le *Phèdre* et dans le *Philèbe;* Cicéron, *de la Nature des dieux*, liv. III, ch. 22, et Tite-Live, liv. XXXVI.

Hésus ou *Heus* était le Mars des Gaulois, auquel on immolait les prisonniers de guerre *Voyez* Jornandès, *Histoire gothique.*

Taranis paraît ici le nom du Jupiter Gaulois, qui est le même que le Thor égyptien. *Taranis, id est Tonantis*, dit un commentateur. Sur l'autel de ce dieu on immolait des étrangers, comme sur celui de Diane, en Tauride. On trouve dans Sponius, sect. III, p. 73, cette inscription : I. O. M. TANARO.

Chantres dont la louange donne l'éternité, bardes (page 35)! Sur les prêtres et les poètes de la Gaule, sur le culte et les idées religieuses de ce pays, *voyez* STRABON, liv. IV; POMPONIUS MELA, liv. III; AMM. MARCELLIN, liv. XV; DIODORE DE SICILE, liv. V; TACITE, *Germanie*; et chez les modernes, le P. MABILLON, *Histoire des Gaules*; DELARUE, *Recherches sur les ouvrages des Bardes armoricains*, pages 30 et suivantes; MARCHANGY, *Gaule poétique*, première époque, premier récit, pages 32 et suivantes.

Les Bardes étaient ὑμνιταὶ καὶ ποιηταί, dit Strabon (liv. IV), qui compte une autre classe d'hommes révérés dans la Gaule, οὐάτεις, ἱεροποιοὺς καὶ φυσιολόγους, indépendamment des Druides qui πρός τῇ φυσιολογίᾳ καὶ τὴν ἠθικὴν φιλοσοφίαν ἀσκοῦσι. *Voyez* aussi CÉSAR, *Guerre des Gaules*, liv. VI; CLUVIER, *Antiquités germaniques*, et POMPONIUS MELA, liv. II, ch. 3.

Mévanie (page 37). Ville d'Ombrie, aujourd'hui *Bevagna*, patrie du poète Properce.

Le sénat fugitif a légué aux consuls ses décrets contre César! — *Voyez* PLUTARQUE, *Vie de Pompée*, ch. LXIV et suivans, et *Vie de César*, ch. XXXVIII et suivans.

Ainsi l'on déserte la ville pour se précipiter vers le camp (page 39). « La prise d'Ariminium ouvrit, pour ainsi dire, toutes les portes de la guerre, et sur terre et sur mer; et César, en franchissant les limites de son gouvernement, parut avoir transgressé toutes les lois de Rome. Ce n'était pas seulement comme dans les autres guerres, des hommes et des femmes qu'on voyait courir éperdus dans toute l'Italie : les villes elles-mêmes semblaient s'être arrachées de leurs fondemens pour prendre la fuite et se transporter d'un lieu dans un autre. Rome elle-même se trouva comme inondée d'un déluge de peuples qui s'y réfugiaient de tous les environs; et, dans une agitation, dans une tempête si violente, il n'était plus possible à aucun magistrat de la contenir par la raison ni par l'autorité : elle fut sur le point de se détruire par ses propres mains. » (PLUTARQUE, *Vie de César*, ch. XXXVIII.)

Pompée a fui; tout tremble (page 41). « La même frayeur qu'Annibal porta dans Rome après la bataille de Cannes, César l'y répandit lorsqu'il passa le Rubicon. Pompée, éperdu, ne vit dans les premiers momens de la guerre, de parti à prendre que celui qui reste dans les affaires désespérées : il ne sut que céder et que fuir; il sortit de Rome, y laissa le trésor public; il ne put nulle part retarder le vainqueur; il abandonna une partie de ses troupes, toute l'Italie, et passa la mer. » (MONTESQUIEU, *Grandeur et Décadence des Romains*, ch. XI.) *Voyez* aussi PLUTARQUE, *Vie de Pompée*, ch. LXIV et suiv.

L'espérance même n'est pas permise à ces esprits troublés (page 41). Notre poète, dit un commentateur, ne veut pas rester en arrière des historiens qui ont raconté les mêmes prodiges, les mêmes phénomènes qui présagèrent les calamités de la guerre civile; *voyez* particulièrement APPIEN, *Guerres civiles*, liv. II; et pour les descriptions du même genre, *voyez* VIRGILE, *Géorgiques*, liv. I, v. 466; OVIDE, *Métamorphoses*, liv. XV, v. 782; ainsi que PLUTARQUE et SUÉTONE, *Vie de Jules César*. Voici la traduction de ce passage par La Harpe :

> Les dieux mêmes, les dieux qui pour mieux nous punir
> Souvent à nos frayeurs découvrent l'avenir,
> De prodiges sans nombre avaient rempli la terre;
> Le désordre du monde annonçait leur colère.
> Les astres inconnus éclairèrent la nuit,
> Et dans un ciel serein la foudre retentit.
> Le soleil se cachant sous des vapeurs funèbres
> Fit craindre aux nations d'éternelles ténèbres.
> L'étoile aux longs cheveux, signal des grands revers,
> En sillons enflammés courut au haut des airs.
> Phébé pâlit soudain, et, perdant sa lumière,
> Couvrit son front d'argent de l'ombre de la terre.
> Vulcain frappant l'Etna de ses pesans marteaux
> Réveilla le cyclope au fond de ses cachots.
> L'Etna s'ouvre et mugit; de sa cime beante
> Descend à flots épais une lave brûlante.
> L'Apennin rejeta de ses sommets tremblans
> Les glaçons sur sa tête amassés par les ans.
> L'aboyante Scylla qui hurle sous les ondes
> Roula des flots de sang dans ses grottes profondes.
> La nature a changé sous le courroux des cieux,
> Et la mère frémit de son fruit monstrueux.

On entendait gémir des urnes sépulcrales,
Secouant dans ses mains des torches infernales,
Le front ceint de serpens et l'œil armé d'éclairs,
De son haleine impure empoisonnant les airs,
Courait autour des murs une affreuse Euménide :
La terre s'ébranlait sous sa course rapide :
Le Tibre sur ses bords, voyait de nos héros
S'agiter à grand bruit les antiques tombeaux ;
Jusque dans nos remparts des Ombres s'avancèrent,
Les mânes de Sylla dans les champs s'élevèrent,
D'une voix lamentable annonçant le malheur.
Du soc de la charrue, on dit qu'un laboureur
Entr'ouvrit une tombe et, saisi d'épouvante,
Vit Marius lever sa tête menaçante,
Et les cheveux épars, le front cicatrisé,
S'asseoir pâle et sanglant sur son tombeau brisé.

Avoir recours aux devins d'Étrurie (page 45). Les Romains tenaient des Étrusques leurs cérémonies et leurs sacrifices. Dans les grandes calamités ils consultaient les devins toscans, et remontaient pour ainsi dire à la source de la science et de la religion. On croit que *Thusci*, nom latin des Étrusques et des Toscans, vient de θύειν, sacrifier. *Voyez* SERVIUS sur Virgile, *Énéide*, liv. II, v. 781. *Voyez* aussi l'*Histoire ancienne* de M. Michelet, Ier volume ; et PLUTARQUE, *Vie de Sylla*, sur les prédictions des devins toscans, au commencement de la guerre civile entre Sylla et Marius. *Voyez* encore, sur la religion des Étrusques, *la Symbolique* de Kreutzer, Ier volume, traduction de M. Guigniaut.

Celle qui seule a le droit de contempler la Minerve Troyenne. Les commentateurs sont en désaccord sur la question de savoir si *cui soli* se rapporte à *chorum* ou à *sacerdos*. Nous croyons que c'est au premier de ces deux mots qu'il se rapporte, et que toutes les vestales avaient le droit de contempler Minerve. Claudien le fait à peu près entendre :

............Trojanam sola Minervam
Virginitas vestalis adit, flammasque tuetur.
(*In Eutrop.*, lib. I, v. 328.)

Les interprètes du destin, qui gardent les vers mystérieux.

C'étaient quinze prêtres qui avaient la charge de garder les livres Sibyllins, et le pouvoir d'y chercher l'avenir.

Rajeunissent Cybèle dans les faibles eaux de l'Almon (page 45).
« Ante d. vi kal. (apriles) quo Romæ matri Deorum Pompæ celebrantur Annales, et carpentum, quo vehitur simulacrum, Almonis undis ablui perhibetur. » (Amm. Marcellin., lib. xxiii, c. 3.)

> Illic purpurea canus cum veste sacerdos
> Almonis dominam sacraque lavit aquis.
> (Ovid., *Fast.* lib. iv, v. 339.)

L'Almon était un petit ruisseau de Rome, près la porte Capène.

Arruns ramasse les feux de la foudre (page 47). En général, nous renvoyons le lecteur à *la Symbolique* de Kreützer, pour toutes ces cérémonies qu'il serait trop long d'expliquer dans ces notes. Le lieu où le devin avait rassemblé les feux de la foudre s'appelait *Bidental.* Voyez Juvénal, sat. vi, v. 587, et Perse, sat. ii, v. 26.

Figulus s'écrie (page 49). Cicéron, Aulu-Gelle et Eusèbe parlent d'un certain Nigidius Figulus pythagoricien, qui reçut ce nom de Figulus pour avoir dit à son retour de Grèce qu'il y avait appris que le monde tournait avec autant de vitesse que la roue d'un potier.

J'ai vu Philippes, et c'est assez (page 53). Elle veut dire que le sang romain a déjà trop coulé dans les plaines de Philippes, où l'on combattit trois fois pour l'empire du monde. C'est le même sentiment qui a dicté ces vers de Virgile :

> Ergo inter sese paribus concurrere telis
> Romanas acies iterum videre Philippi:
> Nec fuit indignum Superis bis sanguine nostro
> Emathiam, et latos Hæmi pinguescere campos.
> (*Georg.* lib. i, v. 488.)

NOTES

DU LIVRE DEUXIÈME.

―――

La colère des dieux s'est révélée (page 55). *Voyez* Pétrone, *Guerre civile* :

> Continuo clades hominum venturaque damna,
> Auspiciis patuere Deum.

Pourquoi joindre aux maux des mortels cette autre douleur ? « La prescience des malheurs qu'on ne peut ni empêcher ni prévenir, est inutile et funeste. » (Cicéron, *de la Divination*.)

S'enchaîna-t-il lui-même par les liens qu'il imposait à l'univers ? C'est le système des stoïciens, système de nécessité fatale, invincible, absolue, et non de providence. A ce système le poète en oppose un autre non moins absurde, celui de l'école d'Épicure, qui livrait le monde au gouvernement du hasard. *Voyez* plus bas.

> Jupiter ista refert; fatum quo cuncta reguntur,
> Quoque ego, non licuit frangi.
> (Sidonius Apollinaris, VII, v. 123.)

> Monarque tout-puissant, qui conduis les humains,
> Pourquoi nous laisses-tu lire dans tes desseins,
> Prévoir notre infortune, aller à sa rencontre,
> Et sentir ta vengeance avant qu'elle se montre?
> Soit que dès ce moment où naquit l'univers
> La nature ait prescrit ses mouvemens divers,
> Et qu'un ordre fatal des causes enchaînées
> La soumette elle-même aux lois qu'elle a données,
> Que l'immuable cours de ses fermes arrêts
> Fasse la décadence ainsi que le progrès;
> Ou soit que le hasard et ses incertitudes
> Règlent nos changemens et nos vicissitudes :

Cache un peu ton courroux et permets seulement
Qu'il tonne et qu'il foudroie en un même moment.
Assouvis ta fureur, mais suspens tes menaces,
Et laisse-nous sentir, sans hâter nos disgrâces,
Sans aller vainement chercher dans l'avenir
Et de quoi te venger et de quoi nous punir.

(Brébeuf.)

Un ennemi fut maître de sa vie et n'osa pas verser ce sang odieux (page 61). Voici le récit de Plutarque : « Les magistrats et les décurions de Minturnes, après une longue délibération, résolurent d'exécuter sans retard le décret, et de faire périr Marius; mais aucun des citoyens ne voulut s'en charger. Enfin il se présenta un cavalier gaulois ou cimbre (car on dit l'un et l'autre), qui entra l'épée à la main dans la chambre où Marius reposait. Comme elle recevait peu de jour, et qu'elle était fort obscure, le cavalier, à ce qu'on assure, crut voir des traits de flamme s'élancer des yeux de Marius, et, de ce lieu ténébreux, il entendit une voix terrible lui dire : *Oses-tu, misérable, tuer Caïus Marius!* A l'instant le barbare prend la fuite, et, jetant son épée, il sort dans la rue en criant ces mots : *Je ne puis tuer Caïus Marius.* (*Vie de Marius*, ch. xlii.)

LE CIMBRE.

Cimbres, Gaulois, Teutons, par ses mains égorgés,
Mânes chers et plaintifs, vous serez donc vengés!
Frappons.

MARIUS, *se réveillant.*

Qui vient à moi?

LE CIMBRE.

La mort.

MARIUS.

Quel es-tu?

LE CIMBRE.

Tremble.
Cimbre, je venge Rome et les Cimbres ensemble.
Songe à ces flots de sang par ton bras répandus,
Songe....

MARIUS, *le regardant fixement.*

Oseras-tu, Cimbre, égorger Marius?

LE CIMBRE.

Quelle voix! quel regard et quel aspect terrible!
Quel bras oppose au mien un obstacle invincible?
L'effroi s'est emparé de mes sens éperdus;
Je ne pourrai jamais égorger Marius!
    (*Il laisse tomber son poignard.*)

 MARIUS *saisit le poignard.*

Je n'ai pas remporté de plus belle victoire!
Mais saisissons ce fer que m'a conquis ma gloire:
Puisqu'en ce jour le sort en arme encor ma main,
Il veut avant ma mort le trépas d'un Romain.
    (ARNAULT, *Marius à Minturnes*, acte III, sc. 4.)

Quel jour que celui où Marius vainqueur s'empara de nos murailles (page 63)! « Il entra dans la ville avec ses satellites choisis entre tous les esclaves qui avaient pris parti pour lui, et à qui il avait donné le nom de Bardiéens. Sur une seule parole, à un seul signe de Marius, ils tuaient indistinctement tous ceux qu'il leur désignait. Un sénateur nommé Ancharius, qui avait été préteur, étant venu le saluer, Marius ne lui ayant rien répondu, ils l'égorgèrent à ses pieds. Ce fut dès-lors un signal pour massacrer dans les rues tous ceux à qui Marius ne rendait point le salut ou n'adressait point la parole: aussi ses amis eux-mêmes ne l'abordaient-ils qu'avec une extrême frayeur. Cinna, rassasié de sang, voulait mettre fin à tant de meurtres; mais Marius, plus aigri chaque jour, plus altéré de vengeance, continuait de faire égorger tous ceux qui lui étaient suspects. On voyait sur tous les chemins et dans toutes les villes des gens courir, comme des chiens de chasse, à la poursuite de ceux qui s'étaient cachés ou qui avaient pris la fuite, etc. » (PLUTARQUE, *Vie de Marius*, ch. XIII.)

Bébius, au milieu du cercle de soldats-bourreaux qui déchirent ses entrailles sanglantes. Ce passage est fort obscur, et l'on ne voit pas, au reste, quel fut le genre de mort de Bébius. Florus (liv. III, ch. 21) dit qu'il fut déchiré par ses assassins comme il eût pu l'être par des bêtes féroces; mais ailleurs il raconte qu'il fut traîné au croc avec Numitorius. Il faut croire qu'il y a eu deux victimes de ce nom.

Antoine, malheureux prophète (page 63). « L'orateur Marcus Antonius (le plus grand des orateurs romains avant Cicéron, et l'aïeul du fameux triumvir) n'eut pas le même bonheur. Son hôte était un homme du peuple, fort pauvre, qui, ayant chez lui l'un des premiers personnages de Rome, et voulant le traiter aussi bien que ses moyens le lui permettaient, envoya son esclave acheter du vin dans un cabaret du voisinage. L'esclave ayant goûté le vin avec plus de soin qu'il ne faisait ordinairement, en voulut de meilleur. Le cabaretier lui demanda pourquoi il ne prenait pas, comme de coutume, du vin nouveau et commun, et qu'il en voulait du meilleur et du plus cher. L'esclave lui répondit tout bonnement, comme à un homme qu'il connaissait depuis long-temps et qu'il croyait son ami, que son maître avait Marcus Antonius caché dans sa maison, et qu'il voulait le bien traiter. L'esclave ne fut pas plus tôt sorti, que le cabaretier, homme scélérat et impie, court chez Marius, qui était à table; il est introduit, et annonce qu'il va lui livrer Marcus Antonius. A cette nouvelle, Marius, transporté de joie, jette un grand cri et bat des mains. Peu s'en fallut qu'il ne se levât de table pour aller lui-même sur le lieu; mais ses amis le retinrent, et il se contenta d'y envoyer Annius à la tête de quelques soldats, avec ordre de lui apporter sur-le-champ la tête de Marcus Antonius. Lorsqu'ils furent à la maison où il était caché, Annius se tint à la porte, et les soldats étant montés dans la chambre, la vue d'Antonius leur en imposa tellement, qu'ils se renvoyèrent l'un à l'autre l'ordre dont ils étaient chargés. L'éloquence de ce célèbre orateur, telle qu'une sirène chanteresse, avait tant de douceur et de charme, qu'aussitôt qu'il eut ouvert la bouche pour demander la vie à ces soldats, il n'y en eut pas un qui osât le frapper, ou même le regarder en face; ils baissèrent tous les yeux en versant des larmes. Annius, impatienté de ce retard, monte dans la chambre; il voit Antonius parler à ses soldats, charmés et attendris par son éloquence; il leur reproche leur lâcheté, et, courant à Antonius, il lui coupe la tête de sa propre main. » (PLUTARQUE, *Vie de Marius*, ch. XLVIII.)

Voyez, au reste, sur Marc-Antoine l'orateur, et sur le genre de son éloquence, les divers traités oratoires de Cicéron, et surtout le *Brutus*, et *de l'Orateur*.

Vieux et jeune Crassus (page 65)! On lit, dans l'abrégé de Tite-Live (LXXX) : « Crassi filius ab equitibus Fimbriæ interemptus : pater Crassus, ne quid indignum sua virtute pateretur, gladio se transfixit. » Mais le récit de Florus s'accorde avec celui de notre auteur : « Trucidantur Crassi pater et filius in mutuo alter alterius aspectu. »

Sæva.... robora (v. 125). On appelait *robur* ou *robus* le lieu d'où l'on précipitait les criminels, et non *robora*. Si le texte n'est pas ici altéré, il faut voir dans l'emploi du pluriel une licence poétique.

Ils t'égorgent dans le sanctuaire. Le texte dit : *Ante ipsum penetrale*, « devant le sanctuaire. » Mais on sait, par le récit de tous les historiens, qu'il avait embrassé la statue de la déesse.

Ce peu de sang qui restait à tes veines vieillies. Voyez (*Énéide*, liv. II) le récit que Virgile fait de la mort de Priam.

> Tandis que dans son sein votre bras enfoncé
> Cherche un reste de sang que l'âge avait glacé.
> (RACINE, *Andromaque*, acte IV, sc. 5.)

Que de cadavres encombrèrent ensuite le port de Préneste! Marius mourut le 13 janvier de l'an 86 avant J.-C. Carbon fut consul après lui, et le jeune Marius, son fils ou son neveu, lui succéda dans ses biens et dans la haine de Sylla. Après avoir vaincu Norbanus, ce dernier défit le jeune Marius près de Sacriportum, et le força de se renfermer dans Préneste, qui fut prise et noyée dans le sang de ses habitans après un siège de quelques jours. (*Voyez* PLUTARQUE, *Vie de Sylla*, et HEEREN, *Histoire romaine*, IIIe période, 17.) Suivant Plutarque, ce fut auprès de Signium, sur la voie Latine, que Sylla vainquit le jeune Marius; suivant Appien (*Guerres civiles*, liv. I), ce fut à Elium.

Quels monceaux de morts s'entassèrent sous la porte Colline! — *Voyez*, dans PLUTARQUE, *Vie de Sylla*, ch. XXXVII et suiv., la marche tout à la fois savante et hardie du Samnite Télésinus, qui, comme un athlète tout frais tombant sur un adversaire fatigué de plusieurs combats, pensa le renverser et triompher de lui aux portes même de Rome. Cependant Sylla fut encore une fois vainqueur, et ce dernier triomphe lui donna Rome, Préneste, la dictature et le droit de vie et de mort sur tous les hommes.

Le reste de vie qui animait Rome, il l'épuisa (page 65). « Dès que Sylla eut commencé à faire couler le sang, dit Plutarque, il ne mit plus de bornes à sa cruauté, et remplit la ville de meurtres dont on n'envisageait plus le terme. Une foule de citoyens furent les victimes de haines particulières; Sylla, qui n'avait pas personnellement à s'en plaindre, les sacrifiait au ressentiment de ses amis qu'il voulait obliger. Un jeune Romain, nommé Caïus Metellus, osa lui demander en plein sénat quel serait enfin le terme de tant de maux. Sylla lui ayant répondu qu'il ne savait pas encore ceux qu'il laisserait vivre : « Eh bien ! dit Metellus, déclarez-nous donc « quels sont ceux que vous voulez sacrifier. — C'est aussi ce « que je ferai, repartit Sylla. »

« Il commença donc par proscrire quatre-vingts citoyens, sans en avoir parlé à aucun des magistrats. Comme il vit que l'indignation était générale, il laissa passer un jour, et publia une seconde proscription de deux cent vingt personnes, et une troisième de pareil nombre. Ayant ensuite harangué le peuple, il dit qu'il avait proscrit tous ceux dont il s'était souvenu; et que ceux qu'il avait oubliés, il les proscrirait à mesure qu'ils se présenteraient à sa mémoire. Il comprit dans ces listes fatales ceux qui avaient reçu et sauvé un proscrit, punissant de mort cet acte d'humanité, sans en excepter un frère, un fils ou un père. Il alla même jusqu'à payer un homicide deux talens (10,000 fr. environ), fût-ce un esclave qui eût tué son maître, ou un fils qui eût assassiné son père. Mais ce qui parut le comble de l'injustice, c'est qu'il nota d'infamie les fils et les petits-fils des proscrits, et qu'il confisqua leurs biens. Les proscriptions ne furent pas bornées à Rome, elles s'étendirent dans toute l'Italie. Il n'y avait ni temple des dieux, ni autel domestique et hospitalier, ni maison paternelle qui ne fût souillé de meurtres. Les maris étaient égorgés sur le sein de leurs femmes, les enfans entre les bras de leurs mères; et le nombre des victimes sacrifiées à la colère ou à la haine n'égalait pas, à beaucoup près, le nombre de ceux que leurs richesses avaient fait égorger. Aussi les assassins pouvaient-ils dire : « Celui-ci, c'est sa belle maison qui l'a fait périr; celui-là, « ses jardins magnifiques; cet autre, ses bains superbes. » Un Romain, nommé Quintus Aurelius, qui ne se mêlait de rien, et qui ne craignait pas d'avoir d'autre part aux malheurs publics que la compassion qu'il portait à ceux qui en étaient les victimes, étant allé sur la place, se mit à lire les noms des proscrits, et y trouva le sien. « Malheureux que je suis! s'écria-t-il, c'est ma maison « d'Albe qui me poursuit. » Il eut à peine fait quelques pas, qu'un homme qui le suivait le massacra. » *Voyez* PLUTARQUE, *Vie de Sylla*, ch. XXXIX, XL.

Le tableau des proscriptions des triumvirs peut donner quelque idée de celles de Marius et de Sylla, surtout s'il est tracé par Corneille :

....Je ne trouve point de couleurs assez noires
Pour en représenter les tragiques histoires :
Je les peins dans le meurtre à l'envi triomphans,
Rome entière noyée au sang de ses enfans;
Les uns assassinés dans les places publiques,
Les autres dans le sein de leurs dieux domestiques;
Le méchant par le prix au crime encouragé,
Le mari par sa femme en son lit égorgé.
Le fils tout dégouttant du meurtre de son père
Et sa tête à la main demandant son salaire.
(*Cinna*, acte I, sc. 3.)

Faut-il dire la vengeance épouvantable subie par le frère de Marius, et destinée à consoler les mânes de Catulus (page 67)? Catulus Lutatius, celui que Marius avait eu pour collègue dans le consulat, et qui avait partagé avec lui les honneurs du triomphe, employa ses amis pour intercéder auprès de Marius; mais ils n'en purent tirer que cette parole : « Il faut qu'il meure. » Catulus s'enferma dans sa chambre, et y fit allumer un grand brasier dont la vapeur l'étouffa.

Quand Sylla fut rentré victorieux dans Rome, le frère de Catulus lui demanda Marcus Marius pour l'immoler comme une victime expiatoire sur la tombe de son frère; ce qui eut lieu avec des circonstances épouvantables. On ne sait pas au juste quel fut ce M. Marius. Plutarque parle d'un homme de ce nom tué par Catilina (*Vie de Sylla*, ch. XLI). Grotius croit que ce fut un fils du vainqueur des Cimbres; mais Bentley pense, avec plus de raison, que c'était Marius Gratidianus, fils de Marius Gratidius l'orateur, et frère du vieux Marius par adoption : il était aussi parent de Cicéron, et avait exercé la préture. (*Voyez* CICÉRON,

Offices, liv. III, ch. 16 et 20; *Brutus*, ch. XLV; *des Lois*, liv. III, ch. 16.) « Quam porro crudeliter se in M. Mario prætore gessit! quem per ora vulgi ad sepulcrum Lutatiæ gentis pertractum, non prius vita privavit, quam oculos infelicis erueret, et singulas corporis partes confringeret. » (VALER. MAXIMUS, lib. IX, c. 2.)

Un peuple entier meurt comme un homme (page 69). Sylla étant allé à Préneste, fit d'abord juger et exécuter chacun des habitans en particulier; mais, trouvant ensuite que ces formalités prenaient trop de temps, il les fit tous rassembler en un même lieu, au nombre de douze mille, et ils furent égorgés en sa présence. Il ne voulut faire grâce de la vie qu'à son hôte : mais cet homme lui dit, avec une grandeur d'âme admirable, qu'il ne devrait jamais son salut au bourreau de sa patrie; et, s'étant jeté au milieu de ses compatriotes, il se fit tuer avec eux. *Voyez* PLUTARQUE, *Vie de Sylla*, ch. XLI, et APPIEN, *Guerres civiles*, liv. I.

La fleur de l'Hespérie, etc. Sylla, se rendant à Antemna, reçut des hérauts de la part de trois mille Samnites ou Lucaniens du parti de Marius, qui se rendaient à lui et lui demandaient grâce. Il la leur promit, à condition qu'avant de venir le joindre ils feraient à l'ennemi quelque mal considérable. Ces trois mille hommes, comptant sur sa parole, se jetèrent sur leurs camarades, dont plusieurs se tuèrent les uns les autres. Mais Sylla, ayant rassemblé tous ceux qui étaient restés de ces trois mille hommes et des autres, jusqu'au nombre de six mille, les fit enfermer dans l'Hippodrome, et assembla le sénat dans le temple de Bellone.

Il commençait à parler aux sénateurs, lorsque des soldats qui avaient reçu ses ordres, tombant sur ces six mille prisonniers, les massacrèrent. Les cris de tant de malheureux qu'on égorgeait à la fois dans un si petit espace devaient s'entendre au loin : les sénateurs en furent effrayés; mais Sylla, continuant à leur parler avec le même sang-froid et le même air de visage, leur dit de n'être attentifs qu'à son discours, et de ne pas s'occuper de ce qui se passait au dehors; que c'étaient quelques mauvais sujets qu'il faisait châtier.

César, dans le discours qu'il adresse à ses soldats avant la bataille de Pharsale, leur rappelle cette effroyable boucherie :

> Septorumque nefas et clausi prœlia campi.
> (*Pharsal.* lib. VII, v. 306.)

Voyez aussi FLORUS, liv. III, ch. 21 : « Quatuor millia deditorum inermium civium in villa publica interfici jussit. » Le lieu du massacre n'est pas le même chez tous les auteurs, mais c'est le même fait.

Est-ce là ce qui t'a valu les titres d'Heureux et de Sauveur, ô Sylla (page 71) ! « Voilà par quels actes il crut devoir mériter le surnom d'Heureux, » dit Valère-Maxime, liv. XI, ch. 1.

« Quand la pompe du triomphe fut terminée, il fit, dans l'assemblée du peuple, l'apologie de sa conduite, et rappela avec plus de soin les faveurs de la fortune que ses belles actions ; il finit par ordonner qu'on lui donnât à l'avenir le nom d'Heureux, *Felix*, en langue latine. Depuis ce temps-là, quand il écrivait aux Grecs, ou qu'il traitait avec eux d'affaires, il prenait le surnom d'Epaphrodite. Les trophées qu'on voit encore aujourd'hui dans la Béotie, portent cette inscription : *Lucius Cornelius Sylla Epaphroditus*. Metella, sa femme, ayant mis au monde un fils et une fille, il nomma le fils *Faustus*, et la fille *Fausta*, noms qui, chez les Romains, désignent ce qui est heureux et de bon augure. » (PLUTARQUE, *Vie de Sylla*, ch. XLIII.)

Et ton sépulcre orgueilleux qui règne au milieu du Champ-de-Mars ? « Son tombeau est dans le Champ-de-Mars, et l'on assure qu'il avait fait lui-même l'épitaphe qu'on y voit, et dont le sens est que jamais homme n'a fait plus de bien que lui à ses amis, ni plus de mal à ses ennemis. » (PLUTARQUE, *ibid.*, ch. XLVII.)

Brutus, au cœur magnanime (page 73). Marcus Brutus, dont il est ici question, descendait, par ses pères, de ce Junius Brutus qui chassa les Tarquins, et par sa mère Servilie de Servilius Ahala, qui tua Spurius Mélius. Il était aussi neveu de Caton d'Utique, dont Servilie sa mère était la sœur utérine. Ce fut le même qui conspira contre César, dont il était peut-être le fils, et se tua ensuite à Philippes. C'est un des plus grands hommes et des plus vertueux que la philosophie ancienne ait formés. *Voyez* sa *Vie* dans *Plutarque*.

La porte modeste de Caton (page 73). Le plus célèbre et le plus vertueux des stoïciens politiques, et dont le nom est devenu pour les payens celui de la vertu même. Il commanda les restes du parti de Pompée en Afrique, après la déroute de Pharsale, et se donna la mort dans la ville d'Utique, dont il a tiré son surnom. *Voyez* sa *Vie* écrite par Plutarque.

Chez toi, lui dit-il, chez toi seul s'est réfugiée la vertu que tous les hommes ont bannie. On nous saura gré de mettre sous les yeux du lecteur la traduction des deux discours qui suivent, par La Harpe :

O toi de la vertu seul et dernier modèle,
De son culte oublié soutien toujours fidèle,
Puisqu'elle est dans ton cœur, je viens la consulter.
Tes devoirs sont les miens ; ose me les dicter.
D'autres iront servir ou César ou Pompée,
Moi je suivrai Caton. Mon cœur et mon épée
Ne seront qu'à toi seul : à toi seul j'appartiens.
La terre est partagée entre deux citoyens.
Au milieu des débats qui divisent le monde,
Veux-tu demeurer seul en une paix profonde?
De l'un de ces rivaux complice et défenseur,
Veux-tu des factions justifier l'horreur?
Vois tous ces vils Romains : leur rage forcenée
Par l'intérêt du moins semble déterminée.
A la rigueur des lois l'un veut se dérober ;
Dans la chute commune un autre veut tomber ;
Chacun de ses forfaits envisage un salaire ;
Mais Caton librement aura choisi la guerre.
C'est en vain qu'au milieu d'un siècle corrompu,
Du poison de ses mœurs tu sauvas ta vertu.
De tout ce peuple à toi quelle est la différence ?
Il va combler sa honte, et la tienne commence.
Tu joins une main pure à de coupables mains.
Est-ce donc là le sort du plus grand des Romains?
Est-ce là tout le prix d'une longue innocence ?
O vous, de la vertu modèle et récompense,
Dieux, amis de Caton ! permettrez-vous, hélas !
Qu'il livre tant de gloire au hasard des combats?
Laisse le trouble au monde et demeure tranquille;
Que la paix chez toi seul trouve encore un asile.

Des astres éternels balancés dans les cieux,
Rien n'interrompt jamais le cours majestueux.
Le tonnerre menace et gronde sur nos têtes;
Mais l'olympe s'élève au dessus des tempêtes.
Eh quoi! l'heureux César s'applaudirait enfin,
D'avoir mis à Caton les armes à la main?
Sans peine il te verra dans le parti contraire;
Il a tout obtenu, si tu lui fais la guerre.
Qu'il en va triompher! ce superbe mortel
Peut se croire innocent, s'il te voit criminel.
Et le peuple et les grands que le danger consterne,
Des consuls dégradés, un sénat subalterne,
D'un citoyen sans titre ont suivi les drapeaux;
Pompée avec orgueil commande à ses égaux,
Et si Caton s'y joint, des souverains du Tibre,
Des fiers enfans de Mars, César seul sera libre!
Ah! si tu veux encor, rappelant ta fierté,
Combattre pour nos lois et pour ta liberté;
Alors je suis à toi, je t'offre mon épée,
Non pas contre César, non pas contre Pompée.
Va, laissons-les tous deux épuiser leur fureur;
Ami, réservons-nous pour punir le vainqueur.

De la bouche de Caton sortent ces paroles sacrées (page 77).

Oui, la guerre est horrible entre des citoyens;
Mais aux destins de Rome il faut unir les miens.
Il faut suivre du sort l'arrêt irrévocable:
C'est le crime des dieux, s'ils me rendent coupable
Et quel homme jamais, si le ciel écroulé
Tombait avec fracas sur ce globe accablé,
Verrait sans s'émouvoir ce désastre terrible,
De la destruction spectateur insensible?
Quand les rois étrangers, les peuples inconnus,
Des marais de l'Euxin, des cimes du Taurus;
Quand l'orient armé nous sert et nous seconde,
Quand on va décider la querelle du monde,
Je serais seul tranquille! Ah! croira-t-on jamais,
Lorsque Rome combat, que Caton soit en paix?
Que l'abandonnant seul, alors qu'elle chancelle,
Caton ait craint, ô dieux! de tomber avec elle?
Non : privé de son fils un père malheureux
Conduit jusqu'au tombeau ses restes douloureux;

> Il pleure, il se repaît de ces pompes fatales ;
> Il porte dans ses mains ces torches sépulcrales,
> Allume le bûcher, s'y jette avec son fils....
> O patrie! ô mes dieux! ô Romains trop chéris!
> Si tu n'es plus qu'un nom, ô liberté sacrée!
> Je m'attache à ton ombre; et toi, Rome adorée!
> Je t'embrasse expirante, et lorsque tu péris,
> Rien ne m'arrachera de tes derniers débris.
> Puissent les Immortels rassembler sur ma tête
> Les fléaux redoutés que leur vengeance apprête!
> Puissé-je mériter le sort de Decius!
> Épuisez tous vos traits sur moi seul confondus,
> Citoyens aveuglés! Romains, prenez ma vie,
> Que mon sang plaise au ciel, qu'il coule, et qu'il expie
> Cet amas de forfaits dont ce peuple pervers
> A fatigué long-temps les dieux et l'univers!
> Pourquoi des rois soumis et des peuples dociles
> Viennent-ils s'immoler dans nos guerres civiles?
> O chefs ambitieux! ne poursuivez que moi,
> Qui suis seul citoyen, qui ne veux point de roi,
> En qui respire encor la liberté romaine ;
> Quand je ne serai plus vous régnerez sans peine.
> Brutus, Pompée au moins n'a pas manifesté
> De coupables desseins contre la liberté.
> Quoi qu'il puisse arriver, enchaînons sa victoire;
> S'il triomphe, sans doute il n'osera pas croire
> Que Caton de nos lois l'organe et le garant,
> Ait été son soldat pour en faire un tyran.

(La Harpe, Réflexions sur Lucain.)

La porte de Caton retentit sous la main de Marcie (page 79).
L'accord passé entre Caton et Hortensius, à propos de Marcia, contredit un peu l'idée qu'on se fait de la gravité du stoïque. Voici là dessus le récit naïf du plus naïf des biographes : « Quintus Hortensius, homme de bien et d'une très-grande considération, désirant avec ardeur d'être non-seulement l'ami et le compagnon assidu de Caton, mais encore son allié, et de mêler, *de quelque manière que ce fût*, sa maison et sa race avec celles d'un homme si vertueux, lui demanda en mariage sa fille Porcia, déjà mariée à Bibulus dont elle avait eu deux enfans. Hortensius

la regardait comme un excellent fonds dont il désirait d'avoir des fruits. Il avoua que, dans l'opinion des hommes, cette proposition devait paraître extraordinaire; mais qu'à consulter la nature, il était aussi honnête qu'utile à la république qu'une femme belle, qui était encore à la fleur de l'âge, ne restât pas inutile, en laissant passer l'âge d'avoir des enfans, et qu'elle ne fût pas non plus à charge à son mari, et ne l'appauvrît pas en lui donnant plus d'enfans qu'il ne voulait en avoir ; *qu'en communiquant ainsi les femmes aux citoyens honnêtes*, la vertu se multiplierait et deviendrait commune dans les familles; que par le moyen de ces alliances, la ville se fondrait pour ainsi dire en un seul corps. « Si Bibulus, ajoute-t-il, veut absolument conserver sa femme, « je la lui rendrai dès qu'elle sera devenue mère, et que, par cette « communauté d'enfans, je me serai plus étroitement uni à Bibu- « lus et à Caton. » Caton lui répondit qu'il avait beaucoup d'attachement pour lui et prisait fort son alliance, mais *qu'il trouvait étrange qu'il voulût épouser sa fille déjà mariée à un autre.* Alors Hortensius, changeant de langage, ne craignit pas de *demander ouvertement à Caton sa femme Marcia,* qui était encore en âge d'avoir des enfans et en avait donné suffisamment à Caton. On ne peut pas dire qu'il fit cette seconde proposition parce qu'il crut que Caton n'aimait pas sa femme ; car sa grossesse actuelle était une preuve de son amour pour elle. Caton voyant la passion d'Hortensius et son désir extrême d'avoir Marcia pour femme, *ne refusa point de la lui céder;* mais il voulut avoir le consentement du père de Marcia. Philippe, qu'il alla consulter, et qui vit que Caton avait donné son consentement, ne refusa pas le sien ; mais il ne voulut marier sa fille qu'en présence de Caton, *et il exigea qu'il signât le contrat.* » (PLUTARQUE, *Vie de Caton d'Utique,* ch. XXIX.) Ce qui met le comble à la singularité de cette transaction dans laquelle on ne sait lequel il faut le plus admirer d'Hortensius ou de Caton, c'est qu'après la mort de son second époux, Marcia revint au premier qui devint en quelque sorte le troisième, puisqu'il y eut mariage et nouvelle cérémonie nuptiale. Caton l'avait donnée jeune, il la reprit riche, disait malignement César dans son *Anti-Caton.* On a dit aussi que de nos jours bien des maris donneraient leurs femmes, comme Caton, mais qu'ils ne la reprendraient pas. C'est à savoir. Si elles nous revenaient riches comme Marcia, peut-être notre corruption se hausserait-elle jusqu'à la vertu de Caton.

C'est là Caton..., voilà sa secte (page 83). Caton était stoïcien. Voyez PLUTARQUE, *Vie de Caton*.

La ville bâtie par le colon dardanien (page 85). C'est-à-dire Capoue, fondée, à ce que l'on croit, par Capys, Troyen dont il est parlé au 11e livre de l'*Énéide* :

At Capys, et quorum melior sententia menti, etc.

L'Éridan, celui de tous les fleuves dont la source jaillit la plus féconde. L'Éridan est aujourd'hui le Pô. Virgile l'appelle le roi des fleuves : c'est beaucoup dire, même pour l'Europe, car le Danube est plus grand. Du reste, Lucain se trompe quand il le fait sortir de l'Apennin, ainsi que quelques-uns des fleuves nommés plus haut. Le Pô prend sa source dans les Alpes, au-dessus de Verceil. Le Pô reçoit des fleuves navigables et des lacs immenses, ce qui fait dire à notre poète qu'il épuise toutes les eaux de l'Italie.

Le Rutube qui creuse profondément son lit (page 87). Le Rutube se jette dans le Tibre, selon Vibius. Pline parle d'un fleuve du même nom qui coule en Ligurie.

L'Apennin domine la Gaule. C'est-à-dire la Gaule Cisalpine. L'Apennin se divise en deux bras : l'un s'étend jusqu'à Rhège, sur la mer de Sicile, dans les Abruzzes ; l'autre ne s'arrête que près du cap Colonna, aujourd'hui *Cabo delle Colonne*, ainsi appelé des colonnes du temple de Junon Lacinienne élevé par Hercule, vainqueur du brigand Lacinius.

Bientôt la fuite de Libon laisse l'Étrurie sans défense, etc. (page 89). Voyez FLORUS, liv. IV, ch. 2, 19; et CÉSAR, *Guerre civile*, liv. I.

Varus se précipite. Attius Varus voyant les décurions d'Auximum prêts à se déclarer pour César, fit sortir la garnison et s'enfuit en Afrique. Voyez CÉSAR, *Guerre civile*, liv. I, ch. 13.

Lentulus est chassé d'Asculum. Lentulus Spinther occupait Asculum avec dix cohortes. Apprenant l'arrivée de César, il prit

DU LIVRE DEUXIÈME. 337

la fuite et essaya d'emmener avec lui ses soldats, qui l'abandonnèrent. (César, *Guerre civile*, liv. 1, ch. 15.)

Et toi aussi, ô Scipion (page 91)! Ce Scipion était fils de Scipion Nasica; mais il était passé par adoption dans la famille des Metellus, d'où il fut appelé Metellus Scipion. Il était beau-père de Pompée, qui, peu de temps avant la guerre civile, avait épousé sa fille Cornélie. *Voyez* Plutarque, *Vie de Pompée*, ch. lviii.

Belliqueux Domitius. L. Domitius Énobarbus, nommé pour succéder à César dans le gouvernement de la Gaule, s'était retiré à Corfinium, ville des Péligniens, avec vingt cohortes. Il paraît certain que ce Domitius n'était rien moins que brave et belliqueux, mais que Lucain veut faire sa cour à Néron, qui tirait de lui sa naissance (*voyez* Suétone, *Vie de Néron*, ch. 1). C'est par le même esprit de flatterie qu'il lui donne le commandement de l'aile droite à Pharsale, et lui prête une belle conduite.

Vengeurs des crimes, les étendards de la cause juste vous protègent (page 95)! Ce discours est très-éloquent; mais il ne répondit pas à l'effet que Pompée en attendait, ou plutôt, s'il voulut éprouver les dispositions de ses soldats, cette harangue lui servit merveilleusement à connaître combien ils avaient peu d'enthousiasme et d'ardeur.

L'horrible Cethegus, aux bras nus. C'était un usage dans la famille des Cethegus, d'avoir le bras droit et l'épaule droite hors de la toge : notre auteur (liv. vi, v. 794) les appelle *Nudi Cethegi*. Horace dit (*Art poétique*, v. 50) :

Fingere cinctutis non exaudita Cethegis;

ce qui ferait croire qu'ils ne portaient point de tunique, mais un vêtement qui s'arrêtait au dessous de la poitrine, à la ceinture. C'était une famille ancienne, ou qui avait en cela conservé les anciennes mœurs. Au reste, cette manière de se vêtir était propre à l'action, et s'accordait très-bien avec la violence que Cethegus montra comme conspirateur.

Le destin voulait te ranger parmi les Metellus et les Camille. C'est ce que Brutus écrivait à Atticus au sujet d'Antoine, et Plutarque l'a répété dans la *Vie de Brutus* : Ὃς (Ἀντώνιος) ἐν Βρούτοις καὶ

Κασσίοις καί Κάτωσι συναριθμεῖσθαι δυνάμενος προσθήκην ἑαυτον Οκταβίῳ δέδωκεν.

Comme la hache de Lépide frappa la tête de Catulus (page 97)! Il y a ici une faute d'impression qui fait contre-sens : ce fut Lépide qui fut vaincu par Catulus, et alla périr en Sardaigne. Il avait essayé de casser les actes de Sylla; et rappelé par le sénat de la Gaule, qui lui était échue par le sort, car il était consul, il revint à Rome avec son armée, et fut défait dans le Champ-de Mars par son collègue Catulus.

Tu périrais comme ce Carbon. Carbon, l'un des chefs du parti de Marius, fut défait, pris et mis à mort en Sicile par Pompée. « On trouva que ce jeune chef insultait avec une sorte d'inhumanité au malheur de Carbon. Si sa mort était nécessaire, comme elle pouvait l'être, il fallait le faire mourir aussitôt qu'il eût été arrêté, et l'odieux en serait retombé sur celui qui l'avait ordonné. Au contraire, Pompée fit traîner devant lui, chargé de chaînes, un Romain illustre, trois fois honoré du consulat; du haut de son tribunal, il le jugea lui-même en présence d'une foule nombreuse, qui faisait éclater sa douleur et son indignation. » (PLUTARQUE, *Vie de Pompée*, ch. IX.)

Cet homme m'appelle vieillard. Les éditions d'Amyot renferment la vie de Pompée, depuis l'an 648 jusqu'à l'an 706 de Rome : il avait donc alors moins de soixante ans, c'est-à-dire environ quarante-sept ans. « Vous avez un vieillard pour chef; César a pour soldats des vieillards. » — « Itaque hercle militem legimus robustum, legimus juvenem : imperatorem facimus senem. » (QUINTIL., *Declam.* CCCXVII.)

Tant qu'il lui reste à faire, il croit n'avoir rien fait (page 105). Ce trait, dit Voltaire, vaut assurément bien une description poétique (*Essai sur la poésie épique*, LUCAIN). Justinien a emprunté cette pensée à notre poète : « Nihil enim actum credimus, dum aliquid addendum superest. » (Lib. VI, c. *De his, quibus ut indign.*)

Que la mer elle-même soit fermée à ses ennemis. — *Voyez* CICÉRON, *Lettres à Atticus*, lett. 9, liv. XIV. L'intention de César était de contraindre Pompée à sortir de Brindes, ou de l'y enfermer tout-à-fait.

NOTES

DU LIVRE TROISIÈME.

C'est le fantôme de Julie (page 113)! Cette Julie était fille de César et femme de Pompée. Sa mort fut une des causes de la guerre civile entre le beau-père et le gendre.

« Un jour d'assemblée pour l'élection des édiles, on en vint aux mains; plusieurs personnes furent tuées auprès de Pompée, qui, étant couvert de sang, fut obligé de changer d'habit. Ses esclaves coururent rapporter chez lui ses vêtemens souillés de sang. Leur précipitation ayant causé du tumulte et du trouble dans la maison, Julie, qui était enceinte, s'évanouit à la vue de cette robe ensanglantée. Elle eut beaucoup de peine à reprendre ses sens, et l'inquiétude, la frayeur qu'elle avait eue la firent avorter. Elle devint grosse une seconde fois et accoucha d'une fille; mais elle mourut dans son travail, et l'enfant ne lui survécut que peu de jours. Cette mort fut bientôt suivie d'une agitation violente qui excita la plus grande fermentation : l'alliance entre César et Pompée, qui couvrait leur ambition plutôt qu'elle ne la réprimait, étant rompue, on ne parlait dans la ville que de division et de rupture. » (PLUTARQUE, *Vie de Pompée*, ch. LV et LVI.)

Cornélie qui t'a donné sa main sur les cendres tièdes encore du bûcher conjugal (page 115). Il y a dans le texte *pellex*, c'est-à-dire courtisane; ce reproche est fondé sur ce que Pompée épousa Cornélie avant que celle-ci eût achevé les dix mois de son deuil après la mort de son premier mari, Publius Crassus, qui venait de périr chez les Parthes avec son père.

Ou les Mânes, après la mort, deviennent insensibles, ou la mort n'est rien. Cette pensée n'est pas claire. L'explication la plus simple, est que tout finit à la mort, comme l'enseignait Épicure, ou que si l'on conserve encore le sentiment de la vie après la mort, il ne faut point la craindre. Ce n'est pas tout-à-fait dans le même sens que Sénèque le Tragique a dit :

> Post mortem nihil est, ipsaque mors nihil.
> (*Troad.*, v. 395.)

Déjà il a passé la forteresse d'Anxur (page 119). Anxur, aujourd'hui Terracine, ville bâtie sur une roche escarpée.

La forêt sublime consacrée à la Diane de Scythie. C'est la forêt d'Aricie, à cent cinquante stades de Rome, où se gardait la statue de la Diane de Tauride apportée par Oreste, après le meurtre de Thoas. Le prêtre de cette déesse était appelé *rex*, roi. Voyez SUÉTONE, *Caligula*, ch. xxxv; MARTIAL, liv. ix, épigr. 65; STRABON, liv. v; SOLIN, ch. viii, et LUCAIN lui-même, liv. vi, v. 74.

Le chemin que traversent les faisceaux romains pour atteindre Albe l'antique. Chaque année, les consuls allaient offrir un sacrifice à Jupiter, dans Albe-la-Longue, au temps des Féries latines. Voyez LUCAIN, *Pharsale*, liv. i, v. 550.

Défendue par un lâche, c'en était fait d'elle. C'est-à-dire que Rome était perdue, si la lâcheté de Pompée, qui lui fit abandonner cette ville, l'avait livrée au pouvoir non d'un citoyen, mais d'un étranger.

Rome épouvantée voit César entrer dans ses murs. Rome ne pouvait certainement pas être exempte de douleur et d'inquiétude; cependant Plutarque dit qu'il trouva la ville plus calme qu'il ne l'avait espéré. Il parla avec beaucoup de douceur et de popularité à un grand nombre de sénateurs que la confiance y avait ramenés, etc. (*Voyez* PLUTARQUE, *Vie de César*, ch. xli). Mais Lucain ne perd aucune occasion de rendre César odieux.

C'est le farouche Metellus (page 121). Ce récit de Lucain est emphatique et forcé. Voici le même fait mieux et plus simplement raconté : « Le tribun Metellus voulut l'empêcher de prendre de l'argent dans le trésor public, et lui allégua des lois qui le défendaient. « Le temps des armes, lui dit César, n'est pas celui des « lois : si tu n'approuves pas ce que je veux faire, va-t-en; la guerre « ne souffre pas cette liberté de parler. Quand, après l'accommo-

« dement fait, j'aurai posé les armes, tu pourras alors haranguer
« tant que tu voudras. Au reste, ajouta-t-il, quand je parle ainsi,
« je n'use pas encore de tous mes droits : car vous m'appartenez
« tous par le droit de la guerre, toi et tous ceux qui, après vous
« être déclarés contre moi, êtes tombés entre mes mains. » En
parlant ainsi à Metellus, il s'avança vers les portes du trésor, et,
comme on ne trouvait pas les clefs, il envoya chercher des ser-
ruriers, et leur ordonna d'enfoncer les portes. Metellus voulut
encore s'y opposer, et plusieurs personnes louaient sa fermeté.
César, prenant alors un ton plus haut, le menaça de le tuer, s'il
l'importunait encore. « Et tu sais, jeune homme, ajouta-t-il, qu'il
« m'était moins facile de le dire que de le faire. » Metellus, effrayé
de ces dernières paroles, se retira; et tout de suite on fournit à
César, sans aucune difficulté, tout l'argent dont il eut besoin pour
faire la guerre. » (PLUTARQUE, *Vie de César*, ch. XLI.)

*Les gonds immenses roulent et réveillent au loin l'écho de la
roche Tarpéienne* (page 125). On avait cru voir ici une contradiction de l'auteur, qui, après avoir dit que le trésor public était
dans le temple de Saturne, parle ensuite de l'ébranlement de la
roche Tarpéienne, comme s'il eût mis le trésor au Capitole. Mais
on a très-bien répondu que les portes du temple étaient faites de
telle sorte qu'on ne pouvait les ouvrir sans un grand bruit; sage
précaution contre les voleurs. Notre poète veut donc dire tout
simplement que le bruit des portes roulant sur ses gonds ébranla
jusqu'à la roche Tarpéienne.

On tire ces deniers antiques. On a dit aussi avec raison que le
poète s'était laissé emporter trop loin par sa haine contre César,
dans cette énumération des trésors qui tombèrent au pouvoir de
ce dernier. Il n'est guère croyable qu'il y eut dans l'*ærarium* de
l'argent conservé depuis les guerres puniques et l'expédition de
Pyrrhus.

Cet or que Fabricius refusa. Le poète suppose nécessairement
que ces richesses, refusées par Fabricius, furent prises par lui dans
la déroute du roi d'Épire; ce qui n'est ni prouvé ni probable.

Richesses livrées à Metellus vainqueur par l'île de Minos. L'île
de Crète, ravagée par Quintus Metellus, depuis surnommé le
Crétique.

Apportées des rives lointaines de Chypre, par les vaisseaux de Caton (page 125). Caton l'Ancien ou le Censeur, envoyé en Chypre pour y recueillir l'héritage que le roi Ptolemée avait laissé au peuple romain, en rapporta sept mille talens. *Voyez* PLUTARQUE, *Vie de Caton le Censeur.*

César, criblé de dettes, est plus riche enfin que Rome. Les prodigieuses dépenses et les profusions de César sont assez connues : au moment de partir pour l'Espagne, il était endetté de trente-cinq millions de francs, et ses créanciers ne l'auraient pas laissé partir, si le riche Crassus ne leur eût avancé six millions à valoir sur ce qui leur était dû. Cependant il ne paraît pas que César ait été le plus endetté des Romains; A. Milon, l'assassin de Clodius et le client de Cicéron, alla plus loin que lui, sous ce rapport : ses dettes, selon Pline, s'élevaient à quarante-cinq millions, qu'il ne paya pas comme César.

Des campagnes de la Phocide. Le texte dit : *Phocaicas Amphissa manus.* Amphissa était une ville de la Phocide, ainsi nommée d'Amphissa fille de Macarée, fils d'Éole. Pausanias la place à vingt stades de Delphes. Du reste, notre poète se trompe quand il emploie le mot *Phocaicas* au lieu de *Phocidicas ;* il a confondu Phocée, ville d'Ionie, avec la Phocide, contrée de l'Achaïe.

Le Céphise fatidique. Notre auteur l'appelle ainsi parce qu'il descendait des montagnes de la Phocide, où était l'oracle d'Apollon.

Le mont OEta rendu célèbre par Hercule (page 127). *Voyez* SÉNÈQUE LE TRAGIQUE, *Hercule sur l'OEta.*

Athènes, récemment épuisée de combattans. On venait d'y faire des levées d'hommes qui ne devaient pas être considérables depuis la prise de cette ville et le massacre de ses habitans par Sylla. « Sylla entra dans Athènes sur le minuit, dans un appareil effrayant, au son des clairons et des trompettes, aux cris furieux de toute l'armée, à qui il avait laissé tout pouvoir de piller et d'égorger, et qui, s'étant répandue l'épée à la main dans toutes les rues de la ville, y fit le plus horrible carnage. On n'a jamais su le nombre de ceux qui furent massacrés; on n'en juge encore aujourd'hui que par les endroits qui furent couverts de sang : sans compter ceux qui furent tués dans les autres quartiers, le sang versé sur la place remplit tout le Céramique jusqu'au Dipyle ; plusieurs historiens même assurent qu'il regorgea par les portes, et ruissela dans les faubourgs. Outre cette grande multitude d'Athéniens qui périrent par le fer des ennemis, il y en eut un aussi grand nombre qui se donnèrent eux-mêmes la mort, par la douleur et le regret que leur causait la certitude de voir détruire leur patrie. » (PLUTARQUE, *Vie de Sylla*, ch. XIX.) Il serait néanmoins possible de trouver un autre sens à *quamvis totas Athenas exhausit delectus* : « En épuisant toutes les ressources d'Athènes, on ne put trouver, etc. »

Débile flotte, composée des navires sacrés voués au dieu du jour. La ville d'Athènes avait trois galères destinées aux usages publics : *la Théoris*, qui allait à Délos chaque année, pour accomplir le vœu de Thésée ; *la Paralus*, sur laquelle s'embarquaient les citoyens qui devaient offrir un sacrifice à Delphes ; *la Salaminienne*, qui servait à amener à Athènes les accusés qu'on devait juger. Mais ce n'est pas de ces trois galères qu'il s'agit en cet endroit, dit un commentateur ; il s'agit alors de trois vaisseaux consacrés à Apollon à la suite des guerres médiques.

Veram credi Salamina (v. 183). *Veram credi* paraît une allusion et une opposition à l'*ambiguam Salamina* d'Horace (liv. I, Od. 7, v. 29). Sénèque le Tragique (*Troyennes*, v. 844) et Manilius (liv. v, v. 50) ont dit également *Salamina veram*.

La Crète aimée de Jupiter. La Crète était l'île aux cent villes, ἑκατόμπολις. Jupiter y avait été nourri.

Voici les guerriers d'Orichon la Dardanienne. Orichon, ville d'Épire, où régnèrent Helenus et Andromaque, et qui reçut d'eux le surnom de Dardanienne ou Troyenne. *Voyez* VIRGILE, *Énéide*, liv. III, v. 295 et suiv.

Les Athamanes épars dans leurs forêts profondes. C'était un peuple qui habitait les sommets boisés des montagnes d'Épire.

Le fils de la vieille Enchelée. Ἔγχελυς, en grec, veut dire *anguille*. Cadmus et Harmonie furent changés en serpens, et donnèrent le nom d'Enchélie à la ville illyrienne dont il est ici question.

Colchis, Absyrte. Cette Colchis n'est point celle du Pont, mais une contrée de l'Istrie, à laquelle des Colchidiens, envoyés par

Eéta à la poursuite de Médée, donnèrent leur nom en s'y établissant. — Absyrte est une île de l'Adriatique.

Le Pénée (page 127). Fleuve de Thessalie, dans la vallée de Tempé.

> Pastor Aristæus fugiens Peneïa Tempe, etc.
> (Virg., *Georg.* lib. iv, v. 317.)

Les plaines d'Iolcos. Iolchos, ville de Thessalie.

Le Thrace a déserté l'Hémus. L'Hémus, aujourd'hui les monts Balkans.

Pholoé, berceau des centaures. Pholoé, montagne d'Arcadie, habitée par Pholus et les autres centaures, qui combattirent les premiers à cheval, et qui, vus de loin, semblaient des hommes-chevaux.

Les bords du Strymon. Fleuve de Thrace, d'où les grues (*Bistonias aves*) partent à l'approche de l'hiver pour aller chercher sur le Nil un climat plus doux.

Les peuples de Mysie. La Mysie, contrée de l'Asie Mineure, sur la mer de Pont. On dit indifféremment Mysie et Mœsie; cependant ce dernier nom s'applique mieux à la partie des rivages de l'Euxin qui est en Europe.

On quitte Pitané (page 129). Ville de la province de Laodicée; elle doit son nom à la multitude de pins qui croît dans ses environs.

Célène mise en deuil par la victoire d'Apollon. C'est là que le satyre Marsyas, qui avait trouvé la flûte de Minerve, fut écorché par Apollon.

L'Hermus opulent. Le texte dit : *Non vilior Hermus :* ce qui veut dire que l'Hermus roule de l'or parmi ses sables, aussi bien que le Pactole qu'il a nommé précédemment.

Et Ninive qu'on appelle Heureuse. Ninos, ville autrefois puissante et heureuse, dit Arrien, πάλαι ποτὲ μεγάλη καὶ εὐδαίμων, périple de l'Inde.

Damas, sans cesse battue des vents. A cause de sa situation au milieu d'une vaste plaine.

Et Gaza. Ville de Syrie que l'Écriture appelle déserte.

> La déserte Gaza, la sainte Arimathie, etc.
> (Barthélemy, *Napoléon en Égypte.*)

L'Idumée, fière de ses nombreux palmiers (page 129). L'Idumée était pour les anciens le pays des palmes :

> Primus Idumæas referam tibi, Mantua, palmas.
> (Virg., *Georg.* lib. iii, v. 12.)

> Cueillir mal-à-propos les palmes idumées.
> (Boileau, sat. ix, v. 256.)

Cynosure les conduit plus sûrement que tous les autres. C'est-à-dire que sous l'influence de cette constellation les peuples de ces parages arrivèrent directement et sûrement à Dyrrachium.

> Neque in Tyrias Cynosura carinas
> Certior, aut Graiis Helice servanda magistris.
> (Valerius Flaccus, *Argonaut.* lib. i, v. 17.)

> Κυνοσουρᾷ Φοίνικες πίσυνοι περάωσι θάλασσαν.
> (Aratus, *Phænom.*)

Les Phéniciens, si l'on en croit la renommée. Le poète rappelle ici l'invention de l'écriture. Voici la paraphrase de Brébeuf; elle est célèbre :

> C'est de lui que nous vient cet art ingénieux
> De peindre la parole et de parler aux yeux,
> Et par les traits divers de figures tracées
> Donner de la couleur et du corps aux pensées.

Ignorant encore l'usage du papyrus. Le papyrus ou biblus est un roseau du Nil, qui, employé pour l'écriture, a donné l'un de ses noms au papier et l'autre aux livres qu'on fait avec le papier, βίβλος, βιβλίον. Avant l'invention de l'écriture ordinaire et du papyrus, les Égyptiens ne connaissaient que l'écriture hiéroglyphique, ou sculptée sur la pierre.

Tarse, fille de Persée. Tarse en Cilicie, patrie de saint Paul, sur le Cydnus. On n'est pas d'accord sur son origine, et sur l'épithète *Persea* que lui donne ici notre auteur.

L'antre de Corycie. — *Voyez* Pomponius Méla, liv. i, ch. 13.

Mallos. Ville de Cilicie, qui plus tard fut appelée Antioche.

Æga au fond de son golfe. Ville maritime de Cilicie, sur le golfe Issique.

Le Gange qui seul.... a l'audace de déboucher dans la mer en face du soleil levant (page 131). En général le cours des fleuves est de l'est à l'ouest, et du nord au midi. Cependant les exemples du contraire ne sont pas rares ; le Danube, par exemple, montre la même audace que le Gange.

La douce liqueur qu'un roseau distille. C'est la canne à sucre, que les anciens ne cuisaient pas au feu comme nous, mais dont ils exprimaient le suc pour le boire étendu dans de l'eau.

Ni celles qui teignent leurs chevelures dans les sucs du safran. Les Cathéens, peuples de l'Inde, qui cherchaient en tout la beauté. Ils teignaient le menton, les habits et les cheveux de leurs enfans. *Voyez* STRABON, liv. xv.

Ni ces hommes qui construisent eux-mêmes leur bûcher. Ce sont les gymnosophistes et les brachmanes, philosophes de l'Inde, qui, rassasiés de la vie, se jettent au milieu des flammes (*Voyez* STRABON, liv. xv ; PHILOSTRATE, liv. III). Le supplice volontaire de Calanus est célèbre par la relation de Quinte-Curce. *Voir* aussi PLUTARQUE, *Vie d'Alexandre.*

Arabes étonnés que les ombres des bois ne se dessinent jamais à gauche. L'auteur parle ici de l'Arabie Heureuse ou Australe. Dans ce pays, le soleil porte l'ombre au midi, ce qui la met à gauche pour ceux qui regardent l'occident. Transportés en deçà du tropique, les Arabes sont naturellement surpris de voir l'ombre se projeter à droite.

Les Horites lointains. On n'est pas d'accord sur le nom de ces peuples ; ce qui fait qu'il est presque impossible de marquer leur pays, autrement que par le voisinage des Carmanes, dont il est question au vers suivant.

Et les chefs carmanes. Peuple entre l'Inde et la Perse, sous le tropique du Cancer.

Ceux que renferme le Bactre dans une ceinture glacée (p. 133). Les peuples de la Bactriane, ainsi nommée du fleuve qui l'arrose.

Les Hénioques, d'origine lacédémonienne. Peuples du Caucase, et bons cavaliers. On les dit descendus d'Amphytus et de Telechius, Lacédémoniens, écuyers de Castor et de Pollux.

On s'arme sur les bords de l'Halys fatal à Crésus. Ce fut sur ses bords qu'il fut vaincu. On connaît l'oracle équivoque sur la foi duquel il passa le fleuve Halys, qui séparait la Lydie du pays des Mèdes :

Crœsus Halym penetrans magnam pervertet opum vim.

Κροῖσος ἅλυν διαβὰς μεγάλην ἀρχὴν καταλύσει.

(HÉROD. lib. I.)

Au pays où l'Euxin orageux.... ravit leur gloire aux colonnes d'Hercule. Suivant la Fable, Hercule aurait séparé l'Espagne de l'Afrique, et ouvert le détroit de Gibraltar pour faire entrer la mer dans l'intérieur des terres. Le Pont-Euxin paraissant l'embouchure de toutes les mers intérieures, détruirait ainsi la gloire des colonnes d'Hercule. Des commentateurs ont cru qu'il s'agissait ici des autels dressés par Alexandre sur les bords du Tanaïs, et qui auraient surpassé la gloire du trophée d'Hercule.

Viennent ensuite les Essédoniens. Peuples des Palus-Méotides.

Et l'Arimaspe qui relève ses cheveux attachés avec des filets d'or. — Voyez AVIÉNUS, *Description du monde*, ch. LV, et PRISCIEN, *Périgée*, XL.

Le courageux Arien (page 135). Peuple voisin de la Colchide, qui habite l'île d'Aria, ou Area. « Non longe a Colchis Aria, quæ sacrata. » (POMPONIUS MELA, lib. II, c. 7.)

Le Massagète. Peuple de la Scythie, qui se nourrit et se désaltère du sang des chevaux.

Et qui cornipedes in pocula vulnerat audax
Massagetes.

(CLAUD., *in Rufin.* lib. I, v. 311.)

Et lac concretum cum sanguine potat equino.

(VIRG., *Georg.* lib. III, v. 463.)

Ni lorsque Cyrus fit descendre son armée. C'est de Cyrus l'ancien, du grand Cyrus qu'il s'agit ici.

Ni Lorsque Xerxès compta ses soldats par les traits qu'ils lancèrent. — Voyez HÉRODOTE, liv. VII.

Le Grec vengeant l'amour de son frère outragé. Il s'agit ici d'Agamemnon et de la guerre de Troie.

Hammon, au front armé de cornes. Hammon est ici pour l'Afrique. Dans les sables stériles de Cyrènes s'élevait un temple dédié à Jupiter, qui y était adoré sous la forme d'un bélier (voyez *Pharsale*, liv. IX, v. 511, et liv. X, v. 38). La Marmarique est une région de l'Afrique qui regarde l'Égypte; elle s'appelle aujourd'hui le royaume de Barca.

Jusqu'aux Syrtes Parétoniennes (page 135). Cette épithète de Parétoniennes donnée aux Syrtes est un peu forcée, dit avec raison un commentateur; car Parétonium est séparé des Syrtes par toute la Cyrénaïque.

Marseille seule.... ose garder dans le péril la foi des traités. Au retour de la guerre d'Espagne, César réduisit Marseille, qui s'obstinait dans le parti de Pompée. Ces Grecs qui avaient toujours eu le monopole du commerce de la Gaule, étaient jaloux, sans doute, de la faveur avec laquelle César traitait les barbares Gaulois, quoiqu'il eût précédemment accordé des privilèges commerciaux aux Marseillais. Marseille était une colonie grecque, non de la Phocide, comme on l'a cru à tort, mais de Phocée en Asie Mineure. Elle se déclara contre César, à l'instigation de Domitius, qui s'y était rendu après avoir reçu la vie de César, à Corfinium...

« Malheureuse ville que Marseille ! s'écrie Florus ; elle veut la paix, et la crainte de la guerre attire la guerre sur elle. »

Entre avec confiance dans Marseille, etc. (page 137). Cette proposition se rapportait à une coutume ancienne des Marseillais : « Sed ut ad Massiliensium civitatem.... revertar, intrare oppidum eorum nulli cum telo licet; præstoque est, qui id custodiæ gratia acceptum, exituro reddat, ut hospitia sua, quemadmodum advenientibus humana sunt, ita ipsis quoque tuta sint. » (VAL. MAX., lib. II, cap. 6, § 9.)

Nos armes toujours malheureuses (page 139). C'est un gros mensonge que Scaliger a trop vertement reproché à notre auteur ; car si cette allégation n'est pas dans la vérité de l'histoire, elle est au moins tout-à-fait dans le rôle des Marseillais.

Depuis que Phocée, traversant les mers, s'est relevée de son bûcher. Le traducteur a dû corriger ici son auteur, qui dit la Phocide au lieu de Phocée. Nous avons déjà fait cette observation plus haut.

Quant à l'incendie de Phocée, que ses habitans auraient livrée aux flammes en la quittant, c'est un point d'histoire assez obscur.

Hérodote, qui a raconté leur migration, n'a rien dit de cette circonstance.

Il était une forêt sacrée (page 143). La description de la forêt de Marseille est un des plus beaux morceaux de la *Pharsale*. Brébeuf semble s'être piqué d'honneur pour la bien rendre, et nous ne craignons pas de dire qu'il a presque réussi: tant sa verve et l'entraînement du sujet l'ont élevé au dessus de lui-même! On nous saura gré de citer ce passage si remarquable :

>On voit auprès du camp une forêt sacrée,
>Formidable aux humains et des dieux révérée,
>Dont le feuillage sombre et les rameaux épais
>Du dieu de la clarté font mourir tous les traits.
>Sous la noire épaisseur des ormes et des hêtres,
>Les Faunes, les Sylvains et les Nymphes champêtres
>Ne vont point accorder aux accens de leurs voix
>Le son des chalumeaux ou celui des haut-bois.
>Cette ombre destinée à de plus noirs offices
>Cache aux yeux du soleil ses cruels sacrifices;
>Et les vœux criminels qui s'offrent en ces lieux
>Offensent la nature en révérant les dieux.
>Là du sang des humains on voit suer les marbres,
>On voit fumer la terre, on voit rougir les arbres :
>Tout y ressent l'horreur ; et même les oiseaux
>Ne se perchent jamais sur ces tristes rameaux.
>Les sangliers, les lions, les bêtes les plus fières
>N'osent pas y chercher leur bauge ou leurs tanières.
>La foudre accoutumée à punir les forfaits,
>Craint ce lieu si coupable et n'y tombe jamais.
>Là, de cent dieux divers les grossières images
>Impriment l'épouvante et forcent les hommages ;
>La mousse et la pâleur de leurs membres hideux
>Semblent mieux attirer les respects et les vœux :
>Sous un air plus connu la divinité peinte
>Trouverait moins d'encens, produirait moins de crainte ;
>Tant aux faibles mortels il est bon d'ignorer
>Les dieux qu'il leur faut craindre et qu'il faut adorer!
>Là, d'une obscure source il coule une onde obscure
>Qui semble du Cocyte emprunter la teinture.
>Souvent un bruit confus trouble ce noir séjour,
>Et l'on entend mugir les rochers d'alentour.

Souvent du triste éclat d'une flamme ensoufrée
La forêt est couverte et n'est point dévorée;
Et l'on a vu cent fois les troncs entortillés
De cérastres hideux et de dragons ailés.
Les voisins de ce bois si sauvage et si sombre
Laissent à ses démons son horreur et son ombre;
Et le Druide craint en abordant ces lieux
D'y voir ce qu'il adore, et d'y trouver les dieux.
  Il n'est rien de sacré pour des mains sacrilèges;
Les dieux mêmes, les dieux n'ont point de privilèges :
César veut qu'à l'instant leurs droits soient violés,
Les arbres abattus, les autels dépouillés.
Mais de tous les soldats les âmes étonnées
Tremblent de voir contre eux retourner leurs cognées.
Il querelle leur crainte, il frémit de courroux,
Et, le fer à la main, porte les premiers coups :
« Quittez, quittez, dit-il, l'effroi qui vous maîtrise :
Si ces bois sont sacrés, c'est moi qui les méprise :
Seul s'offense aujourd'hui le respect de ces lieux,
Et seul se prend sur moi tout le courroux des dieux. »
  A ces mots tous les siens, cédant à leur contrainte,
Dépouillent le respect, sans dépouiller la crainte :
Les dieux parlent encore à ces cœurs agités;
Mais quand Jules commande, ils sont mal écoutés.
Alors on voit tomber sous un fer téméraire
Des chênes et des ifs aussi vieux que la terre,
Des pins et des cyprès dont les feuillages verts
Conservent le printemps au milieu des hivers.
A ces forfaits nouveaux tous les peuples frémissent;
A ce fier attentat tous les prêtres gémissent.
Marseille seulement, qui le voit de ses tours,
Du crime des Latins fait son plus grand secours;
Elle croit que les dieux d'un éclat de tonnerre
Vont foudroyer César et terminer la guerre.

(BRÉBEUF, *Pharsale*, liv. III.)

Les Romains, abrités d'une épaisse tortue (p. 149). Il y avait deux sortes de tortues : l'une faite de planches unies ensemble par des peaux et par des cordes, c'est celle qui servait à établir les travaux de siège; l'autre était formée par l'exhaussement des boucliers tenus serrés les uns contre les autres au dessus des têtes des soldats, *in morem squammarum*. C'est de cette dernière qu'il s'agit ici. *Voyez* TITE-LIVE, liv. XLIV, ch. 9, et FOLARD, *de la Colonne*, tome 1, p. 56.

Aussitôt on fait avancer les gabions (page 149). Le texte dit *vinea*, vigne. La vigne est une machine composée de planches et de claies, et recouverte de peaux fraîches et d'étoffes mouillées : elle servait à mettre les soldats à l'abri des traits pendant qu'ils travaillaient à faire des brèches aux murailles. Ce nom de vigne lui a été donné à cause de sa conformation. On l'établissait en carré, comme on plante la vigne.

Cachés sous le mantelet (page 151). Le texte dit *pluteis*, qui signifie des planches, des madriers qui garnissent le front de la vigne ou du gabion : autrement le mantelet, considéré comme une machine particulière de siège, ne différait pas beaucoup de la vigne. *Voyez* VÉGÈCE, liv. IV, ch. 15, et JUSTE-LIPSE, *Poliorcet.* 1, dial. 7.

L'image tutélaire ne fait point briller ses peintures sur des carènes élégantes. Ordinairement chaque vaisseau portait à la poupe l'image du dieu sous la protection duquel il était mis. Ici la précipitation des travaux ne permet pas aux Romains d'embellir à ce point leurs galères. *Voyez* HORACE, liv. I, *Od.* 14, v. 14.

La mort met entre eux une cruelle différence. Ceci est une imitation de Virgile, *Énéide*, liv. X, v. 391 :

> Daucia Laride, Thymberque, simillima proles,
> Indiscreta suis, gratusque parentibus error :
> At nunc dura dedit vobis discrimina Pallas.

Stace présente aussi la même imitation. — Voyez *Thébaïde*, liv. IX, v. 95.

L'un d'eux... ose porter la main sur la galère romaine (page 159). Ce trait d'héroïsme, dont notre poète fait ici honneur à un Marseillais, SUÉTONE, *Vie de César*, ch. LXVIII; VALÈRE-MAXIME, liv. III, ch. 2; PLUTARQUE, *Vie de César*, ch. XVII, l'attribuent à un soldat de César, dans ce même combat naval devant Marseille :

« Acilius (miles Cæsaris) navali ad Massiliam prœlio, injecta in puppem hostium dextra, et abscissa, memorabile illud apud

Græcos Cynægyri exemplum imitatus, transiluit in navem, umbone obvios agens. » (Sueton., *loco dicto.*)

« Il savait inspirer à ses soldats une affection et une ardeur si vives, que ceux qui sous d'autres chefs et dans d'autres guerres ne différaient pas des soldats ordinaires, devenaient invincibles sous César, et ne trouvaient rien qui pût résister à l'impétuosité avec laquelle ils se précipitaient dans les plus grands dangers. Tel fut Acilius, qui, dans un combat naval donné près de Marseille, s'étant jeté dans un vaisseau ennemi, et ayant eu la main droite abattue d'un coup d'épée, n'abandonna pas son bouclier, qu'il tenait de la main gauche, et dont il frappa sans relâche les ennemis au visage avec tant de raideur, qu'il les renversa tous, et se rendit maître du vaisseau. » (Plutarque, *loco dicto.*)

Ainsi Brutus, triomphant sur mer (page 171). Tous les détails de ce siège et du combat naval qui le termina, sauf sa partie poétique, se trouvent dans les *Commentaires de César*. Voyez *Guerre civile*, liv. II, ch. 1-16.

NOTES

DU LIVRE QUATRIÈME.

Cependant, loin du théâtre de ces évènemens (page 173). Comme nous avons eu occasion de le dire plus haut, Domitius était entré dans Marseille, et dirigeait sa défense contre César. Celui-ci, pressé de se rendre en Espagne pour y combattre les lientenans de Pompée, avait laissé le soin du siège de Marseille à C. Trebonius, son lieutenant, avec trois légions. Brutus commandait la petite flotte de César, en station devant les îles Stéchades (*voyez* CÉSAR, *Guerre civile*, liv. II, ch. 1 et 2). Lui-même se hâta de passer en Espagne, à la tête de trois légions, et suivi de quelques autres qui devaient le joindre.

Lucain dit que cette guerre fut peu sanglante. En effet, les lieutenans de Pompée se rendirent, vaincus par la disette (*voyez plus bas, vers* 354). « Anceps variumque, sed incruentum in Hispania bellum. » (FLORUS, lib. IV, c. 2.)

« Cette guerre d'Espagne fut rude. César souffrit beaucoup de l'âpreté des lieux, de l'hiver, et surtout de la famine. Il se trouva quelque temps comme enfermé entre deux rivières ; mais il nous apprend lui-même ce qui lui donna l'avantage. Les légions d'Espagne avaient désappris la tactique romaine, et n'avaient pas encore celle des Espagnols ; elles fuyaient comme les Barbares, mais se ralliaient difficilement. L'humanité de César, comparée à la cruauté de Petreius, un de leurs généraux, acheva de gagner les Pompéiens ; ils traitèrent malgré Petreius. » (MICHELET, *Histoire romaine*, *République*, tome 1, page 318.)

Cependant ce pays avait de puissantes raisons pour être du parti contraire. « L'Espagne était pompéienne. Pompée avait essayé pour elle ce que César accomplit pour la Gaule : il avait fait donner le droit de cité à une foule d'Espagnols; mais le génie moins disciplinable de l'Espagne faisait de ce peuple si belliqueux un instrument de guerre incertain et peu sûr. » (*Ibid.*, page 340.)

Étroitement unis, ils prennent tour-à-tour le commandement (page 173). A l'arrivée de Vibullius Rufus, envoyé par Pompée en Espagne, il y avait trois lieutenans dans cette province, Afranius, Petreius, et M. Terentius Varron, le plus savant des Romains. Les deux premiers se réunirent, en choisissant Ilerda pour leur centre d'opération, et partagèrent le commandement de cinq légions qu'ils avaient sous leurs ordres ; Varron fut chargé de défendre toute l'Espagne Ultérieure. *Voyez* CÉSAR, *Guerre civile*, livre I, ch. 38.

L'infatigable Astur. C'est-à-dire, les peuples des Asturies, chaîne de montagnes, célèbre au moyen âge par la retraite de Pélage qui sauva la liberté et la monarchie de l'Espagne contre les Maures mahométans.

Les Vettons agiles. Les Vettons (en grec Ουέττονες) ou Vectons étaient des peuples de la Biscaïe.

Et les Celtes qui.... avaient mêlé leur nom à celui des Ibères. C'est-à-dire, les Celtibériens, tribu de Celtes qui avaient passé en Espagne et s'étaient établis sur les bords de l'Hèbre. « His rebus constitutis, equites auxiliaque toti Lusitaniæ a Petreio, Celtiberis, Cantabris, Barbarisque omnibus qui ad Oceanum pertinent, ab Afranio imperantur, etc. » (CÆS., *de Bello civili*, lib. I, c. 38.)

Au milieu d'un sol plantureux.... s'élève Hilerda. Hilerda, aujourd'hui Lérida, capitale des Ilergètes (dans la Catalogne). Elle était située sur le Sicoris (aujourd'hui la Sègre), rivière qui sort des Pyrénées, traverse le pays des Cérétans (la Cerdagne) et celui des Ilertés (la Catalogne), et se jette dans l'Ibère (l'Hèbre) à Octogèse (Mequinenza).

Le fleuve sépare les deux armées. Cela est positif. Mais le récit des faits semble établir que la ville et les deux camps étaient en deçà du Sicoris. Alors il faut expliquer les mouvemens des deux armées au moyen des deux ponts que César dit avoir été jetés sur cette rivière (*voyez* CÉSAR, *Guerre civile*, liv. I, ch. 40) : « Fabius.... in Sicore flumine pontes effecerat duos, inter se distantes millia passuum IV. His pontibus pabulatum mittebat, etc. »

DU LIVRE QUATRIÈME. 355

Impétueux Cinga (page 173). Cette rivière, appelée aujourd'hui la Senga, sépare l'Aragon de la Catalogne, et se jette dans l'Èbre.

L'Èbre t'entraîne dans son cours victorieux. Le texte dit : *qui præstat terris*, qui a plus de cours, qui traverse une plus grande étendue de terres, ou simplement, le plus grand fleuve de cette contrée.

Aux approches de la nuit, César fait creuser.... un fossé autour de son camp (page 175). César ne dit point que ce fut aux approches de la nuit qu'il fit creuser ce fossé : « A fronte contra hostem pedum xv fossam fieri jussit. Prima et secunda acies in armis, ut ab initio constituta erat, permanebat : post hos opus in occulto a tertia acie fiebat. » (Cæs., *de Bello civili*, lib. I, c. 41.) Seulement, vers le soir, il ramena ses légions dans l'enceinte de ce fossé : « Sub vesperum, Cæsar intra hanc fossam legiones reducit, atque ibi sub armis proxima nocte conquiescit. » (*Ibid.*, c. 42.)

Il ordonne un mouvement rapide sur la colline qui protège Hilerda. — Voyez César, *Guerre civile*, liv. I, ch. 42 et 43.

La neige brûlait les montagnes (page 177). Cette manière de parler n'est ni rare ni absurde ; on la trouve chez plusieurs écrivains latins et grecs, poètes et prosateurs. Virgile (*Géorg.*, liv. I, v. 92) parle de moissons qui pourraient être brûlées par le chaud ou par le froid :

> Rapidive potentia solis
> Acrior, aut Boreæ penetrabile frigus adurat.

« Perusti artus, membra torrida gelu, » dit Tite-Live, liv. xxi ; « Ambusti multorum artus vi frigoris, » dit Tacite, *Annales*, liv. xiii ; enfin Xénophon : Καὶ τῶν Ἑλλήνων πολλῶν καὶ ῥῖνες ἀπεκαίοντο καὶ ὦτα.

Le douteux éclat de son croissant. C'est signe de pluie, quand la nouvelle lune ne se lève pas dans un ciel pur et serein. *Voyez* les *Phénomènes* d'Aratus.

> Si nigrum obscuro comprenderit aera cornu,
> Maximus agricolis pelagoque parabitur imber.
> (Virg., *Georg.* lib. I, v. 427.)

Et son disque rougi s'enflamme sous l'Eurus (page 177). Cette rougeur est un signe de pluie et de vent.

> ....Vento semper rubet aurea Phœbe.
> (Virg., *Georg.* lib. 1, v. 430.)

De son aile orientale. Le texte dit : *Nabatæis flatibus;* mot à mot, en soufflant du pays des Nabathéens. Cette contrée, qui sépare l'Arabie de la Judée, commence à l'Euphrate, et finit à la mer Rouge. Elle fut habitée d'abord par Nabath, fils d'Ismaël, qui lui donna son nom :

> Eurus ad Auroram, Nabatæaque regna recessit.
> (Ovid., *Metam.* lib. 1, v. 61.)

Les pluies quittent les vides domaines de l'Ourse et du Notus. C'est-à-dire que de ces deux points les orages se condensent sur l'Espagne.

Sur la seule Calpé. Il ne faut pas prendre à la lettre ce qui n'est qu'une expression poétique. Si les nuages s'étaient rassemblés sur Calpé, l'une des colonnes d'Hercule, au delà de Bétique ou Andalousie, les Romains campés sur l'Èbre n'avaient rien à craindre ; mais Calpé représente ici poétiquement toute l'Espagne.

Arrêtées par le palais du Zéphyr. Le poète suppose que les nuages, portés par le vent jusqu'aux côtes maritimes de l'Espagne, sont forcés de s'arrêter, faute de pouvoir aller plus loin, et parce que le monde vient à leur manquer :

> Sistimus hic tandem nobis ubi defuit orbis;

ils rencontrent là les colonnes d'Hercule, et le poids du ciel les force d'éclater. C'était la physique et la géographie du temps.

La cruelle famine est dans le camp (page 179). « Accidit etiam repentinum incommodum biduo, quo hæc gesta sunt. Tanta enim tempestas cooritur, ut nunquam illis locis majores aquas fuisse constaret. Tum autem ex omnibus montibus nives proluit, ac summas ripas fluminis superavit, pontesque ambos, quos C. Fabius fecerat uno die interrupit. Quæ res magnas difficultates exercitui Cæsaris attulit. Castra enim, ut supra demonstratum est, quum essent inter flumina duo, Sicorim et Cingam, spatio millium xxx, neutrum horum transiri poterat; necessarioque omnes his angustiis continebantur, etc. (Cæs., *de Bello civili*, lib. 1, c. 48.)

Ainsi languit cette portion reculée du globe (page 181). Le texte dit: *Pars ima mundi*, la portion la plus abaissée du globe; ce qui est contraire à toutes les notions géographiques des anciens et des modernes (*voyez* Virgile, *Géorg.*, liv. 1, v. 240). Le traducteur a reculé devant cette contradiction.

Ainsi navigue le Vénitien sur l'Éridan débordé (page 183). Le poète n'explique pas que le fait qu'il raconte est un des plus heureux stratagèmes de César pour sortir de la position terrible où il était engagé : « Quum in his angustiis res esset, atque omnes viæ ab Afranianis militibus equitibusque obsiderentur, nec pontes perfici possent, imperat militibus Cæsar, ut naves faciant, cujus generis eum superioribus annis usus Britanniæ docuerat. Carinæ primum ac statumina ex levi materia fiebant : reliquum corpus navium, viminibus contextum, coriis integebatur. Has perfectas carris junctis devehit noctu millia passuum a castris xxii, militesque his navibus flumen transportat, continentemque ripæ collem improviso occupat. » (Cæs., *de Bello civili*, lib. 1, c. 54.)

La barque de Memphis. Ancienne capitale de l'Égypte, aujourd'hui le Caire.

Pour dompter le fougueux Sicoris. « Quibus rebus perterritis animis adversariorum, Cæsar, ne semper magno circuitu per pontem equitatus esset mittendus, nactus idoneum locum, fossas pedum xxx in latitudinem complures facere instituit, quibus partem aliquam Sicoris averteret, vadumque in eo flumine efficeret. » (Cæs., *de Bello civili*, lib. 1, c. 61.)

Alors Petreius abandonne les hauteurs d'Hilerda. « His pæne effectis, magnum in timorem Afranius Petreiusque perveniunt, ne omnino frumento pabuloque intercluderentur, quod multum Cæsar equitatu valebat. Itaque constituunt ipsi iis locis excedere, et in Celtiberiam bellum transferre. Huic consilio suffragabatur etiam illa res, quod ex duobus contrariis generibus quæ superiore bello cum L. Sertorio steterant civitates, victæ nomen atque imperium absentis timebant; quæ in amicitia manserant, Pompeii magnis affectæ beneficiis eum diligebant : Cæsaris autem in Bar-

baris erat nomen obscurius, etc. » (Cæs., *de Bello civili*, lib. 1, c. 61.) *Voyez* les chapitres suivans, pour bien comprendre tous les détails de cette manœuvre.

Et alors ils sentirent que la guerre civile est un grand crime (page 185). *Voyez* Delille, poëme de *la Pitié*, chant 11. « Quorum discessu liberam nacti milites colloquiorum facultatem, vulgo procedunt, et quem quisque in castris notum aut municipem habebat, conquirit atque evocat. Primum agunt gratias omnes omnibus, quod sibi perterritis pridie pepercissent ; eorum se beneficio vivere. Deinde imperatoris fidem quærunt, rectene se illi sint commissuri ; et, quod non ab initio fecerint, armaque quod cum hominibus necessariis et consanguineis contulerint, queruntur. His provocati sermonibus, fidem ab imperatore de Petreii et Afranii vita petunt, ne quod in se scelus concepisse neu suos prodidisse videantur. Quibus confirmatis rebus, se statim signa translaturos confirmant; legatosque de pace primorum ordinum centuriones ad Cæsarem mittunt, interim alii suos in castra, invitandi causa, adducunt; alii ab suis adducuntur, adeo ut una castra jam facta ex binis viderentur; compluresque tribuni militum et centuriones ad Cæsarem veniunt, seque ei commendant. Hoc idem fit a principibus Hispaniæ, quos illi evocaverant, et secum in castris habebant, obsidum loco. Ii suos notos hospitesque quærebant, per quem quisque eorum aditum commendationis haberet ad Cæsarem. Afranii etiam filius adolescens de sua ac parentis sui salute cum Cæsare per Sulpicium legatum agebat. Erant plena lætitia et gratulatione omnia ; eorum qui tanta pericula vitasse et eorum qui sine vulnere tantas res confecisse videbantur : magnumque fructum suæ pristinæ lenitatis, omnium judicio, Cæsar ferebat, consiliumque ejus a cunctis probabatur. » (Cæs., *de Bello civili*, lib. 1, cap. 74.)

Sylla, dans la précédente guerre civile, avait donné cet exemple d'employer ses soldats à corrompre ceux de l'ennemi : « Sylla, qui se voyait environné de plusieurs camps et d'armées trèsnombreuses, se sentant inférieur en forces, eut recours à la ruse, et fit faire à Scipion, l'un des consuls, des propositions d'accommodement. Scipion s'y prêta, et ils eurent ensemble plusieurs conférences; mais Sylla trouvait toujours quelques prétextes pour traîner l'affaire en longueur, et pendant ce temps-là il travaillait à corrompre ses troupes par l'entremise de ses propres soldats, qui, comme leur chef, étaient exercés à toutes sortes de ruses et de tromperies. Ils entrèrent dans le camp des ennemis, se mêlèrent avec eux, gagnèrent les uns par argent, les autres par des promesses, ceux-ci par des flatteries, et réussirent à les séduire. Enfin Sylla s'étant approché de leur camp avec vingt cohortes, ses soldats saluèrent ceux de Scipion, qui leur rendirent le salut, et vinrent se joindre à eux. Scipion, resté seul dans sa tente, fut pris et renvoyé. Sylla, qui s'était servi de ces vingt cohortes pour en attirer quarante dans ses filets, comme les oiseleurs font tomber les oiseaux dans le piège par le moyen d'oiseaux privés, les emmena toutes dans son camp, etc. » (PLUTARQUE, *Vie de Sylla*, ch. xxxv.)

De tels faits ne sont point rares en guerre civile, où des hommes du même pays et souvent de la même famille, se trouvant en face les uns des autres, sont nécessairement exposés à maudire la querelle qui les divise, et à désirer un rapprochement. Voici le même tableau pris de nos guerres civiles :

> La Vendée! à ce nom la nature frémit,
> L'humanité recule, et la pitié gémit.
> La funeste Vendée, en sa fatale guerre,
> De Français égorgés couvrait au loin la terre;
> Et le sujet des rois, l'esclave des tyrans
> De leur sang répandu confondaient les torrens.
> Enfin entre les camps la trève se déclare.
> Soudain tous ont franchi le lieu qui les sépare,
> Volent d'un camp à l'autre; à peine on s'est mêlé,
> La vengeance s'est tue et le sang a parlé.
> A ces traits jadis chers, à ces voix qu'ils connaissent,
> La tendresse s'éveille et les remords renaissent;
> Les mains serrent les mains, les cœurs pressent les cœurs,
> De leur vieille amitié les souvenirs vainqueurs
> Leur montrent leurs parens ou leurs compagnons d'armes,
> Ceux de qui les bienfaits essuyèrent leurs larmes,
> Ceux qui de leur hymen préparèrent les nœuds,
> Ceux qui de leur enfance ont partagé les jeux.
> Dans leurs embrassemens leurs transports se confondent;
> Leurs larmes, leurs soupirs, leurs sanglots se répondent;

Les banquets sont dressés, le vin coule à grands flots,
Les chants de l'amitié consolent les échos;
Tout redevient français, ami, parent et père;
L'humanité respire et la nature espère.
Mais du départ fatal le signal est donné;
Chacun d'eux aussitôt baisse un front consterné.
Aux cris joyeux succède un lugubre silence :
Tous, pressentant leurs maux et les maux de la France,
S'éloignent lentement, et les larmes aux yeux
D'un triste et long regard se sont fait leurs adieux.
Mais le remords redouble au milieu des ténèbres ;
Leur sommeil est troublé de fantômes funèbres :
D'un hôte, d'un ami, l'un croit percer le flanc,
L'autre égorger son frère et rouler dans son sang.

(Delille, *Malheur et Pitié*, chant ii.)

Petreius apprend que la paix se rétablit (page 187). Voyez dans César, *Guerre civile*, liv. 1, ch. 75-77, les suites de ce rapprochement des soldats.

Grâce à ce jour coupable, ta cause est désormais la meilleure (page 193). Par la mort des soldats et des officiers de son armée que Petreius fit massacrer dans son camp (*voyez* la note précédente). Ce sont les pompéiens qui les premiers ont rompu l'alliance entre les deux armées.

Qu'ils perdent la volonté de mourir. Le commentateur de Lemaire propose un sens un peu différent du nôtre. *Perdant velle mori :* « Que cette volonté qu'ils ont de mourir leur soit inutile, ne leur serve à rien. » Ce sens est fort plausible, mais l'autre paraît plus naturel et plus simple.

Le pâle mineur qui cherche l'or au sein des Asturies (page 195). L'Espagne ancienne était célèbre pour ses mines d'or :

........Haud aliter collis scrutator Hiberi,
Quum subiit, longeque diem vitamque reliquit.

(Stat., *Thebaid.* lib. vi, v. 877.)

............Quidquid tellure revulsa
Callaicis fodiens rimatur collibus Astur.

(Claudian., *in Consul. Probi et Olybrii*, v. 50.)

Quidquid fodit Hiber................

(Lucan., *Pharsal.* lib. vii, v. 755.)

Quant à cette pâleur que Lucain prête à l'ouvrier des mines, elle tient précisément à son genre de travail. *Voyez* J.-J. Rousseau, *Fragment sur les Mineurs*, dans ses œuvres.

> Astur avarus.........
> Et redit infelix effosso concolor auro.
> (Silius Italicus, lib. vii, v. 231.)

L'obscurité, le défaut de lumière, indépendamment de l'action des oxides métalliques, produisent la pâleur, non-seulement pour les hommes, mais aussi pour les végétaux mêmes.

En buvant aux sources qu'un ennemi barbare avait empoisonnées (page 197). C'est ce que Jugurtha, roi de Numidie, Mithridate, roi de Pont, et Juba, roi de Mauritanie, avaient fait dans leurs guerres contre les Romains.

Les pâles aconits qu'enfantent les roches de la Crète. L'aconit n'est point pâle en lui-même, mais il a la vertu de rendre pâle. Suivant Nicandre (*in Alexipharmacis*), c'est sur le mont Ida, en Phrygie, que vient l'aconit. Du reste, ce mot porte en lui même sa définition :

> Quæ quia nascuntur dura vivacia caute
> Agrestes aconita vocant............
> (Ovid., *Metam.* lib. vii, v. 417.)

Ils ouvrent la bouche néanmoins.

> ....Trepidisque arentia venis
> Ora patent, auræque graves captantur hiatu.
> (Ovid., *Metam.* lib. vii, v. 555.)

On nous saura gré d'opposer à cette description d'une armée que la soif dévore, le tableau d'une sécheresse pris dans l'Écriture : « La Judée est dans les larmes, les portes de Jérusalem sont tombées par terre et sont couvertes de ténèbres, et le cri de la ville est monté au ciel. Les plus grands ont envoyé à la fontaine ceux qui étaient au dessous d'eux : ils y sont venus pour puiser de l'eau, et ils n'y en ont point trouvé : ils ont reporté leurs vaisseaux vides : ils ont été tout confus et affligés, et ils ont couvert leurs têtes.

« Les laboureurs sont dans la consternation, à cause de la stérilité de la terre; et, parce qu'il ne vient point de pluie, ils se couvrent le visage.

« La biche s'est déchargée de son faon dans la campagne et l'a abandonné, parce qu'elle ne trouve point d'herbe.

« Les ânes sauvages montent sur les rochers, ils attirent fortement l'air comme les dragons : leurs yeux sont tout languissans, et comme morts, parce qu'il n'y a point d'herbe. » (Jérémie, ch. xiv, v. 1-6.) *Voyez* encore une description de sécheresse et de la soif qu'elle amène, Stace, *Thébaïde*, liv. iv, v. 699.

Les orages qui naguère encore menaçaient de tout engloutir. Ce sont les pluies dont le poète a parlé plus haut, vers 75 et suiv.

........A l'horizon épiant un nuage,
Implorent haletans la faveur d'un orage.
(Esménard, *Navigation*, chant iv.)

Ce n'est pas sur l'aride Méroé (page 197). Méroé est une île du Nil.

Habité par le peuple nu des Garamantes. Les Garamantes sont un peuple d'Afrique, dans le voisinage de Cyrènes, et qui touche à l'Éthiopie; il tire son nom de Garamas, fils d'Apollon. Le poète les représente comme nus à cause de la chaleur.

Enfin les chefs cèdent à l'intraitable nécessité (page 199). Citons le récit de César : « Tandem, omnibus rebus obsessi, quartum jam diem sine pabulo retentis jumentis, aquæ, lignorum, frumenti inopia, colloquium petunt, et id, si fieri possit, semoto a militibus loco, ubi id a Cæsare negatum, et, palam si colloqui vellent, concessum est, datur obsidis loco Cæsari filius Afranii. Venitur in eum locum quem Cæsar delegit. Audiente utroque exercitu loquitur Afranius : « Non esse aut ipsis aut militibus suc-
« censendum, quod fidem erga imperatorem suum Cn. Pompeium
« conservare voluerint : sed satis jam fuisse officio, satisque sup-
« plicii tulisse, perpessos omnium rerum inopiam : nunc vero,
« pæne ut feminas, circummunitos prohiberi aqua, prohiberi
« ingressu; neque corpore dolorem, neque animo ignominiam
« ferre posse : itaque se victos confiteri : orare atque obsecrare,
« si qui locus misericordiæ relinquatur, ne ad ultimum suppli-
« cium progredi necesse habeant. » Hæc quam potest demississime atque subjectissime exponit. » (Cæs., *de Bello civili*, lib. 1, c. 84.)

Notre poète, qui cherche en toute occasion à rabaisser César, prête un discours plus fier au partisan de Pompée.

Ne force point des vaincus à vaincre avec toi. Voyez (*Guerre civile*, liv. 1, ch. 35) la réponse de César au discours d'Afranius : ce fut César qui, de son propre mouvement, dispensa les vaincus du service.

« Id vero militibus fuit pergratum et jucundum, ut ex ipsa significatione potuit cognosci, ut qui aliquid justi incommodi exspectavissent, ultro præmium missionis ferrent, etc. » Il leur fournit même des vivres jusqu'aux bords du Var, frontière d'Italie. — Voyez *Guerre civile*, liv. 1, ch. 86-87.

Un vin fameux, recueilli sous un consul inconnu (page 201). C'est-à-dire un vin si vieux, que le nom du consul qui l'a vu recueillir est devenu illisible sur le vase ou l'amphore :

......Capillato diffusum consule......
........Cujus patriam titulumque senectus
Delevit multa veteris fuligine testæ.
(JUVEN., sat. V, v. 30.)

Et demandé vainement aux dieux le succès de leurs armes! Parce que ces vœux n'ont pas été exaucés, ou parce que, vaincus, ils ont trouvé dans leur défaite cette heureuse paix que le triomphe ne leur eût pas donnée.

Il leur faut verser leur sang par toute la terre (page 203)! Il restait encore à César la guerre de Macédoine, celle d'Alexandrie ou d'Égypte, celle d'Afrique, et la seconde guerre d'Espagne contre les fils de Pompée.

Heureux celui qui.... sait d'avance où il doit mourir! Il y a ici plusieurs sens plausibles ; nous avons choisi le meilleur. Le poète vient de parler des guerres qui vont suivre, et dans lesquelles les soldats de César sont exposés à mourir sans savoir précisément sur quel champ de bataille ni dans quelle partie du monde. « C'est un bonheur, dit-il, de connaître au moins le lieu de sa sépulture. » L'autre sens qui est : « Heureux celui qui, dans le trouble de toutes choses, est assuré d'avance de son sort! » nous paraît moins en rapport avec ce qui précède.

La trompette ne vient plus interrompre leur tranquille sommeil (page 203).

>Neque excitatur classico miles truci.
>>(Horat., *Epod.* v, v. 5.)

>Martia cui somnos classica pulsa fugant.
>>(Tibullus.)

>Jamais le chant des coqs ni le bruit des clairons....
>>(La Fontaine.)

Au lieu de vaincus transplantés. C'est-à-dire qu'ils vont cultiver les terres de leur patrie et leurs champs héréditaires sans être des colons transplantés, c'est-à-dire des vaincus qu'on force de quitter leur pays, ou des soldats qui ont reçu des terres pour prix de leurs services. *Voyez* Heeren, et Niébuhr, *Histoire romaine, Colonies.*

Elle frappa d'un échec le parti de César. Cet épisode de la guerre civile a été pris à Lucain par Florus : « Aliquid tamen adversus absentem ducem ausa fortuna est circa Illyricum.... Quippe quum fauces Adriatici maris jussi occupare Dolabella et Antonius, ille Illyrico, hic Corcyræo litore castra posuissent, jam maria late tenente Pompeio, repente castra legatus ejus Octavius, Libo cum ingentibus copiis classicorum circumvenit utrumque. Deditionem fauces extorsit Antonio. Missæ quoque a Basilo in auxilium ejus rates, quales inopia navium fecerat, nova Pompeianorum arte Cilicum, actis sub mare funibus, captæ quasi per indaginem. Duas tamen æstus explicuit : una, quæ Opiterginos ferebat, in vadis hæsit, memorandumque posteris exitum dedit. Quippe vix mille juvenum manus, circumfusi undique exercitus per totum diem tela sustinuit, et quum exitum virtus non haberet, ne in deditionem veniret, hortante tribuno Vulteio, mutuis ictibus in se concurrit. » (Lib. iv, cap. 2.)

Les longues murailles de Salone. Salone est célèbre par la retraite et les jardins de Dioclétien. Aujourd'hui elle n'offre plus que des ruines à deux lieues N.-E. de Viscio, petit lieu près du château d'Almissa en Dalmatie, à quatre lieues E. de Castel-Vecchio, cinq lieues S. de Clissa, et six lieues S.-O. de Duaré. Notre poète l'appelle Salone-la-Longue, parce qu'elle s'étendait en longueur sur l'Adriatique.

DU LIVRE QUATRIÈME. 365

Et où l'Iader. « Iader juxta Salonas mare influit Adriaticum. » (Vibius Sequester.) Pline l'Ancien (liv. iv, ch. 21 et suiv.) parle d'une colonie de Iadera.

Confiant dans la belliqueuse nation des Curètes. Il est assez difficile de savoir au juste quel est ce peuple que notre auteur nomme ici Curètes. Ce ne sont point les habitans de Brindes, descendus des Crétois, comme le veut Sulpitius; ni des Crétois auxiliaires, comme le prétend Omnibonus; ce ne sont point non plus les Curètes, peuples d'Acarnanie, dont le nom porte toujours la première syllabe longue. Il s'agit peut-être des habitans d'une de ces îles que Pline (liv. iii, ch. 26) appelle crétoises, de Currita, par exemple, que Ptolemée (*Géographie*, liv. ii) place à côté de la Liburnie.

Antoine se laisse enfermer dans leur île. C'est C. Antonius, et non M. Antonius, qui se trouvait alors à Brindes, attendant le moment de faire passer en Macédoine les légions de César.

Et Basile à leur tête (page 205). Ce Basile, préfet de la flotte, était le chef des Opitergins.

Ils inventent un stratagême nouveau. Cette description n'est point facile à comprendre; elle est confuse et pleine d'obscurité. Antoine, à Brindes, mit en usage le même stratagème : « Erat eo tempore Antonius Brundisii; qui, virtuti militum confisus, scaphas navium magnarum circiter lx cratibus pluteisque contexit, eoque milites delectos imposuit, atque eas in litore pluribus locis separatim disposuit, navesque triremes duas, quas Brundisii faciendas curaverat, etc. » (Cæs., *de Bello civili*, lib. iii, cap. 24.)

L'odeur des plumes de l'épouvantail. On faisait brûler ces plumes, et leur odeur faisait fuir les cerfs. *Voyez*, sur cet appareil, Gratius, poëme *de la Chasse*, v. 75 et suiv.; Sénèque le Tragique, *Hippolyte*, v. 46.

> Picta rubenti linea penna
> Vano cludat terrore feras.

> Puniceæve agitant pavidos formidine pennæ.
> (Virg., *Georg.* lib. iii, v. 372.)

Voyez encore Pline, *Hist. Nat.*, liv. xxi, ch. 39.

C'est un bruit de tempête qui couvrirait les hurlemens de Ca-

rybde (page 207). Le texte dit : *Tauromenitanam Carybdim.* Carybde, située auprès de Tauroménium, ville de Sicile :

> Tauromenitana cernunt de sede Carybdim.
> (SILIUS ITALICUS, lib. XIV, v. 256.)

Le vaisseau chargé d'Opitergins. Opitergium était une ville du pays des Vénètes (états de Venise), aujourd'hui Oderzo.

C'est une sainte fureur (page 213).

> .....Dîne hunc ardorem mentibus addunt
> Euryale? an sua cuique deus fit dira cupido?
> (VIRGIL., *Æneid.* lib. IX, v. 184.)

C'est un bonheur de mourir! « J'ai reconnu, dit Salomon, que le mort est plus heureux que le vivant, et que le plus heureux de tous est celui qui n'est jamais né. » (*Ecclés.*) « Le meilleur serait de ne point naître du tout, et la mort vaut mieux que la vie. Les dieux mêmes l'ont dit à plusieurs hommes, et, entre autres, au roi Midas, qui, en chassant, prit un jour Silène et lui demanda ce qu'il y avait de meilleur pour l'homme, et ce qu'il devait souhaiter au dessus de toute chose. Il ne voulut rien répondre d'abord, mais garda le silence jusqu'à ce que Midas, l'ayant vivement pressé par toutes sortes de moyens, le contraignit enfin de parler. Alors il lui dit : « O race malheureuse, dont la vie est si « courte et si pleine d'amertume! pourquoi me forcer à vous dire « ce qu'il vous vaudrait mieux ignorer; parce que la vie est moins « triste et moins misérable quand elle ne connaît pas ses propres « maux. Il est certain que les hommes ne peuvent nullement « posséder ce qu'il y a de meilleur : car le sort le plus heureux, « c'est de n'avoir jamais été; et le meilleur après celui-là, c'est « de mourir au moment même de la naissance. » (PLUTARQUE, *OEuvres morales, Consolation à Apollon.*, ch. XXIII.)

Le timon retourné du Chariot. Quand le char de la grande Ourse tourne à l'orient, c'est la marque du jour qui commence, tant que le soleil est dans le signe du Cancer, des Gémeaux et du Lion :

> Μεσονύκτιοις πόθ' ὥραις,
> Στρέφεται οτ' Ἄρκτος ἤδη
> Κατὰ χεῖρα τὴν Βοώτου.
> (ANACR.)

Montait à son zénith dans le voisinage du Cancer (page 213). On était en été et l'on touchait au solstice qui tombe dans le Cancer, le plus élevé des signes du zodiaque.

Le centaure de Thessalie. Chiron, c'est-à-dire le Sagittaire :

> Hæmonios arcus violentique ora leonis.
> (OVID., *Metam.* lib. II, v. 81.)

Et les chefs s'étonnent qu'on puisse faire pour un chef de pareilles choses (page 217). Il est difficile, en effet, de trouver ailleurs des exemples d'un pareil dévoûment. Plutarque n'a point laissé échapper ce trait remarquable de la vie de César. Il cite quelques faits analogues à celui que notre poëte raconte en ce moment ; voici le plus digne d'être mis en rapport avec le trépas volontaire de Vulteius et de sa troupe : « En Afrique, Scipion s'était emparé d'un vaisseau de César, monté par Granius Pétron, qui venait d'être nommé questeur. Scipion fit massacrer tout l'équipage, et dit au questeur qu'il lui donnait la vie. Granius répondit que les soldats de César étaient accoutumés à donner la vie aux autres, et non pas à la recevoir ; en disant ces mots, il tire son épée et se tue. » (*Vie de César*, ch. XVII.)

Ce dévoûment prodigieux ne s'explique, au reste, que par l'amour de la patrie et la vertu militaire du soldat romain. Dès que le malheur des temps eut mis un homme à la place du pays, les légions s'attachèrent aux généraux qui leur offrirent de grandes qualités, avec la même force qu'elles s'étaient attachées autrefois à la république. Ce fut pour ainsi dire le premier et le meilleur temps de la corruption ; les facultés s'égaraient sans doute dans l'objet de leur amour, mais elles étaient encore entières. Plus tard il n'en fut plus de même ; le soldat romain se pervertit jusqu'à ne pouvoir plus aimer personne, et se montra prêt à sacrifier toujours ses généraux, quelque grands qu'ils pussent être : ce fut alors le dernier temps de la corruption.

On craint les rois parce qu'ils portent le glaive. C'est aussi la raison qu'en donne saint Paul, dont, au reste, il ne faut pas confondre la doctrine pleine de sagesse avec celle de Lucain : « Que toute personne soit soumise aux puissances.... car le prince est le ministre de Dieu pour le bien. Si vous faites mal, vous avez raison de le craindre, parce que ce n'est pas en vain qu'il porte l'épée; car il est le ministre de dieu pour exécuter sa vengeance, en punissant celui qui fait de mauvaises actions. « (SAINT PAUL, *aux Romains*, ch. XIII, v. 1 à 4.)

On ne veut pas savoir que si le fer a été donné à l'homme, c'est pour qu'il n'y eût point d'esclaves (page 217). « Voilà un de ces morceaux qui font vraiment de Lucain le poète des peuples libres. De pareils vers devraient être appris par cœur dans toutes les classes de rhétorique. Une jeunesse élevée dans de pareils principes serait un rempart inexpugnable contre la tyrannie. Cela vaudrait bien le droit divin du pieux Énée. Les soldats de César étaient aussi persuadés qu'ils ne se battaient que pour la liberté, que César leur disait être opprimée par le pouvoir arbitraire de Pompée et du sénat. » (LEPERNAY, professeur émérite de l'Université, *Pharsale*.)

Le hardi Curion avait quitté le rivage de Lilybée. César l'avait envoyé en Afrique pour y chercher des vivres (voyez *Pharsale*, liv. III, v. 59). Lilybée était un promontoire de Sicile en face de l'Afrique, comme le cap Pélore est en face de l'Italie, et celui de Pachinum en face de la Grèce.

Entre les ruines de la grande Carthage et Clupéa. « Iisdem temporibus C. Curio, in Africam profectus ex Sicilia, et jam ab initio copias P. Attii Vari despiciens, duas legiones ex IV, quas a Cæsare acceperat, et D equites transportabat; biduoque et noctibus tribus navigatione consumptis, appulit ad eum locum, qui appellatur Aquilaria. Hic locus abest a Clupeis passuum XXII millia, habetque non incommodam æstate stationem, et duobus eminenti bus promontoriis continetur. » (CÆS., *de Bello. civili*, lib. II, c. 23.)

Carthage, à cette époque, n'était plus qu'à moitié ruinée. Les Romains l'avaient un peu relevée depuis la troisième guerre punique. « Aklybée (en langue du pays Aklybia), autrefois Clupea, appartient aujourd'hui au royaume de Tunis. C'était un bon port. Les Romains s'y fortifièrent lors de la première guerre punique, et en firent une place d'armes. » (LEPERNAY, *Pharsale*.)

Aux lieux où le Bagrada sillonne lentement des sables arides. Le Bagrados, appelé aujourd'hui Megerda ou Mesjerda, sort de la Numidie et se jette dans la mer auprès d'Utique. Le pays qu'il arrose porte le nom de Prikia. On connaît l'histoire du serpent monstrueux que Regulus tua sur les bords de ce fleuve :

> Turbidus arentes lento pede sulcat arenas
> Bagrada. (SILIUS ITALICUS, lib. VI, v. 140.)

Que l'antiquité véridique appelle le royaume d'Antée. Ἀνταίου μνῆμα. *Voyez* STRABON, livre dernier.

Dans les champs de Phlégra (page 219). Ville de Macédoine; il y avait aussi une ville du même nom dans la Campanie, près de Puteoli, Pouzzoles.

Méprise les secours de la terre. Parce que jusqu'ici il n'a point trouvé d'adversaire digne de lui. Au reste, le poète veut dire seulement que, dans ses combats, Antée dédaigne de se laisser tomber pour chercher des forces contre le sein de sa mère, car il vient de dire qu'il dormait toujours sur la terre nue.

La dépouille du Lion de Cléones. C'est-à-dire du lion de Némée, qui était une forêt située près de Cléones, ville de l'Argolide :

> .... Vastum Nemea sub rupe leonem.
> (VIRG., *Æneid.* lib. VIII, v. 295.)

Lorsque.... il vit renaître sous ses coups les serpens de l'Hydre (page 221). Virgile dit pourtant qu'à la vue de ce prodige il ne perdit point la tête. On peut croire au moins qu'il fut un peu surpris :

> .... Non te rationis egentem
> Lernæus turba capitum circumstetit anguis.
> (VIRG., *Æneid.* lib. VIII, v. 299.)

Jamais espoir mieux fondé ne flatta la cruelle marâtre d'Hercule. Cette marâtre, c'était Junon. *Voyez* SÉNÈQUE LE TRAGIQUE, *Hercule Furieux*, acte I, sc. I, et les notes.

Le terrible Carthaginois (page 223). Annibal, fils d'Hamilcar, surnommé Barca. L'expédition hardie de Scipion, nommé consul avant l'âge, le força de quitter l'Italie qu'il désolait depuis seize ans, et de repasser la mer pour voler au secours de sa propre ville. Arrivé en Afrique, il perdit la bataille de Zama, qui termina la seconde guerre punique.

Voici l'exacte position de ce camp, selon César : « Id autem est jugum directum, eminens in mare, utraque ex parte præruptum atque asperum; sed tamen paulo leniore fastigio ab ea parte, quæ ad Uticam vergit. Abest directo itinere ab Utica paulo amplius passuum mille. Sed hoc itinere est fons, quo mare succedit longius, lateque is locus restagnat: quem si quis vitare voluerit, sex millium circuitu in oppidum perveniet. » (*De Bello civili*, lib. II, c. 24.)

Là fut le camp de Scipion (page 223). « Ipse cum equitatu antecedit ad castra exploranda Corneliana, quod is locus peridoneus castris habebatur. » (Cæsar, *de Bello civili*, lib. II, c. 24-25.) Là fut le premier camp de Scipion sur la terre d'Afrique, et ce lieu avait continué de s'appeler le camp Cornélien.

Avec des forces inégales. Il avait pris les devants et n'avait avec lui que deux légions et cinq cents cavaliers.

Toute la partie de l'Afrique.... obéissait à Varus. « Tubero, quum in Africam venisset, invenit in provincia cum imperio Attium Varum qui ad Auximum... amissis cohortibus, protinus ex fuga in Africam pervenerat, atque eam sua sponte vacuam occupaverat, delectu que habito, duas legiones effecerat, hominum et locorum notitia et usu ejus provinciæ nactus aditus ad ea conanda, quod paucis ante annis ex prætura eam provinciam obtinuerat. » (Cæsar, *de Bello civili*, lib. I, c. 31.)

Le petit atlas qui avoisine Gadès (page 225). Il faut remarquer que l'auteur prend ses points cardinaux dans le royaume dont il fait la description (*voyez* Heeren, *Manuel de l'Histoire ancienne*, pages 47 et 430). La Mauritanie, soumise à Juba, fut partagée, l'an 42 avant Jésus-Christ, en deux royaumes : la Mauritanie Césarienne, bornée à l'est par le fleuve Ampsagus, à l'ouest par le fleuve Mulucha; villes : Igilgilis et Césarée; et la Mauritanie Tingitane, depuis le fleuve Mulucha jusqu'à la mer Atlantique; capitale : Tingis.

Le petit Atlas est sur la côte d'Afrique, en face de Cadix, dont il est séparé par le détroit de Gibraltar. *Voyez* les Géographies modernes.

Le temple d'Hammon, près des Syrtes d'Afrique (page 225). Il en est éloigné d'environ huit degrés de longitude. Jupiter Hammon est proprement le Jupiter des sables, ἄμμος. « Cependant il partit pour aller au temple de Jupiter Hammon. Le chemin était long et fatigant ; il offrait partout les plus grandes difficultés. Il y avait deux dangers à courir : la disette d'eau, qui rend ce pays désert pendant plusieurs journées de marche; l'autre, d'être surpris en traversant ces plaines immenses d'un sable profond, par un vent violent du midi, comme il arriva à l'armée de Cambyse. Ce vent ayant élevé de vastes monceaux de sable, et fait de cette plaine comme une mer orageuse, engloutit en un instant cinquante mille hommes dont il ne se sauva pas un seul. » (PLUTARQUE, *Vie d'Alexandre*, ch. XXXVII.)

Suivant la Fable, Bacchus, à son retour des Indes, avec son armée victorieuse, arriva dans le voisinage des Syrtes. Son armée allait périr de soif au milieu des sables, quand Jupiter lui apparut sous la forme d'un bélier, et fit couler une source d'eau vive. Ce fut en mémoire de ce bienfait qu'un temple fut construit dans ces lieux en l'honneur du Jupiter des sables. — Voyez *Pharsale*, liv. IX, v. 5, et liv. X, v. 38.

Les Autololes et les Numides errans. — *Voyez* SALLUSTE, *Guerre de Jugurtha.*

> Gætulis, Numidis, Garamantibus, Autololisque,
> Mazuge, Marmarida, Psyllo, Nasamone timetur.
> (SIDON. APOLLIN., *poema* v, v. 337.)

Curion avait essayé de ravir à Juba le royaume de ses aïeux. Non-seulement il avait voulu ravir à Juba le trône de ses pères, mais encore confisquer son royaume au profit du peuple romain. *Voyez* CÉSAR, *Guerre civile*, liv. II, ch. 25; DION, liv. XLI; PLUTARQUE, etc.

Qui se sont laissé prendre à Corfinium (page 227). *Voyez* CÉSAR, *Guerre civile*, liv. I, ch. 15-17 et suiv.; et *Pharsale*, liv. II, v. 478 et suiv.

Libres entre deux sermens. C'est-à-dire qu'ils regardent l'un comme aussi saint que l'autre, et n'en font pas la différence : *Fas utrumque putat.*

Il envoie avec une poignée d'hommes.... Sabura (page 229). Voyez CÉSAR, *Guerre civile*, liv. II, ch. 38.

C'est le piège adroit que l'ichneumon tend au crocodile. Le crocodile a la vue faible et les yeux placés de côté; ce qui favorise le stratagême de son ennemi. Pline dit qu'il y a guerre mortelle entre l'ichneumon et le crocodile. *Voyez* PLINE, *Hist. Nat.*, liv. VIII, ch. 24.

Son poison, qui s'échappe sans force avec ses entrailles. Rien de plus connu que ce proverbe ; « Morte la bête, mort le venin; *morta la bestia, morto il veleno.* »

Il ne voulut ni survivre à son malheur, ni songer à la fuite (page 233). « Hortatur Curionem Cn. Domitius, præfectus equitum, cum paucis equitibus circumsistens, ut fuga salutem petat, atque in castra contendat, et se ab eo non discessurum pollicetur. At Curio, nunquam, amisso exercitu quem a Cæsare fidei suæ commissum acceperit, se in ejus conspectum reversurum confirmat; atque ita prœlians interficitur. » (CÆS., *de Bello civili*, lib. II, c. 42.)

Il se laissa prendre aux dépouilles des Gaulois et à l'or de César (page 235). Curion fut d'abord ennemi de César et partisan de Pompée; mais ses dettes énormes le mirent dans la nécessité de se vendre, et la guerre des Gaules rendit César assez riche pour l'acheter. « Après le consulat de Marcellus, César laissa puiser abondamment dans les trésors qu'il avait amassés en Gaule tous ceux qui avaient quelque part au gouvernement; il acquitta les dettes du tribun Curion, qui étaient considérables, etc. (PLUTARQUE, *Vie de César*, ch. XXXII.)

Lui seul l'a vendue (page 237). Il ne faut point se laisser ici tromper à l'exagération du poète, quelque brillante que soit l'expression de sa colère républicaine; il fait trop d'honneur à Curion, quand il prétend que sa trahison perdit tout. Il eût pu ne point se vendre, que la république n'en eût pas moins péri. Curion ne fut, pour ainsi dire, qu'un instrument et une forme de sa chute. Mais sans lui, la destinée eût trouvé quelque autre voie, *fata viam invenient.* Quant au mérite singulier qu'il eut de vendre Rome, il se réduit à peu de chose, si l'on fait réflexion qu'il ne l'a pas livrée, et que la validité de la vente ne tint pas à lui seul, mais un peu au génie de César.

On croit que c'est Curion que Virgile a voulu peindre et flétrir dans son *Enfer,* quand il dit :

> Vendidit hic auro patriam dominumque potentem
> Imposuit. (*Æneid.* lib. vi, v. 621.)

NOTES

DU LIVRE CINQUIÈME.

La fortune, en frappant tour-à-tour chaque parti (page 239). Pompée avait perdu l'Italie, Marseille et l'Espagne; mais César avait éprouvé une défaite navale dans l'Adriatique, et Curion venait de périr avec son armée en Afrique.

L'hiver avait blanchi les cimes de l'Hémus. L'Hémus est une montagne de Thrace, aujourd'hui la chaîne du Balkan.

Le jour approchait qui inscrit de nouveaux noms dans nos fastes. Les fastes étaient des registres publics où s'écrivait année par année l'histoire de Rome. Depuis l'expulsion des rois, les années étaient marquées par le nom des consuls. Ce jour qui inscrivait de nouveaux noms dans les fastes était celui des calendes de janvier.

> La pourpre a revêtu les magistrats nouveaux,
> Et déjà devant eux s'avancent les faisceaux.

Le mois de janvier était le mois de Janus, januarius. — Voyez Ovide, *Fastes*, liv. i; Martial, liv. viii, épigr. 2; et Tibulle, élégie iv, v. 1-123. Dans les mois de mars, mai, juin, octobre, les ides tombaient le 15 du mois, et l'on commençait le lendemain, 16, à compter les jours avant les calendes. Dans les autres mois, les ides étaient le 13, et le 14 était le 18 avant les calendes.

Les deux consuls profitent des derniers instans de leur pouvoir qui finit. Ces deux consuls étaient Lentulus et Marcellus. Il s'agit de savoir s'il y avait alors deux ou quatre consuls. César (décembre, an 49) avait échangé la dictature contre le consulat, et s'était donné pour collègue P. Servilius Isauricus : « Dictatore habente comitia Cæsare, consules creantur Julius Cæsar et P. Ser-

NOTES DU LIVRE CINQUIEME. 375

vilius : is enim erat annus quo per leges ei consulem fieri liceret. » Plutarque dit qu'il se nomma lui-même consul avec Servilius Isauricus; Heeren dit seulement qu'il échangea la dictature contre le consulat (*Histoire romaine*, page 415). Suivant M. Michelet, il se fit donner le consulat pour l'année suivante (*Hist. rom.*, tome II, page 318). Il s'agirait de savoir à quelle époque il entra en charge.

Lorsque, après l'incendie de Rome par les Gaulois, Camille se fut retiré à Véies (page 241). Les Gaulois Sénonais qui envahirent l'Italie, l'an de Rome 389, incendièrent la ville, mais non le Capitole comme le poëte semble vouloir le dire par ces mots : *Tarpeia sede perustra.* Voyez FLORUS, liv. I, ch. 21; PLUTARQUE, *Vie de Camille*, et TITE-LIVE. Camille était alors exilé à Ardée; il se rendit à Véies, dont il fit un centre de défense contre les Gaulois.

Rome y fut avec lui. Le grand Corneille s'est approprié les traits principaux du discours de Lentulus :

POMPÉE.

. . . .
C'est Rome.....

SERTORIUS.

Le séjour de votre potentat,
Qui n'a que ses fureurs pour maximes d'état !
Je n'appelle plus Rome un enclos de murailles
Que ses proscriptions comblent de funérailles;
Ces murs dont le destin fut autrefois si beau,
N'en sont que la prison ou plutôt le tombeau :
Mais pour revivre ailleurs dans sa première force,
Avec les faux Romains elle a fait plein divorce;
Et comme autour de moi j'ai tous ses vrais appuis,
Rome n'est plus dans Rome, elle est toute où je suis.

(*Sertorius*, acte III, sc. 2.)

Le palais du sénat, à Rome, ne renferme d'autres membres, etc. Avant que César marchât sur Rome et passât le Rubicon, les sénateurs et les tribuns de son parti avaient été forcés de quitter la ville, comme on le voit au Ier livre de la *Pharsale*, et dans la *Vie de César* par Plutarque.

Une partie de nos ennemis dort maintenant sous les vagues illyriennes; Curion.... vient de trouver un tombeau dans les sables d'Afrique (page 241). Voyez *Pharsale*, liv. IV, pages 213, 215, 217, et pages 227 et suiv.

Rhodes, maîtresse de la mer, et chère à Phébus (page 243). Rhodes est une île de la mer appelée autrefois Carpathienne. Le poète dit qu'elle est chère à Phébus à cause de Rhodes, jeune vierge, qui lui donna son nom et qui fut aimée du dieu de la lumière. Aussi dit-on que, même dans les jours les plus sombres, cette île reçoit au moins un regard du Soleil. *Voyez* PINDARE, *Olympiq.* VII, et HORACE, liv. I, *Od.* 7.

La jeunesse guerrière du Taygète glacé. C'est le peuple de Lacédémone, ville située au pied du mont Taygète, et sur les bords de l'Eurotas, en Laconie.

La fidélité de Marseille est récompensée par la liberté de la Phocide. C'est la même erreur que nous avons déjà relevée plus haut (*voyez* liv. III, v. 340, et surtout la note). Marseille n'avait rien de commun avec la Phocide, en Grèce; elle était une colonie de Phocée, en Ionie.

Sadale, le brave Cotys. « Equitum.... D Ariobarzanes ex Cappadocia, ad eumdem numerum Cotys ex Thracia dederat, et Sadalam filium miserat. » (CÆS., *de Bello civili*, lib. III, c. 4.)

Le fidèle Dejotarus. Roi de Galatie qui avait amené à Pompée six cents cavaliers. Il reste un plaidoyer de Cicéron en faveur de ce roi.

Et Rhascupolis, roi d'une terre glacée. Il était roi de Macédoine, et avait envoyé deux cents cavaliers.

Un sénatus-consulte met le sceptre aux mains de Juba. C'est-à-dire qu'on lui donne le titre de roi, avec la sanction du sénat.

On te permet, Ptolémée, de poser sur ton front la couronne d'Alexandre. Ptolémée Lagus avait eu le royaume d'Égypte pour sa part des conquêtes d'Alexandre. C'est pourquoi Lucain appelle ailleurs Ptolémée *Pellæum regem.* Alexandre d'ailleurs était le fondateur d'Alexandrie.

Le glaive dont tu dois frapper ton peuple. Ptolémée Dionysius, fils de Ptolémée Aulète, fut un roi cruel et toujours en guerre avec ses sujets. Il avait eu pour tuteur Pompée.

DU LIVRE CINQUIÈME. 377

C'est ainsi qu'on dérobe un trône à Cléopâtre (page 243). Ptolémée Aulète chercha à assurer par son testament la couronne à ses enfans, en nommant pour ses successeurs, sous la surveillance du peuple romain, les deux aînés, Ptolémée Dionysius, âgé de treize ans, et Cléopâtre sa sœur, âgée de dix-sept ans, qu'il devait épouser. Quant aux deux plus jeunes, Ptolémée Néotéros et Arsinoé, leur père invoquait pour eux la protection du sénat romain. Des dissensions entre Cléopâtre et son frère furent excitées et entretenues par l'eunuque Photin, qui avait la direction des affaires. Cléopâtre, obligée de sortir de l'Égypte, se réfugia en Syrie, où elle leva des troupes pour soutenir ses droits par les armes, au temps où César poursuivant Pompée, après la bataille de Pharsale, entra dans Alexandrie et se porta, au nom de Rome, pour médiateur entre le frère et la sœur. *Voyez* HEEREN, *Histoire de Macédoine*, pages 277 et suiv.; MICHELET, *Histoire romaine*, tome II; et PLUTARQUE, *Vies de César* et *de Pompée*.

Le seul Appius n'ose affronter ainsi les hasards d'une lutte incertaine. « Appius eventum gravissimi motus explorare cupiens, viribus imperii (namque Achaiæ præerat) antistitem Delphicæ cortinæ in intimam sacri specus partem coegit descendere, etc. » (VAL. MAX, lib. I, c. 8.) *Voyez* aussi PAUL OROSE, liv. VI, ch. 15.

A une distance égale du couchant et de l'aurore. — *Voyez* PLUTARQUE, *de la Cessation des Oracles*, ch. I. « On fait un conte, ami Terentius Priscus, que jadis des aigles, ou des cygnes, volant des extrémités opposées de la terre vers son milieu, se rencontrèrent au lieu où est bâti le temple d'Apollon Pythien, à l'endroit qui s'appelle le Nombril, etc. »

Montagne chère à Apollon et à Bacchus. Macrobe a prouvé qu'Apollon et Bacchus étaient un seul et même dieu (voyez *Saturnales*, liv. I, ch. 18). Orphée dit la même chose : Ἥλιος ὃν Διόνυσον ἐπίκλησιν καλέουσι.

Quand le déluge couvrit la terre (page 245). *Voyez* OVIDE, *Métam.*, liv. I, v. 315 et suiv. Le Parnasse joue, dans la mythologie des Grecs, le rôle du mont Ararath où s'arrêta l'arche de Noé, suivant le récit de la *Génèse*.

Par le sceptre et le trépied. Le trépied fatidique était une table ou siège d'or ou d'argent, à trois appuis, sur lequel montait la pythonisse pour y recevoir l'esprit du dieu qui lui dictait les oracles.

Et que le sol exhalait un souffle parlant (page 245). Vandale et Fontenelle n'ont rien dit de profond ni de sérieux sur les anciens oracles, parce qu'ils en ont raisonné avec le scepticisme orgueilleux et frivole de la philosophie moderne. Nous aimons mieux sur ce point, comme sur beaucoup d'autres, la crédulité savante du philosophe de Chéronée que leur ignorante incrédulité; cette dernière est humaine, et la première est de dieu. Voici quelques lignes de son traité *de la Cessation des Oracles* (ch. XXVII) : « La vertu divinatrice est comme un papier sans écriture, incapable par elle-même de raisonnement et de détermination, mais seulement propre à recevoir des images et des impressions.... Elle touche à l'avenir lorsqu'elle s'éloigne et se délivre le plus possible du présent dont elle sort par une certaine température et disposition du corps que l'on appelle inspiration. Le corps, bien souvent, a par lui-même cette disposition; mais aussi la terre fait passer en lui certaines forces et certaines influences, les unes bonnes, les autres mauvaises. Or, l'esprit ou vent prophétique est très-divin et très-saint, soit qu'il s'élève seul à travers l'air, soit qu'il sourde avec quelque fluxion humide. Car venant à se mêler au corps il y engendre une température et une disposition nouvelle et étrange, dont il est difficile d'expliquer clairement et certainement les propriétés. »

Quelle divinité se cache en ce lieu ? Il y aurait trop à citer sur cette question des oracles payens. Nous aimons mieux renvoyer le lecteur à Plutarque, *Symposiaques, sur l'Inscription*, EÏ, et *de la Cessation des Oracles*; à Fontenelle, traité *des Oracles*; et à Ant. Van-Dale, *sur les Oracles des payens*.

Soit qu'il revèle seulement la destinée, soit qu'il la détermine par sa parole. En effet là est toute la question. Nous croyons que l'esprit, par cette force intuitive qui lui permet de saisir le lien des effets et des causes, découvre l'avenir mais ne le règle pas. Cependant nous avouons aussi qu'il est des occasions où une parole dite, *fatum*, devient la loi nécessaire de certains faits. Ainsi au livre IV *des Rois*, nous voyons Jéhu prendre pour règle de sa conduite les paroles que le prophète Élie avait prononcées contre la maison d'Achab : « En même temps Jéhu banda son arc et frappa Joram d'une flèche entre les épaules. La flèche lui perça le cœur, et il tomba mort dans son chariot. Jéhu dit aussitôt à Badacer, capitaine de ses gardes : « Prenez-le et le jetez dans le champ de « Naboth, de Jezrael. Car je me souviens que lorsque nous sui- « vions Achab son père, et que nous étions vous et moi dans le « même chariot, le Seigneur prononça contre lui cette prophétie, « en disant : Je jure par moi-même, que je répandrai votre sang, « dans ce même champ, pour le sang de Naboth, et pour le sang « de ses enfans que je vous ai vu répandre hier, dit le Seigneur. « Prenez-le donc maintenant, et le jetez dans le champ, selon « la parole du Seigneur. » (Ch. 9, v. 24, 25, 26.) Ce passage remarquable, ainsi que beaucoup d'autres où se rencontre la formule biblique : « afin que cette parole fut accomplie, » prouvent que les prédictions étaient souvent comme un cadre vide qu'on se chargeait de remplir, comme une espèce de lettre de change tirée sur l'avenir, et à laquelle on s'empressait de faire honneur ; par ce moyen, la parole prophétique ne tombait point à terre. Ainsi, dans l'alternative posée par notre poète, les deux propositions contraires sont vraies, mais non de la même manière, car la première l'est par la force même des choses, et la seconde par l'autorité des hommes, dont la parole a pu être acceptée comme celle de Dieu même. Des deux côtés se tire invinciblement cette conclusion, que rien d'important n'est arrivé dans le monde sans avoir été prédit, comme l'a remarqué Machiavel.

Sous le poids éternel d'Inarime (page 247). Ile de la Campanie ; elle avait encore d'autres noms. *Voyez* PLINE, liv. III, ch. 6.

Inarime Jovis imperiis supposta Typhæo.
(VIRG., *Æneid.* lib. IX, v. 716.)

Murmurer à voix basse de coupables vœux. L'homme qui adresse au ciel de semblables prières, a intérêt de les prononcer à voix basse.

. . . . Murmurque humilesque susurros
Tollere de templis et aperto vivere voto.
(PERS., sat. II, v. 6.)

Et scelerum tacito rimatur semina voto.
(STAT., *Theb.* lib. VIII, v. 253.)

Voyez aussi Juvénal, sat. x, v. 289.

Il a donné souvent une demeure à des exilés, qui fuyaient leur patrie (page 247). A Cadmus, par exemple, ou à Didon. Au lieu de *notas*, qui est dans notre texte, certains manuscrits portent *motas urbes*, villes détruites ou englouties par des tremblemens de terre, comme il arriva aux Phéniciens, qui, à la suite d'un semblable malheur, quittèrent leur pays pour fonder Sidon et Tyr.

Comme l'a vu la mer de Salamine. Il s'agit de la victoire de Salamine remportée par les Grecs sur les Perses de Xerxès. Dans cette guerre, Apollon répondit aux Athéniens, qui le consultaient sur la manière dont ils devaient se défendre, qu'il leur fallait se renfermer dans des murailles de bois. *Voyez* Plutarque, *Vies de Thémistocle* et *de Cimon*.

Ou le moyen d'apaiser le courroux de la terre devenue stérile. Comme en Égypte, par la mort de Thraséa que Busiris fit mettre à mort, après une sécheresse de neuf années consécutives. La même chose eut lieu en Phrygie, après les funérailles d'Atys; et en Attique, lorsque les Athéniens, avertis par l'oracle, eurent apaisé Minos.

Le plus grand malheur de notre siècle, c'est d'avoir perdu cet admirable présent du ciel. « Il y a des vers de Lucain qui ne sont pas aussi connus que le traité de Plutarque, *de la Cessation des Oracles*, et qui méritent cependant de l'être. Ce sont des choses qu'il faut abandonner aux réflexions du lecteur accoutumé à faire le départ des vérités. » (De Maistre, *Soirées de Saint-Pétersbourg*, 11e entretien, note p. 283.) Ce sont ceux que nous traduisons ici.

La jeune Phémonoé (page 249). C'est un nom pris au hasard par le poète. Du reste la première prêtresse qui prononça les oracles d'Apollon à Delphes s'appelait Phémonoé.

Soit que le souffle prophétique ait abandonné ces grottes. — *Voyez* Plutarque, *de la Cessation des Oracles*, ch. xxix. « Autant en faut-il estimer des esprits et exhalations divinatrices qui sortent de la terre, qu'elles n'ont pas non plus la même vertu immortelle et qui ne puisse jamais vieillir, ainsi sujette à mutations et altérations. Car il est vraisemblable que les ravages excessifs des pluies et grandes eaux les esteignent, et que les coups des tonnerres les dissipent; et mêmement quand la terre est agitée et concassée par tremblement, et qu'elle vient à s'affaisser, et à se troubler et confondre au dedans, il est bien force que telles exhalations dedans les cavernes de la terre changent d'issues à sortir, ou bien qu'elles s'assoupissent et s'étouffent entièrement, comme on dit que le grand tremblement, dont on parle tant, demeura tout court et s'arrêta ici (à Delphes), aussi ruina-t-il toute la ville : comme on dit qu'en la ville d'Orchomène il amena une pestilence qui emporta nombre infini d'hommes, et que l'oracle de Tirésias y défaillit entièrement, de sorte que jusqu'aujourd'hui il est demeuré muet et sans aucun effet. Et si le semblable est arrivé aux oracles qui souloyent estre en la Cilicie, etc. » (*Trad.* d'Amyot.)

Soit que les cendres de l'ancien temple brûlé par les Barbares. Il s'agit de l'incendie du temple de Delphes par les Gaulois de Brennus.

Soit enfin qu'Apollon, qui toujours écarta de son temple les hommes coupables. « C'est bien grande merveille, dit Planetiades, si tant de méchanceté étant aujourd'hui espandue par le monde, non-seulement honte et honneur ont abandonné la vie humaine, ainsi comme nous avait prophétisé Hésiode, mais aussi la providence des dieux ait emporté quand et elle tout tant qu'il y avait d'oracles au monde! Mais au contraire je vous propose une autre demande à discourir, comment plutôt ils ne sont pieça tous faillis, et comment Hercule, ou quelque autre des dieux, long-temps y a n'a soustrait la machine à trois pieds, qui est ordinairement remplie de si vilaines et de si sacrilèges demandes qu'on y propose à Apollon, etc. » (Plutarque, *de la Cessation des Oracles*, ch. v.)

Tu ne lui permets pas d'annoncer tout ce que tu lui permets de connaître (page 253). Le comte de Maistre (*Soirées de Saint-Pétersbourg*, 11ᵉ entretien, note page 583) fait ressortir le grand sens de ce passage.

« *Tu échapperas, Appius, aux dangers de cette guerre funeste.* » « Nihil ad te hoc, Romane bellum; Euboiæ Cœlam obtinebis, etc. » (Val. Max. lib. 1, cap. 8.)

Revenue à elle-même, la malheureuse vierge tombe expirante (page 255). « Antistitem Delphicæ cortinæ in intimam sacri specus partem coegit (Appius) descendere; unde ut certæ consulentibus sortes petuntur, ita nimius divini spiritus haustus reddentibus pestifer existit. » (VAL. MAX., lib. 1, cap. 8.) D'après ce passage, les pythonisses ne mouraient pas toujours, mais seulement lorsqu'elles descendaient dans les dernières profondeurs de l'antre sacré. Du reste, ce don des oracles n'était jamais sans résultats graves et dangereux. *Voyez* (Théâtre de Sénèque, *Agamemnon*, acte III, scène dernière) ce que le Chœur dit de Cassandre : « Ce transport violent s'est éteint de lui-même. Elle tombe comme un taureau qui plie le genou devant l'autel, frappé d'un coup mal assuré. Relevons ce corps que l'enthousiasme a brisé. » Seulement Cassandre ne meurt pas.

Du royaume de Chalcis en Eubée (page 257). Il y avait deux Chalcis : l'une située sur l'Euripe, en face de l'Aulide, et c'est celle dont il s'agit ici; l'autre était en Étolie.

Près du bourg de Rhamnuse qui adore la déesse redoutable aux hommes orgueilleux. Rhamnuse était un bourg de l'Attique, où s'élevait un temple de Némésis, déesse de la vengeance.

Où la mer bouillonne avec violence dans son lit étroit. C'est le détroit de l'Euripe, aujourd'hui Négrepont.

Vers l'Aulide, si funeste aux navigateurs. Depuis la guerre de Troie, l'Aulide passait pour retenir les vaisseaux dans ses ports.

Jamais César ne se vit dans un plus pressant péril. « Seditionem per decem annos in Gallicis bellis non senserat, in civilibus aliquas, » dit Suétone, *Vie de César*, ch. LXIX.

De quels palais, de quels temples nous as-tu permis le pillage (page 259)? Il y a dans tout ce discours un singulier mélange de bassesse et de beaux sentimens : on voit que ce sont des misérables qui parlent de vertu comme ils en peuvent parler, c'est-à-dire en ramenant toujours les considérations morales à des solutions d'intérêt personnel. Ils refusent de marcher plus longtemps, pour trois raisons : la première, c'est qu'ils veulent vivre en honnêtes gens et ne plus commettre de crimes ; la deuxième, c'est qu'ils sont vieux; la troisième, c'est qu'on ne leur donne pas assez d'argent : celle-ci, comme on le pense bien, est la principale, ou même la seule. Ce n'est pas le crime qui leur fait peine, mais le peu de profit. Du reste, c'est bien là le langage des soldats en guerre civile. Après avoir parlé de vertu, ils finissent par dire à Cérar qu'ils pourront bien le tuer, et qu'il doit savoir qu'ils en sont capables.

« Juxta Placentiam seditione edita, Cæsaris exercitus, quod diutius in bello teneretur, imperatorem cœpit conclamare. Minas porro quinque singulas olim promissas a Cæsare, quum Brundusii esset, instantius petebat. » (APPIAN., *de Bello civili*, lib. II.)

Le crime rend égaux tous ceux qu'il souille (page 261). Belle et juste pensée qui se retrouve textuellement copiée par les empereurs Léon et Anthemius, dans la constitution, *Code Justinien*, XXXI, *de Episcopo et Cler :* Ut eos quos par facinus coinquinat et æquat, utrosque similis pœna comitetur. »

« *Il n'y a qu'un moment, soldats, etc.* » (page 265). Ce discours de César est vif, rapide, plein de force et de pensées profondes. En voici la traduction par La Harpe :

Vos cris ont éclaté ; j'ai su votre courroux.
Vous menaciez César, César est devant vous.
Si vous aimez mieux fuir que de vaincre Pompée,
Frappez, voilà mon sein : laissez-y votre épée.
C'est peu de me trahir et de m'abandonner,
Le crime est trop vulgaire : osez m'assassiner.
Ou si ma gloire enfin vous devient importune,
Allez, et laissez-moi seul avec ma fortune.
A de plus dignes mains laissez vos boucliers ;
Je perds des déserteurs et j'aurai des guerriers.
Mon rival a bien pu rassembler à sa suite
Tant de peuples armés pour escorter sa fuite,
Et je n'en verrais pas venir sous mes drapeaux
Briguer à mes côtés le prix de mes travaux ?
Ils me refuseraient d'achever ma victoire,
De ceindre mes lauriers, de s'unir à ma gloire ;
Tandis que dans la foule, et bien loin de mon char,
Vous verrez triompher les soldats de César !
 Eh ! quoi donc ! auriez-vous cet orgueil téméraire
De croire votre vie à César nécessaire ?
Pensez-vous, quand les dieux ont pesé mes projets,
Que vos obscurs destins entrent dans leurs décrets ?
Notre propre ascendant nous fait ce que nous sommes ;
La terre est enchaînée au destin des grands hommes.

Terribles sous mon nom, vous répandiez l'effroi;
Vous fuiriez sous Pompée, ayant vaincu sous moi.
Labienus, long-temps redouté dans la guerre,
Tremble et fuit sous les pas du chef qu'il me préfère.
  Et vous, pour n'aller pas vous joindre à l'ennemi
Pensez-vous en effet me trahir à demi?
Non, non, vous vous trompez : c'est combler votre offense;
C'est ne vouloir jamais rentrer en ma puissance.
Les dieux n'ont pas voulu dans de si grands débats
Me laisser entouré d'infidèles soldats.
Je rends grâce à leurs soins, à cet heureux présage.
De quel pesant fardeau leur bonté me soulage!
Je vaincrai donc pour moi, je désarme des mains
A qui j'avais promis les trésors des humains.
Fuyez! vils plébéiens; et vous dont l'insolence
Osa de ces mutins enhardir la licence,
Auteurs de la révolte, objets de mon courroux,
Perfides! demeurez et tombez à genoux.
Abaissez sous la hache une tête coupable.
Et vous, jeunes guerriers, mon appui véritable,
Préparez leur supplice, armez-vous sans frémir;
Apprenez à frapper, apprenez à mourir.

Remettez mes drapeaux à de vrais soldats, lâches Quirites que vous êtes (page 267). Quirites veut dire proprement porteurs de lance ou lanciers. C'est le nom des premiers habitans de la ville guerrière, et par la suite il s'appliqua simplement aux citoyens non armés, aux bourgeois qui n'allaient point à la guerre. « Divus Julius seditionem exercitus verbo uno compescuit, Quirites vocando cui sacramentum detrectabant. » (TACIT., *Annal.* lib. I, c. 42.) *Voyez* SUÉTONE, *Vie de César*, et APPIEN, *Guerre civile*, liv. II.

Il leur ordonne de se porter en dix jours sur Brindes (p. 269). Brindes, autrefois Brunduse, dans la Grande-Grèce, ville maritime de l'Italie, au royaume de Naples, dans la terre d'Otrante. Quand César arriva devant Brindes, il apprit que les consuls Marcellus et Lentulus étaient passés à Dyrrachium, ou Épidamne, avec une partie de l'armée, et que Pompée était demeuré à Brindes avec vingt cohortes. *Voyez* CÉSAR, *Guerre civile*, liv. I.

Dans le golfe de l'antique Tarente (page 269). Il y avait aux environs de Tarente un fleuve appelé Taras, qui, sans doute, a donné son nom à cette ville; mais il est clair que c'est du golfe de Tarente qu'il s'agit en cet endroit.

Dans les rades enfoncées de Leuca. Leuca, ville du pays de Salente.

Dans les marais Salapiens. Il y avait en Apulie une ville de ce nom, célèbre par les amours d'Annibal avec une femme du pays. *Voyez* PLINE, liv. III, ch. 2.

Pour condescendre aux vœux du peuple. C'est une cruelle ironie de la part du poète. César, qui est dictateur, se nomme lui-même consul pour plaire au peuple, qu'il prive aussi du droit d'élire ses magistrats.

Car tous les titres que depuis si long-temps notre hypocrite bassesse prodigue à nos maîtres. Voici quelques-uns de ces titres qu'on donnait aux empereurs : on les appelait « Divins, toujours Augustes, pères de la patrie, fondateurs du repos public, seigneurs, etc.; » et c'étaient encore là les plus modestes.

Il n'est plus permis d'observer le ciel (page 271). On connaît assez les cérémonies religieuses qu'on observait à Rome dans les comices : César les avilit en même temps qu'il viola toutes les lois : « Eoque arrogantiæ progressus est, ut, haruspice tristia et sine corde exsta sacro quodam nuntiante, futura diceret lætiora quum vellet. » (SUETON., *in J. Cæsare*, c. LXXVII.)

Ce fut le premier coup porté à cette magistrature autrefois vénérable. On reconnaît, à l'amertume de ces regrets, les convictions patriciennes qui donnent à notre poète une physionomie si précise et un caractère si profond : « Nul ne saurait disputer à Lucain la science intime de la chose romaine, même dans l'acception la plus primitive; car son inspiration, qui porte l'empreinte d'une telle douleur pour la cause de la liberté, est en même temps l'expression la plus énergique d'un sentiment tout patricien. La comparaison de Virgile et de Lucain, non sous le rapport des formes, ce qui appartient aux rhéteurs, mais sous le rapport de cette science intime, qui est à la fois une philosophie et une poésie; la comparaison, dis-je, de Virgile et de Lucain ne serait pas sans importance et sans intérêt. » (BALLANCHE, *Palingénésie sociale*, 11ᵉ partie, page 93.)

Un consul, creé pour un mois, marque le temps sur les fastes publics (page 271). Voyez SUÉTONE, *Vies de Caligula, de Claude et de Néron;* et TACITE, *Histoires*, liv. 11.

César célébra de plus les fêtes Latines. Les nouveaux consuls devaient les célébrer tous les quatre ans, aux flambeaux, sur le mont Albain, en mémoire de l'alliance renouvelée entre Tarquin le Superbe et les Latins (*voyez* MACROBE, *Saturnales*, liv. 1, ch. 16). Les divinités honorées dans ces fêtes étaient Vesta, le Feu éternel, et le Jupiter Latial.

Et nous pousse vers les murs d'Épidamne (page 273). Épidamne ou Dyrrachium, aujourd'hui Durazzo, ville de la Turquie européenne, dans l'Albanie, près de la mer.

Et les matelots virent les monts Acrocérauniens se balancer à l'horizon (page 275). C'est-à-dire qu'ils touchaient à la côte d'Épire, puisqu'ils en voyaient devant eux les montagnes.

Elle put jeter ses ancres dans les sables de Paleste (page 277). Paleste, ville d'Épire, auprès d'Oricum et de Pharsale.

Ce fut sur les bords du rapide Genusus et de l'Apsus indolent. Le Genusus, que César appelle Genusum, coulait entre Dyrrachium et Apollonie. César campa sur le bord de l'Apsus, et Pompée en face, sur la rive opposée.

Qui déjà roulait dans sa tête le combat d'Actium. C'est-à-dire, qui déjà songeait à se rendre l'héritier de César, et à lui succéder dans sa souveraine puissance.

Amyclas se lève de son lit d'algue marine (page 281). Notre poète a donné à cette anecdote la forme la plus poétique et la plus saisissante qu'elle pût recevoir. Voici le même fait raconté par Plutarque. Il paraît plus vraisemblable dans le récit du biographe :

« Cependant César se trouvait à Apollonie avec une armée trop faible pour rien entreprendre, parce que les troupes de Brunduse tardaient à arriver. Livré à une incertitude affligeante, il prit enfin la résolution hasardeuse de s'embarquer seul, à l'insu de tout le monde, sur un simple bateau à douze rames, pour se rendre plus promptement à Brunduse, quoique la mer fût couverte de vaisseaux ennemis. A l'entrée de la nuit, il se déguise en esclave, monte dans le bateau, se jette dans un coin comme le dernier des passagers, et s'y tient sans rien dire. La barque descendait le fleuve Anius (ou Aoüs), qui la portait vers la mer. L'embouchure de ce fleuve était ordinairement tranquille ; un vent de terre qui se levait tous les matins repoussait les vagues de la mer et les empêchait d'entrer dans la rivière ; mais cette nuit là il s'éleva tout à coup un vent de mer si violent, qu'il fit tomber le vent de terre. Le fleuve, soulevé par la marée et par la résistance des vagues qui, poussées avec furie, luttaient contre son courant, devint d'une navigation dangereuse ; ses eaux, repoussées violemment vers leur source par des tourbillons rapides que cette lutte causait, et qui étaient accompagnés d'un affreux mugissement, ne permettaient pas au pilote de gouverner sa barque et de maîtriser les flots. Il ordonna donc aux matelots de tourner la barque et de remonter le fleuve. César, ayant entendu donner cet ordre, se fait connaître, et, prenant la main du pilote, fort étonné de le voir là : « Mon ami, lui dit-il, continue ta route, et risque tout « sans rien craindre ; tu conduis César et sa fortune. » Les matelots, oubliant la tempête, forcent de rames, et emploient tout ce qu'ils ont d'ardeur pour vaincre la violence des vagues ; mais tous leurs efforts sont inutiles. César, qui voit la barque faire eau de toutes parts et prête à couler à fond dans l'embouchure même du fleuve, permet au pilote, avec bien du regret, de retourner sur ses pas. » (*Vie de César*, ch. XLIV.)

> Tel et moins généreux au rivage d'Épire,
> Lorsque de l'univers il disputait l'empire ;
> ....
> Défiant et Pompée et les vents et Neptune,
> César à la tempête opposait sa fortune.
>
> (VOLTAIRE, *Henriade*.)

Lucain et Suétone ont fait de la mer le théâtre de ce grand courage ; mais Plutarque, Dion et Appien disent que César ne sortit pas du fleuve Anius.

Ne crains point, dit-il, les menaces de la mer (page 285). Notre auteur a tellement délayé le beau mot de César, qu'on ne le reconnaît plus. Ce n'est pas la seule fois qu'il ait ainsi réduit à rien une parole puissante, qu'on le soupçonnerait de n'avoir pas connue, tant il l'a défigurée : « Quid times? Cæsarem vehis. » Voilà le mot de César dans toute sa force et dans toute sa brièveté.

Et que Borée, épurant les airs (page 295). Au lieu du vent du nord, César dit que ce fut le vent d'ouest qui conduisit Antoine sur la côte d'Épire : « Nacti Austrum naves solvunt. » (*De Bello civili*, lib. III, c. 26.)

Ainsi quand, chassés par l'hiver, les oiseaux de Strymon. Ce sont des grues. Elles partent en bon ordre, et forment une lettre qui subsiste jusqu'à ce que la force du vent les oblige à se disperser.

Et, malgré leurs efforts pour aborder à Lysse (page 297). C'est le récit même de César : « C. Coponius, qui Dyrrachii classi Rhodiæ præerat, naves ex portu educit; et quum jam nostris remissiore vento appropinquasset, idem Auster increbuit, nostrisque præsidio fuit neque vero ille ob eam causam conatu desistebat, sed labore et perseverantia nautarum se vim tempestatis superare posse sperabat, prætervectosque Dirrachium magna vi venti nihilo secius sequebatur. Nostri, usi fortunæ beneficio.... nacti portum qui appellatur Nymphæum, ultra Lissum M. pass. tria, eo naves introduxerant (qui portus ab Africo tegebatur, ab Austro non erat tutus).... incredibili felicitate Auster, qui biduum flaverat, in Africum vertit. » (*De Bello civili*, lib. III, c. 26.)

A l'heure où les premiers feux du jour chassent le sommeil. « On a reproché à Lucain de manquer de sensibilité, et d'avoir trop peu de ces émotions dramatiques qui nous charment dans Homère et dans Virgile. Ce n'est pas que Lucain n'ait dans son poëme des momens susceptibles de pathétique, mais la raideur de son style s'y refuse le plus souvent; et, dans ce genre, il indique plus qu'il n'achève. Cependant Lucain n'est pas entièrement dépourvu de ces morceaux de sentiment qui rapprochent l'épopée de l'intérêt de la tragédie. Par exemple, la séparation de Pompée et de Cornélie, lorsqu'il envoya son épouse dans l'île de Lesbos, et les discours qui accompagnent leurs adieux, sont d'un ton naturel et touchant. Il est juste de faire connaître ce dont Lucain est capable en cette partie : »

Le sommeil avait fui des yeux de Cornélie.
Plongé dans la tristesse et dans la rêverie,
Son époux se refuse à ses embrassemens ;
Il répond à sa voix par des gémissemens ;
Il pleure, elle s'arrête, et de terreur frappée,
Tremble d'apercevoir les pleurs du grand Pompée.
Toi qui m'étais, dit-il, plus chère que mes jours,
Alors que la fortune en illustrait le cours,
Voici l'instant fatal qu'éloignait ma tendresse.
L'impétueux César nous assiège et nous presse.
Du crime et des combats détourne tes regards.
Va, demeure à Lesbos, à l'abri des hasards.
N'oppose point tes pleurs au destin qui commande ;
Mon cœur s'est refusé ce que le tien demande.
Les dieux pour peu d'instans me séparent de toi ;
Bientôt ils vont juger et l'univers et moi.
La chute des grandeurs est rapide et soudaine.
Ne vois point les périls où la guerre m'entraîne.
L'aspect de mes dangers doit porter dans ton cœur,
Si ce cœur sait aimer, trop de trouble et d'horreur.
Moi-même, en ma faveur quand j'ébranle le monde,
Dois-je être à tes côtés dans une paix profonde,
Et quand l'airain sinistre annonce le trépas,
M'arracher de ton sein pour aller aux combats ?
Non, je n'ai point le droit, dans ma triste carrière,
De mêler les plaisirs aux travaux de la guerre.
Va donc, et loin de moi, cherche en d'autres climats,
Un asile assuré que tant de rois n'ont pas.
Va, s'il faut que l'orage éclate sur ma tête,
Que la tienne du moins soit loin de la tempête,
Et, si je suis vaincu, qu'il soit un lieu pour moi
Qui décide ma fuite, en m'appelant vers toi.

Son épouse, à ces mots, interdite, éplorée :
Dieux témoins des douleurs dont je suis déchirée :
Dieux ! je n'ai point, dit-elle, à me plaindre de vous.
Ce n'est point le trépas qui m'ôte mon époux.
Mon désastre est plus grand : c'est son ordre barbare,
Oui c'est Pompée, ô ciel ! c'est lui qui nous sépare !
Il veut rompre les nœuds d'un hymen trop fatal ;
Il veut par un divorce apaiser son rival.
Me connais-tu, cruel ? ah ! quand ta voix m'exile,

Crois-tu donc loin de toi que j'accepte un asile?
Va, ton sort est le mien : veux-tu que dans Lesbos,
Éprouvant à la fois et craignant tous les maux,
J'attende, pour mourir, que le monde en alarmes
M'ait enfin confirmé le malheur de tes armes?
Ah! peut-être bientôt, tandis que des destins
L'univers attendra les arrêts incertains,
Croyant suivre tes pas sur le rivage sombre,
Ton épouse trompée ira chercher ton ombre.
Permets qu'auprès de toi, par un plus noble effort,
J'apprenne de Pompée à triompher du sort.
Je réponds de mon cœur; oui j'aurai le courage
De souffrir tous les maux que ta douleur présage.
Eh! quoi! si mon époux demeure enfin vainqueur,
Je serai la dernière à savoir ton bonheur!
D'un triomphe brillant il goûtera les charmes,
Et moi je languirai dans le deuil et les larmes.
Je frémirai de crainte en voyant vers le port
S'avancer le vaisseau qui m'apprendra ton sort.
Eh! que dis-je? César, pour venger sa défaite,
Peut enlever ta femme au fond de sa retraite?
Il peut, même en fuyant, m'arracher de ces lieux
Que mon exil funeste aura rendus fameux;
Toi du moins, s'il fallait te réduire à la fuite,
Si jamais jusque là ta fortune est réduite,
Des rives de Lesbos garde-toi d'approcher;
Car c'est auprès de moi qu'on viendra te chercher.

(LA HARPE, *Réflexions sur Lucain.*)

L'heure approche qui doit te rendre le grand Pompée (p. 303).
C'est-à-dire que la bataille de Pharsale va se livrer, et que Pompée, vaincu, ne tardera point à rejoindre sa femme à Mitylène, pour l'emmener en Égypte, où elle doit le perdre pour jamais.

FIN DU TOME PREMIER.

TABLE

DES MATIÈRES DU TOME PREMIER.

	Pages.
De Lucain et de la Pharsale..............................	j
Sommaires des cinq premiers livres de la Pharsale.............	xxv
Pharsale. Livre Ier...................................	3
II.....................................	55
III....................................	113
IV....................................	173
V.....................................	239
Notes du livre Ier.....................	304
II......................	323
III.....................	339
IV.....................	353
V......................	374

www.ingramcontent.com/pod-product-compliance
Lightning Source LLC
Chambersburg PA
CBHW050908230426
43666CB00010B/2076